Modeling Method and Control Strategy of
Intelligent Comprehensive Evaluation of

PRODUCT
QUALITY

产品质量智能综合评价
建模方法与管控策略

庞继红　雒兴刚　代金坤　李勇　◎著

中国财经出版传媒集团

经济科学出版社
Economic Science Press

·北京·

图书在版编目（CIP）数据

产品质量智能综合评价建模方法与管控策略／庞继红等著．－－北京：经济科学出版社，2025.1．－－ISBN 978－7－5218－6045－0

Ⅰ.F273.2

中国国家版本馆 CIP 数据核字第 2024JS5496 号

责任编辑：卢玥丞
责任校对：杨　海
责任印制：范　艳

产品质量智能综合评价建模方法与管控策略
CHANPIN ZHILIANG ZHINENG ZONGHE PINGJIA JIANMO FANGFA
YU GUANKONG CELÜE
庞继红　雒兴刚　代金坤　李　勇　著
经济科学出版社出版、发行　新华书店经销
社址：北京市海淀区阜成路甲 28 号　邮编：100142
总编部电话：010－88191217　发行部电话：010－88191522
网址：www. esp. com. cn
电子邮箱：esp@ esp. com. cn
天猫网店：经济科学出版社旗舰店
网址：http://jjkxcbs. tmall. com
北京季蜂印刷有限公司印装
710×1000　16 开　25.25 印张　420000 字
2025 年 1 月第 1 版　2025 年 1 月第 1 次印刷
ISBN 978－7－5218－6045－0　定价：152.00 元
（图书出现印装问题，本社负责调换。电话：010－88191545）
（版权所有　侵权必究　打击盗版　举报热线：010－88191661
QQ：2242791300　营销中心电话：010－88191537
电子邮箱：dbts@ esp. com. cn）

　　本书的出版得到了国家自然科学基金面上项目"基于区块链的复杂产品分布式智能制造质量控制理论与方法研究"（项目批准号：72271167）和"数字孪生驱动的复杂产品制造过程多质量特性建模及协同控制研究"（项目批准号：72071149）项目的资助，在此表示真挚的感谢。

序　言

能够生产高端产品是一个国家制造业由大变强的重要标志。随着我国制造业的飞速发展和社会消费观念的深刻转变，"质量优先"已经开始替代传统的"低成本竞争"，"质量第一"和"用户满意"已成为21世纪质量管理和控制的主题。在愈演愈烈的市场竞争环境中，企业已经充分意识到：消费者对产品的要求已不再是仅仅满足基本的功能需求，而是对产品的性能、可靠性、安全性及用户体验等方面提出了更高的要求，产品质量才是企业的立足之本。因此，如何科学、全面、准确地评价和管控产品质量，已成为企业提升质量竞争力和赢得市场的关键所在。在这一背景下，庞继红教授带领团队在产品质量评价和管控方面做了大量的创新研究和实际应用工作，并撰写形成了《产品质量智能综合评价建模方法与管控策略》一书。全书系统地探讨了产品质量综合评价和管控的理论方法与实践应用案例，从传统的质量评价方法到现代智能化评价方法，从产品设计阶段到生产制造阶段和产品运行服务阶段，全方位、多视角地阐述了如何有效地进行产品质量的综合评价与管控，不仅详细介绍了智能评价方法的原理、实施步骤和优劣势，并通过丰富的实践案例分析，展示了实际应用中的具体运作和应用效果，使读者能够直观地理解并掌握智能化评价方法的应用。相信本书的出版，会为我国企业提升产品质量提供系统的理论指导和实践操作参考。

下面是我对本书的一些肤浅认识。

（1）立意具有前沿性和实用性。随着人工智能、大数据、云计算、物联网等技术的快速发展，智能化评价方法已逐渐成为产品质量评价的主流方法。全书以产品质量评价与管控为具体对象，设计了系统全面、结构合理的整体评价框架，提供了具体的操作方法。首先，全书对产品质量的概念和重要性进行深入剖析，强调产品质量在企业发展中的核心地位。其次，通过对国内外学者关于产品质量研究方法的梳理和总结，结合笔者们自己的研究成果，为读者构建了一个清晰的产品质量评价理论框架。在此基础上，详细阐述了产品质量评价的各种传统方法，如统计质量控制、FMEA、质量成本分析等，针对传统方法的不足，全书重点介绍了现代人工智能算法在产品质量评价中的具体应用。全书详细阐述了基于数字孪生、机器学习、物联网等技术的现代产品质量评价方法，这些方法不仅能够实现实时监控和预测，还能根据实时数据动态调整评价模型，提高评价的准确性和时效性。例如，通过构建数字孪生模型，可以实现对产品全生命周期的质量状态模拟和预测，帮助企业提前发现并解决潜在的质量问题。此外，利用机器学习算法对海量质量数据进行系统分析和深入挖掘，可以发现影响产品质量的关键因素，为企业制定针对性的改进措施和质量管控策略提供有力支持。

（2）撰写手法新颖，理论性与实用性结合。为了提高本书的可读性和易理解性，笔者们在撰写过程中注重理论与实践相结合。全书通过多个实践案例分析，呈现了不同质量评价方法在实际应用中的具体操作步骤和应用效果。这些案例涵盖了机械工程、机电产品、智能制造等多个行业和产品领域，具有广泛的代表性和实用性。通过学习这些案例，读者可以更加深入地理解产品质量评价的实际操作步骤和应用效果。全书采用图文并茂的形式进行全面阐述，使读者能够更加直观地理解各种评价方法的原理和步骤。同时，全书还提供了大量的实例供读者进行分析思考，有助于加深读者对理论知识的理解和掌握应用，不仅为产品质量评价领域的研究人员提供了丰富的理论知识和实用工具，也为企业的质量管理实践提供了有力的理论支持和操作方法的指导。

（3）启发读者的思考。值得一提的是，全书在编写过程中充分考虑了读者的阅读体验以及对未来学习和研究的需求。随着科技的不断进步和市场的不断变化，产品质量评价方法和技术也将不断创新和完善。书中提出未来产品质量评价可能的发展方向和研究热点，如基于大数据和人工智能的智能化评价方法、基于区块链技术的产品质量追溯系统等，还对未来产品质量评价的发展趋势进行了展望，这些内容不仅为读者提供了前沿的学术视野和研究思路，也为企业的未来发展提供了有益的参考和借鉴，将有力推动我国产品质量评价水平的提升和质量管理理论的发展。综上所述，该书是一部集理论性、实践性和前瞻性于一体的优秀学术著作。

　　本书的出版，将有助于读者全面了解产品质量评价与管控的前沿概念和实际操作方法，对"中国制造"向"中国质造"的转型将会起到重要的推动作用。庞继红教授带领的团队长期致力于产品质量管理方法、质量预测与控制技术，以及可靠性工程的理论研究和企业应用，本书的出版正是他们长期努力的成果，相信本书的出版，将会使得国内大学、研究院所和企业的相关读者都能获得很大的收益，我很乐意向读者们推荐此书！

张根保

重庆大学教授，博士生导师，国务院政府特殊津贴专家

2025 年 1 月于重庆

前　言

　　著名质量管理专家朱兰博士曾指出，质量竞争将是 21 世纪的主旋律，质量将成为企业的核心竞争要素，是企业高质量发展的重要推手！随着区块链、大数据、物联网、云计算、人工智能等新一代信息技术的不断发展，智能制造正在取代传统制造，成为制造业的主导制造新模式。现代复杂机电产品具有技术难度高，产品结构、设计过程、工艺路线、制造过程复杂及数据量大的特点，需由多个合作企业协同工作完成，且产品设计状态变更、工艺方案变化频繁，增加了产品的设计工艺和智能制造过程质量管控的难度和复杂度。复杂产品制造过程涉及多种制造资源，包括人、机、料、法、环、测（5M1E）多因素相互关联和相互制约，制造过程中以上因素耦合作用关系错综复杂，多种不同类型产品质量特征相互耦合影响，且这类影响关系通常具有动态性、突发性和偶发性的特点。同时在现代智能制造系统中受技术准备情况、设备数量、不同产品进度要求、场地、工具和工装等多种因素限制，如何制定科学、合理及有效的产品质量状态评价和有效管控，已成为产品质量控制所面临的重大难题。

　　随着人工智能、大数据、云计算等技术的不断进步，产品质量综合评价方法将更加智能化和自动化。通过集成先进的数据分析算法和智能优化算法，质量管理人员可以实时准确地监控和分析生产过程中的质量数据，及时预警潜在的质量问题，提高质量评价的准确性和工作效率。此外，产品质量综合评价将不仅仅局限于传统的性能指标，而是会综合考虑产品的功能性、可靠性、安全性、经济性、环保性等多个维度，通过建立多维度的评价指标体系，全面反映产品的综合性能，为企业提供更加全面、科学的决策支持。由于智能动态化的评价方法能够适应不同生产阶段和客户需求的变化，通过对生产过程中的产品质量进行实时监测和动态评价提高产品质量管控水平，将成为未来产品质量评价和管控的重要发展方向。

　　本书主要针对产品生产过程中工艺、工序繁琐、环境复杂多变等影响因素带来的质量评价难题，通过智能综合评价提升产品质量水平为核心目标，提出基于产品生产周期的质量综合评价体系，并提供相关的工程应用实例。全书围绕生产过程中产品设计质量、工艺质量、加工质量、装配过程质量等方面的综合评价进行阐述，主要内容涵盖产品质量的定义、质量综合评价方法概述、基于 FMEA 方法的设计质量评价、基于 T－S 动态故障树的工艺质量评价、基于正负靶心灰靶模型的制造质量评价、基于数字孪生技术的装配过程质量评价以及基于 K-means 聚类算法的关键质量特性检测与评价、云制造平台下定制产品服务质量综合评价方法与管控、产品质量管控软件系统设计与开发，提出质量综合评价理论方法来源于产品生产一线问题的解决方案，并详细阐述质量评价方案的实施过程。

本书力求理论研究与实际应用并重，围绕智能综合评价理论和建模方法及管控策略，以产品整个生命周期为质量评价分析对象，通过对机电产品质量控制案例进行剖析，设计产品实际生产过程合理的质量综合评价方案，强调实用性与客观性相融合，提高理论方法的可理解性和易掌握性。本书一方面在质量评价方法与理论的选取上，主要选择产品生产过程中亟须解决的质量问题，可以解决类似工程背景下产品质量评价的实践问题。另一方面基于产品生产过程中暴露的质量问题，通过与理论研究方法结合，形成具体的解决方案，实现对产品质量评价进行智能综合评价的目标。此外，与单一产品结构、功能、零部件的质量评价方法相比，本书的质量综合评价体系涉及的内容更广，涵盖的实际工程领域众多，质量评价问题的解决方案更加多样化，理论方法实践可操作性更强，对产品质量进行综合智能评价更加准确和合理。

本书聚焦产品生产周期中各阶段产品质量评价与管控过程，考虑最新智能评价方法的发展，结合产品质量控制理论的最新发展趋势，通过选择典型的机电产品工程应用案例，合理组织相关章节内容，全书共分为 9 章。

第 1 章介绍了产品质量和质量管理的基本概念，强调在智能化背景下研究产品质量综合评价方法与管控策略的重要性和紧迫性，为后续章节的研究提供背景和理论基础。

第 2 章详细分析产品生产过程中各个阶段的产品质量特性及影响因素，为后续的质量综合评价提供具体的评价指标和依据，并强调了质量特性在产品设计和制造过程中的重要性。

第3章通过引入 FMEA 方法，为产品设计质量的综合评价提供一种新的思路和方法，并提出相应的管控策略，有助于企业在产品设计阶段充分考虑质量影响因素，提高产品的整体质量。

第4章通过故障树分析方法，对产品工艺质量进行综合评价，并提出相应的管控策略，有助于企业在工艺设计阶段识别潜在的质量问题，提高产品的工艺质量。

第5章将正负靶心灰靶模型和 Mamdani 模糊推理模型相结合，构建产品制造质量评价体系，利用 MPCI 值确定批次优选质量方案，实现产品制造质量评价。

第6章引入数字孪生技术，实现产品装配过程的智能质量评价，解决产品实时监控和预测装配过程中的产品质量问题，提高装配质量和工作效率。

第7章基于 K-means 聚类算法，实现对产品关键质量特性的有效检测和综合评价，有助于企业准确识别影响产品质量的关键因素，为后续的质量改进提供依据。

第8章针对云制造平台下的定制产品服务质量评价问题，提出一种新的综合评价方法，有助于企业在云制造环境下提高产品服务质量和客户满意度。

第9章详细讨论产品质量评价与管控软件系统的设计与开发过程，包括需求分析、功能设计、开发与测试等关键环节，为企业在实际生产中应用软件系统提供了指导。

笔者及研究团队在产品质量与可靠性工程方面进行了多年的深入研究，承担过多项国家、省部级科研课题和企业横向合作项目，积累了丰富的研究经验和研究成果。本书的大部分内容来源于项目研究过程的积累，其中很多部分出自于相应的原创论文。项目研究成果为本书的完成提供了丰富的材料和应用基础。

非常感谢杭州电子科技大学雒兴刚教授和温州大学李勇教授的合作支持，他们在本书的理论框架构建上提出独到的见解，在写作过程与实际应用案例方面付出了大量心血。同时要非常感谢重庆大学张根保教授、北京大学张玺研究员、电子科技大学刘宇教授和北京理工大学赵先教授的支持和宝贵意见，并感谢他们给本书进行了推荐。还要感谢团队中浙江安防职业技术学院代金坤老师和温州大学机电工程学院硕士生石宇轩、陈元忠、黄钱炳和赵苏建，他们参与了本书多个章节中大量数据的统计和案例构建，在写作和完善过程中作了大量辛苦的工作。

本书的出版得到了国家自然科学基金面上项目"基于区块链的复杂产品分布式智能制造质量控制理论与方法研究"（项目批准号：72271167）和"数字孪生驱动的复杂产品制造过程多质量特性建模及协同控制研究"（项目批准号：72071149）的资助。本书的写作和研究内容在上述基金项目中得到了研究应用。本书的出版也得到了经济科学出版社的大力支持。编辑在本书出版过程中，做了非常细致深入的工作，提出了非常好的意见和建议，为保障本书的学术品质做了大量辛苦的工作，在此一并表示真挚的感谢！

庞继红

2025 年 1 月

目 录

CONTENTS

第 1 章

绪　论

随着计算机和互联网技术的发展与普及，市场经济呈现全球化的发展趋势。在此背景下，制造企业只有不断提高产品质量，增强产品竞争力，才能保证企业市场占有率。产品质量的提高，尤其是对产品各生成过程质量有针对性的提高是非常困难的（刘永辉等，2023）。因为产品设计与制造过程关注的质量特性、生产环境、生产人员素质等方面都会存在差异，从而增加了产品质量优化的难度（陈天一等，2023）。因此，在产品质量最终形成之前，对产品各生产过程的质量进行综合分析与评价，识别提高产品质量的关键控制点，从而对产品质量水平进行有针对性的提升。传统的产品质量评价方法往往依赖于人工检测和专家经验，存在主观性强、效率低下等问题。因此，研究产品质量智能综合评价建模方法与管控策略，对于提高企业产品质量评价的准确性、科学性和效率具有重要意义。本书旨在探讨产品质量智能综合评价建模方法与管控策略的理论与实践，为企业提供一套科学、高效的产品质量评价方法。

1.1　基本概念

产品质量智能综合评价建模方法与管控策略的研究具有重要的理论和实践意义。理论上，通过深入研究产品质量评价的各个环节，建立科学的评价模型和管控策略，有助于丰富和完善产品质量评价理论体系。实践上，本书的研究成果将为企业提供一个全面、准确、高效的产品质量评价方法，有助于企业提高产品质量，增强市场竞争力，满足消费者需求。

随着经济全球化趋势增强，导致我国市场经济竞争加剧，企业只能做出高质量的产品稳住自身的市场地位。产品的质量管理是企业管理中非常重要的部分，"质量就是生命"的理念提升到前所未有的高度。为了响应当下全球化、智能化的发展势头，保证产品的质量与可靠性。各行业、企业积极与主流的全球质量管理模式对接，完善自身的管理缺陷，建立一个新的质量管理模式，构建自主的质量管理体系，实施产品各项质量特性的检查与监督（韩亚峰等，2022），改变了之前质量不重要的错误思想，使质量优先理念成为行业、企业发展的重要基础（Chan W. M. et al.，2004）。

1.1.1 产品质量

产品满足用户需求或潜在需求的特征称为产品质量，其包含六个方面，功能性、安全性、可靠性、可维护性、可操作性、经济性。因为产品具有流通性，所以产品质量问题会影响众多消费者的权益，与企业的生存与发展紧密相关。对于产品质量的控制有助于提高企业的竞争优势与市场占有率。当前，大部分企业都将产品质量管理纳入企业发展战略中，将产品质量视为企业发展的蓄能池。美国管理学专家朱兰认为产品质量形成规律呈螺旋状，为了表征他发现的这种质量产生曲线，朱兰提出质量螺旋模型（刘英和李文亮，2023）。该模型通过列举影响产品的各种因素，发现影响质量的活动是相互作用的，且呈现螺旋上升趋势。通过质量螺旋模型可以得到，若在产品生产前期能够发现质量隐患并排除，此时造成的损失最低；相反，在产品生产的后期，完善质量漏洞的成本是最大的。同时质量螺旋模型也表述了在产品质量管理的各阶段都有相关质量特性，所以产品质量管理是变换的，根据每个环节特征选择合适的质量管理方法。质量螺旋是一条呈螺旋上升的曲线，它大致包括市场调研、产品设计和开发、产品营销及物流运输等重要环节。通过对产品质量形成规律的认识，得到产品质量的提高是一个不断上升与完善的过程。为了满足人们不断发展的需要，产品质量要不断改进和提高。同时，产品质量是一个系统工程，聚焦产品质量的某个特性，对产品质量提高的帮助很小，所以产品质量优化需要进行系统性的、综合性的评价，这样才能从根本上提高产品的质量等级（赵团结，2020）。

当前，在全球化背景下，企业质量管理理念已经发生巨大变化，产品质量评价已经变为质量优化决策的重要方式，这是质量管理发展过程中的巨大转折。当今，产品质量管理也已经是由检测到防治，再到产品生产过程的全链条管理，这使得企业质量管理更加精细化、系统化，而且质量管理水平逐步提高。好的产品质量是设计出来的，当前人们对产品质量的完善，多聚焦于前期策划阶段。因为当产品出现缺陷时，如果能在开发阶段进行预防，那它的成本会很低，若等到生产过程或者流入市场时，那产生的损耗会很大。产品质量策划能够配置生产资源，降低生产成本；促进对产品所需更改的早期识别；避免事故之后产品质量再优化；以最低成本提供优质产品（杨二豪等，2022）。产品质量前期策划是一个过程而不是单一的项目，它是将具体的质量要求，按照生产流程，分配至各个环节，每个环节之间都伴随有输入、输出关系。此外，产品质量前期策划阶段相较于产品生产阶段，它不仅可以预防实物质量问题，还可以预防无形产品质量，即服务质量（梁金成，2009）。产品质量控制在生产过程中可分为计划、实施、研究和措施四个部分，如图 1-1 所示。每一个部分都有相对应的工作，本章对一些不易理解的工作进行了阐述。

计划部分可以确定产品开发的技术和相关概念，记为计划与定义。在企业的质量管理中，质量目标的设定是至关重要的。质量目标设定是企业对产品或服务质量的具体期望，是质量管理工作的方向，它主要包括了顾客满意度、过程效率、产品质量、持续改进、员工培训、供应商管理、数据分析与利用、法律法规符合性等方面的设定；零部件应用策略包括了零件的分类与识别、零件的采购与库存管理、零件的互换性与标准化、零件的寿命与可靠性分析、零件的维修与再利用、零件的更换策略、零件的质量控制与检测、零件的成本分析与优化、零件的环境影响与可持续发展；产品设计评审是确保产品设计满足各项要求和标准的关键环节。在评审过程中，应全面考虑用户需求、功能性、可用性、美学设计、可扩展性、

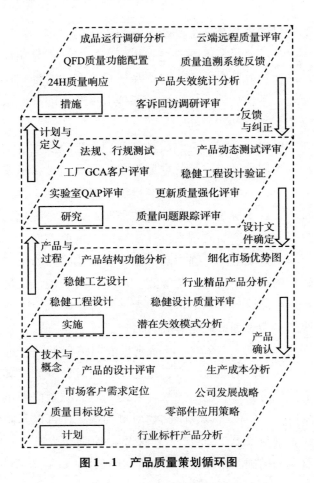

图 1-1　产品质量策划循环图

可靠性、成本效益、安全性、可维护性和环境影响等方面，以确保最终产品能够满足市场需求和客户期望。除此以外，在计划部分还有市场客户需求定位、生产成本分析、公司发展战略、行业标杆产品分析等内容。

实施部分能够实现产品和生产工艺开发及样品验证，即为生产过程设计和开发。稳健工程设计是一种综合考虑工程安全性、质量、经济、环境和协同等多个方面的设计理念。它旨在确保工程项目的稳定性和可靠性，同时降低风险和不确定性，它主要包含五个关键方面：工程安全、工程质量、工程经济、工程环境和工程协同；稳健工艺设计是一种全面的、系统的方法，旨在确保工艺过程的稳定性、可靠性和高效性。它涵盖了从工艺流程设计到设备选型与配置，再到工艺参数优化等各个方面；稳健设计质量评审旨在确保产品设计在各种预期条件下都能表现出良好的性能和稳定性。评审的内容涵盖了设计方案的稳健性、制造过程的稳定性、测试结果的可靠性、质量保证的有效性、用户体验的满意度、设计变更的规范性、风险评估的准确性以及持续改进的可能性等多个方面。另外，在实施部分还有潜在失效模式分析、行业精品产品分析、产品结构功能分析、细化市场优势图等内容。

研究部分是完成产品及生产工艺的确认，保障产品设计的顺利进行。全球客户评审（global customer audit，GCA）是为了确保工厂在满足客户期望和需求方面达到最佳表现。评审主要关注以下几个方面：产品质量、交货时间、生产过程管理、质量管理体系、客户沟通能力、产品安全性能、包装质量；实验室质量评审过程（quality assessment process，QAP）是为了确保实验室在提供高质量服务方面达到最佳表现。QAP 评审主要关注以下几个方面：人员能力、设备与试剂、实验过程、数据分析与报告、环境条件、客户沟通与服务等内容。更新质量强化评审是指随着产品的不断更新和技术的不断发展，确保产品的高质量进行质量强化评审。产品更新质量强化评审的主要内容，包括安全性评审、性能评审、可靠性评审、用户体验评审、兼容性评审、稳定性评审、可维护性评审等方面；稳健工程设计验证是一个全面的过程，用于确保工程设计的稳健性和有效性。它涵盖工艺流程验证、设备性能验证、原材料检验、工艺参数验证、产品性能测试、可靠性评估、环境适应性测试、生产能力评估、质量控制体系验证等。此外，在实施部分还有法规、行规测试，产品动态测试评审、质量问题跟踪评审等内容。

措施部分就是对结果反馈评定和缺陷纠正措施。24H 质量响应是一种服务机制，旨在确保在任何时候都能对质量问题进行及时响应和处理。这种机制通常应用于售后服务、客户支持等领域，以确保客户在遇到问题时能够得到及时的帮助和支持。24H 质量响应是一种旨在提高客户满意度和忠诚度的服务机制，通过全天候的服务和支持，帮助企业赢得客户的信任和口碑，提高自身的市场竞争力；质量功能配置（quality function deployment，QFD）能够确保产品设计充分满足顾客需求，提高产品的市场竞争力和客户满意度。在实际应用中，应根据企业的实际情况和市场环境灵活调整 QFD 的步骤和方法，以实现最佳的产品质量保证效果。

更重要的是，产品质量控制不仅有经济意义，还有一定的社会意义。

首先，"质量和综合生产率"被朱兰博士提出就是来表征和量化质量的经济价值（张巧可和陈洪转，2021）。以前，企业追求生产率，即单位资源的投入能得到多少产品。而当前，现代市场对企业提出了新的要求，产品数量上井喷式的增加，对企业稳住市场占有率的帮助很小，高质量的产品才是提高企业市场竞争力的最优法则（方鹏等，2021）。随着企业管理模型的变化，衡量质量管理经济价值单位以及生产率计算的重点等方面的变化，使得产品质量具有很大的经济意义。其次，产品质量的社会意义强调质量对社会的深刻影响。目前，用于产品质量和安全的资金在国内生产总值中所占的比例越来越大，制造商在质量方面的投资逐步增加，据 2021 年国家税务总局发布的增值税发票数据，企业在质量上的各种开销约占其销售额的 1/10[①]。同时，产品或服务的质量不仅是决定当代企业质量、发展、经济实力和竞争优势的关键因素，也是决定一个国家竞争力和经济实力的主要因素（唐松祥等，2019）。

1.1.2　产品质量综合评价

产品质量对企业和社会的发展至关重要，质量评价体系是人们在市场交易时做出选择的依据，所以构建完善的质量评价体系非常重要，它可以引导质量评价的趋势，把对人体健康、安全，生态安全等不利因素隔绝在评价体系以外。产品质量具有不同的特征，而人们掌握的尺度不同，对这些特征的评价也会不同。为了避免主观因素，在生产、检验和评价产品质量时，需要采用客观、科学的评价方法。国内外学者对产品质量评价方法的研究从未间断，在时代发展的每个阶段都有相应的成果产生。这些成果持续推动着质量评价领域的进步，使质量评价方法由传统的数据处理方式到现阶段利用互联网信息化的数据处理，实现质的飞跃。

一方面，在第四次工业革命之前，对于产品质量的评价多聚焦于通过对测量的质量特性数据进行处理。裴小兵和张丽丽（2015）把 CMM（capability maturity model）模型作为质量评价体系，根据模糊层次法对各项指标进行定量分析，并将质量门与 CMM 结合，提出了新的产品开发的

---

① 资料来源：国家税务总局网站。

过程质量评价方法。周海海等（2012）采用层次分析法（AHP）和模糊综合评价法相结合的方式，对多个产品的相同质量特性进行计算，得到各指标相对于评价集的隶属向量和综合评价值，然后根据计算结果对产品质量进行评判。蒋英礼等（2023）针对产品质量等级评价的不确定性和模糊随机性，结合权重融合法和扩展云理论，建立了权重融合 – 改进可拓云模型，通过计算产品的质量值来确定产品质量评价等级。通过假定一个最理想的质量模型，然后通过计算与最理想模型的距离，得到产品的质量等级，这是质量综合评价的一种方式。朱波等（2023）采用相关性分析和主成分分析方法，分析产品的多个质量指标，选择最重要的几项产品质量特性，通过这几项特征代表产品的质量。王兵等（2023）根据已有的产品质量特性，建立包含多元化评价主体的评价指标体系，再利用随机森林方法对评价指标进行重要性评估，在此基础上，采用卷积神经网络对评价指标进行聚合，得到一个代表产品质量的质量特性模型。唐求等（2022）根据优化后的主成分分析法（OPCA）和改进的遗传算法（IGA），构建一种模糊神经网络质量评价方法，OPCA 能依据评价指标关联性，去掉多余或重合的指标，减少 IGA 的网格输入数，减少算法计算负载，实现输入网格的降维处理，提高质量评价效率。对于结构复杂的产品，选择几个重要的质量特性来表征产品的质量，那只需要对相关特性数据进行计算，就可以得到产品质量评价结果，节省计算时间。无论是计算与理想模型的距离，还是筛选关键质量特性都是对测量数据进行处理，对于在线实时数据还需要结合互联网技术实现。

　　另一方面，随着第四次工业革命的开始，信息化技术影响各行各业，数字孪生是一种基于信息化的先进建模和仿真技术，能够实现对物理世界对象的高度真实的虚拟表示。由于信息化技术的高速发展，数字孪生正在逐步改变产品开发、生产制造以及质量评价的诸多环节。罗瑞平等（Luo R. P. et al.，2023）构建了一个集成数字孪生模型评估的工作流过程模型，将设计过程和模型评估方法集成到工作流管理中，再从宏观和微观两个层面实现了数字孪生模型不同阶段的质量控制和优化，实现在设计过程中有效地控制了数字孪生模型的质量，并选择了有针对性地设计资源来优化模型质量。数字孪生技术不仅可以模拟物理实体的数据特征，实现复杂设备的实时状态评估和故障诊断，而且可以完整地反映建模对象的实体特征，在产品实时质量评价中有显著优势（Zhu et al.，2022）。数字孪生平台物理层用于采集产品生产过程中各质量特性数据；虚拟层与物理层通过网络进行连接，实现数据共享；应用层通过内嵌算法对数据进行计算，得到最终的质量评价结果，再将结果反馈给物理层，达到迭代优化的目的。在数字孪生技术基础上，引进物联网技术，物联网可以通过连接和传感器技术从物理实体中收集大量实时数据，包括传感器数据、环境数据、运行数据等（Andronie et al.，2023）。这些数据可用于更新和改进数字孪生模型，使其与实际物体保持同步（彭木根等，2023）。随着生活水平的提高，人们对产品的要求也越来越高，既要有丰富的功能，又要有较高的产品质量，这就会增加产品的制造难度。物联网技术可以对大部分数据进行检测，为数字孪生技术提供了实时数据作为输入，数字孪生模型可以模拟物体在不同情景下的行为和响应，帮助优化运行效率、改进设计和预测性维护（郭斌等，2023）。在产品质量综合评价中，数字孪生技术可以发挥重要作用。首先，通过对生产现场实时监测和预测，数字孪生技术可以帮助发现潜在的质量问题，并在问题发生之前进行预测和预警，及时采取纠正措施，减少产品质量缺陷和不良率。其次，数字孪生技术可以建立准确的虚拟模型，模拟和优化制造过程，通过在数字模型中进行实验和测试，识别潜在的质量问题，并找到改进和优化的方法，减少实际生产中的试错成本和质量风险。此外，数字孪生技术可以利用大数据和机器学习算法，分析制造过程中的数据，识别和理解影响产品质量的关键因素，通过数据挖掘和统计分析，发现隐藏的模式和关联，帮助制造商改进工艺和流程，提高产品质量。最后，数字孪生技术可以实现远程协作和故障诊断，制造企业可以通过数字孪生技术远程监控和管理分布在不同地点的生产线和设备，提高生产效率和管理水平。

产品质量评价借助数字孪生技术可以实现多质量特性数据的批量处理与实时处理，相对于传统数据处理方式所得的质量评价结果，数字孪生技术的评价结果更客观，因为它考虑的质量特性比较多。但数字孪生技术的应用，需要考虑它的使用成本，对于实时生成数据且大批量比较适用，反之对于测量数据少且小批量的情况，适用于传统数据处理方式。产品质量综合评价方法的选用决定了评价结果的客观性与真实性，因为针对产品生产过程的不同，考虑的质量特性以及质量数据类型有所不同，所以在产品生产的各阶段，产品质量综合评价方法也应该有所不同。例如，在产品设计阶段，由于没有产品实物，所以数据类型多为仿真数据，且质量特征选择与产品设计相关的，如产品的成本、舒适性、安全性等。但在批量生产阶段，则需要选择加工的实时数据，且质量特性就选择与加工相关的，如加工的粗糙度、精确度、圆度等。本书根据产品生产过程的不同，有针对性地提出相应的质量评价方法，且给出具体案例，展示方法的使用步骤以及实用性。

1.2　产品质量评价的影响要素

产品质量是企业的生命线，它关乎企业的声誉、市场地位，乃至长期发展。产品质量涵盖了从产品设计到售后服务的全过程，每一个环节都对最终产品质量的形成起着至关重要的作用。因此，对于产品质量的评价应该考虑多方面的因素。

1.2.1　产品设计和开发创新性

产品的创新程度是评价其质量的一个方面。创新是推动企业发展的重要动力，一个具有创新精神的产品往往能够吸引用户的关注并提高其在市场上的竞争力。产品的创新程度可以从设计、功能、技术等方面来评价，同时也可以为企业带来独特的竞争优势和差异化市场定位。产品的创新程度决定了产品的功能、性能、安全性、易用性、耐用性、美学设计和成本效益等方面的表现。为了提高产品创新，企业应建立完善的设计管理体系，确保每个环节得到有效的管理和控制（洪兆溪等，2023）。同时，设计师应不断提高自身的专业素养和创新能力，以适应不断变化的市场需求和用户期望。本书提供电磁铁企业的产品创新及风险管理流程图，如图1-2所示，以此为例，介绍产品创新程度。

产品创新管理是确保产品设计满足客户需求、提高产品质量、降低生产成本的关键环节。本章认为产品创新设计应该从以下九个方面进行分析。

1. 需求收集与处理

在产品设计阶段，需求分析是质量评价的基础。通过收集和处理客户需求、市场趋势等信息，对产品需求进行深入分析，有助于明确产品质量评价的标准和期望。准确的需求分析有助于在产品设计阶段就考虑和满足客户的质量要求，从而提高产品的质量水平。企业应通过市场调研、用户访谈、竞品分析等方式，全面了解客户需求，并整理形成需求文档。在处理客户需求时，应识别出有效需求、无效需求和潜在需求，以便更好地满足用户期望。

2. 设计方案的制定与评审

根据收集到的需求，设计师应制定相应的设计方案。设计方案应详细列出产品的功能、性能、外观、人机交互等方面的要求，并明确设计目标和限制条件。质量评价与设计方案之间存在着密切的关系。一方面，设计方案的质量直接影响产品最终的品质。另一方面，通过质量评价可以对设计方案进行验证和优化，确保设计方案的有效性和可行性。在进行质量评价时，可以发现设计方案中存在的问题和不足，为后续的设计优化提供依据和方向。此外，在设计方案完成后，应组织相关部门进行评审，以确保设计方案的合理性和可行性，对应图 1-2 的设计和开发策划。

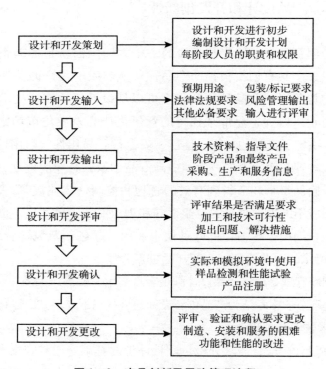

图 1-2　产品创新及风险管理流程

3. 材料与工艺的选择

材料与工艺的选择是影响产品设计质量的重要因素。在选择材料时，应考虑材料的性能、成本、环保等方面的因素，以及产品使用环境的要求。在选择工艺时，应根据产品特点和制造要求，选择合适的加工工艺和设备，以确保产品制造的稳定性和可靠性，对应图 1-2 的设计和开发输入、设计和开发输出。在选择材料和工艺时，材料特性、工艺适应性、质量检测与评估、持续改进以及成本考虑等因素，都会影响产品质量的综合评价。因此，通过合理设计评价指标，对产品设计过程材料与工艺的选择进行评测。

4. 设计的可制造性

设计的可制造性是指产品设计的可生产性和可装配性。设计师应充分考虑生产设备和工艺的限制，避免设计过于复杂或难以制造的部件，以确保产品能够顺利生产和装配。设计的可制造性对产品质量评价非常重要。如果产品可制造性设计不可行，就会导致制造过程复杂、效率低下，甚至无法制造出合格产品。因此，在质量评价中，我们需要考虑产品的制造可行性，以确保产品能够顺利地从设计转化为实际制造。同时，应与生产部门保持密切沟通，以确保设计方案的可实施性，对应图 1-2 的设计和开发输入、设计和开发输出。

5. 设计的可维护性

设计的可维护性是指产品设计的可维修和保养性。设计师应考虑产品的维护需求，设计易于维修的部件和接口，降低维护成本和难度。同时，应提供相应的维护文档和使用说明，以便用户更好地使用和维护产品，对应图 1-2 的设计和开发输入、设计和开发输出。设计的可维护性对产品质量评价的各个方面都有重要影响。在产品质量综合评价中，应充分考虑设计可维护性的需求，以确保产品具有良好的可靠性、安全性、效率性、功能性、耐用性和互用性。

6. 设计的可测试性

设计的可测试性是指产品设计应便于测试和验证。设计师应制定相应的测试计划和测试用例，设计易于测试的接口和功能，以便对产品进行全面测试和验证。同时，应提供相应的测试工具和设备，以确保产品质量的可靠性，对应图 1-2 的设计和开发评审、设计和开发确认。设计的可测试性在提升测试效率、降低测试成本、准确评估产品质量、设计缺陷的检查、功能集成和检测系统完善等方面对产品会产生影响，因此，在评价设计的可测试性方面，应当从这些方面归纳与制定评价指标。

7. 设计的可扩展性

设计的可扩展性是指产品设计应具备未来发展的可能性。设计的可扩展性是评价产品质量的重要因素之一。它影响产品的未来发展、生命周期、维护性、成本效益、可靠性、用户体验及安全性等方面。设计师应考虑产品未来的功能和性能需求，设计可扩展的架构和接口，以便在未来对产品进行升级和改进。这有助于提高产品的市场竞争力，满足用户未来的需求，对应图 1-2 的设计和开发评审、设计和开发确认。

8. 设计的可重复使用性

设计的可重复使用性是指产品设计应考虑产品的再利用和环保要求。设计师应考虑产品的生命周期和再利用价值，设计易于拆卸和回收的部件，以降低产品的环境影响。同时，应提倡再利用和再循环的理念，鼓励用户对产品进行再利用和处理，对应图 1-2 的设计和开发评审、设计和开发确认。设计的可重复使用性对产品质量评价具有显著影响。通过提高开发效率、降低长期成本、提高产品可靠性、改善产品维护性、促进标准化和模块化、加速产品创新及提高资源利用率，设计的可重复使用性有助于提高产品质量。

9. 设计的成本效益

设计的成本效益是指产品设计应考虑成本和效益的平衡关系。设计师应在满足客户需求的前提下，尽可能降低产品的成本，提高产品的性价比。同时，应评估产品的经济效益和市场前景，以确保产品设计的盈利能力和市场竞争力，对应图 1-2 的设计和开发更改。设计的成本效益对产品质量评价具有重要影响。通过提高生产效率、保证产品质量、提升用户满意度、鼓励创新和实现可持续性，成本效益成为评价产品质量的重要因素之一。在竞争激烈的市场环境中，合理控制成本、提高效益的设计将有助于企业获得竞争优势，赢得市场份额。

1.2.2　产品制造过程的相关特性

产品制造质量涵盖了从原料到成品的整个制造过程中的质量特性，

主要涉及工艺、加工和装配三个环节。每个环节含的质量特性都对最终产品质量评价产生重大影响，因此，对于每个环节的质量控制都至关重要（刘伟等，2023）。本章提供电磁铁企业的加工流程图，如图1-3所示，包含工艺、加工和装配三部分，以此为例，对制造过程的相关特性进行讲解。

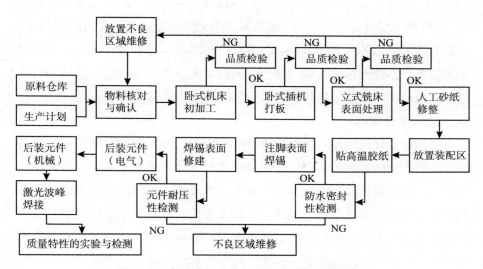

图1-3 电磁铁加工流程（不含质量特性检测）

1. 性能指标

性能指标是评价产品质量的重要因素。它包括产品的基本功能、效率、精度、可靠性等。一个好的产品应该在设计时就考虑其性能指标，以确保其在使用过程中能够满足用户的需要。例如，在电磁铁中，吸力、磁通量、响应时间、退磁特性、温度稳定性、耗电量等，这些性能指标综合考虑了电磁铁在实际应用中的效果和效率，是评估电磁铁质量的重要依据。通过对这些性能指标的测量和评估，可以更好地了解电磁铁的性能特点和使用要求，为实际应用提供参考和指导。在图1-3中，机床、铣床、插机等设备的加工，保证了加工的精度，确保产品结构以及性能符合要求。另外，注脚焊锡等工艺流程能够保证电磁铁工作过程中通电正常，尽可能减少出现电磁力不足的情况。

2. 可靠性指标

产品的可靠性表现也是评价其质量的关键因素。产品的可靠性是指其在规定的时间内和条件下完成预定功能的能力。一个可靠的产品应该能够在长时间内保持其性能，并且能够抵抗外部环境的影响。例如，在电磁铁中，可靠性表现有电源稳定性（见图1-3中的焊锡工艺）、温度适应性（见图1-3中的张贴高温胶纸）、耐腐蚀性（见图1-3中的激光波峰焊接）、机械强度（见图1-3中的机加工）、使用寿命等。在实际应用中，根据具体的使用条件和要求，综合考虑这些因素以选择适合的电磁铁，能够提高整个系统的稳定性和可靠性。同时，关注并持续改进电磁铁的可靠性表现也是推动其技术创新和产品升级的重要动力。

3. 安全性指标

安全性是评价产品质量时必须考虑的因素。一个好的产品应该能够保障用户的安全，避免因使用产品而导致的意外伤害或事故。产品的安全性应该从设计阶段就开始考虑，并在整个生产过程中得到充分的保障。通常情况下，安全性指标有以下几种，产品无害性、材料安全、结构设计、防护措施、电气安全、阻燃性能、警示标识、操作安全、环境适应性、维护安全等。在实际评价过程中，根据产品特性和使用条件，综合考虑这些指标以确保产品的安全性。

1.2.3 产品服务的相关特性

在当今市场竞争激烈的商业环境中，产品服务的质量已经成为影响企业竞争力和客户满意度的重要因素。产品服务的相关特性包含使用体验、用户反馈、售后服务评价以及竞争品的比较。

1. 使用体验

使用体验是评价产品质量的重要方面。一个好的产品应该在使用过程中让用户感到舒适、方便、易于操作等。产品的设计、用户界面、操作流程等方面都与使用体验密切相关。产品使用体验一般通过问卷调查形式出现，表1-1给出电磁铁分拣设备的使用体验表。表中涉及用户友好性、功能满足度、性能稳定性、安全性保障、服务支持度等内容。

表 1 - 1　　　　　　　　　　　产品使用体验问卷表（例）

评分项	评分（1~5）	备注
产品加载速度	5	无
功能操作的设计	4	尺寸标记应设计在主菜单
使用说明书的设计	5	无
异常零件的显示	3	当分拣速度大于每秒两个，显示不准确
分拣记录的查询	5	无
设备间的交互	5	无
分拣喷头的响应性	5	无
分拣质量符合要求	4	当产品表面有污渍时，分拣识别不了
产品投影清晰度	5	无
售后服务的响应程度	5	无
设备的兼容性	4	只能与指定 PLC 互联
整体满意度	5	无

注：请根据您的实际体验，在每个评分项后面填写相应的评分，1 代表非常不满意，5 代表非常满意，中间其他分数代表满意程度。如果您有任何额外的评论或建议，请在"备注"栏中写下。

2. 用户反馈

用户反馈是评价产品质量的重要依据。通过收集用户的反馈意见，可以了解产品在实际使用中的表现，以及用户的满意度和改进建议，表 1 - 2 给出阀门企业客户反馈表。这些反馈意见可以帮助企业不断改进产品，提高产品质量。用户反馈意见中，包含产品质量、产品性能、产品可靠性、产品使用体验、产品维修服务、产品售后服务、产品技术支持、产品价格合理性、产品品牌形象等部分，这些对于产品质量评价很重要。

3. 售后服务评价

售后服务评价也是评价产品质量的影响要素之一。一个好的产品应该配备完善的售后服务，为用户提供及时、专业的技术支持和服务。售后服务评价的首要作用是提升客户满意度。客户在使用产品的过程中，期望得到及时的帮助、有效的解决方案以及人性化的服务。优质的售后服务能够快速响应客户需求，解决客户问题，使客户感受到企业的专业与关怀，从而提升客户满意度。而当客户满意度提高时，他们更可能向周围的人推荐该产品，形成口碑传播，为企业带来更多潜在客户。

表1–2　　　　　　　　　　　　客户反馈表（例）

客户名称	NBDT	产品名称	先导式电磁铁
产品型号	6036B0234401	产品类型	146–083401A
下单时间	2022.10	下单数量	10000
联系人及电话	吴先生，152X..X2130		
用户反馈信息	通电后可动导杆无法正常动作，返厂维修后再次出现问题 经荧光灯检测后，发现可动导杆附近残胶较多，黏附导杆无法动作。		
原因分析	 荧光灯照射　　显示大量残胶 异常对策 1. 增加荧光剂全检 2. 设计审查表（Designing Review，DR）中加入测试的确认 3. 测试系统盘查确认		

　　另外，售后服务评价有助于优化产品性能。客户在使用产品的过程中，常常能发现一些潜在的问题或提出某些改进建议。通过售后服务评价，企业可以获取这些宝贵的信息，了解产品的实际使用情况，发现产品的不足之处，从而有针对性地进行优化改进。此外，通过对大量售后服务数据的分析，企业还可以洞察市场趋势和客户需求，为产品研发和创新提供重要依据。

　　同时，售后服务评价是促进产品改进的重要途径。客户在使用产品的过程中遇到的问题、提出的建议都是宝贵的改进信息。这些信息可以帮助企业了解产品的真实表现，发现产品设计、功能、性能等方面的不足之处。企业可以根据这些反馈信息进行产品改进，优化产品设计，提高产品质量，从而提升客户满意度和竞争力。

　　更重要的是，优质的售后服务和产品改进能够提升企业的市场竞争力。在激烈的市场竞争中，除了产品质量本身外，企业的服务能力和对客户需求的响应速度也是关键因素。优质的售后服务能够赢得客户的信任和支持，形成口碑传播，增加客户的复购率。而不断的产品改进则能够使企业在市场上保持领先地位，满足客户不断变化的需求。因此，重视售后服务评价并以此为依据进行产品和服务改进，能够提升企业的市场竞争力。

4. 竞争品的比较

在当今竞争激烈的市场环境中，对竞争品的比较分析对于产品质量综合评价具有至关重要的作用。通过比较不同产品，企业可以深入了解市场标准、识别自身的优势和不足、了解消费者需求、定位产品在市场中的位置、指导产品改进方向、评估市场竞争力，并制定有效的价格策略。

（1）对竞争品的比较可以帮助企业确定市场标准。通过对市场上的同类产品进行分析，企业可以了解行业内的主流标准和规范，以及产品的基本配置和性能要求。这有助于企业明确产品研发和改进的方向，确保产品符合市场要求和行业标准。

（2）通过对竞争品的比较，企业可以更好地定位自身产品在市场中的位置。这有助于企业制定合适的营销策略，在目标市场中树立独特的品牌形象，并与其他竞争对手进行差异化竞争。正确的市场定位有助于提高产品知名度和市场份额。

（3）研究竞争品可以帮助企业了解消费者的需求和偏好。通过对不同产品的性能、价格、外观等方面的比较，企业可以洞察消费者在选择产品时所关注的因素。这些信息对于制定产品策略、优化产品设计以及满足市场需求具有重要意义。

（4）通过对竞争品的比较分析，企业可以明确产品改进的方向。通过对竞争品的性能参数、用户体验、价格等方面的研究，企业可以发现潜在的改进点，并在自己的产品中进行相应的优化和升级。这有助于提高产品的竞争力，满足市场和消费者的需求。

（5）通过比较竞争品，企业可以清楚地看到自己产品的优势和不足之处。这种自我评估有助于企业了解自己在市场中的位置，以及与竞争对手相比所具备的优劣势。企业可以针对不足之处进行改进，同时进一步强化和发挥自身的优势。

（6）对竞争品的比较分析有助于企业评估自身的市场竞争力。通过对比不同产品的性能、价格、销售量等因素，企业可以了解自己在市场中的竞争力水平，以及与竞争对手的差距。这种评估有助于企业制定更具有针对性的竞争策略，提升自身的市场份额和地位。

对竞争品的比较分析在产品质量综合评价中具有多方面的作用，例如，成本、市场竞争力、用户体验、用户群体等方面。通过深入研究竞争品的市场标准、优势与不足、消费者需求、市场定位、改进方向及价格策略等方面，企业可以全面提升自身的产品竞争力，更好地满足市场需求，实现可持续发展。

1.2.4 产品质量特性的检验与测试

质量特性检测是确保产品符合设计要求和满足使用需求的重要环节。它涉及多个方面，包括但不限于外观、尺寸、物理性能、化学成分、机械性能、环境性能和电气性能（王美清等，2017）。通过对这些特性的全面检测，可以准确评估产品的性能，并找出可能存在的问题。

（1）外观检测：主要检查产品的外观是否符合设计要求，表面是否光滑、无缺陷，颜色和纹理是否均匀等。图1-4为电磁铁外观检测图，此项检测有助于提高产品的美观度和使用体验。

图1-4 电磁铁外观检测图

（2）尺寸检测：通过测量产品的各项尺寸，以确保其符合设计图纸和技术要求，这包括长度、宽度、高度、直径等各个方面。图1-5为电磁铁弧度检测平台，以验证产品的制造精度。

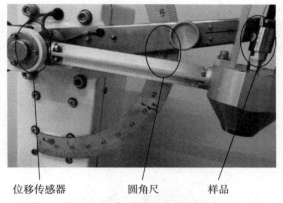

位移传感器　　　　圆角尺　　　　样品

图1-5　电磁铁弧度检测平台

（3）物理性能检测：涵盖了产品的力学、热学、光学、声学等方面的性能。例如，硬度、热膨胀系数、折射率、透光率、隔音效果等。图1-6为电磁铁耐高温检测，以确保产品在使用过程中能够满足预期的性能要求。

图1-6　电磁铁耐高温检测

（4）化学成分检测：通过化学分析方法，确定产品中各元素的含量，以保证产品的材料质量，并符合环保和安全标准。

（5）机械性能检测：评估产品在受到外力作用时的表现，如拉伸强度、压缩强度、弯曲强度、冲击韧性等，图1-7展示的是电磁铁依靠拉力试验机测试拉伸与压缩强度。机械性能检测有助于确保产品在使用过程中能够承受预期的载荷而不发生损坏。

图 1 – 7   电磁铁拉伸与压缩强度测试

（6）环境性能检测：检测产品在不同环境条件下的性能表现，如温度、湿度、气压、盐雾等。这有助于评估产品在不同环境下的适应性，并预测其使用寿命。

（7）电气性能检测：涉及电气系统的各项性能测试，如电压、电流、电阻、电容、电感等电气参数，以及工作频率、波形等特性。图 1 – 8 为电磁制动器耐压测试，这有助于确保产品的电气性能符合安全和性能标准。

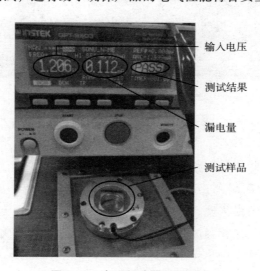

图 1 – 8   电磁制动器耐压测试

通过对质量特性的全面检测，可以有效保障产品的性能和质量，给产品质量综合评价提供依据。外观检测可以提高产品的美观度和用户体验；尺寸检测确保产品的制造精度；物理性能检测评估产品的实际性能表现；化学成分检测保证产品的材料质量；机械性能检测和环境性能检测则评估产品在不同条件下的适应性；电气性能检测保障产品的电气安全。准确的测试能提供可靠的质量数据，全面的测试能覆盖产品所有关键特性，及时的测试能提供最新的产品质量信息。质量特性的检验与测试是确保产品质量的关键环节，对产品质量评价的准确性、可靠性、全面性、对比性、及时性、重复性都会产生影响。因此，企业在生产过程中应重视质量特性的检验与测试，以确保产品质量的持续提升和市场的成功拓展。

1.3　产品质量综合评价方法的应用与发展

产品质量综合评价是衡量产品性能、可靠性、安全性等方面的重要手段。随着科技的发展和市场竞争的加剧，传统的评价方法已经难以满足现代工业的需求。因此，综合评价方法的应用与发展成为重要的研究课题。本章节将就综合评价方法的概述、传统评价方法的优缺点、现代评价方法的创新点、在各行业的应用以及产品质量评价未来的挑战等方面进行详细阐述。

传统评价方法主要包括评分法、比较法、统计分析法等。这些方法简单易行，易于操作，因此在历史上得到了广泛的应用。但是，传统评价方法也存在一些明显的缺点。第一，传统产品质量综合评价方法往往依赖于人工检测，这不仅效率低下，而且容易受到人为因素的影响，如检测人员的技能水平、工作态度等。这可能导致评价结果的不准确和不一致。第二，传统评价方法过于依赖人的判断，容易受到主观因素的影响。不同的评价人员可能因经验、认知等方面的差异而对同一产品给出不同的评价结果。这种主观性导致评价结果难以客观、准确地反映产品质量的实际情况。第三，传统产品质量综合评价方法往往缺乏足够的数据支撑。没有系统地收集和整理产品检测数据，就无法对产品质量进行科学、准确的评估。这不仅影响了评价的客观性和准确性，也不利于企业优化生产和提升产品质量。第四，传统产品质量综合评价方法往往难以跟上市场和技术的变化。一旦出现新的质量要求或标准，传统评价方法可能无法及时调整和更新，导致评价结果与实际需求脱节。这不利于企业及时改进产品，提高市场竞争力。第五，传统产品质量综合评价方法往往只关注产品的单一维度，如性能、外观等，而忽视了其他重要的质量因素，如可靠性、安全性、环保性等。这种单一维度的评价方式难以全面反映产品的质量水平，也不利于企业制定全面的质量改进策略。此外，传统评价方法对于多因素、多目标评价问题的处理能力有限，难以满足现代工业的复杂需求。

针对传统评价方法的不足，现代评价方法在多个方面进行了创新。第一，与传统产品质量综合评价方法相比，现代评价方法采用了更为多元的评价标准（潘教峰等，2022）。除了产品性能、外观等传统因素外，还引入了可靠性、安全性、环保性等多个维度，使评价结果更为全面。同时，评价标准的制定也更加灵活，能够根据市场和消费者需求的变化进行调整，以更好地反映产品的实际价值。第二，现代产品质量综合评价方法更加注重用户的需求和体验（刘伟军等，2024）。评价过程中充分考虑用户对产品的期望、使用习惯和反馈，将用户满意度作为重要的评价指标。这种以用户为中心的评价方式有助于企业更好地理解市场需求，优化产品设计，提升用户体验。第三，现代产品质量综合评价方法充分利用数据分析技术，对产品性能测试数据、用户反馈数据等进行深入挖掘，以获取有价值的信息（刘慧敏等，2021）。通过数据分析，企业可以发现产品潜在的问题、改进的方向和市场的趋势，为质量改进和产品创新提供有力支持。第四，现代评价方法注重过程管理，通过全面监控产品研发、生产、测试等各个环节，确保质量的稳定性和可靠性（黄昌武，2018）。这种方法不仅关注最终产品的质量，还强调生产过程的持续改进，以提高整体质量水平。第五，现代产品质量综合评价方法秉持持续改进的理念，不断优化评价体系和方法。企业通过收集用户反馈、分析市场趋势和竞争对手动态，持续改进产品设计和生产流程，以保持竞争优势。这种动态的评价方式有助于企业适应不断变化的市场环境。本书基于这些方向，对产品各生产过程设计出相应的评价方法。首先，采用定量化分析手段，通过建立数学模型对产品性能进行精确评估。其次,注重多因素、多目标评价,这样能够全面反映产品的综合性能。本书还引入了人工智能、大数据等技术手段,提高了评价的准确性和效率。

综合评价方法在各个行业都得到了广泛的应用。例如,在机械制造业中,产品质量综合评价方法被广泛应用于各类产品的生产和质量控制过程中。通过对产品性能、可靠性、安全性等方面的评价,企业可以及时发现潜在问题、优化生产工艺、提高产品质量。同时,综合评价方法还可以帮助企业建立质量管理体系,确保产品质量的稳定性和可靠性(姜洪全等,2019);在电子信息行业中,电子产品行业的竞争激烈,产品质量成为消费者关注的焦点。通过运用产品质量综合评价方法,企业可以对电子产品的性能、可靠性、安全性等方面进行全面检测和评估。同时,综合评价方法还可以帮助企业优化产品设计、提高生产效率、降低故障率,增强市场竞争力(赵祥模等,2024);在食品行业中,食品行业对产品质量的要求非常高,涉及安全性、营养价值、口感等方面。通过运用产品质量综合评价方法,企业可以对食品的各项指标进行全面检测和分析,确保产品符合法律法规和标准要求。同时,综合评价方法还可以帮助企业了解消费者需求,优化产品配方和口感,提高市场竞争力(刘炔辰和于亚笛,2023)。除此以外,还有能源(刘楠等,2024)、医药(Yang et al.,2021)、化工(Hartung et al.,2023)、零售等领域(Jiang et al.,2023)。通过综合评价方法的应用,各行业能够提高产品质量,增强市场竞争力。随着科技的不断发展,综合评价方法在未来将继续得到优化和发展。一方面,综合评价方法将更加注重智能化和自动化,通过引入人工智能、大数据等技术手段提高评价的效率和准确性。另一方面,综合评价方法将更加注重个性化需求,根据不同行业和产品的特点制定个性化的评价方案。此外,综合评价方法还将更加注重可持续性和绿色发展,以适应社会和环境的需求。

随着科技的不断进步和市场竞争的加剧,产品质量综合评价方法面临着诸多挑战。在未来,企业需要积极应对这些挑战,以保持产品质量和竞争力的优势。第一,随着人工智能和机器学习技术的快速发展,智能化评价将成为产品质量综合评价的重要趋势。企业需要借助智能化技术,实现自动化评价、实时监测和预警,提高评价的准确性和效率。同时,智能化评价能够更好地处理大量数据，为企业提供有价值的信息，为质量改进和产品创新提供支持。第二，随着消费者对环保意识的提高，产品质量综合评价方法需要更加关注绿色环保要求。企业需要建立环保质量标准，确保产品在生产、使用和回收过程中符合环保法规和可持续发展要求。同时，企业需要关注环保材料的使用，降低产品对环境的影响，满足消费者对绿色产品的需求。第三，未来市场需求的多样化和个性化要求企业提供定制化的产品和服务。因此，定制化评价将成为产品质量综合评价的重要方向。企业需要根据不同用户的需求和反馈，制定个性化的质量标准，提供定制化的产品和服务。同时，企业需要关注用户使用习惯和体验，不断优化评价方法，提高用户满意度。第四，在全球化的背景下，企业需要面对不同国家和地区的法律法规和标准要求。因此，全球质量标准一致性将成为产品质量综合评价的重要挑战。企业需要关注国际质量标准和法规的动态，建立全球统一的质量评价体系，确保产品在全球范围内具有竞争力。同时，企业需要加强与国际组织和机构的合作与交流，积极参与国际质量标准的制定和修订。第五，随着物联网和传感器技术的发展，企业可以实现对产品质量的实时监测和分析。未来，质量数据的实时监测与分析将成为产品质量综合评价的重要手段。通过实时监测产品的性能和使用情况，企业可以及时发现潜在问题、优化产品设计、提高生产效率。同时，通过对质量数据的分析，企业可以深入了解市场需求和竞争态势，为质量改进和产品创新提供有力支持。

总之，综合评价方法是衡量产品质量的重要手段。未来还需要不断优化和完善评价体系和方法体系，积极探索创新和升级技术手段，拓宽应用领域和深化应用程度，以更好地服务于各个行业的发展和社会的进步。

1.4　本书内容结构

本书以产品生产过程为主线，针对每个过程的质量数据特点，给出相应的产品质量综合评价方法。本书内容以产品生产为主线，将生产分为计划、实施、研究和措施四个部分，对各个部分中所含的内容进行综合评价，具体的内容如图1-9所示。

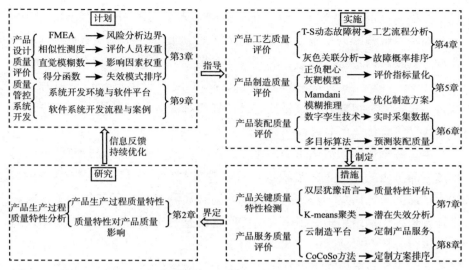

图 1 - 9　本书内容结构

　　第 2 章对产品生产过程中一些质量特性进行阐述，为本书接下来各章节进行的质量综合评价提供理论依据。首先，该章对目前生产过程中有关于质量特性的系列问题进行描述，并通过查阅文献，列举出这些问题的解决方案。其次，对产品生产过程中质量特性进行梳理，包括原料质量、工艺质量、组装精度、性能指标、可靠性、外观质量、包装质量、安装调试过程、质量体系和人员培训与资质等多方面，接下来又根据本书后续章节的设置，把产品生产过程划分为多个阶段，并对每个阶段的质量特性进行列举。最后，阐述质量特性对于产品质量的影响，例如，原料质量、工艺质量、组装精度、性能指标、可靠性、生产设备、安装调试过程、质量体系和人员培训与资质等方面。同时，根据本书后续章节的设置，也把这些影响划分为多个阶段，并精细化描述这些影响。该章提到的质量特性为产品通用质量特性，不针对某个固定行业，因此，适用面更广。

　　第 3 章为了使 FMEA 方法能够适用于产品设计质量评价中，按照以下几个步骤对 FMEA 方法进行优化。第一步：确定产品风险分析目的及边界，收集潜在的失效模式及失效影响，评价人员使用直觉模糊数对失效模式进行评价。第二步：针对 FMEA 中权重信息不完全情况，使用相似性测度确定评价人员的权重。第三步：对失效模式的影响因素，评价人员使用直觉模糊数进行对比评价，形成对比矩阵，为了找到影响因素的最优解，从对比矩阵的偏好关系中导出影响因素的精确权重。第四步：此时 FMEA 方法中的权重信息全部确定，利用简单的直觉模糊加权几何算子（Simple intuitionistic fuzzy weighted geometry，SIFWG）对评价信息与权重信息进行聚合，根据直觉模糊数得分函数定义计算每种失效模式的得分并排序，再根据排序信息优化产品设计、提高产品质量。

第 4 章阐述了如何运用 T-S 动态故障树以及灰色关联分析两种方法对导致产品失效的相关工艺流程进行可靠性分析，从而提高系统的可靠性，优化产品的工艺质量。首先，通过 T-S 动态故障树对故障产品的工艺流程进行分析，识别出系统的顶事件、中间事件及基本事件，对事件间的逻辑关系进行分析，以适当的 T-S 动态门进行连接，并构建出产品工艺流程故障系统的 T-S 动态故障树。其次，对每个时间段内的基本事件故障概率进行计算，运用故障树的基本事件概率输入输出算法，对每个时间段内中间事件和顶事件的故障概率进行求解。最后，通过灰色关联分析方法计算顶事件与各基本事件之间的灰色关联度，比较各关联度的大小，对各基本事件的关联度进行排序。关联度越高的基本事件对故障发生的影响越大，因此，通过灰色关联度，有针对性地完善产品工艺流程，提高产品的可靠性，优化产品的工艺质量。

第 5 章针对传统的灰靶模型在多质量特性评价中存在独立性假设、缺乏灵活性和对大量数据的需求较高等劣势，提出了本章的优化方案。第一步：确定多质量特性的生产批次，需要综合考虑各项指标和要求，进行系统性的分析与优化，以确保在满足不同质量特性要求的前提下，实现最佳的批次进行生产。第二步：多特性加权正负靶心灰靶模型的建立，将各局势在质量特性下对应的各指标集结为多质量特性效果评价值，并利用正负靶心灰靶模型方法分别计算正、负靶心距。第三步：多质量特性响应指标值的确定，Mamdani 模糊推理可以将正、负靶心距离转化为多个质量特性指标的响应值，通过定义模糊集合、隶属函数和推理规则，并进行合适的聚合操作实现。第四步：确定最佳生产批次，Mamdani 模糊推理的输出响应值可以作为模糊化处理后的结果。

第 6 章介绍了一种基于数字孪生技术的产品装配过程质量评价方法。第一步：通过虚实映射机制构建与物理装配实体等价的数字化模型，在虚拟环境中完成对产品装配过程的仿真和监控。第二步：通过工业物联网动态获取装配过程的实时质量数据。这些数据包括传感器捕捉的压力、电流、温度、位移等。第三步：将装配过程数据作为输入，通过改进粒子群（improved particle swarm optimization，IPSO）优化的最小二乘支持向量机（least squares support vector regression，LSSVR）模型（IPSO-LSSVR）进行处理，输出预测的连续变量，例如，装配精度、产品质量特性等。所有的结果通过可视化窗口展示，便于质量人员观察质量指标变化趋势。此外，还可以使用大量仿真数据和迁移学习等方法来训练模型，以提高预测的精度。第四步：将预测结果与预设的公差进行对比。

第 7 章提出了基于 DHHFLTS、熵权法和 K-means 聚类三种方法的产品关键质量特性综合评价模型。首先，收集产品关键质量特性，建立评价小组，确定评价语言集，评价成员使用 DHHFLTS 进行失效评估。然后求解评价成员的权重，即对评价成员给出的 DHHFLTS 进行标准化，并计算其信息熵。此外，采用熵权法计算评价人员的权重，再利用 K-means 聚类算法找到评价信息的中心。其次，计算影响因素的权重。即计算失效模式评估信息与最终中心点之间的距离，并进行归一化，得到影响因素的权重。最后，对关键质量特性的评价信息进行聚合及累积，并对潜在失效风险进行排序。

第 8 章针对云制造平台的产品服务质量综合评价存在的不足，提出了一种基于 q 阶双犹豫模糊环境下的产品服务质量综合评价方法并用于电磁制动器定制方案评价。一方面，采用 q 阶双犹豫模糊多隶属度和非隶属度特点用来处理专家对指标的评价模糊不确定，使得整个评价更加合理准确；另一方面，采用双向投影法获取专家客观权重解决了决策时评价成员权重未知，主观性过强问题，另外采用基于最小二乘法组合主观权重 BWM 法与客观权重熵权，CRITIC 法的指标权重优化模型，该方法考虑主、客观因素，较以往单一赋权方式有更大优势。最后采用 CoCoSo 方法进行了定制方案排序，具有避免评价补偿性问题和实现最终效用的内部均衡，以及计算简单等优势。

第 9 章聚焦于产品质量管控软件系统的设计与开发流程，旨在深入探讨该领域的实践与应用。首先，介绍软件开发所依托的环境与平台基础，为后续内容奠定技术背景。其次，剖析软件开发生命周期的关键环节，需求分析的精准把握，以确保软件功能贴合用户期望；架构设计的深思熟虑，构建软件系统的稳固基石；编码实现的严谨高效，将设计蓝图转化为可运行的代码；测试环节的全面细致，确保软件质量无虞以及部署阶段的顺利推进，让软件系统平稳落地，投入实际使用。最后，通过具体的案例研究，直观展示产品质量管控软件系统在实践中，对于提升产品质量、优化生产流程等方面的重要作用。

1.5 本章小结

本章首先对产品质量的概念进行阐述，包括产品质量的重要性、形成规律以及当前质量管理的理念，明确产品质量概念对开展产品质量评价方法的研究非常重要，因为可以指导评价方法发展的方向。其次对产品质量的组成要素进行概述，把产品设计、加工、服务、特性检测四部分进行了详细的描述，此外，还对这几部分质量如何管理进行分析，这为接下来本书开展的一些工作提供了支撑。再次对产品质量综合评价方法的应用与发展进行阐述，内容主要有传统评价方法的优缺点、现代评价方法的创新点、在各行业的应用以及产品质量评价未来的挑战等方面。最后对本书各章节的主要内容、所使用方法进行了介绍。

第 2 章

产品生产过程质量特性基础理论

如今，获得新的市场依赖于客户的满意度，质量是影响客户满意度最重要的因素。生产质量包括正确地理解客户的需求来设计产品，根据客户期望的时间，设计交货时间准确地设计生产过程。为了达到规定的技术特性，及时交付产品，需要进行产品的综合维护和质量控制计划。因此，生产过程系统需要对生产计划、维护和质量控制进行综合评价，以达到使客户满意的质量目标。本章对产品生产过程质量特性的一些基础知识进行描述，这有助于促进在这一领域所做的工作。

2.1 问题描述

生产计划、维护和质量控制是生产过程中的三个主要任务，生产计划是决定一个企业其未来生产操作所需的资源的过程。生产计划通常在三个层面进行：长期战略、阶段生产目标和具体生产目标。在有关生产计划的论文中，一般都考虑了两个主要问题。第一个问题是经济产量和库存水平，第二个问题是生产操作的调度和顺序，这是指分配可用的生产能力，并确定生产操作的顺序及其开始时间。在对生产计划进行分析时，就必须考虑这一阶段的质量特性，例如，动态性、不确定性、统计波动、依存关系等。

在生产计划中，需要考虑以下问题。第一，产值指标，它能衡量出产品的实际价值，也即是用货币表示的量，这对于后期计算产品的利润率有很大作用。第二，产量指标，它是判断企业在计划期内出产的合格产品的数量，它对"生产多少"给出了决策。第三，品种指标，它是表征企业在计划期内出产的产品品名、型号、规格和类别，这对于后期设计生产线有很大参考意义。第四，可靠性指标，它指企业在产品生产周期内所要达成的质量水准，即相关质量特性评价值有多少。质量指标是很多学者想要做出优化的方向，因为当前人们对于产品质量的要求非常高。郑松等（Song Zheng et al.，2019）提出了一种新的基于改进协同优化算法对生产计划与调度的质量特性优化方法，并给出了新型集成优化算法的详细求解策略。第五，通过仿真结果证明所提出的集成算法能有效提高生产过程的质量特性。坎亚尔卡尔等（Shailesh J. et al.，2019）提出了一种线性规划模型来同时生成时间和容量总体计划和详细计划，规划生产过程的一些质量特性，以克服分层规划方法不能生成可行或最优下层计划的缺点，这样能够减少生产过程质量特性分布计算的负担。李时茂等（Jong Moo Lee et al.，2005）提出了基于一体化生产计划流程的生产计划质量特性评价框架和评价体系，评估框架包括计划制定阶段和公司运营阶段，从而可以从多个角度对生产计划进行评估。长期和中期生产计划是使生产订单与资源能力相匹配的工具，也可以用作材料采购的基准。然而，缺乏制造作业的详细时间表可能会导致提供适当的材料需求计划的困难，并可能影响生产计划本身的可行性（Lee et al.，2018）。分级计划概念一般体现在生产计划中，就是将产品整个生产周期进行拆分，形成多个子计划，这样在进行质量规划时更加容易，且符合通用的组织结构（Alfieri et al.，2012）。在制造系统中考虑不确定性是一个很大的问题，生产计划在制定过程中需要考虑大量不确定因素（Vogel et al.，2017），具体如下：（1）原料质量。原料质量是决定产品质量的基础。如果原料质量不佳，即使生产工艺再先进，也难以生产出高质量的产品。因此，在选择原料时，应确保其质量符合要求，并具备稳定的供货渠道。（2）生产工艺。生产工艺是实现产品质量的关键环节。如果生产工艺不合理或不够成熟，将导致产品质量不稳定或存在缺陷。因此，应不断优化生产工艺，对工艺短板及时完善，提高产品质量与功能运行可靠性。（3）设备维护。加工设备的运行状态对于产品质量的影响很大，它可以决定机加工零件的粗糙度与平面度。辅助设备，如照明设备等，它主要影响产品加工的环境以及员工的工作环境，这些也会间接影响产品质量。因此，企业应当设置专业人员负责对设备进行及时维护，确保设备正常运转。（4）员工技能。员工技能也是影响产品质量的重要因素。如果员工技能不足或缺乏经验，将导致操作失误或产品质量不稳定。因此，应加强员工培训，增强员工的技能水平和质量意识。（5）环境因素控制。现阶段对于产品的用料都较为高端，尤其是一些电子元器件，加工的环境，如温度、酸碱度、噪声等，都会影响产品表面的硬度、强度以及产品功能的实现。因此，应建立严格的环境因素控制体系，确保产品在良好的环境下生产。对于生产计划的质量特性的管控与评价，可以参考表2－1中所列举的文章，寻求解决办法。

表2－1　　　　　　　　不确定性情况下生产计划模型的分类方案

主题	参考文献
长期战略、总计划	人工智能模型（Callarman et al.，1984）、在线仿真（Ekel et al.，2016）
阶段生产计划、层次生产计划	分析模型（Bertrand et al.，1999）
原材料使用计划模型	概念模型（Kreuzer et al.，2019）、分析模型（Buchel et al.，1983）、人工智能算法（Buchel et al.，1983）、计算机仿真（Buchel et al.，1983）
产能计划、容量设计	分析模型（Buchel et al.，1983）、仿真模型（钟湄莹和刘志新，2012）
制造资源规划	分析模型（Buchel et al.，1983）、人工智能模型（丁进良等，2018）、仿真模型（钟湄莹和刘志新，2012）
仓储管理	分析模型（Buchel et al.，1999）、人工智能模型（Callarman et al.，1984）
供应链规划（生产原料）	概念模型（张莉等，2013）、分析模型（Buchel et al.，1999）、人工智能模型（Buchel et al.，1983）

产品生产维护方式的选择受到生产调度决策、质量控制和库存的限制，因此维护与生产计划和质量控制的具体交互作用是密切相关的。产品生产维护在短期内，都是在没有突然设备故障的情况下分配操作及其顺序。从长远来看，我们想通过确定最佳库存水平来抵消设备故障带来的损

失。预防性维护计划可能会干扰最佳的交付时间。当一台设备生产状况不佳时，工艺输出的质量是不可接受的。质量控制力求达到与产品特性和工艺能力相兼容的质量水平（周炳海和易琦，2021）。质量控制系统的目标是确保质量水平是最优的，从而使抽样误差的成本最小化。产品质量是通过相关特性数据来表征，但对于整套产品质量体系而言，企业必须划定一些关键的质量特性去管控，在一个特定的限制范围内改变这些特性表明产品的质量很好，当它超过这些限制时，生产过程就变得不可接受，即需要进行生产维护（周炳海等，2021）。质量控制方法包括验收抽样（陈克强等，2023）、过程控制等（廖盛美等，2023）。在产品生产过程中，维护是一个重要的环节。它不仅可以帮助恢复产品的性能和可靠性，还可以提高产品的使用寿命。以下是一个产品生产维护的综述，涵盖了故障检测与诊断、部件分析与更换、维护方法选择、维护过程实施、维护效果评估、维护记录与报告、安全注意事项和预防性维护策略等方面，具体如图 2-1 所示。

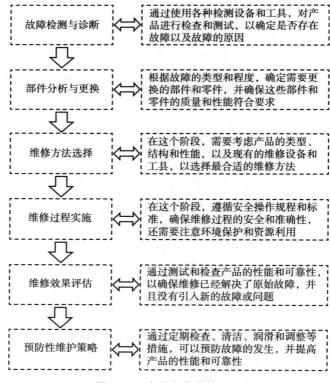

图 2-1　产品生产维护流程

在产品生产过程中，维护是一个不可或缺的环节。它不仅可以帮助恢复产品的性能和可靠性，还可以提高产品的使用寿命。目前相关文献主要包含以下几个方面：产品介绍、故障模式与影响分析、维护策略与流程、维护技术与方法、维护工具与备件管理、维护人员培训与资质、维护质量控制与评估、经验总结与未来趋势，具体如表2−2所示。

表2−2 产品维护相关主题参考文献

文献主题（生产维护）	文献内容概况	文献
产品介绍	包含产品的类型、功能、结构和使用环境等方面的信息	Zeng et al.，2021；Li et al.，2023；Liu et al.，2022
故障模式与影响分析	对产品可能出现的故障模式进行分析，可以确定故障对产品性能和可靠性的影响程度	Geramian et al.，2020；石旭东等，2022；卞仁鹏等，2021
维护策略与流程	通过实施有效的维护策略和流程，可以恢复产品的性能和可靠性，并延长产品的使用寿命	Yin et al.，2023；Back et al.，2017；Eden D.，2012；Ata et al.，2023
维护技术与方法	包含焊接、更换、调试、清洁等方面的技术与方法，并通过使用先进的维护技术和方法，可以提高维护的效率和效果	Li et al.，2023；Nawfal et al.，2021；Truelove et al.，2017
维护工具与备件管理	包括各种检测设备、维修工具、零部件和原材料等方面的内容	Zeng et al.，2021；Back et al.，2017；Sun et al.，2021
维护人员培训与资质	包括工人技能培养路径、技能匹配度、维修时效等方面的内容	Li L. et al.，2013；Geramian A. et al.，2020；Ata B. et al.，2023
维护质量控制与评估	包括预防性维护、预测性维护、质量监控与测量等方面的内容	Back J. et al.，2017；Truelove MA. et al.，2017；Sun L. et al.，2021
经验总结与未来趋势	包括技术发展趋势概述、技术创新概述等方面的内容	Truelove M. A. et al.，2017；Sun L. et al.，2021

在当今的制造业环境中，产品质量控制的重要性日益凸显。产品质量直接影响到企业的市场竞争力、品牌形象和客户满意度。以下是对产品质

量控制体系的问题描述，涵盖了质量控制理念、质量控制体系、原材料控制、生产过程控制、成品检验、质量持续改进、供应链管理、数据分析与运用、质量文化建设、质量人才培训与储备等方面。

1. 质量控制理念

质量控制理念是整个质量控制体系的基础。它强调以客户为中心，将质量作为企业长期发展的关键因素，通过预防和系统的方法，实现产品质量的持续改进和提升。质量管理近百年之中，出现了很多著名的学者，这些学者以及其贡献如表 2-3 所示，这些成就到今天依旧有很大的参考价值。

表 2-3 主要质量管理大师及其贡献

年份	质量管理大师	主张、贡献
1912	弗里·温斯洛·泰勒	scientific management
1928	沃特·阿曼德·休哈特	SQC 统计质量控制—控制图（陈克强、姜兴宇、刘伟军等，2023）
1950	威廉·爱德华兹·戴明	PDCA 循环（李华桥、吴霄、代俊安等，2019）、质量管理十四点
1952	菲利普·克劳士比	零缺陷管理
1956	阿曼德·费根堡姆	TQC、十项全面质量管理原则
1960	石川馨	QCC、因果图
1976	田口玄一	质量分类、田口方法-设计质量
1986	杰克·韦尔奇	六西格玛管理（郭佳民、董石麟和袁行飞，2011）
1986	约瑟夫·朱兰	质量三部曲、质量螺旋

2. 质量控制体系

质量控制体系是指为了实现产品质量目标而建立的一系列标准、程序和规则。它包括前期策划、生产过程控制、质量检查和质量优化等活动（Inada et al.，2013）。另外，控制体系在构建时，其出发点来源于客户对于产品的要求，包括质量、功能、结构等方面，通过实现产品来让客户满意，在这一过程中，伴随着对客户需求的分析和产品的改进，如图 2-2 所示。同时也在体系中引入质量文化，可以增强员工的质量意识和责任感。

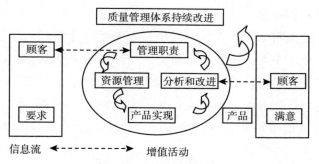

图 2 - 2　生产过程的质量控制体系

3. 原材料控制

原材料在产品制造中处于基础地位，它决定产品的价格、使用寿命以及质量。企业对于原材料的控制体现在两个方面，一是质量，二是数量，各步骤流程如图 2 - 3 所示。同时，对供应商进行定期评估和审计，确保供应商具备稳定的质量保障能力（Sioma A.，2023）。

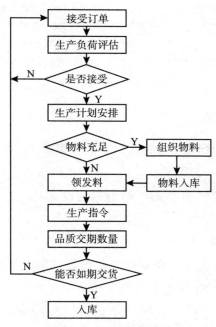

图 2 - 3　物料控制流程

4. 生产过程控制

生产过程控制是产品质量控制中最复杂的一个阶段，涉及的因素非常多，所以在这个部分，首先要确定生产计划及制作样品制定质量标准，其次对生产前样品要认真分析，因为生产开始易暴露质量盲点，最后对生产周期通过计划看板全程管控，具体内容如图 2-4 所示。同时，对生产设备进行定期维护和检查，确保设备性能正常（Garcia-Allende et al.，2008）。

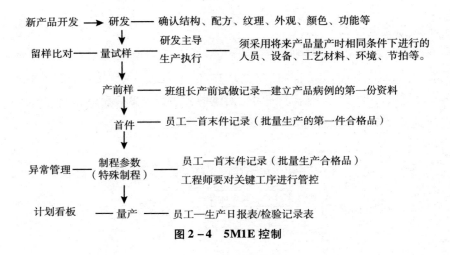

图 2-4 5M1E 控制

5. 成品检验

成品检验是确保产品质量符合要求的关键步骤。通过建立严格的检验流程和标准，如图 2-5 所示，对成品进行全面检测和测试，确保产品无缺陷或质量问题。对于不合格的产品进行追溯和纠正，防止问题再次发生（Rathore et al.，2018）。

6. 质量持续改进

产品质量的持续优化是企业提升市场占有率以及竞争力的重要手段，通过不断提高技术人员的能力、制造设备稳定性、原材料品质、制造工艺、加工环境及检测方法可靠性，实现产品质的飞跃。在质量优化过程中会使用多种工具及技术，如表 2-4 和表 2-5 所示。

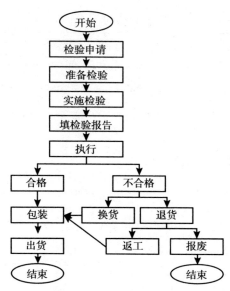

图2-5 成品检验流程

表2-4		定量质量改进工具及技术
序号	工具和技术	应用
1	调查表	系统地收集数据,以获得对事实的明确认识
2	过程能力分析	评估过程处于稳定状态下达到质量要求的能力,以改进过程
3	控制图	评估:表征加工过程的稳定性 控制:通过设置上下极限,判断产品是否通过质量标准 确认:确定过程改进措施
4	直方图	1. 显示数据波动的形态; 2. 直观地传达有关过程情况的信息; 3. 决定在何处集中力量尽力改进
5	排列图	1. 按重要性顺序显示每一项目对总体效果的作用; 2. 排列改进的机会
6	趋势图	通常用于发现数据集中的异常现象,其暗示数据的变化往往是时间及其他特定因素所导致的变异性
7	散布图	1. 发现和确认两组相关数据之间的关系; 2. 确认两组相关数据之间预期的关系

表 2 - 5　　　　　　　　　　　定性质量改进工具及技术

序号	工具和技术	应用
1	调查表	系统地收集数据，以获得对事实的明确认识
2	分层法	将大量的有关某一特定主题的观点、意见或想法按组分类
3	水平对比法	把产品制造过程与现有的先进工艺进行对比，发掘待提升的关键点
4	头脑风暴法	识别可能的问题解决方法和潜在的质量改进机会
5	鱼骨图（因果图）	1. 分析和表达因果关系； 2. 通过识别症状、分析原因、寻找措施，促进问题的解决
6	流程图	1. 描述现有的过程； 2. 设计新过程
7	树图	表示某一主题与其组成要素之间的关系

7. 供应链管理

供应链管理涵盖了从供应商到最终用户的整个价值链过程，如图 2 - 6 所示。通过对供应商、中间商和物流服务提供商等进行管理和协调，确保整个供应链的顺畅运行，提高产品质量和交货期稳定性（邹志云等，2020）。

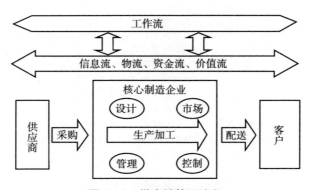

图 2 - 6　供应链管理流程

8. 数据分析与运用

数据分析与运用是实现质量改进的关键工具之一。通过对生产过程、成品检测、客户反馈等数据进行收集、整理和分析，发现潜在问题和改进点，数据分析框架如图2-7所示。运用统计方法和工具，制定相应的改进措施和优化方案（杨雅棠等，2020）。

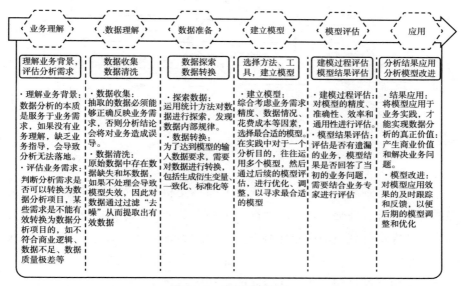

图2-7 数据分析框架

产品质量控制是一个全面而系统的工程，需要从多个方面入手。先要有对待质量控制的正确态度，并且把质量管控体系与标准建立起来，把5W1E相关质量特性重点管控，持续改进质量、优化供应链管理、运用数据分析工具、营造质量文化氛围以及注重质量人才的培养和储备等方面的努力实现产品质量的全面提升为企业的可持续发展提供有力保障。

2.2 产品生产过程质量特性

在产品生产过程中，质量特性对于产品的性能、安全性和可靠性等方面具有重要影响。本节旨在阐述产品生产过程中涉及的主要质量特性，包括原料质量、工艺质量、组装精度、性能指标、可靠性、质量体系等方面，如图2-8所示。

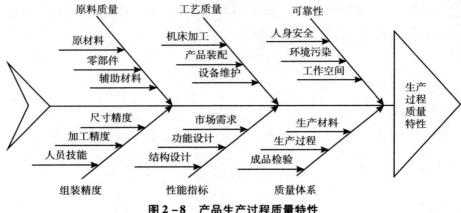

图 2-8 产品生产过程质量特性

此外，外观质量是指产品在视觉上的感受和美感程度。企业应关注产品的外观设计，并确保产品外观符合市场需求和设计要求。在产品生产过程中，要保证外观质量的稳定性和一致性（Jing-ying et al.，2022）。包装质量是指产品在运输和存储过程中，保护产品不受损坏的能力。企业应选择合适的包装材料和方法，并确保产品在运输和存储过程中的安全性和稳定性。同时，包装质量也包括产品标识、说明书的制作和包装美观度等方面（Li A. and He Z.，2020）。安装调试是产品在正式投入运行前，根据客户实际需求进行安装与功能测试的过程。在这个过程中，企业应提供必要的安装调试指导和培训，以确保客户能够正确地安装和使用产品。同时，企业应关注安装调试过程中的质量控制，及时解决可能出现的问题（He et al.，2022）。人员培训与资质是提高产品质量的重要因素之一。企业应对生产和管理人员进行定期的培训和教育，增强他们的技能和质量意识。同时，对于员工能力也要进行判断，要将工位所需技能与员工具备能力进行对比，确保员工能够保质保量地完成作业任务。

产品质量特性是量化质量最直接的方法，同时也是保证质量关键的因素，企业往往需要对这些特性数据进行统计与分析。企业还应关注原料质量、工艺质量、组装精度、性能指标、安全可靠性、外观质量、包装质量、安装调试过程、质量控制体系和人员培训与资质等方面，通过实施有效的质量控制和管理措施来提高产品的质量水平。下面把产品生产过程划分几个阶段，分别阐述相关的质量特性。

2.2.1 产品结构设计阶段

在产品结构设计的阶段，质量特性是至关重要的考虑因素。这些特性可以划分为多个方面，包括功能性、可靠性、安全性、成本效益、可操作性、兼容性等方面，具体如表 2 – 6 所示。

表 2 – 6   产品结构设计阶段的质量特性

质量特性	概念	具体要求
功能性	满足用户需求	（1）确保产品功能，满足设计规格和用户需求； （2）满足产品的性能、效率、可靠性等方面要求
可靠性	规定条件下，无故障地执行指定功能	（1）确保产品在使用寿命内具有较高的可靠性； （2）关键部件进行可靠性分析和测试
安全性	产品使用中，不会对人身和环境造成危害	（1）遵循法规和标准，确保产品的安全性； （2）对产品安全性进行测试，提高产品运行质量
成本效益	满足功能、可靠性和安全性等前提下，产品的制造成本最低化	寻求最佳的性价比，实现产品的经济效益最大化
兼容性	产品与其他设备或系统协同工作的能力	确保产品具有良好的兼容性，便与其他设备或系统无缝集成
可操作性	用户操作产品的便捷程度和友好程度	注重提高产品的可操作性，提升用户的使用体验和效率

综上所述，产品结构设计阶段的质量特征涵盖了功能性、可靠性、安全性、可操作性、兼容性、成本性等方面。这些特征在产品开发过程中都应得到充分考虑和满足，以确保最终产品的质量和性能达到预期水平。

2.2.2 产品工艺设计阶段

在产品工艺设计阶段，质量特性是评估产品优劣的关键因素。本节旨在阐述产品工艺设计阶段涉及的主要质量特性，包括适应性、耐用性、维护性、美观性和经济性等方面，具体如表 2-7 所示。

表 2-7 产品工艺设计阶段的质量特性

质量特性	概念	具体要求
适应性	产品在不同环境条件下，能够正常工作	（1）确保产品能够适应不同的工作环境和条件； （2）考虑产品在不同地域和文化背景下的适应性
耐用性	产品使用过程中，能够经受使用和磨损	确保产品较长的使用寿命且进行耐用性测试和评估
维护性	产品使用过程中，能方便地进行维护和修理	（1）关注产品维护性设计，确保产品易于维护和修理； （2）提供必要的维护和修理指南，以方便客户进行日常维护和管理
美观性	产品在外观和细节上，能够满足用户审美需求	（1）关注产品的美观性设计，确保产品外观和细节符合市场需求和用户期望； （2）对产品的外观进行评估和测试，以确保其具有较高的美观度
经济性	产品在成本和价格方面，能够满足市场和用户需求	产品在成本和价格方面，满足市场和用户需求的能力

产品工艺设计阶段的质量特性是评估产品质量的重要因素。企业应关注功能性、可靠性、安全性、适应性、耐用性、维护性、美观性和经济性等方面，通过合理的工艺设计和质量控制措施来提高产品的质量水平。同时，持续进行质量改进和预防措施可以进一步提升企业的竞争力并满足客户的需求。

2.2.3 产品生产制造阶段

在产品生产制造阶段，质量特性是确保产品符合设计要求和客户期望的关键因素。本节旨在阐述产品生产制造阶段涉及的主要质量特性，包括物料管理、生产工艺、工序控制、检验与测试、包装与储存以及质量记录等方面，具体如表 2-8 所示。

表 2 – 8 产品生产制造阶段的质量特性

质量特性	概念	具体要求
物料管理	产品生产所需的原材料、零部件的质量和供应稳定	(1) 建立有效的物料管理体系，对供应商进行严格筛选和评估； (2) 定期对库存物料进行质量抽查和检验
生产工艺	将原材料和零部件转化为成品的过程	(1) 制定合理的生产工艺流程； (2) 生产设备的维护和更新，保持其良好的工作状态
工序控制	产品在生产过程中，工序符合质量要求和工艺规范	建立完整工序控制体系，对每道工序进行把关
检验与测试	产品符合设计要求和客户期望的重要手段	(1) 建立完善的检验与测试体系，对产品进行全面的质量检测和性能测试； (2) 定期对检测设备进行校准和维护
包装与储存	产品在交付前的最后环节	(1) 对产品的外包装进行检查，根据产品特性，确定包装原料与方式； (2) 保证储存环境符合要求需求
质量记录	跟踪产品质量特性的重要手段	(1) 跟踪产品质量特性的重要手段； (2) 定期对质量记录进行整理和分析

产品生产制造阶段的质量特性是确保产品质量和满足客户需求的关键因素。企业应关注物料管理、生产工艺、工序控制、检验与测试、包装与储存以及质量记录等方面，通过科学的管理方法和严格的质量控制措施来提高产品的质量水平。

2.2.4 产品零部件装配阶段

在产品零部件装配阶段，质量特性是评估产品装配质量和性能的关键因素。本节旨在阐述产品零部件装配阶段涉及的主要质量特性，包括装配精度、配合质量、紧固质量、密封质量、总体外观质量、平衡与稳定质量、功能测试质量和总体性能质量等方面，具体如表 2 – 9 所示。

表 2 - 9　　　　　　　　　产品零部件装配阶段的质量特性

质量特性	概念	具体要求
装配精度	装配过程中，零部件之间的相对位置和尺寸精度	关注装配精度的控制，确保各零部件准确无误地装配到位，以达到产品设计要求和性能要求
配合质量	产品零部件之间相互连接和配合的程度	零部件之间的配合公差、间隙和过盈量的控制
紧固精度	产品零部件之间连接的紧固程度	(1) 确定合理的紧固方式，提高装配质量； (2) 制定紧固件的检查周期与维护标准
密封质量	产品零部件之间密封性能的好坏	(1) 关注密封件的选择和安装质量； (2) 对密封件进行定期检查和维护
总体外观质量	产品整体的外观质量和美观度	(1) 关注产品外观细节的处理； (2) 定期对生产线进行检查和维护
平衡与稳定质量	产品在使用过程中保持平衡和稳定的能力	(1) 关注零部件之间平衡和稳定的控制； (2) 高速运转的产品，应进行平衡测试和调整
功能测试质量	产品各项功能进行测试和验证的质量	(1) 对产品进行全面的功能测试和验证； (2) 定期对测试设备进行检查和维护
总体性能质量	产品整体性能指标的完成程度	(1) 装配完成后，应对产品的各项性能指标进行全面的检测和验证； (2) 应关注产品的可靠性、耐久性和维护性等方面的测试和质量评估

产品零部件装配阶段的质量特性是评估产品装配质量和性能的关键因素。企业应关注装配精度、配合质量、紧固质量、密封质量、总体外观质量、平衡与稳定质量、功能测试质量和总体性能质量等方面，通过系统的管理方法和严格的质量控制措施来提高产品的装配质量和性能水平。

2.3　生产过程质量特性对产品整体质量的影响

生产过程是产品质量控制的核心环节。本章在 2.2 节阐述了产品生产过程的一些质量特性，包括原料质量、工艺质量、组装精度、性能指标、生产设备、质量体系等方面，它们都会对产品的质量产生直接或间接的影响，下面用图2-9展示质量特性对产品质量的影响。

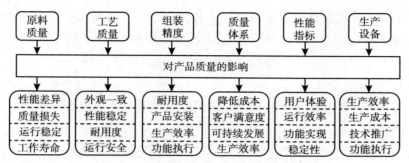

图2-9 生产过程质量特性对产品的影响

生产过程对产品质量的影响是多方面的。从原材料质量到工艺质量、组装精度、性能指标、生产设备、质量体系等各个环节都对产品质量有着直接或间接的影响。因此，在生产过程中，企业需要全面考虑各个因素，制定相应的措施和方法，确保产品质量的稳定和提升。下面针对生产过程的各个阶段，阐述各阶段质量特性对产品质量的影响。

2.3.1 结构设计质量特性对产品质量的影响

产品质量是设计出来的，其中结构设计决定产品的功能与可靠性。以下从八个方面阐述结构设计质量特性对产品质量的影响。

1. 稳定性

稳定性是产品在特定条件下，抵抗外部干扰而保持其原有状态的能力。结构设计时，需要考虑产品的使用环境、使用目的、物理特性等因素，确保产品在受到外部干扰时，仍能保持稳定。不稳定的结构设计可能导致产品在运输、储存或使用过程中出现问题，影响产品的性能和质量。

2. 安全性

安全性是产品在正常使用过程中，不会对使用者或周围环境产生危害的能力。结构设计应确保产品在使用过程中不会出现安全隐患，如锋利的边缘、过长的突出物、过大的表面张力等。此外，对于某些特定产品，如医疗器械等，结构设计还需满足相关安全标准。

3. 疲劳强度

疲劳强度是指产品在周期性或非周期性重复使用过程中，抵抗疲劳断裂的能力。结构设计时需要考虑产品在使用过程中可能受到的疲劳载荷，如重复使用、振动、冲击等。为提高产品的疲劳强度，结构设计可采用优化材料、增加支撑结构、降低应力集中等方法。

4. 互换性

互换性是指不同产品或部件之间能够方便地更换的能力。良好的互换性可以降低产品的维修成本和时间，提高产品的可靠性和使用寿命。结构设计时，需要考虑产品各部件的互换性，如采用标准化的接口、通用的连接方式等。

5. 耐久性

耐久性是指产品在正常使用和维护条件下，能够长时间保持良好的性能和质量的能力。结构设计时，需要考虑产品的耐久性要求，如采用高强度材料、增加耐磨涂层、避免应力集中等措施。此外，合理的维护和保养也可以延长产品的使用寿命。

6. 人机工程

人机工程是指产品与人的生理、心理特征相适应的能力。良好的人机工程设计可以提供舒适的使用体验，提高工作效率和安全性。结构设计时，需要考虑人的生理和心理特征，如人体尺寸、操作习惯、视觉习惯等，使产品更符合人的需求和习惯。

7. 兼容性

兼容性是指产品与其他相关产品或系统之间能够良好地相互配合的能力。随着科技的发展，许多产品都需要与其他产品或系统配合使用，因此良好的兼容性对于产品的质量和性能至关重要。结构设计时，需要考虑产品与相关产品或系统的兼容性，如数据接口、电源接口等。

8. 可维修性

可维修性是指产品失效时，通过维修恢复产品功能的能力。好的可维修性可以减少维护成本，提高产品使用寿命。结构设计时，需要考虑产品的可维修性要求，如采用模块化设计、易于更换的部件等。此外，提供详细的维修指南和使用手册也可以提高产品的可维修性。

结构设计质量特性对产品质量有着重要影响。为了提高产品质量和性能，需要在结构设计阶段充分考虑各种质量特性要求，并采取相应的设计措施。同时，还需要在生产过程中保证结构设计的准确性和一致性，以确保产品的稳定性和安全性。

2.3.2　工艺设计质量特性对产品质量的影响

工艺设计是产品质量控制的重要环节之一，其质量特性对最终产品的质量有着至关重要的影响。本节将从原材料选择与控制、工艺流程设计、工艺参数设定、设备与工具选择、操作人员培训、工艺执行与监控、质量检验与控制、环境与安全因素考虑等方面，探讨工艺设计质量特性对产品质量的影响。

1. 原材料选择与控制

原材料的选择与控制是工艺设计的基础。选用合适的原材料，能够保证产品的基本质量，并降低生产成本。原材料的质量不稳定、不匹配或存在杂质等问题，将直接影响产品的性能和可靠性。因此，在工艺设计中，应重视原材料的选择与控制，确保原材料的质量符合要求。

2. 工艺流程设计

工艺流程设计是工艺设计的核心，它对产品装配的工序、工位以及工步进行设定。一个好的工艺流程，能够节省装配时间，节约人力成本，并且提高产品质量。工艺流程的繁琐、缺失或不合理，可能导致生产效率低下、产品质量不稳定或出现缺陷。因此，在工艺设计中，应注重对工艺流程的优化和设计，确保其合理性和有效性。

3. 工艺参数设定

工艺参数是工艺执行的关键因素，它决定了生产过程中的各项参数和指标。合理的工艺参数设定可以提高产品的性能和可靠性，并降低废品率。工艺参数的不准确、不合理或不稳定，可能导致产品质量下降、出现缺陷或批次性问题。因此，在工艺设计中，应注重对工艺参数的设定和优化，确保其准确性和稳定性。

4. 设备与工具选择

设备与工具是生产过程中必不可少的工具和手段。选择合适的设备和工具能够提高生产效率、降低成本并保证产品质量。设备与工具的不匹配、老化或故障等问题，会造成产品生产流程中断，埋下安全隐患。所以在工艺设计中，要注重对设备和工具的选择和维护，确保其适应性和可靠性。

5. 操作人员培训

操作人员是生产过程中的执行者，他们具备技能与工位所需技能的匹配度会直接影响整个生产效率与产品质量。所以，对操作人员进行技能培训是必不可少的，这样可以提高他们的技能水准，并确保产品质量的稳定性。操作人员的不足、不熟练或安全意识淡薄等问题，可能导致产品质量不稳定、批次性问题或安全隐患。因此，在工艺设计中，应注重对操作人员的培训和管理，确保他们具备必要的技能和素质。

6. 工艺执行与监控

工艺监控对于工艺设计的落地和实施很重要，它能够保证生产过程的持续性和操作工人的效率。通过工艺监控，能够找到生产过程中质量的薄弱点，可以提前采取预防措施，解决不足，提高质量。工艺执行不严格、监控不到位等问题可能导致产品质量下降、批次性问题或安全隐患。因此，在工艺设计中应注重对工艺执行与监控的管理和优化，提高产品质量稳定性，降低批次性问题的出现概率，更好地提高产品的质量和生产效率，降低成本并获得更好的市场竞争力。

7. 质量检验与控制

质量检验与控制是保证产品质量的重要手段之一，通过对产品进行检验和控制可以发现和剔除不合格品，保证产品质量的稳定性和可靠性。若能做好这一方面的工作，就能更好地提高产品的质量稳定性、可靠性及顾客满意度，降低废品率、提高生产效率并减少资源浪费。

8. 环境与安全因素

考虑环境与安全因素是产品质量的重要影响因素之一，特别是对于一些特殊的产品，如电子产品、医疗器械等。环境因素更为重要，如温度、湿度、灰尘等。都可能对产品质量产生影响。安全因素如防火防爆等，也直接关系到产品质量和生产安全。因此在工艺设计中应充分考虑环境与安全因素，采取相应的措施，如建立洁净室、采用安全设备等以保证产品质量的稳定性和可靠性。

工艺设计质量特性对产品质量有着至关重要的影响，从原材料选择与控制，到环境与安全因素，考虑每一个环节都关系到产品质量的稳定性和可靠性，因此在实际工作中应注重对这些方面的管理和优化，从而提高产品的质量和生产效率，降低成本并获得更好的市场竞争力。

2.3.3 生产制造质量特性对产品质量的影响

生产制造是产品质量的直接决定因素之一，其质量特性对最终产品的质量有着至关重要的影响。本节将从原材料控制、生产设备精度、质量控制体系、环境因素、标准化操作等方面，探讨生产制造质量特性对产品质量的影响。

1. 原材料控制

原材料是产品制造的基础，其质量直接影响产品的性能和可靠性。因此，在生产制造过程中，应严格控制原材料的质量，确保其符合设计要求和标准。原材料的不稳定、不匹配或存在杂质等问题，将直接影响产品的性能和可靠性。因此，在生产制造中，应注重对原材料的控制和管理，确保其质量和稳定性。

2. 生产设备精度

生产设备是实现工艺流程的重要手段，设备的精度和性能对产品质量有着直接的影响。精度高的设备能够提高产品的加工精度和可靠性，而设备精度不足可能导致产品出现误差或缺陷。因此，在生产制造中，应注重对生产设备的维护和保养，确保其精度和可靠性。

3. 质量控制体系

质量控制体系涵盖产品质量管理的全流程作业，包括操作人员要求、机器要求（加工机器与辅助设备）、原材料品质、加工工艺、加工环境和质检。通过这一套流程，可以实现产品的全链条质量控制，助力发现与解决问题，提高产品质量。因此，在产品生产制造中，应注重建立和完善质量控制体系，严格控制生产各环节的质量。

4. 环境因素

环境因素是产品质量的重要影响因素之一，如温度、湿度、灰尘等都可能对产品质量产生影响。在生产制造中，应注重对环境因素的控制和管理，采取相应的措施如环境净化、温湿度控制等，以降低环境因素对产品质量的影响。

5. 标准化操作

标准化操作是保证产品各零件质量水准一致的方法，通过制定统一的质量要求，使产品在生产周期内达成同等质量水平。产品质量其实也符合木桶定理，也就是产品质量是由短板处的工序质量决定的，所以，必须建立标准的操作规范以及质检要求，这样才能提高产品质量。

生产制造质量特性对产品质量有着至关重要的影响。从原材料控制到环境因素考虑，每一个环节都关系到产品质量的稳定性和可靠性。因此在实际工作中应注重对这些方面的管理和优化，从而提高产品的质量和生产效率，降低成本并获得更好的市场竞争力。

2.3.4 装配质量特性对产品质量的影响

装配质量特性是产品制造过程中重要的质量因素，它直接影响产品的性能、安全性和外观等方面，从而对整个产品的质量产生重要影响。本书将从功能性、可靠性、外观质量和经济性等方面，探讨装配质量特性对产品质量的影响。

1. 功能性

功能性是产品最基本的特性之一，它是指产品在设计和使用过程中所具备的功能。在装配过程中，要确保产品的各个部件都能够正确地安装在一起，并且能够实现产品应有的功能。如果装配不当，可能会导致产品功能失效或性能下降，从而影响产品的整体质量。

2. 可靠性

可靠性是指产品在规定的时间和条件下，完成规定功能的能力。在装配过程中，要保证各个部件的配合和连接精度，避免出现松动、漏气、漏水等现象，从而提高产品的可靠性。如果装配不当，可能会导致产品可靠性降低，出现故障或损坏等情况。

3. 外观质量

外观质量是指产品的外观对人们感觉的影响程度。在装配过程中，要确保各个部件的外观质量符合设计要求，避免出现划痕、毛刺、色差等现象。如果装配不当，可能会导致产品外观质量下降，影响人们对产品的评价和购买意愿。

4. 经济性

经济性是指产品在制造和使用过程中的成本和效益。在装配过程中，要尽可能地降低装配成本和提高生产效率，同时要保证产品的质量和性能。如果装配不当，可能会导致产品成本增加、生产效率降低或者出现过多的维修和保养费用等问题。

综上所述，装配质量特性对产品质量有着重要的影响。通过对各个方面的管理和控制，可以完善产品的功能性、可靠性、外观质量和经济性，最终实现产品整体质量和竞争力的提高。

2.4 本 章 小 结

本章对产品生产过程中一些质量特性进行阐述，为本书接下来各章节进行的质量综合评价提供理论依据。首先，本章对目前生产过程中有关于质量特性的系列问题进行描述，并通过查阅文献，列举出这些问题的解决方案。其次，对产品生产过程中质量特性进行梳理，包括原料质量、工艺质量、组装精度、性能指标、可靠性、外观质量、包装质量、安装调试过程、质量体系和人员培训与资质等多方面，本章接下来又根据本书后续章节的设置，把产品生产过程划分为多个阶段，并对每个阶段的质量特性进行列举。最后，阐述质量特性对于产品质量的影响，例如，原料质量、工艺质量、组装精度、性能指标、可靠性、生产设备、安装调试过程、质量体系和人员培训与资质等方面，同样根据本书后续章节的设置，也把这些影响划分为多个阶段，并精细化描述这些影响。本章提到的质量特性为产品通用质量特性，不针对某个固定行业，因此适用面更广。

第 3 章

基于 FMEA 的产品设计
质量综合评价与管控

在产品设计阶段，对产品做出一定的质量要求，保证产品整体的质量水准，称为产品设计质量。无论是新产品的研发，还是老产品的升级，产品设计质量评价都是必不可少的。产品设计质量评价能够实现三个目的，分别是产品功能质量的确定、产品价值质量的确定、产品图纸质量的确定。以此可看出，产品设计质量评价对于产品整个生产周期的质量评价非常重要。本章基于潜在的失效模式及后果分析（failure mode and effects analysis，FMEA）方法对产品的设计质量展开评价，并提供一个应用实例，为产品设计质量综合评价提供一种新思路。

3.1 问题描述

人们随着科学技术的发展及生活水平的提高，对于产品质量的要求越来越高。质量好的产品往往有一个共同点就是拥有一个好的设计，如果产品设计出现差错，即使后面的工序加工很好，也产不出一件好的产品，更有甚者会误导后续的工作，造成大量残次品。我们常说质量是设计出来的，所以设计质量评价对于产品研发和升级阶段非常重要。进行产品设计质量评价，需要注意以下几个问题。首先，在产品设计阶段，由于缺乏产品成品及制造数据，所以在评价过程中存在大量不确定信息和影响因素，因此确定一个合适的评价方法至关重要。其次，在产品设计阶段有多个职能部门参与，所以在进行产品设计质量评价中，如何确定这些职能部门评价人员的权重也是值得思考的。最后，对来源于多个职能部门的评价信息聚合也很重要。本章运用改进后的 FMEA 方法对产品设计质量进行综合评价。

FMEA 是识别产品设计阶段与制造阶段潜在失效模式的一种方法。它通过分析产品的组成零件以及功能系统，构建结构树和功能树，然后对各个节点的严重度、频率和可探测度等风险因子进行评价，最后对于高风险的失效模式，采取针对性的预防措施，提高产品质量。FMEA 方法首次出现是在 20 世纪 60 年代，当时为了提高航空航天工业产品的安全性和可靠性，对航空航天工业产品设计质量使用 FMEA 方法进行分析（李彦锋等，2020）。FMEA 方法的目的是通过科学方法使产品能够主动预防故障，而不是修复故障（孙延浩等，2021）。由于 FMEA 方法其操作简单且适用面广，被广泛应用于交通、能源、医疗和运输等方面（朱江洪和李延来，2019；Dorosti et al.，2020；Huang et al.，2021）。从 FMEA 方法产生的背景可以看出，它适用于各项指标数据明确的产品，如果想将 FMEA 用于存在不确定信息的产品设计质量评价还需要进一步完善。

FMEA 方法首先需要整理产品或系统的潜在失效模式，其次根据评价人员自身专业知识、工作经历，对失效模式（failure mode，FM）的严重度（sseverity，S）、频率（occurrence，O）和可探测度（detection，D）三个影响因素给出评价值，再通过评价去计算失效模式的 RPN 值（He et al.，2022），最后根据 RPN 值的排序确定失效模式的风险等级。尽管 FMEA 被广泛使用，但对于产品设计质量评价，它还是有一些不足的。为了保证 FMEA 评价的客观性，必须确保评价失效模式的评价语言符合实际情况，这样才能对失效模式做出更全面、具体的评价。然而，传统的 FMEA 使用自然语言进行评价，这对于存在不确定信息的应用场景而言，不符合评价人员在实际评价中的心理变化（He et al.，2022）。另外，影响因素的权重也是影响最终评价结果的关键（Ramere M. D. & Opeyeolu T. L.，2021）。例如，传统 FMEA 将影响因素的权重均匀分配，这将导致计算结果与实际情况之间存在很大差异（Lo et al.，2019）。在实际生产中，不同职能岗位的评价人员对失效模式的认知与理解有所不同，因此也有必要准确计算每个评价人员的权重，以确定失效模式的排序（刘铮和刘虎沉，2021；Liu et al.，2019）。

为了使 FMEA 方法适用于失效模式存在不确定信息的情况，许多学者和研究人员对 FMEA 方法进行了完善，使其更客观、真实地反映失效模式的影响。一方面，各学者与研究人员将 FMEA 与模糊理论以及其拓展知识相结合，使得 FMEA 方法适用于存在不确定信息的失效模式风险评价。刘虎臣等（Liu H. C. et al.，2019）利用区间值直觉模糊集（Interval Valued Intuitionistic Fuzzy Sets，IVIFS）和多属性边界近似区域比较（Multi-Attribute Boundary Approximation Area Comparison，MABAC），提出了一种基于 FMEA 方法的综合风险排序方法。此外，在权重信息先验知识不完全的情况下，建立了获得风险因素最优权重的线性规划模型。丹尼什瓦尔等（Daneshvar S. et al.，2020）提出了一种新的模糊智能 FMEA 集成框架。该框架采用模糊集理论、层次分析法（Analytic Hierarchy Process，AHP）和数据包络分析法（Data Envelopment Analysis，DEA）相结合的方法来处理不确定信息，提高了风险评价的可靠性。亚兹迪·穆罕默德（Mohammad Y.，2018）利用模糊集理论，提出了一种处理评价过程中可能存在的不确定性的交互式方法，采用了 AHP 和熵权法，求解评价人员权重和影响因素权重。刘译毅和肖福源（Liu Z. Y. & Xiao F. Y.，2019）结合证据理论、直觉模糊集（Intuitive Fuzzy Set，IFS）和信念熵，提出了一种新的方法来明确评价人员的权重，从而分析失效模式的风险等级。

另一方面，将 FMEA 方法与多属性决策的相关理论方法进行结合，也是处理存在不确定信息的失效模式风险评价常用方法。王伟忠（Wang W. Z. et al.，2019）开发了一个混合 FMEA 框架，该框架将交互式和多准则决策方法与 Choquet 集成方法相结合。在此框架下，风险评价中的不确定性由非正规模糊数描述。张恒杰等（Zhang H. J. et al.，2018）使用犹豫模糊语言改善 FMEA 中评价语言自由度低的不足，并且创立一个共识模型，通过最小调整策略，使得评价人员达成共识，并在此基础之上，求解评价人员权重和影响因素权重。最后结合这些信息，求解失效模式风险值，再将这些潜在失效模式划分为几个有序风险类别。在 Dempster-Shafer 证据理论的框架下，郑海霞和唐永昌（Zheng H. X. & Tang Y. C.，2020）

提出了一种基于三角分布的基本概率分配方法，由不同的专家评价失效模式风险水平。并基于信息融合的方法改进 RPN 模型，使其可以计算失效模式的排名。博拉尔·苏亚瓦等（Boral S. et al.，2019）提出了一种新的综合多准则决策方法——模糊多属性理想比较分析法。它使用定量方法计算风险因素之间的模糊相对重要性。田章鹏等（Tian Z. P. et al.，2018）为了提高 FMEA 的适用面，采用模糊优化方法确定影响因素的权重。使用模糊 VIKOR 方法评价安全政策，聚合分析五家新闻机构在专家决策中的内容。

在国内，学者们对于 FMEA 方法的研究也产生了大量成果。在 TOPSIS 方法的基础上，李蒙等（2023）创新性地提出了一种优化的 FMEA 风险评价模型。该模型采用了模糊置信度结构来描述评价因子，进一步引入了评价因子权重概念。通过构建风险影响因素的加权归一化矩阵，该模型能够有效地对风险进行量化和排序。此外，该模型还借鉴了 TOPSIS 逼近理想解的原理，使得风险排序更加科学和合理。倪巍鑫等（2023）对 FMEA 方法进行了创新性的改进，融合了语言图像模糊集与 MABAC 法。他们采用语言图像模糊集来精准表达评价人员的意见和判断，通过相似聚类法对评价者进行合理分组，并运用熵权法科学确定各影响因素的权重。最终，利用 MABAC 法实现对失效模式的有效排序。刘胜等（2021）针对 FMEA 方法进行了创新性的改进，结合模糊置信理论来提升评价的准确性。在该模型中，注重引入信息熵的综合权重来确定专家意见的可信度，进而使用语言变量和模糊等级来量化评估各风险因素的相对权重。基于国内对于 FMEA 的研究现状，能够得到现阶段 FMEA 方法的完善主要还是聚焦在评价语言选择、影响因素及评价人员权重的确定、评价信息融合几个方法，与国外对于 FMEA 方法的研究发展方向是一致的。

本章总结国内外 FMEA 的研究现状，提出了一种新的 FMEA 改进方法，使得 FMEA 方法能够用在产品设计质量评价上。首先，本章在评价语言上选择直觉模糊数，因为相对于其他的评价语言，直觉模糊数使用的自由度更大。评价人员在使用直觉模糊数进行评价时，只需要考虑影响因素在模糊集中隶属度、非隶属度和犹豫度数值是多少，不用再进一步划分评价语言的颗粒度及评价语言集的划分。其次，本章还采用相似性测度的概念来求解评价人员权重。本章认为评价人员对于失效模式影响因素的评价值虽然不同，但始终围绕一个中心点。因此，本章计算每位评价人员评价值与中心点的距离并归一化，得到评价人员权重。最后，在评价人员达成共识的前提下，对影响因素进行两两对比，形成对比矩阵，再把影响因素对比矩阵转化为非线性规划模型，求解模型得到影响因素权重。

3.2 方法原理

本节将对本章中出现的方法、定义、运算规则进行阐述，便于掌握本章的产品设计质量综合评价方法。

3.2.1 直觉模糊数

1965 年，扎德（Zadeh）首次定义了直觉模糊集的数学含义，开创了模糊数学新的篇章。1986 年，阿塔纳索夫（Atanassov）对模糊集进行推广，也是首次用隶属度、非隶属度和犹豫度三个指标表示一个元素与特定集合的关系，并提出直觉模糊集的概念。设 X 是一个非空集合，集合 X 上的模糊集 F 由隶属度 μ_F 表示，其中 μ_F：$X \to [0, 1]$，那么表示 x 在集合 F 的隶属程度就用 $\mu_F(x)$。那么：

$$A = \{\langle x, \mu_A(x), \nu_A(x) \rangle \mid x \in X\} \tag{3-1}$$

为直觉模糊集，式（3-1）中，$\mu_A(x)$、$\nu_A(x)$ 分别表示集合 X 中模糊集 A 的元素 x 属于模糊集 A 的隶属度与非隶属度，且满足：

$$0 \leqslant \mu_A(x) \leqslant 1, \ 0 \leqslant \nu_A(x) \leqslant 1, \ 0 \leqslant \nu_A(x) + \mu_A(x) \leqslant 1 \tag{3-2}$$

那么 $\pi_A(x)$ 表示元素 x 属于 X 的子集 A 的犹豫度，表达式为：

$$\pi_A(x) = 1 - \nu_A(x) - \mu_A(x) \tag{3-3}$$

若我们在直觉模糊集中，将一个个元素进行抽离，就形成了直觉模糊数。设 $a = (\mu_a, v_a)$，$\beta = (\mu_\beta, v_\beta)$ 为直觉模糊数（Zhang X. & Xu Z.，2015），则有以下几个运算规则：

（1）$\alpha + \beta = (\mu_\alpha + \mu_\beta - \mu_\alpha \mu_\beta, \ v_\alpha v_\beta)$

（2）$\alpha \times \beta = (\mu_\alpha \mu_\beta, \ v_\alpha + v_\beta - v_\alpha v_\beta)$

（3）$\alpha - \beta = (\mu_\alpha v_\beta, \ v_\alpha + \mu_\beta - v_\alpha \mu_\beta)$

（4）$\alpha \div \beta = (\mu_a + v_\beta - \mu_a v_\beta, \ v_a \mu_\beta)$

（5）$\lambda a = (1 - (1 - \mu_a)^\lambda, \ \nu_a^\lambda)$

（6）$a^\lambda = (\mu_a^\lambda, \ 1 - (1 - \nu_a)^\lambda)$

（7）$\bigoplus_{j=1}^{n} a_j = (1 - \prod_{n}^{j=1} (1 - \mu_{a_j}), \ \prod_{n}^{j=1} \nu_{a_j})$

（8）$\bigotimes_{j=1}^{n} a_j = (\prod_{n}^{j=1} \mu_{a_j}, \ 1 - \prod_{n}^{j=1} (1 - \nu_{a_j}))$

运算规则中的 $\otimes$、$\oplus$ 为特殊运算符号，μ_α 为直觉模糊数 a 的隶属度，v_a 为直觉模糊数 a 的非隶属度，λ 为常数。

为了最终对潜在失效模式进行风险排序，我们设定直觉模糊数得分函数等概念，去量化直觉模糊集。假设直觉模糊数 $a = (\mu_a, v_a)$，其得分函数定义如下。

$$S(a) = |\mu_a - v_a| \qquad (3-4)$$

精确函数定义为：

$$H(a) = \mu_a + v_a \qquad (3-5)$$

相似性函数定义为：

$$L(a) = \left| \frac{1 - \nu_a}{1 + \pi_a} \right| \qquad (3-6)$$

式（3-6）中 π_a 为 a 的犹豫度，相似性函数是在得分函数基础上提出的，因为实际评价过程中，犹豫度是根据实际需要去设定的。

根据上述函数概念以及计算公式，就可以对直觉模糊数进行量化，具体方法如下所示。

假设两个直觉模糊数 $a_i = (\mu_{a_i}, \nu_{a_i})$ 和 $a_j = (\mu_{a_j}, \nu_{a_j})$ 的方法。

若 $S(a_i) < S(a_j)$，则 $a_i < a_j$。

若 $S(a_i) = S(a_j)$，则有如下两种情况：

若 $H(a_i) < H(a_j)$，则 $a_i < a_j$。

若 $H(a_i) = H(a_j)$，则 $a_i = a_j$。

因为相似性函数是在得分函数的基础上进行了改进，因此所有相似性函数 $L(a)$ 符合得分函数的规则，也即：

若 $L(a_i) < L(a_j)$，则 $a_i < a_j$。

若 $L(a_i) = L(a_j)$，则 $a_i = a_j$。

3.2.2　FMEA 方法

　　FMEA 方法是一套面向团队的、系统的、定性分析的方法，其评价对象主要是产品的组成零件及功能系统，构建结构树和功能树，其次对各个节点的失效模式及失效后果进行分析。最后计算得出每一种失效模式的 RPN 值，通过识别现行的风险控制措施，按 RPN 值排序，制定改进措施降低风险并完成验证。FMEA 就是综合评价人员对失效模式的评价信息，因此在进行最后的 RPN 值计算之前，要确定评价人员及影响因素的权重，这些权重信息对最终 RPN 值影响很大。

　　FMEA 方法在实际应用中遵循一个七步流程，这些步骤包括项目策划及定义、结构分析、功能分析、失效分析、风险分析、优化措施的实施以及结果的文件化。每一步骤都需要特定的材料和产出，以确保分析的有效性和准确性，如图 3－1 所示。

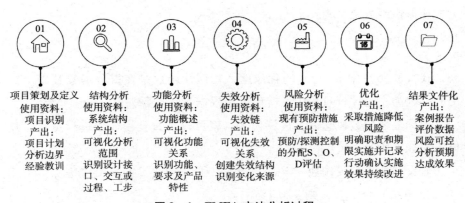

图 3－1　FMEA 方法分析过程

　　项目策划及定义阶段需要开展的工作有：项目确定、项目计划、分析边界、确认基准 FMEA 这几个方面。在设计阶段进行项目确定时，要从顾客需求、企业实力、政策规定等几方面去考虑。项目计划是整个项目策划及定义阶段最重要的部分，它对 FMEA 项目开展的 5T 进行明确，5T 分别是目的（intent）、时间安排（timing）、团队（team）、任务（task）和工具（tool）。FMEA 的成功实施取决于跨职能团队的积极参与，在项目策划及定义阶段就需要将团队成员确定下来，团队成员一般由核心团队成员与拓展团队成员组成，团队成员构成如图 3 - 2 所示。

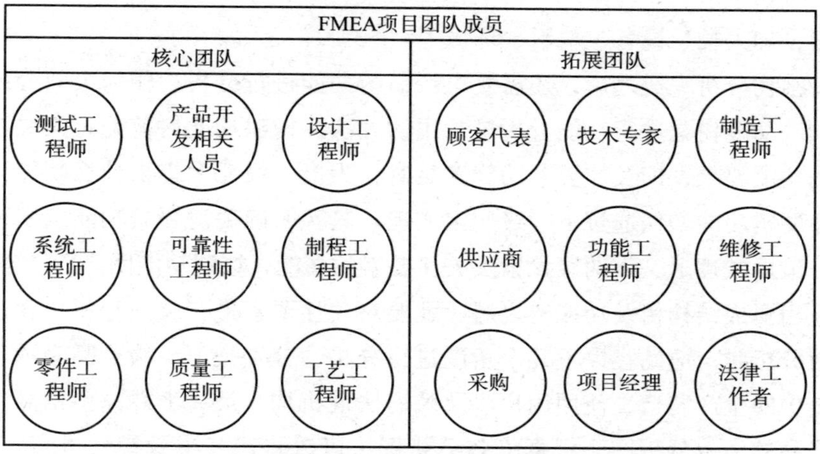

FMEA项目团队成员					
核心团队			拓展团队		
测试工程师	产品开发相关人员	设计工程师	顾客代表	技术专家	制造工程师
系统工程师	可靠性工程师	制程工程师	供应商	功能工程师	维修工程师
零件工程师	质量工程师	工艺工程师	采购	项目经理	法律工作者

图 3 - 2　FMEA 团队成员构成

　　分析边界是为 FMEA 项目的实施划定一个范围，此外还需要确定分析范围内的组件、零件及其内外部接口、产品各系统元素之间的物理和逻辑关系，这样才能为下一步结构分析提供分析基础。绘制边界图，首先定义分析项目的范围，对关注要素可以用虚线或粗的实线将它圈起来。其次识别出外部接口，外部接口包括以下几种，分别是物理接触、物质交接、能量传递、信息交换、人机交互等。最后再确定内部元素的物理及逻辑关系，通常使用实线框将产品结构展开，第一层为系统，第二层为组件，第三层为零件。基准 FMEA 是组织在先前开发过程中累积的知识和经验的集中体现，它为创建新的 FMEA 提供了坚实的基础和出发点，确保了分析过程的连续性和一致性。基准 FMEA 确认可为 FMEA 项目的开展，提供一个历史性的规范，使项目整个过程顺利进行。

　　在进行产品设计质量评价过程中，确定失效模式的失效链非常重要，因为只有确定失效链以后，才能根据失效模式的失效影响及失效起因进行风险分析。在确定失效链之前，需要对产品的结构及功能进行分析。结构树是进行结构分析最为常用的方法，它将整个产品按照结构组成划分为机构、零件等单位，便于细致性的风险分析。构建结构树，首先是根据项目策划及定义环节中的内容，确定结构树构建的关注要素。其次明确关注要素的上下两级元素，值得注意的是结构树构建过程中上下两级元素不可忽视，否则在下一步的功能分析中也会缺失。最后补充结构树中的过程工作要素，如人员、设备、材料、环境等。

结构分析完成之后，还需要对产品的功能进行分析，作为失效分析的基础。功能树是进行功能分析最常用的方法，构建功能树首先定义关注要素的功能要求，即关注要素功能满足时，为上一级元素带来什么功能以及关注要素功能如何通过下一级元素实现。其次明确关注要素功能及实现途径。最后整理上、下两级元素及关注要素的功能，绘制功能图。

当形成结构树及功能树之后，就要对关注要素进行失效分析。在进行失效分析时，应站在以下几个角度进行分析，分别是下一级产品集成、供应链中的生产制造、使用用户以及政府法规机构，最终汇总这些信息，形成产品的失效分析图。根据失效分析图，可以将产品失效模式进行汇总，通常整理成一个包含失效模式（failure mode，Fm）、失效原因（failure cause，FC）、失效影响（failure effect，FE）三部分的失效链。将整个级别的失效链汇总一起就形成失效网，如图 3 - 3 所示。

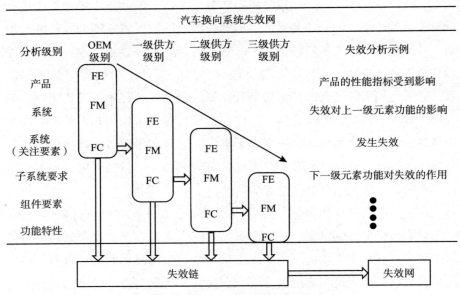

图 3 - 3　汽车换向系统构建失效网

图 3 – 3 中，FE 表示失效影响，FM 表示失效模式，FC 表示失效原因，OEM 级别表示设备厂商级别。

进行风险分析时，首先就要确立失效模式发生的严重度、频率和可探测度评价标准，其次对照这些准则使用评价语言给出数值，最后计算失效模式的风险值并排序，依照排序进行失效模式优化。在优化阶段需要达成以下几个目标，第一修改设计以消除或减少失效影响，第二修改设计以降低失效发生频率，第三修改设计提高失效模式可探测度。在最后结果文件化阶段就是对整个 FMEA 项目各个环节做的工作进行整理归档，以上就是 FMEA 项目整个分析过程。

但在问题描述一节，提到传统 FMEA 方法 RPN 计算就是将 S、O、D 的评价数据进行连乘，不考虑评价人员的权威性、影响因素也就是 S、O、D 的利害性，这样会造成最终的评价结果不准确、不客观。因此，在本章将会对 FMEA 方法进行完善，使其适用于产品设计质量评价过程中。

3. 2. 3　相似性测度

模糊集之间的相似度度量是模糊集理论中的一个重要研究课题，它表明了两个模糊集的相似程度。王（Wang，1983）首先提出了模糊集相似度测度的概念，并给出了一个计算公式。此后，模糊集之间的相似性度量引起了一些研究者的兴趣，并得到了进一步的研究。例如，陈和海谢（Chen & Hsieh，1999）提出了一种具有分级平均积分表示的广义模糊数之间的相似性度量。李和迪克（Li & Dick，2006）提出了基于语言梯度的模糊规则基础的相似度度量来揭示语言结构。米切尔（H. B. Mitchell，2005）研究了 ii 型模糊集之间的相似度量，并将其应用于自然语言表示的分类问题。模糊集间的相似度度量已广泛应用于近似推理、故障诊断、模糊聚类、图像处理、模式识别、决策、模糊风险分析等多个研究领域。广义梯形模糊数之间的相似性度量是模糊集理论中的一个重要指标，它表明了广义梯形模糊数之间的相似程度。假设 $A = (a_1, a_2, a_3, a_4; w_a)$、$B = (b_1, b_2, b_3, b_4; w_b)$、$S(A, B)$ 是 A 和 B 之间的相似性度量。在下面，我们将简要回顾广义梯形模糊数之间存在的一些相似性度量。

假设存在 A、B 两个梯形模糊数，且重心分别为 (x_A^*, y_A^*)，(x_B^*, y_B^*)。基于重心（center of gravity, COG），陈思佳等（Chen S. J. et al., 2003）提出了广义梯形模糊数之间的相似度量：

$$S_{cc}(A, B) = \left[1 - \frac{\sum\limits_{i=1}^{4} |a_i - b_i|}{4}\right] \times (1 - |x_A^* - x_B^*|)^{B(L_A, L_B)} \times \frac{\min(y_A^*, y_B^*)}{\max(y_A^*, y_B^*)}$$

$$(3-7)$$

A、B 梯形模糊数，重心的计算公式如下：

$$y_A^* = \begin{cases} \dfrac{\left(2 + \dfrac{a_3 - a_2}{a_4 - a_1}\right) \times w_a}{6}, & a_1 \neq a_4 \\[4mm] \dfrac{w_a}{2}, & a_1 = a_4 \end{cases}$$

$$(3-8)$$

$$x_A^* = \frac{y_A^* \times (a_3 + a_2) + (w_a - y_A^*) \times (a_4 + a_1)}{2 \times w_a}$$

$$(3-9)$$

$$L_A = a_4 - a_1, \quad L_B = b_4 - b_1$$

$$(3-10)$$

$$B(L_A, L_B) = \begin{cases} 0, & L_A + L_B = 0 \\ 1, & L_A + L_B > 0 \end{cases}$$

$$(3-11)$$

海贾齐等（Hejazi et al., 2011）提出以下公式来计算广义梯形模糊数之间的相似性度量：

$$S_h(A, B) = \left[1 - \frac{\sum\limits_{i=1}^{4} |a_i - b_i|}{4}\right] \times \frac{\min(P(A), P(B))}{\max(P(A), P(B))}$$

$$\times \frac{\min(S(A), S(B)) + \min(w_a, w_b)}{\max(S(A), S(B)) + \max(w_a, w_b)} \quad (3-12)$$

其中，$S(A)$ 和 $S(B)$ 为 A 和 B 的面积，$P(A)$ 和 $P(B)$ 分别为 A 和 B 的周长：

$$S(A) = \frac{1}{2} \times [(a_4 - a_1) + (a_3 - a_2)] \times w_a$$

$$S(B) = \frac{1}{2} \times [(b_4 - b_1) + (b_3 - b_2)] \times w_b$$

$$P(A) = \sqrt{(a_1 - a_2)^2 + w_a^2} + \sqrt{(a_3 - a_4)^2 + w_a^2} + (a_3 - a_2) + (a_4 - a_1)$$

$$P(B) = \sqrt{(b_1 - b_2)^2 + w_b^2} + \sqrt{(b_3 - b_4)^2 + w_b^2} + (b_3 - b_2) + (b_4 - b_1)$$

$$(3-13)$$

式（3-13）中 w_a，w_b 为 A 和 B 的权重。

考虑广义梯形模糊数的形状，如周长，魏世华和陈世明（Wei & Chen，2009）提出了以下公式来计算广义梯形模糊数之间的相似性度量：

$$S_{wc}(A, B) = \left[1 - \frac{\sum_{i=1}^{4} |a_i - b_i|}{4} \right] \times \frac{\min(P(A), P(B)) + \min(w_a, w_b)}{\max(P(A), P(B)) + \max(w_a, w_b)}$$

$$(3-14)$$

式（3-14）中符号的定义，与式（3-12）和式（3-13）的一样。

考虑广义梯形模糊数的周长和面积，左鑫（2011）提出了以下公式来计算广义梯形模糊数之间的相似性度量：

$$S_w(A, B) = e^{-|x_A^* - x_B^*|} \times \frac{\min(P(A), P(B)) + \min(S(A), S(B))}{\max(P(A), P(B)) + \max(S(A), S(B))}$$

$$(3-15)$$

式（3-15）中符号的定义，与式（3-7）和式（3-14）的一样。

结合几何距离的概念，COG，徐章艳等（Xu Z. Y. et al.，2010）提出了以下公式来计算广义梯形模糊数之间的相似性度和度量：

$$S_x(A, B) = 1 - \omega \times \frac{\sum_{i=1}^{4} |a_i - b_i|}{4} - (1 - \omega) \times d(A, B)$$

$$(3-16)$$

$$d(A, B) = \frac{\sqrt{(x_A^{*'} - x_B^{*'})^2 + (y_A^* - y_B^*)^2}}{\sqrt{1.25}}$$

$$(3-17)$$

式（3-16）和式（3-17）中，ω 为权重，$x_A^{*'}$ 与 $x_B^{*'}$ 的计算公式如下：

$$x_A^{*'} = \begin{cases} \dfrac{y_A^* \times (a_3 + a_2) + (w_a - y_A^*) \times (a_4 + a_1)}{2 \times w_a}, & w_a \neq 0 \\ \dfrac{a_1 + a_4}{2}, & w_a = 0 \end{cases}$$

$$(3-18)$$

$$x_B^{*'} = \begin{cases} \dfrac{y_B^* \times (b_3 + b_2) + (w_b - y_B^*) \times (b_4 + b_1)}{2 \times w_b}, & w_b \neq 0 \\ \dfrac{b_1 + b_4}{2}, & w_b = 0 \end{cases}$$

$$(3-19)$$

通过上述表达式，我们可以得到现有相似度度量的特征如下：

（1）陈思佳等（Chen S. J. et al.，2003）的相似性度量适用于标准化和广义梯形模糊数，它涉及广义梯形模糊数的 COGs。

（2）海贾齐等（Hejazi et al.，2011）的相似性度量适用于标准化和广义梯形模糊数，它涉及广义梯形模糊数的周长和面积。

（3）魏世华和陈世明（Wen S. H. and Chen S. M.，2009）的相似性度量适用于标准化和广义梯形模糊数，它涉及广义梯形模糊数的周长。

（4）左鑫（2011）的相似性度量适用于广义梯形模糊数，它涉及广义梯形模糊数的 COG、周长和面积。

（5）徐章艳等（Xu Z. Y. et al.，2010）的相似度度量适用于在 COG 上传递的广义梯形模糊数，是一种基于加权距离的相似度度量。

基于此，本章提出一种新的相似性测度方法，首先确定数组的中心点，也即是重心。其次计算每个点与中心点的距离，并对所有点与中心点的距离进行相加，求出总和。再次为了表征数据与中心点的贴合度，在求出每个点与中心点补集的距离，同样也求出总和。最后计算每个点与中心点的距离占两个总和的比值，计为相似度，具体计算公式在下一节介绍。

3.3　基于 FMEA 方法的产品设计质量综合评价模型

本节将对本章拟采用的 FMEA 改进方法进行介绍，分别对评价模型构建流程、模型评价人员权重的确定、模型的产品质量影响因素权重的确定、模型评价信息聚合几个方面阐述。

3.3.1　评价模型构建流程

为了使 FMEA 方法能够适用于产品设计质量评价中，本章按照以下几个步骤对 FMEA 方法进行优化。第一步：确定产品风险分析目的及边界，收集潜在的失效模式及失效影响，评价人员使用直觉模糊数对失效模式进行评价。第二步：针对 FMEA 中权重信息不完全情况，使用相似性测度确定评价人员的权重。因为评价人员对于失效模式影响因素的评价值虽然不同，但始终围绕一个中心点。因此，本章计算每位评价人员评价值与中心点的距离并归一化，得到评价人员权重。第三步：对失效模式的影响因素，评价人员使用直觉模糊数进行对比评价，形成对比矩阵，为了找到影响因素的最优解，从对比矩阵的偏好关系中导出影响因素的精确权重。第四步：此时 FMEA 方法中的权重信息全部确定，利用简单的直觉模糊加权几何算子（simple intuitionistic fuzzy weighted geometry，SIFWG）对评价信息与权重信息进行聚合，根据直觉模糊数得分函数定义计算每种失效模式的得分并排序，再根据排序信息优化产品设计、提高产品质量。各步骤具体的细节，如图 3 – 4 所示。

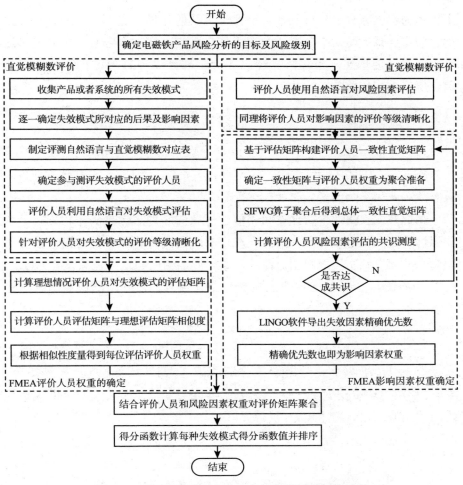

图 3 – 4　基于 FMEA 方法的产品设计质量评价模型

通过图 3-4 可以看出，FMEA 方法可以将产品设计质量评价分解为可操作的步骤。相对于传统 FMEA，在每个步骤中，都进行了一些改进，使其更好地运用在产品设计质量评价中。

3.3.2　模型的评价人员权重

假设评价人员对失效模式的评价矩阵为 $X^k = [x_{ij}^k]_{m \times n} = [\mu_{ij}^k,\ \nu_{ij}^k]_{m \times n}$，其中 $k = 1,\ \cdots,\ l$，l 为评价人员总数，评价矩阵中的 $(\mu_{ij}^k,\ \nu_{ij}^k)$ 为直觉模糊数（Yue Z. et al.，2012）。因为每个评价人员工作经验、产品理解等各方面能力存在差异，所以导致每个评价人员的评价信息都不相同，但确定的是所有评价人员对失效模式的评价信息都是围绕一个中心点展开的，这个中心点称为理想评价矩阵。理想评价矩阵可以理解为评价矩阵的平均值，所以理想矩阵的表达式为：

$$X^* = [x_{ij}^*]_{m \times n} = [\mu_{ij}^*,\ \nu_{ij}^*]_{m \times n} = \left[1 - \prod_{k=1}^{l} (1 - \mu_{ij}^k)^{1/l},\ \prod_{k=1}^{l} (\nu_{ij}^k)^{1/l} \right]_{m \times n}$$

$$(3-20)$$

式（3-20）中 $k = 1,\ \cdots,\ l$，$i = 1,\ \cdots,\ m$，$j = 1,\ \cdots,\ n$，l 为评价人员总数，m 为影响因素，n 为失效模式。

相似性测度是评价实体之间相似性程度的一种量化方法，它先是确定相似性计算的关键坐标点，其次在对比对象之间计算该点的距离，最后对距离归一化得到实体之间相似性。根据相似性测度的定义，假设 $a_1 = (\mu_{a_1},\ \nu_{a_1})$、$a_2 = (\mu_{a_2},\ \nu_{a_2})$ 为两个直觉模糊数，那它们之间的欧氏距离表达式如下所示：

$$d(a_1,\ a_2) = \sqrt{\frac{1}{2}((\mu_1 - \mu_2)^2 + (\nu_1 - \nu_2)^2)} \qquad (3-21)$$

令 a_1 与 a_2 两个直觉模糊数分别属于 X^1 与 X^2 两个直觉模糊矩阵，$X^1 = (x_{ij}^1)_{m \times n} = (\mu_{ij}^1,\ \nu_{ij}^1)$，$X^2 = (x_{ij}^2)_{m \times n} = (\mu_{ij}^2,\ \nu_{ij}^2)$，那么这两个模糊矩阵之间的相似性测度表达式为：

$$\text{sim}(X^1,\ X^2) = \frac{\displaystyle\sum_{i=1}^{m} \sum_{j=1}^{n} d(x_{ij}^1,\ x_{ij}^{2c})}{\displaystyle\sum_{i=1}^{m} \sum_{j=1}^{n} (d(x_{ij}^1,\ x_{ij}^{2c}) + d(x_{ij}^1,\ x_{ij}^2))} \qquad (3-22)$$

式（3 - 22）中 d 表示欧氏距离，表达式如式（3 - 21），x_{ij}^{2c} 为 x_{ij}^2 的补集，$x_{ij}^{2c} = (\nu_{ij}^2, \mu_{ij}^2)$，且 $0 < \mathrm{sim}(X^1, X^2) \leqslant 1$，仅当 $X^1 = X^2$ 时，$\mathrm{sim}(X^1, X^2) = 1$。

同理可得，每位评价人员评价信息与理想评价信息的相似度计算表达式为：

$$\mathrm{sim}(X_k, X^*) = \frac{\sum_{i=1}^m \sum_{j=1}^n d(x_{ij}^k, x_{ij}^{*c})}{\sum_{i=1}^m \sum_{j=1}^n (d(x_{ij}^k, x_{ij}^{*c}) + d(x_{ij}^k, x_{ij}^*))} \quad (3 - 23)$$

式（3 - 23）中 x_{ij}^k 为评价人员 k 对失效模式 i 影响因素 j 的评价信息，$x_{ij}^k = (\nu_{ij}^k, \mu_{ij}^k)$；$X^*$ 为评价信息的理想矩阵，表达式如式（3 - 20），X^{*c} 为评价信息理想矩阵的补集，$X^{*c} = [x_{ij}^{*c}]_{m \times n} = [\nu_{ij}^*, \mu_{ij}^*]_{m \times n}$。

那么，评价人员权重计算表达式为：

$$\lambda_k = \frac{\mathrm{sim}(X_k, X^*)}{\sum_{k=1}^l \mathrm{sim}(X_k, X^*)} \quad (3 - 24)$$

式（3 - 24）中 X_k 为评价人员 k 的评价矩阵。

3.3.3 模型的产品质量影响因素权重

本节中，评价人员对影响因素两两对比，构造对比矩阵，再将该矩阵转化为非线性规划函数，用 LINGO 软件直接导出评价人员权重。在将对比矩阵转化为非线性规划函数之前，除了要保证对比矩阵的一致性，还要保证对比矩阵是所有评价人员达成共识之后的结果。在传统的层次分析法中，用一致性比率 CR 来度量直觉模糊数的一致性，评价信息一致性是保证评价逻辑性的重要措施，它能够避免出现 $A > B$，$B > C$ 但 $A < C$，这种错误逻辑关系的出现。在本节中，使用算法 1 将直觉模糊矩阵 $R = (r_{ij})_{m \times m} = (\mu_{ij}, \nu_{ij})$ 构建为完美一致性直觉模糊矩阵 $R^p = (r_{ij}^p)_{m \times m}$。

算法 1：

（1）当 $j > i + 1$ 时，令 $r_{ij}^p = (\mu_{ij}^p, \nu_{ij}^p)$，其中，

$$\mu_{ij}^{p} = \frac{\sqrt[j-i-1]{\prod_{t=i+1}^{j-1} \mu_{it}\mu_{tj}}}{\sqrt[j-i-1]{\prod_{t=i+1}^{j-1} \mu_{it}\mu_{tj}} + \sqrt[j-i-1]{\prod_{t=i+1}^{j-1} (1-\mu_{it})(1-\mu_{tj})}} \tag{3-25}$$

$$\nu_{ij}^{p} = \frac{\sqrt[j-i-1]{\prod_{t=i+1}^{j-1} \nu_{it}\nu_{tj}}}{\sqrt[j-i-1]{\prod_{t=i+1}^{j-1} \nu_{it}\nu_{tj}} + \sqrt[j-i-1]{\prod_{t=i+1}^{j-1} (1-\nu_{it})(1-\nu_{tj})}} \tag{3-26}$$

（2）当 $j = i+1$，令 $r_{ij}^{p} = r_{ij}$。

（3）当 $j < i+1$，令 $r_{ij}^{p} = (\nu_{ij}^{p}, \mu_{ij}^{p})$。

式（3-25）和式（3-26）中 $i = 1, \cdots, m$，$j = 1, \cdots, n$。

保证对比矩阵一致性之后，就需要让所有评价人员的评价信息达成共识。通常评价人员的能力相差不大，所得到的评价结果也应不谋而合。然而，在实际评价中，由于评价人员理解产品的侧重点不同，所以评价人员的评价结果也会有一些差异。群体达成共识的过程就是寻找评价人员都接受的最终解，下面给出一种达成共识的算法，记为算法 2。

算法 2：

假设 $r_{ik}^{p} = (\mu_{ij}^{p}, \nu_{ij}^{p}, \pi_{ij}^{p})$ 与 $r_{ik}^{*} = (\mu_{ij}^{*}, \nu_{ij}^{*}, \pi_{ij}^{*})$ 为两位评价人员的评价信息。

步骤 1：计算评价人员的共识度

$$C_{l} = 1 - \frac{\sum_{1 \leqslant i \leqslant j \leqslant m}^{m} (|\mu_{ij}^{p} - \mu_{ij}^{*}| + |\nu_{ij}^{p} - \nu_{ij}^{*}| + |\pi_{ij}^{p} - \pi_{ij}^{*}|)}{(m-1)(m-2)}$$

$$\tag{3-27}$$

式（3-27）中 i，$j = 1, \cdots, m$，若共识度达到群体共识临界值 γ，则输出 SIFWG 的结果，否则转步骤 2。

步骤 2：修正对比矩阵：

$$\mu_{ij}^{lp'} = (\mu_{ij}^{lp})^{\xi} \times (\mu_{ij}^{*})^{1-\xi}, \quad \nu_{ij}^{lp'} = (\nu_{ij}^{lp})^{\xi} \times (\nu_{ij}^{*})^{1-\xi} \tag{3-28}$$

式（3-28）中 $R^{lp} = (r_{ik}^{lp})_{m \times n} = (\mu_{ij}^{lp}, \nu_{ij}^{lp})_{m \times n}$ 为评价人员 l 完美一致性直觉模糊矩阵，ξ 为修正系数，通常情况下，$\xi = 0.5$。

步骤 3：利用新修正后的完美一致性直觉模糊矩阵计算共识度，若符合临界值，则将新修正后的完美一致性直觉模糊矩阵使用 SIFWG 算子对其聚合，形成新的聚合矩阵，若不符合临界值，则转步骤 2，直至符合临界值。

对于信息的聚合，有很多的算子可以使用，本节使用 SIFWG 算子，因为聚合前矩阵如果具有一致性，通过 SIFWG 算子聚合后同样具有一致性。则由 SIFWG 聚合得到的矩阵 $R^* = (r_{ij}^\circ)_{m \times n} = (\mu_{ij}^\circ, \nu_{ij}^\circ)$，计算公式为：

$$\mu_{ij}^\circ = \prod_{k=1}^{l} (\mu_{ij}^p)^{\lambda_k}, \quad \nu_{ij}^\circ = \prod_{k=1}^{l} (\nu_{ij}^p)^{\lambda_k} \qquad (3-29)$$

式（3-29）中 $i = 1, \cdots, m, j = 1, \cdots, n, \lambda_k$ 为评价人员 k 的权重。

算法 3：

根据直觉模糊数的精确优先权导出办法，使用 LINGO 软件求解式（3-30）能够得到影响因素的权重，以 3×3 矩阵为例展示转化的非线性规划函数（Gaol F. L. and Matsuo T et al., 2020）：

$$\min f = \sum_{i=1}^{m-1} \sum_{k=i+1}^{m} (\rho_{ik} + \delta_{ik})$$

$$\text{s. t} \begin{cases} \dfrac{\omega_i}{\omega_i + \omega_k} + \rho_{ik} - \mu_{ik} \geqslant 0 \\[2mm] \dfrac{\omega_i}{\omega_i + \omega_k} - \delta_{ik} + \nu_{ik} \geqslant 0 \\[2mm] \displaystyle\sum_{i=1}^{m} \omega_i = 1, \ \omega_i \in [0, 1] \\[2mm] \rho_{ik} \geqslant 0, \ \delta_{ik} \geqslant 0, \ \rho_{ik} \times \delta_{ik} = 0 \end{cases} \qquad (3-30)$$

解得 $\omega = (\omega_s, \omega_o, \omega_d)$。

式（3-30）中 $i = 1, \cdots, m-1; \ k = i+1, \cdots, m, \rho_{ik}$、$\delta_{ik}$ 为松弛变量，且 $\mu_{ik} - \rho_{ik} \leqslant \dfrac{\omega_i}{\omega_i + \omega_k} \leqslant 1 - \nu_{ik} + \delta_{ik}$。

3.3.4 模型评价信息聚合

本节将评价人员权重、影响因素权重与评价信息相结合。本书提到的传统 FMEA 方法是计算失效模式的 RPN 值，也就是将失效模式影响因素 S、O、D 评价信息进行连乘，但使用 RPN 值可能会使组织误判，遗漏对高严重度风险项措施的开展或耗费时间和精力去改进一个低频率或低可探测度的失效模式，造成资源浪费。因此，在本节中，基于影响因素权重以及评价人员权重前提下，对评价信息进行聚合，表达式为：

$$FM_j = \sum_{k=1}^{l} \lambda_k (\mu_{Sj}^k, \ \mu_{Sj}^k) \omega_S + \sum_{k=1}^{l} \lambda_k (\mu_{Oj}^k, \ \mu_{Oj}^k) \omega_O + \sum_{k=1}^{l} \lambda_k (\mu_{Dj}^k, \ \mu_{Dj}^k) \omega_D$$

$$(3-31)$$

式（3-31）中，$(\mu_{Sj}^k, \ \mu_{Sj}^k)$ 为评价人员 k 对失效模式 j 影响因素 S 的评价直觉模糊数，同理 $(\mu_{Oj}^k, \ \mu_{Oj}^k)$、$(\mu_{Dj}^k, \ \mu_{Dj}^k)$ 为其余两个影响因素的评价直觉模糊数。

式（3-18）解得失效模式 FM 聚合后的直觉模糊数 $(\mu_{FM}, \ \nu_{FM})$，根据直觉模糊数得分函数公式，计算公式为式（3-4），得到每个失效模式的得分，并按照失效模式得分排序。这里需要说明的是本章使用了直觉模糊数的得分函数处理最终聚合后的评价信息，除了使用得分函数也可以使用精确函数和相似性函数。

3.4 应用案例

本节分为两部分。第3.4.1节通过一个电磁铁设计质量评价实例，展示新方法各部分的计算过程和注意事项。第3.4.2节通过将新方法与其他三种方法的比较，说明了新方法的客观性和实用性。

3.4.1 实例分析

电磁铁因为能通过控制通电电流大小与中断，实现电磁力强弱变化控制的优点，被广泛用于人们的生活之中。其工作原理为：当线圈通电产生电磁力带动可动铁芯进行动作，如果电流变小或者不存在就会直接影响电磁力的产生，实现间接控制机械设备。吸引式电磁铁是电磁铁的一种，其结构图如图3-5所示。

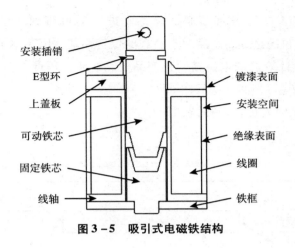

安装插销

E型环

上盖板

可动铁芯

固定铁芯

线轴

镀漆表面

安装空间

绝缘表面

线圈

铁框

图 3 - 5　吸引式电磁铁结构

　　吸引式电磁铁不仅要使负载运动而且还要保证负载到达指定区域内保持给定时间。因此，当吸引式电磁铁失效时，负载就会急速坠落，非常危险，对此各企业对于这类电磁铁的设计质量要求非常严格。为了说明本章提出的产品设计质量综合评价方法的实用性和有效性，本节将质量综合评价方法用于吸引式电磁铁设计阶段的质量评价过程。因为本章中评价人员使用自然语言去表达评价信息，所以需要将自然语言转化为直觉模糊数进行计算，自然语言与直觉模糊数对应表如表 3 - 1 所示。

表 3 - 1　　　　　　失效模式评定自然语言与直觉模糊数对应表

自然语言评价	直觉模糊数
非常低（VVL）	(0.10, 0.90)
很低（VL）	(0.10, 0.75)
低（L）	(0.25, 0.60)
中等低（ML）	(0.40, 0.50)
中等（M）	(0.50, 0.50)
中高（MH）	(0.60, 0.30)
高（H）	(0.70, 0.20)
很高（VH）	(0.80, 0.10)
非常高（VVH）	(0.90, 0.10)
极其高（EH）	(1.00, 0.00)

资料来源：某电磁铁公司案例（已公开）。

按照 FMEA 项目开展步骤，首先要进行项目策划及定义。本章节 FMEA 项目的目的是提高产品对于负载的保持性能，因为本节 FMEA 项目对象是处于设计阶段的电磁铁，且产品子系统少，因此，在划定边界时，以可动铁芯为关注要素，边界图如图 3-6 所示。此外，本章节在核心团队中选择两名评价人员，在拓展团队中选择一名评价人员，分别记为 E1、E2、E3。

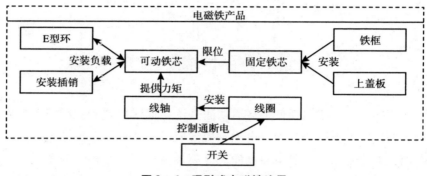

图 3-6 吸引式电磁铁边界

通过对吸引式电磁铁的边界图展开分析，构建出吸引式电磁铁的结构树，同样以可动铁芯为关注要素举例，结构树如图 3-7 所示。

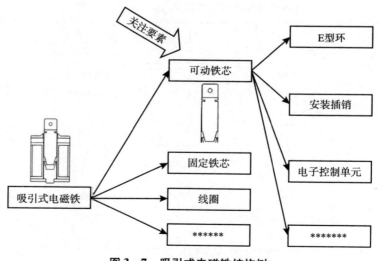

图 3-7 吸引式电磁铁结构树

图 3 – 7 中的 "*******" 表示吸引式电磁铁其余组成部分省略。然后再通过对结构树中各组成部分进行分析，得到吸引式电磁铁的功能树，功能树是失效分析的基础，功能树如图 3 – 8 所示。

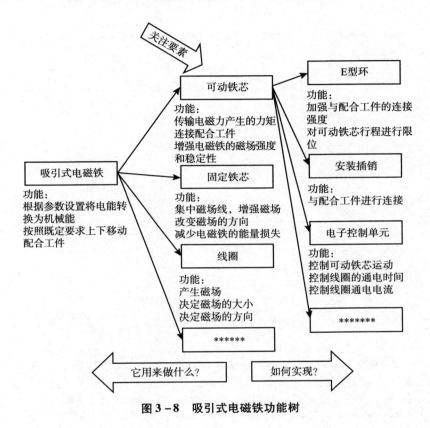

图 3 – 8　吸引式电磁铁功能树

最后基于功能树对吸引式电磁铁展开失效分析，可以假设当一处结构发生失效，整理它对高一级要素的影响和低一级要素导致它发生失效的原因，就形成了吸引式电磁铁失效模式汇总表，如表 3 – 2 所示。

表 3 – 2　　　　　　　　　　　　失效模式统计汇总表

标号	潜在失效模式	潜在失效后果	潜在失效原因
F1	绝缘不良	产品漏电	材料绝缘等级不足
F2	线轴强度不够，绕线后产品裂开	产品漏电	1. 塑料原料强度低； 2. 线轴结构设计不当； 3. 张力设计过大

续表

标号	潜在失效模式	潜在失效后果	潜在失效原因
F3	通电受热后产品短路/断路	无法带动客户机构动作，客户无法使用	材料耐温等级不足
F4	端脚强度不足	影响客户安装	焊锡及组装设计不当
F5	表面粗糙度不良	影响产品寿命	尺寸公差设计不当
F6	同心度不良	客户无法安装或不宜安装	尺寸公差设计不当
F7	通电后产品磁力不足	无法带动客户机构动作	1. 材料导磁率不足，通电后吸引力不足； 2. 设计不当
F8	产品通电后磁残留	无法带动客户机构动作	1. 材料导磁率不足，通电后吸引力不足； 2. 下壁壁厚偏薄
F9	外观腐蚀生锈	外观不良，客户不满意	防锈层偏薄，工艺不当
F10	起始扭力不足	客户无法使用	1. 线圈线径设定错误； 2. 磁铁高斯值不足； 3. AT 值小
F11	保持扭力不足	客户无法使用	磁铁磁力不足
F12	Duty Cycle 偏小	温升过高客户无法使用	1. 功率设定过高； 2. 产品尺寸设计过小
F13	阻抗偏大	不满足客户要求	1. 线圈设定过多； 2. 线径设定过小
F14	耐压不良	产品漏电导致烧坏	1. 材料绝缘等级不够； 2. 焊点无绝缘保护； 3. 线圈金属层无绝缘层
F15	动作慢	客户无法使用	1. 可动铁芯连动时阻力偏大； 2. 力量不足
F16	温升过高	产品发热过大导致性能下降甚至烧毁产品	1. 功率设定过高； 2. 使用频率高
F17	部件连接脱离	产品性能不稳定	1. 配合尺寸设计错误； 2. 咬合方式选择错误
F18	使用寿命无法满足	客户使用降低	1. 温升过高； 2. 摩擦力过大； 3. 材料耐磨性不够

在表 3 - 2 中，F1 表示第一种失效模式，另外在表格中对于一些失效原因以及失效影响存在相似性的失效模式进行了合并统计。在本节实例分析中，我们以 F1 ~ F9 为例，展示本章新提方法的分析与计算过程。各影响因素评价标准依据参见表 3 - 3 ~ 表 3 - 5。

公司组织的三位评价人员 E1、E2、E3，对失效模式的严重度（S）、频率（O）、可探测度（D）使用自然语言进行评价，如表 3 - 6 所示。

表 3 - 3　　　　　　　　　　　　　　S 评价标准

影响	评定准则：后果的严重度（顾客影响）	等级
影响到安全或者政府的法律法规的失效	在无任何警告的情况下影响到工作安全或不符合政府的法规	EH
	在有警告的情况下影响到工作安全或不符合政府的法规	VVH
预期功能丧失或者降低	基本功能丧失（电磁铁无法工作，不影响安全）	VH
	预期功能降低（电磁铁可以工作，性能等级降低）	H
次要功能丧失或者降低	次要功能丧失（舒适性便利性功能失效）	MH
	次要功能降低（舒适性便利性功能等级降低）	M
客户反映情况	电磁铁可以工作，大部分顾客（＞75%）察觉噪声和外观	ML
	电磁铁可以工作，大部分顾客（50%）察觉噪声和外观	L
	电磁铁可以工作，大部分顾客（＜25%）察觉噪声和外观	VL
无影响	无可探测的影响	VVL

表 3 - 4　　　　　　　　　　　　　　O 评价标准

失效的可能	评价准则：原因发生的可能性 - DFMEA	等级
非常高	无相应历史的新技术、新设计	EH
高	新设计、新应用或操作条件更改带来不可避免失效	VVH
	新设计、新应用或操作条件更改带来很可能失效	VH
	新设计、新应用或操作条件更改带来不确定失效	H
中等	类似设计和设计测试中频率发生的失效	MH
	类似设计和设计测试中偶尔发生的失效	M
	类似设计和设计测试中孤立的失效	ML
低	几乎相同的设计和设计测试中孤立的失效	L
	几乎相同的设计和设计测试中未能察觉的失效	VL
非常低	通过预防可控制的失效	VVL

表 3 - 5   D 评价标准

发现的机会	评定准则：通过设计控制发现的可能性	等级
非常低	无当前的设计控制，不能发现或不能分析	VVL
很低	设计分析有薄弱的发现能力	VL
低	产品发布前利用通过测试的产品的验证（子系统或者系统测试，如噪声，装运）	L
中等低	产品发布前利用故障测试的产品的验证（子系统或者系统故障发生的测试）	ML
中等	产品发布前利用故障测试的产品的验证（耐久性测试子系统或者系统，如功能检查）	M
高中等	设计冻结前利用通过测试进行产品确认	MH
高	设计冻结前利用故障测试进行产品确认	H
很高	设计冻结前利用老试验进行产品确认	VH
非常高	设计数据分析有较强的发现能力	VVH
几乎肯定	因为充分预防的设计方案，失效模式不能发生	EH

表 3 - 6   评价人员自然语言下的评价

失效模式	E1			E2			E3		
	S	O	D	S	O	D	S	O	D
F1	VH	EL	VL	VH	L	VL	VH	VL	EL
F2	VH	L	EL	H	L	VL	H	EL	VL
F3	MH	VL	ML	VH	EL	VL	VH	VL	VL
F4	MH	L	EL	VH	VL	M	VH	L	EL
F5	M	VL	ML	MH	L	EL	MH	L	L
F6	EH	EL	VL	EH	L	M	EH	EL	EL
F7	VH	L	EL	VH	M	L	MH	L	L
F8	MH	M	L	VH	EL	EL	H	VL	VL
F9	M	VL	VL	M	VL	VL	M	VVL	VL

　　根据表 3 - 1 自然语言与直觉模糊数对应表，将自然语言下评价表转化为直觉模糊数的形式，直觉模糊数均满足式（3 - 1）与式（3 - 2）要求，如表 3 - 7 所示。

表 3 - 7 直觉模糊数下的评价

失效模式	E1					
	S		O		D	
F1	0. 800	0. 100	0. 100	0. 750	0. 100	0. 750
F2	0. 800	0. 100	0. 250	0. 600	0. 100	0. 900
F3	0. 600	0. 300	0. 100	0. 750	0. 500	0. 500
F4	0. 600	0. 300	0. 250	0. 600	0. 100	0. 900
F5	0. 500	0. 500	0. 100	0. 750	0. 400	0. 500
F6	0. 900	0. 100	0. 100	0. 900	0. 100	0. 750
F7	0. 800	0. 100	0. 250	0. 600	0. 100	0. 750
F8	0. 600	0. 300	0. 500	0. 500	0. 100	0. 900
F9	0. 500	0. 500	0. 100	0. 750	0. 100	0. 750
失效模式	E2					
	S		O		D	
F1	0. 800	0. 100	0. 250	0. 600	0. 100	0. 750
F2	0. 700	0. 200	0. 250	0. 600	0. 100	0. 750
F3	0. 800	0. 100	0. 100	0. 900	0. 100	0. 750
F4	0. 800	0. 100	0. 100	0. 750	0. 500	0. 500
F5	0. 600	0. 300	0. 250	0. 600	0. 100	0. 900
F6	0. 900	0. 100	0. 500	0. 500	0. 500	0. 500
F7	0. 600	0. 300	0. 250	0. 600	0. 250	0. 600
F8	0. 800	0. 100	0. 100	0. 900	0. 100	0. 900
F9	0. 500	0. 500	0. 100	0. 750	0. 100	0. 750
失效模式	E3					
	S		O		D	
F1	0. 800	0. 100	0. 100	0. 750	0. 100	0. 900
F2	0. 700	0. 200	0. 100	0. 750	0. 100	0. 750
F3	0. 800	0. 100	0. 100	0. 750	0. 100	0. 750
F4	0. 800	0. 100	0. 250	0. 600	0. 100	0. 900
F5	0. 600	0. 300	0. 250	0. 600	0. 250	0. 600
F6	0. 900	0. 100	0. 100	0. 900	0. 100	0. 900

续表

失效模式	E3					
	S		O		D	
F7	0.600	0.300	0.250	0.600	0.250	0.600
F8	0.700	0.200	0.100	0.750	0.100	0.750
F9	0.500	0.500	0.100	0.900	0.100	0.750

资料来源：某电磁铁公司案例。

根据式（3-20）计算得到影响因素 S、O、D 理想矩阵及其补集分别是 $X_S^* = (0.981, 0.019)$，$X_S^{*c} = (0.019, 0.981)$；$X_O^* = (0.474, 0.526)$，$X_O^{*c} = (0.526, 0.474)$；$X_D^* = (0.456, 0.544)$，$X_D^{*c} = (0.544, 0.456)$，再根据式（3-21）~ 式（3-24）确定评价人员权重，$\lambda_1 = 0.322$、$\lambda_2 = 0.337$、$\lambda_3 = 0.341$。评价人员对影响因素两两对比，得到对比矩阵，如表 3-8 所示。

表 3-8   **影响因素之间对比矩阵**

	E1				E2				E3		
	S	O	D		S	O	D		S	O	D
S	M	H	MH	S	M	VH	M	S	M	VH	H
O	H'	M	ML	O	VH'	M	M	O	VH'	M	H
D	MH'	ML'	M	D	M'	M'	M	D	H'	H'	M

表 3-8 中的 H' 为 H 自然语言的补集，例如 H 自然语言对应的直觉模糊数为（0.70，0.20），那么 H' 自然语言对应的直觉模糊数为（0.20，0.70）。将表 3-8 的自然语言按照自然语言与直觉模糊数对应表转换为直觉模糊数，然后根据算法 1，构建完美一致性直觉模糊矩阵如表 3-9 所示。

依据式（3-29）SIFWG 聚合算子对所有评价人员的信息聚合，前面已经得到评价人员权重，$\lambda_1 = 0.324$、$\lambda_2 = 0.321$、$\lambda_3 = 0.355$，例如，影响因素 S 相比于影响因素 O 的隶属度聚合结果 $= 0.700^{0.324} \times 0.800^{0.321} \times$

$0.800^{0.355} = 0.766$，非隶属度聚合结果 $= 0.200^{0.324} \times 0.100^{0.321} \times 0.100^{0.355} =$ 0.125，同理其他评价信息的聚合结果如表 3-10 所示。

表 3-9 评价人员完美一致性直觉模糊矩阵

	E1					
	S		O		D	
S	0.500	0.500	0.700	0.200	0.667	0.250
O	0.200	0.700	0.500	0.500	0.400	0.500
D	0.250	0.667	0.500	0.400	0.500	0.500
	E2					
	S		O		D	
S	0.500	0.500	0.800	0.100	0.667	0.250
O	0.100	0.800	0.500	0.500	0.500	0.500
D	0.250	0.667	0.500	0.500	0.500	0.500
	E3					
	S		O		D	
S	0.500	0.500	0.800	0.100	0.667	0.250
O	0.100	0.800	0.500	0.500	0.700	0.200
D	0.250	0.667	0.200	0.700	0.500	0.500

资料来源：某电磁铁公司案例。

表 3-10 聚合后影响因素评价信息

	S		O		D	
S	0.500	0.500	0.766	0.125	0.667	0.250
O	0.125	0.766	0.500	0.500	0.524	0.361
D	0.250	0.667	0.361	0.524	0.500	0.500

资料来源：某电磁铁公司案例。

再根据式（3-27）得到每位评价人员的共识度依次为 $C_1 = 0.572$，$C_2 = 0.722$，$C_3 = 0.857$。如果设置共识度 γ 的临界值为 0.5，则三位评价人员均满足临界值，但通常认为达到临界值 $\gamma = 0.85$，才可以认定达成共识。那么根据式（3-28）进行修正，其中迭代运算时取 $\xi = 0.5$。进行迭代修正三次后达成共识依次是 $C_1' = 0.882$，$C_2' = 0.858$，$C_3' = 0.954$，达成共识时，SIFWG 算子聚合的矩阵如表 3-11 所示。

表 3-11　　　　　　　　　　迭代运算后的聚合矩阵

聚合后影响因素评价信息					
	S		O		D	
S	0.500	0.500	0.790	0.107	0.667	0.250
O	0.107	0.790	0.500	0.500	0.575	0.323
D	0.250	0.667	0.323	0.575	0.500	0.500

资料来源：某电磁铁公司案例。

根据算法 3，构建非线性规划模型：

$$\min f = \rho_{12} + \delta_{12} + \rho_{13} + \delta_{13} + \rho_{23} + \delta_{23}$$

$$\text{s. t.} \begin{cases} \dfrac{\omega_1}{\omega_1 + \omega_2} + \rho_{12} - 0.79 \geq 0 \\[2mm] \dfrac{\omega_1}{\omega_1 + \omega_3} + \rho_{13} - 0.667 \geq 0 \\[2mm] \dfrac{\omega_2}{\omega_2 + \omega_3} + \rho_{23} - 0.575 \geq 0 \\[2mm] \dfrac{\omega_1}{\omega_1 + \omega_2} - \delta_{12} + 0.107 \geq 0 \\[2mm] \dfrac{\omega_1}{\omega_1 + \omega_3} - \delta_{13} + 0.25 \geq 0 \\[2mm] \dfrac{\omega_2}{\omega_2 + \omega_3} - \delta_{23} + 0.323 \geq 0 \\[2mm] \omega_1 + \omega_2 + \omega_3 = 1 \\[1mm] 0 \leq \omega_1 \leq 1, \ 0 \leq \omega_2 \leq 1, \ 0 \leq \omega_3 \leq 1 \\[1mm] \rho_{12} \geq 0, \ \rho_{13} \geq 0, \ \rho_{23} \geq 0 \\[1mm] \delta_{12} \geq 0, \ \delta_{13} \geq 0, \ \delta_{23} \geq 0 \\[1mm] \rho_{12} \times \delta_{12} = 0, \ \rho_{13} \times \delta_{13} = 0, \ \rho_{23} \times \delta_{23} = 0 \end{cases}$$

使用 LINGO 软件导出各影响因素权重，如图 3 – 9 所示。

```
Model Class:                              NLP

Total variables:              9
Nonlinear variables:          3
Integer variables:            0

Total constraints:            11
Nonlinear constraints:        6

Total nonzeros:               30
Nonlinear nonzeros:           12

            Variable          Value        Reduced Cost
               A12         0.000000          0.1727100
               B12         0.000000          1.000000
               A13         0.000000          1.000000
               B13         0.8578670E-01     0.000000
               A23         0.000000          0.4383732
               B23         0.000000          1.000000
               W1          0.6838536         0.000000
               W2          0.1817842         0.000000
               W3          0.1343622         0.000000
```

图 3 – 9　影响因素权重导出图

如图 3 – 9 所示 $\omega_1 = 0.684$、$\omega_2 = 0.182$、$\omega_3 = 0.134$，依次对应的是 $\omega_S = 0.684$、$\omega_O = 0.182$、$\omega_D = 0.134$。

通过式（3 – 31）以及直觉模糊数的运算规则，例如在 FM1 最终得分计算中，先计算综合影响因素权重后的得分，计算公式为：

得分 $= 0.684 \times (0.9, 0.1) + 0.684 \times (0.8, 0.1) + 0.684 \times (0.8, 0.1) + 0.182 \times (0.1, 0.8) + 0.182 \times (0.1, 0.9) + 0.182 \times (0.1, 0.8) + 0.134 \times (0.1, 0.9) + 0.134 \times (0.1, 0.8) + 0.134 \times (0.1, 0.9)$，然后根据运算规则以及得分函数公式计算失效模式最终的得分，同理综合计算评价人员权重，得到最终的得分以及排名，如表 3 – 12 所示。

表 3 – 12　　　　　　　　　　　　最终结果汇总表

失效模式	得分	排序
F1	6.658	9
F2	6.812	8

续表

失效模式	得分	排序
F3	7.018	6
F4	7.299	5
F5	7.664	2
F6	6.943	7
F7	7.482	4
F8	7.497	3
F9	8.011	1

资料来源：某电磁铁公司案例。

3.4.2　方法对比

用本章提出的产品设计质量综合评价方法与其余质量综合评价三种方法，以最终得分以及排名两个方面去对比，对比的三种方法分别是传统FMEA。其工作流程如下。

（1）确定分析目的和任务。在开始任何形式的失效模式与影响分析（FMEA）之前，必须确定分析的目的和任务。这涉及确定分析的范围、关注的焦点及预期的结果。明确的目的和任务将有助于指导分析的整个过程，并确保结果的实用性和针对性。

（2）选择组员和召开小组组织会议。选择具备相关知识和经验的跨职能团队成员，召开小组组织会议以确保所有人对分析的目的、任务和计划有共同的理解。会议应确定团队的组成、职责分配及沟通计划。

（3）收集组织资料包，准备相关文件和资料。在开始 FMEA 之前，需要收集与工艺流程、产品、系统和过程相关的所有相关文件和资料。这可能包括设计文档、操作手册、流程图、故障报告等。这些资料将为后续的失效模式识别和分析提供基础。

（4）进行工艺描述，包括工艺改造历史回顾和已往事故介绍。在FMEA 中，对工艺流程的详细描述是至关重要的。这应包括工艺的输入和输出、关键步骤以及任何可能的异常情况。此外，对工艺改造历史的回顾和已往事故的介绍也有助于识别潜在的失效模式。

（5）进行危害辨识，包括化学品相互反应矩阵和通用危害检查表。危害辨识是 FMEA 的核心步骤，需要识别出可能的失效模式及其相关的后果。这通常涉及对化学品、设备、系统及操作过程的详细检查，利用化学品相互反应矩阵和通用危害检查表等工具进行辅助分析。

（6）估计分析所需时间及进度安排。FMEA 通常需要一定的时间来完成，取决于工艺的复杂性、数据的可用性以及团队的技能和经验。进度安排应考虑到分析的各个阶段，包括危害辨识、风险评估、建议措施的制定和实施等。

（7）准备针对研究对象的问题和疑点。在 FMEA 过程中，可能会遇到一些问题和疑点，需要在分析中解决。这些问题和疑点可能涉及工艺的某个特定方面、潜在的失效模式及其后果，或者建议措施的有效性等。为确保分析的完整性和准确性，需要对这些问题和疑点进行记录和准备。

（8）培训小组组员。FMEA 的成功实施往往依赖于团队的合作和技能。因此，为确保团队成员具备必要的技能和知识，应进行相关的培训。培训内容可以包括 FMEA 的方法论、工具使用、风险评估及建议措施的制定等。通过培训，可以增强团队成员对 FMEA 的理解和实施能力，从而提高分析的质量和效率。

（9）关于数据，本书中的数据通过公式（3–5）精确函数转化为具体数据，参与最终的 RPN 计算。

FMEA 是一种强大的工具，它用于识别和预测系统或设备在运行过程中可能出现的故障模式以及其对整个系统的影响。以下是 FMEA 方法的优点。

（1）失效模式的诊断与预防：FMEA 通过对失效模式进行评价，得到风险值排序，据此工程师可以对高风险失效模式制定预防措施，防止风险的发生。通过分析设备或系统的故障模式和影响，可以预测并提前预防潜在的故障。

（2）设计优化：除了风险分析，改进后的 FMEA 还可以对产品结构设计进行评价，对一些冗余设计进行删除，增强产品运行的稳定性。这些改进有助于提高设备的可靠性和安全性。

（3）测试与维护：FMEA 可以确定测试程序原型，以检测出潜在的故障模式，并建立工作负载循环，预见并避免疲劳故障。此外，它还可以确定关键质量、检查和制造过程控制区域。

（4）文件素材：FMEA 最后一步就是相关文件整理，这些材料可以用于企业的员工培训，让员工了解 FMEA 中的注意要点，便于后续开展风险分析。此外，这些文件也为产品后续维修提供指引，当产品出现故障，可以通过查阅 FMEA 分析文件，得到易失效的故障点，这能加快维修的进度。

然而，FMEA 方法也存在一些缺点。

（1）主观性：FMEA 取得的结果都来源于评价人员给出的评价数据，所以有一定的主观成分存在，但现阶段有很多方法通过增加评价语言自由度、计算评价人员权重等方式弥补主观性带来的弊端。

（2）工作量大：FMEA 需要对每个可能的故障模式进行详细的分析，这可能需要大量的时间和工作量。因此，在实践中，通常会优先分析那些对系统或设备运行影响最大的故障模式。

（3）需要专业知识：FMEA 需要具备一定的专业知识，包括系统或设备的运行原理、故障模式等。这可能需要专业的技术人员或工程师来完成。

总的来说，FMEA 是一种非常有价值的工具，可以帮助我们更好地理解系统或设备的运行状况，预测和预防潜在的故障，提高设备的可靠性和安全性。然而，它也需要一定的专业知识和时间来完成，并存在一定的主观性。

其余两种，分别是仅考虑影响因素的权重、仅考虑评价人员的权重，除权重以外，其余的步骤与本方法相同，得分对比表如图 3-10 所示，排名对比表如图 3-11 所示。

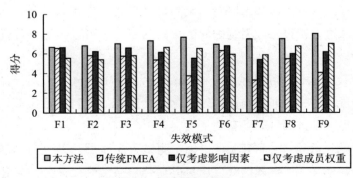

图 3-10　失效模式得分对比

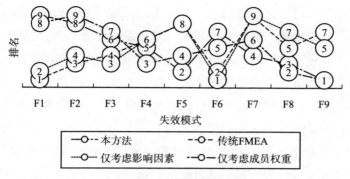

图 3 - 11　失效模式排名对比

　　如图 3 - 10 与图 3 - 11 所示的本方法就是本章提出的产品设计质量综合评价方法。可以从两个图中很明显看出传统 FMEA 的排名与新方法排名相差很大，这是因为传统 FMEA 不计算影响因素权重，采用均等分配的方式确定每个影响因素权重，但在实例分析中，影响因素权重分别是 $\omega_S =$ 0.684、$\omega_O = 0.182$、$\omega_D = 0.134$，这与均等分配的权重相差较大。因此，这也就解释了传统 FMEA 的计算结果与新方法计算结果差异很大，如果按照 10 分制评价，最后得分相差会更大。

　　导致对比结果出现差异的另一种原因是评价人员权重均等分配。例如，图 3 - 11 中仅考虑影响因素权重的圆点线，与本方法的点划线相比，前几种失效模式排名相差很大。这是因为根据直觉模糊数运算规则第 5、第 6 条，最后评价信息聚合公式（3 - 18）的计算实际是一个幂运算。因此，即使权重数值相差小，也会导致最后的得分及排名差异大。

3.5　产品设计质量管控策略

　　在探讨产品设计质量的管控之前，首先需要对设计质量有一个清晰的认识。设计质量是指产品设计在满足用户需求、技术规格、法律法规等多方面要求的同时，所展现出的性能、可靠性、安全性、易用性、经济性等特性的总和。设计质量的高低直接关系到产品的市场竞争力、用户满意度及企业的经济效益。设计质量的重要性不言而喻。一个优秀的设计能够显著提高产品的附加值,降低生产成本,增强企业品牌形象,从而在激烈的市场竞争中脱颖而出。因此,对产品设计质量进行有效的管控,是企业实现可持续发展和赢得市场优势的关键,具体如图3-12所示。

设计质量管控流程包括前期准备、设计阶段、评审与修改三个阶段。

(1)前期准备。

在设计开始前,需要明确设计目标、设计需求、设计约束等关键因素。同时,需要对市场趋势、用户需求、竞争对手等进行深入研究,为设计提供有力支持。此外,还需制定详细的设计计划和质量计划,确保设计过程的有序进行。

(2)设计阶段。

在设计阶段,设计团队需遵循前期准备阶段制定的设计计划和质量计划,进行方案设计、结构设计、外观设计等工作。在设计过程中,应充分考虑产品的功能性、可靠性、安全性、易用性等因素,确保设计方案符合质量要求。

(3)评审与修改。

设计完成后,需进行严格的评审和修改。评审工作应邀请相关部门和专家参与,对设计方案进行全面、客观的评估。针对评审中发现的问题和不足,设计团队需及时进行修改和完善,确保设计方案的质量达到预期要求。

为实现设计质量的有效管控,可采用以下方法。

(1)标准化管理。

制定和完善设计标准和规范,确保设计过程符合行业标准和企业要求。通过标准化管理,可以统一设计语言、减少设计错误、提高设计效率,从而保障设计质量。

(2)质量控制。

在设计过程中,实施严格的质量控制措施。通过设计评审、检查、测试等手段,对设计方案的各项性能指标进行验证和评估,确保设计方案的质量达到预期要求。同时,建立质量奖惩机制,激励设计团队追求卓越的质量表现。

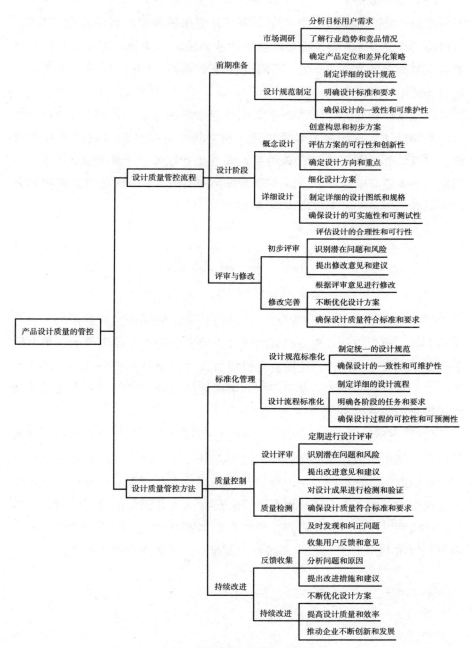

图 3 – 12　产品设计质量管控流程

（3）持续改进。

在设计质量管控过程中，应关注产品使用过程中出现的问题和反馈，通过持续改进设计方案，提高产品的性能和质量。此外，还需关注行业技术的发展和市场需求的变化，不断更新设计理念和方法，以适应市场的变化和满足用户的需求。

产品设计质量的管控是企业实现可持续发展和赢得市场优势的关键。通过明确设计质量的概念和重要性，建立科学的设计质量管控流程和方法，可以显著提高产品的设计质量，降低生产成本，增强企业品牌形象。因此，企业应高度重视产品设计质量的管控工作，不断优化设计流程和方法，以满足市场需求和提高用户满意度。

3.6　本章小结

为了使传统 FMEA 能够适用于产品设计质量的评价，本章提出了一种新的 FMEA 改进方法。失效模式的评价实质上就是对产品失效的后果及影响进行一个大致的评价，使用直觉模糊数作为评价语言正好符合这种评价模式，并且直觉模糊数的隶属度与非隶属度的区分，可以使最后计算失效模式得分的误差缩小。

另外，针对传统 FMEA 中，权重信息不完全确定的情况，本章也进行了补充，使用相似性测度计算各个评价人员的评价信息与理想评价信息之间的相似度，再进行归一化，得到每一位评价人员权重。此外，对于影响因素权重的求解，本书通过多个评价人员在达成共识的前提下，对影响因素进行两两对比形成对比矩阵，再把影响因素对比矩阵转化为非线性规划模型，使用 LINGO 软件求解非线性规划模型，得到影响因素权重。

第 4 章

基于故障树的产品工艺质量
综合评价与管控

产品工艺质量是指在产品生产制造过程中，通过控制和管理工艺参数、生产流程等相关资源，所形成的符合设计要求的质量因素。它是产品制造质量的核心要素，是指按照一系列的工艺流程，确保产品能够达到预期质量标准及要求的能力。在产品试生产阶段和量产阶段，对其工艺质量的评价都是至关重要的。在试生产阶段，对产品制造工序进行评价，发现生产问题及缺陷，为工艺流程完善提供方向，进而提高产品质量。在量产阶段，产品工艺质量评价有助于稳定生产过程，控制产品质量，避免产品质量的波动。综上所述，产品工艺质量评价对于产品整个生产制造阶段非常重要。本章基于故障树分析方法对产品的工艺质量进行评价，并提供具体的应用实例，为产品工艺质量综合评价提供一种新思路。

4.1 问题描述

随着市场竞争的日益加剧，产品质量不仅是企业成功的关键要素，更是取得市场份额和赢得客户信赖的必要条件。对于制造企业而言，产品质量影响着企业的生存与发展，代表着企业的核心竞争力。产品质量与制造过程之间存在密切联系，而制造过程又与工艺质量紧密相关。一方面，制造过程的每个环节都会影响到工艺质量；另一方面，工艺质量的好坏又会直接影响到制造过程的稳定性。它们之间紧密关联，共同影响着产品的质量水平。而相较于动态的制造过程，工艺质量的衡量更加简便。因此，可以认为产品最终的质量水平取决于产品制造过程中的工艺质量水平。所以在制造过程中进行产品的工艺质量评价是非常重要的。进行产品工艺质量评价，需要注意以下几个方面。首先，在进行评价前，需要确定一个具体的评价对象，通常会以故障产品作为研究对象。其次，针对评价对象的结构、功能、工作环境等特点，确定合适且高效的评价方法。最后，运用恰当的方法找出影响产品工艺质量的关键工序，再针对性地完善产品工艺流程，优化产品工艺质量。本章通过结合故障树分析方法对产品工艺质量进行综合评价。

　　故障树分析方法是一种重要的系统可靠性分析方法。它使用逻辑方法对故障进行直观分析，能够帮助识别潜在的风险和问题，指导决策并提升系统的可靠性和安全性。另外，其具有直观简洁、逻辑性强的特点，不仅适用于定性分析，还可用于定量分析。目前，这种较为经典的方法已在许多领域得到应用，克里什托夫·博里茨科等（Boryczko et al.，2022）应用故障树分析评估操作员的可靠性，以帮助分析水处理过程中的故障；乌格鲁鲁·哈桑等（Ugurlu et al.，2022）通过故障树分析揭示了海上碰撞事故的根本原因，并明确了导致船舶碰撞事故的主要因素；关鑫等（Guan et al.，2023）将故障树分析用于分析项目风险的根本原因，以帮助优化风险响应预算的分配。赵红斌等（Zhao et al.，2023）提出了一种基于综合重要性度量的故障树分析方法，用于准确有效地识别采煤机刀盘单元中的关键故障原因，通过某型号采煤机上的案例研究验证了该方法的有效性。李贵杰等（2023）对故障树的重要度分析方法进行了重点研究，提出了一种基于矩独立重要性测度的故障树重要度分析方法，并通过某飞机结冰探测系统的案例验证了方法的合理性。陈雍君等（2023）将故障树与模糊贝叶斯网络相结合，提出一种风险评估框架，并利用该框架对地下综合管廊运维风险进行综合分析，揭示出关键风险事件及其类别。董正琼等（2023）提出了一种基于多状态故障树的可靠性分析方法，并将其应用于舰船电力系统的可靠性分析中，取得了良好的结果，验证了该方法的可行性。总之，在经历了不断地完善与发展后，故障树分析方法的应用领域已经得到极大拓展，并且其在应对复杂系统故障问题上发挥着越来越重要的作用。

然而，随着人们的深入研究与探索，故障树分析方法的局限性也逐渐显现出来。由于实际工程问题中往往面临着很大的不确定性，导致在故障分析过程中，因难以获得精确的故障数据从而很难对系统的可靠性做出正确的评估。因此，研究人员尝试将模糊数学理论与故障树相结合，提出了模糊故障树分析方法。普尔巴·朱尔万·享德里等（Purba et al.，2015）提出了一种基于模糊概率的故障树分析方法，以解决传统故障树分析无法处理基本事件无概率分布情况的问题，并通过案例研究验证了该方法在传播和量化认知不确定性方面的可行性。古尔根·萨米特等（Gürgen S et al.，2023）采用模糊故障树分析方法，探讨了造成船舶失去操纵能力的事故根本原因，结果表明液压动力故障是最常见的原因。周建兰等（Zhou J. L. et al.，2019）将 D-S 证据理论和故障树分析方法结合，通过蒙特卡洛模拟评估人的可靠性，为提高机车驾驶操作和其他行业的整体安全水平提供了有效手段。李周等（Li Z. et al.，2017）将故障树与贝叶斯网络相结合，并运用 D-S 证据理论进行不确定节点的数据融合，以某型号发动机可靠性为例，验证了所提方法的有效性，并为提高整个系统的可靠性提供了相应的措施。盛俊杰等（Sheng J. J. et al.，2023）通过专家评估方法和聚合模糊数值，构建了一种油品检测技术的故障树诊断模型，并将其成功应用于船舶引擎油黏度异常故障的定性和定量分析，提高了故障诊断模型的判别力和可靠性。安慧等（2022）将模糊集合理论与故障树分析方法相结合，运用基于梯形模糊数的模糊故障树分析方法，对建筑施工时可能存在的高处坠落风险进行全面评估，取得了良好的效果。陈红霞等（2022）采用基于梯形模糊数的模糊故障树分析方法，以提高数控机床主轴系统可靠性为目标，通过建立以主轴系统故障为顶事件的故障树，确定了影响系统的关键故障因素。王岳恒和马殷元（2022）针对垂直升降式立体车库的升降系统可靠性问题，采用基于三角模糊数的模糊故障树分析方法，通过模糊故障率和概率重要度计算，为系统的安全可靠运行提供了理论指导。

尽管随着模糊数学理论的引入，极大地拓展了故障树的应用范围，但一般的模糊故障树还是存在一些缺点。以电磁铁为例，有些机械机构之间不是"与""或""非"的关系，而是一种递进关系，传统的模糊故障树无法表达这种关系。因此，宋华等（2005）基于 T-S 模型提出了一种新的模糊故障树分析方法，使得事件可以用模糊可能性来描述，表示顶部事件和主要事件之间逻辑关系的门被从 T-S 模型导出的 T-S 模糊门所取代。自此 T-S 故障树就受到了很多学者的追捧与改进，使其在故障诊断与可靠性领域中逐步得到完善。李兴运和齐金平（2018）将 T-S 模糊故障树方法用于分析动车组受电弓系统的可靠性问题，为受电弓系统的检修提供了实际参考和指导。张金戈等（2023）针对正流量液压挖掘机行走跑偏问题，提出了一种基于 T-S 故障树的故障诊断最优序列多属性决策方法，实现了对行走跑偏故障的快速、精准定位。刘建军等（Liu J. J. et al.，2023）提出了一种整合 T-S 模糊故障树和贝叶斯网络的新型煤矿巷道顶板事故风险预测方法，通过实际数据验证了该方法的有效性和可靠性，为煤矿顶板事故风险预测的研究提供了新思路。张旭等（Zhang X. et al.，2023）研究了将 T-S 模糊故障树与贝叶斯网络相结合的方法，并且将其用于核电站数字控制系统的可靠性评估中，对该方法进行了验证，证实了其可行性。陈舞等（2019）将 T-S 模糊故障树方法应用于通过钻爆法构建隧道的施工风险评价中，通过引入模糊数和 T-S 模糊门，实现了隧道坍塌可能性的综合评价和分析。梁芬和王振（2017）通过应用 T-S 模糊故障树分析法，针对焊接机故障的不确定性问题，构建了基于 T-S 模型的模糊故障树，实现了对焊接机故障的可靠性分析。此外，T-S 故障树方法在航空（Song et al.，2009；刘勇等，2021）、液压（刘杰，2022；张勇等，2020）、交通（王艺华等，2021；周亚辉等，2021）等领域也得到了广泛的应用。

随着 T-S 故障树方法在各个领域的广泛应用，该方法的一些弊端也逐渐显露出来。虽然 T-S 故障树在传统故障树的基础上进行了拓展，变得更加通用化，但其本质上和传统故障树并无太大的区别，都是一种静态故障树。而在现实中，对于失效形式复杂多样的系统，不仅存在静态失效逻辑，还存在更为复杂的动态失效逻辑。因此，为了能够更加准确地对实际系统中存在的复杂多变的失效形式进行分析，姚成玉等（2019）以 T-S 故障树及其他动态故障树为基础，创新性地提出了一种新的 T-S 动态故障树分析方法，此方法能够应用一些拥有多状态的产品，应用面更有针对性。自此 T-S 动态故障树方法受到了国内外众多学者的关注，在多个领域得到了广泛的应用。孙红华等（Sun H. H. et al.，2022）将 T-S 动态故障树用于液压系统的动态可靠性分析中，为设备的定期维护和故障诊断提供了依据。庞继红等（Pang J. H. et al.，2022）提出了一种将 T-S 动态故障树与贝叶斯网络及 Wiener 过程相结合的新方法，并将其用于电磁铁保持力不足的故障诊断中。陈亚峰等（Chen Y. F. et al.，2023）通过将 T-S 多状态故障树转化为动态贝叶斯网络，综合考虑了系统多稳定性、长时间运行、动态故障和维护恢复等因素，评估了铁路车辆受电弓系统的操作可靠性。陈东宁等（2021）在传统 T-S 动态故障树的基础上，提出了一种连续时间多维 T-S 动态故障树分析方法，通过考虑多种因素的影响，实现了对复杂系统可靠性的综合分析，并将其应用到实际的工程案例中，验证了该方法的可行性。柳炽伟和郭美华（2023）通过构建 T-S 动态故障树并将其转化为离散时间贝叶斯网络模型，提出了一种评估电动汽车动力电池热管理系统可靠性的算法。吴勇和陶军（2020）将 T-S 动态故障树用于装载机液压系统的可靠性分析中，通过寻找系统的薄弱环节，为故障排查提供依据。

虽然 T-S 动态故障树分析方法已经广泛应用于多个领域，其有效性与实用性也已经得到了证明。但目前而言，很多学者着力于处理故障树中的不确定信息，意在将不确定信息通过科学方法转化为较为确定的数据，并用于定量分析中。然而，数据只要经过处理，其客观性就可能会降低，因此本书将这种不确定的信息看作灰色层面的数据，使用灰色关联分析方法直接对这些灰色信息进行计算，能够最大限度地保证信息的完备性。作为研究小样本、不确定性系统的一种常用方法，灰色关联分析已经得到了广泛应用。郑琼洁等（Zheng Q. J. et al.，2023）应用灰色关联分析方法对新能源汽车产业的竞争力进行了多维度评估。库马尔和帕里克（Kumar & Pareek，2023）将灰色关联分析与田口方法相结合进行试验设计，对锂电池的充电策略进行了优化。孙艺新等（2016）将灰色关联分析与故障树方法相结合，对电网供电可靠性及其影响因素进行了综合分析。除此之外，灰色关联分析在社会经济（罗世聪，2020；刘聪和李珍珍，2023）、服务评价（唐力等，2019；Liu et al.，2019）、优化设计（Girish et al.，2019；梁强等，2022）等领域也存在广泛的应用空间。

综上所述，本章将运用故障树分析方法对产品的工艺质量进行综合评价。首先，关于产品在装配过程的工艺质量评价，提出结合 T-S 动态故障树以及灰色关联分析的综合评价方法。该方法通过 T-S 动态故障树分析和描述系统的动态故障关系，对故障产品的工艺流程进行分析，并运用灰色关联分析计算事件间的灰色关联度，从而得到不确定信息系统中各因素之间的关联，进而得出最主要的故障因素。此外，关于零件在设计过程中潜在的工艺质量问题，提出改进的模糊故障树分析方法。该方法将 D-S 证据理论和故障树分析方法结合，利用 D-S 证据理论通过数据融合确定模糊区间的上下限，通过计算模糊重要度确定主要的故障原因。最后，在完成评价模型的构建后，文末通过具体的实例来验证所提方法的有效性。

4.2 方法原理

本节将会对本章中出现的方法、定义、运算规则进行阐述，便于掌握本章的产品工艺质量综合评价方法。

4.2.1 故障树

1. 故障树方法概述

1961 年，美国贝尔电话实验室首先提出了故障树分析方法，最初是用于对民兵式导弹发射控制系统进行可靠性分析与评估。1974 年，美国原子能委员会在核电站事故的风险评价中广泛应用了故障树分析技术，并发布了著名的《拉姆逊报告》。这一报告在全球范围内引起了广泛的关注，故障树分析方法因此受到了社会各界的高度重视，从而迅速在许多国家和许多企业应用和推广，成为评估系统可靠性和安全性的重要工具。故障树分析方法是一种系统性的、图形化的故障分析方法，它通过对一系列具有逻辑关系的框图进行组合，从而对系统的故障进行形象化的分析，以帮助人们理解故障发生的机制，进而采取相应的措施来提高系统的可靠性。方法的关键在于故障树的构建。故障树是一种特殊形式的有向树，其中树中的节点代表不同事件，且节点间通过逻辑门进行连接。这样的树图反映了故障的因果关系。在故障树中，通过逐层逻辑分析，可以识别出导致故障发生的基本事件和其组合关系，从而帮助人们进行系统的安全性评估和风险分析。

在故障树构建过程中，首先，需要确定故障树分析的顶事件。通常，顶事件是不期望发生的故障或事故，例如，系统失效、事故发生等。其次，按照不同的方法，如先总后分、先因后果的方式，对顶事件进行分析。通过逐层细化，可以找到导致顶事件发生的最小割集，即最小的一组事件组合，只有当这些事件同时发生时才会导致顶事件的发生。

在故障树分析中，存在一些特定的符号，这些符号用于表示不同的逻辑关系和事件组合。具体使用的符号及其意义如表 4 – 1 所示。

表 4 – 1　　　　　　　　　故障树分析方法常用符号

类别	标识	名称	含义
事件符号	▭	顶事件/中间事件	顶事件：逻辑门的输出部分 中间事件：连接顶事件与基本事件的事件
	○	基本事件	逻辑门的输入部分，也称为底事件
	◇	未开展事件	缺乏相关信息，没有被进一步展开或分析的事件
	⌂	开关事件	位于故障树底部，起开关作用
	⬭	条件事件	描述逻辑门起作用的具体限制事件
逻辑门符号	⌓	与门	所有的输入事件同时发生时，输出事件才会发生
	⌓	或门	只要有一个输入事件发生，输出事件就会发生
	⌓	异或门	输入事件中恰好有一个发生，输出事件就会发生
	⌓	优先与门	仅当输入事件按规定的顺序发生时，输出事件才会发生

类别	标识	名称	含义
逻辑门符号	k/n	表决门	在 n 个输入事件中，至少有 k 个发生，输出事件才会发生
		禁止门	若在某条件式事件指示有效时，发生输入事件，输出事件就会发生
转移符号		转入	表示从其他部分转入，△ 内记入从何处转入
		转出	表示向其他部分转出，△ 内记入向何处转出

为了确保故障树分析的准确性和可靠性，在绘制故障树时，必须严格遵守以下几项原则。

（1）顶事件：故障树的构建必须始终围绕已确定的顶事件进行。这将确保所有基本事件（底事件）与顶事件相关联，从而建立正确的故障树模型。

（2）底事件：对于模棱两可的底事件，可以采用假设法，首先安排到相应的级别，其次自下而上进行反推，以确定其与顶事件是否相关联。如果相关联，则保留，否则舍弃。

（3）复查：在构建故障树时，通常要由两名或更多工程师对设定好的故障树进行复查，以排除人为因素导致的误差。

（4）附加说明：故障树中出现的字母和代号必须进行附加说明，要确保说明的要求能够确定到具体的零部件。

故障树的构建是一个逐步进行的过程，在遵循上述原则的基础上，进行分析的人员需要对顶事件有全面的认知，能够发现其中的问题，并使用相应符号来表达出该顶事件中的逻辑关系，以确保分析过程的准确性。具体步骤如下。

（1）确定顶事件：首先确定要进行故障树分析的目标，即顶事件。顶事件的准确定义对于故障树分析的成功至关重要，必须确保顶事件的范围具体明确，不宜过于广泛或模糊。

（2）定义分析范围：在对顶事件进行深入分析之前，明确定义分析的范围和边界。这将有助于集中分析工作，并确保关注的是与顶事件直接相关的事件。

（3）逐层绘制故障树：根据顶事件，逐步绘制故障树。通过识别导致顶事件发生的各种原因，然后使用相应的事件符号和适当的逻辑门将这些原因逐层连接，形成一个层层递进的结构，一直追溯到最基本的事件，从而构建出一个故障树。

（4）认真审定故障树：所绘制的故障树图即为对事件逻辑关系的模型化表达。在构建过程中，一定要进行反复推敲和修改，不断精炼和完善模型，以确保故障树分析模型的准确性和可靠性。

2. 故障树定性分析

故障树的定性分析是以定性方式识别导致顶事件发生的所有潜在的故障模式，也就是找出构成故障树的所有最小割集。通过求出系统的所有最小割集，然后进行针对性处理，能够很有效地降低潜在故障的发生风险。

（1）割集与最小割集。

割集是指故障树中可能导致顶事件发生的一系列基本事件的组合，当其中的基本事件发生时，顶事件必然会发生。而最小割集指的是在割集中去掉任何一个基本事件都将使其不再成为割集，即导致顶事件发生的最小基本事件组合。每个最小割集都对应一种使故障树顶事件发生的故障模式。一般情况下，最小割集包含的基本事件的数量越少，其相对重要度越大。

（2）求解最小割集的方法。

①下行法。

这种方法又被称为 Fussell-Vesely 法，其核心思想是根据故障树的结构，从顶事件开始逐级向下分解，根据不同的逻辑关系进行区分表示。若顶事件下方存在或门，将每个输入事件分别列入不同的行；若是与门，则将每个输入事件排列在同一行。依次进行层层分解，直至基本事件不能再分解为止。最终，通过全面分析和比较，去除非最小割集，得到系统的全部最小割集。

②上行法。

这种方法又被称为 Semandeses 法，其基本思路与下行法相反，是从基本事件开始逐层向上进行事件的集合运算。其中，用输入事件的布尔和代替"或门"输出事件，用输入事件的布尔积代替"与门"输出事件。在自下而上进行集合运算的过程中，利用相关的集合运算规则进行化简，以相应基础事件布尔积的和表示最后的顶事件。每个布尔积项都与故障树中的最小割集一一对应，而将所有这些布尔积项汇总在一起就构成了故障树的全部最小割集。

3. 故障树定量分析

故障树的定量分析主要有两方面内容：一是由基本事件失效概率求出顶事件的失效概率；二是求出不同基本事件对系统的重要度影响程度，包括概率重要度、结构重要度和关键重要度。

（1）顶事件概率。

定量分析的主要任务之一是计算或估计顶事件发生的概率。假设单调关联系统中各基本事件相互独立，并且该系统为二态系统，即系统仅有正常或故障这两种状态，则对于由 n 个事件组成的故障树，其结构函数为：

$$\Phi(x) = \Phi(x_1, x_2, \cdots, x_i, \cdots, x_n) \tag{4-1}$$

其中，与门故障树的结构函数可以表示为：

$$\Phi(x) = x_1 \cdot x_2 \cdots x_i \cdots x_n \tag{4-2}$$

或门故障树的结构函数可以表示为：

$$\Phi(x) = 1 - (1 - x_1) \cdot (1 - x_2) \cdots (1 - x_n) = 1 - \prod_{i=1}^{n}(1 - x_i) \tag{4-3}$$

假设故障树中有 m 个最小割集，分别为 $C_j(j = 1, 2, \cdots, m)$，当最小割集之间不出现相交时，则存在：

$$T = \Phi(x) = \bigcup_{j=1}^{m} C_j(t) \tag{4-4}$$

$$P[C_j(t)] = \prod_{i \in C_j}^{j} F_i(t) \tag{4-5}$$

式（4-5）中，$P[C_j(t)]$ 表示最小割集 C_j 在 t 时刻时发生的概率，$F_i(t)$ 表示最小割集 C_j 中第 i 个基本事件在 t 时刻时发生的概率。

则顶事件 T 的概率可以表示为：

$$P(T) = P[\Phi(T)] = \sum_{j=1}^{m} \left(\prod_{i \in C_j}^{j} F_i(t) \right) \tag{4-6}$$

如果最小割集中间存在相交的情况，这时就需要用相容事件的概率公式来计算，对其进行不交和处理，计算方法如下：

$$P(T) = P(C_1 \cup C_2 \cdots \cup C_m)$$

$$= \sum_{i=1}^{m} P(C_i) - \sum_{i<j=2}^{m} P(C_i C_j) + \cdots + (-1)^{m-1} P(C_1 C_2 \cdots C_m)$$

$$(4-7)$$

（2）重要度分析。

定量分析的另一重要任务是计算重要度。重要度通常是指一个最小割集对于顶事件的影响或贡献程度。并且由于要研究的对象、系统不同，所采用的重要度分析方法也应不同，常用的重要度分析方法，有概率重要度、结构重要度、关键重要度等。

①概率重要度。

概率重要度的定义为：顶事件发生概率对该基本事件发生概率的变化率，第 i 个基本事件的概率重要度可以表示为：

$$I_i^P = \frac{\partial Q}{\partial q_i} \qquad (4-8)$$

式（4-8）中，I_i^P 表示第 i 个事件的概率重要度，Q 为系统的失效概率，q_i 为第 i 个事件的失效概率，$i = 1, 2, \cdots, n$。

②结构重要度。

结构重要度的定义为：第 i 个基本事件在系统中所处地位的重要程度。用公式可以表示为：

$$I_i^{\phi} = \frac{1}{2^{n-1}} n_i^{\phi} \qquad (4-9)$$

$$n_i^{\phi} = \sum_{2^{n-1}} \left[\Phi(1_i, X) - \Phi(0_i, X) \right] \qquad (4-10)$$

式（4-9）和式（4-10）中，I_i^{ϕ} 表示第 i 个事件的结构重要度，n 为故障树中所有底事件的数量和。

③关键重要度。

关键重要度的定义为：第 i 个基本事件发生概率改变量对顶事件发生概率变化量的影响程度，用公式可以表示为：

$$I_i^{CR} = \lim_{\Delta q_i \to 0} \left(\frac{\Delta Q}{Q} \bigg/ \frac{\Delta q_i}{q_i} \right) = \frac{q_i}{Q} \cdot \frac{\partial Q}{\partial q_i} \qquad (4-11)$$

式（4-11）中，I_i^{CR} 表示第 i 个事件的关键重要度。

4.2.2　模糊故障树

1983 年，田中（Tanaka）等学者对故障树分析方法与模糊理论的结合进行了研究，首次提出了模糊故障树分析方法。模糊故障树是建立在故障树分析基础上的一种方法，它将传统的故障树分析方法与模糊数学理论相结合，使其能够更全面地应对不确定性问题。模糊故障树采用模糊数学理论来处理故障树中的不确定性和模糊性。它允许事件之间的关系和概率以模糊的方式存在，而不是严格的确定性关系。这种方法可以更好地处理缺乏精确数据或信息不完全的情况。

1. 模糊集合与模糊数

1965 年，美国控制论专家扎德（L. A. Zadeh）教授提出了模糊集合的概念，这一理念在后来逐渐发展成为模糊数学理论。它是将一个确定的现象向一个非确定模糊现象转化的理念，从而将普通集合的应用范围大大增加。

模糊集合定义：在某论域 U 中定义了从 U 到 $\{0, 1\}$ 的一个映射为 $\mu_{\tilde{A}}$：

$$\mu_{\tilde{A}}: U \to \{0, 1\}, \ u \mid \to \tilde{A}(u) \in [0, 1] \tag{4-12}$$

则 $\tilde{A}$ 为论域 U 上的一个模糊集，$\tilde{A}(u)$ 为 $\tilde{A}$ 的隶属函数，记作 $\mu_{\tilde{A}}(u)$，称为 u 关于 A 的隶属度，或者是 u 属于 A 的程度。$\mu_{\tilde{A}}(u)$ 是一个位于区间 $0 \sim 1$ 的数字，它越趋近于 0 则代表 u 对 A 的隶属程度越低，它越趋近于 1 则代表 u 对 A 的隶属程度越高，当隶属度完全是 0 或者 1 时，模糊集合 $\tilde{A}$ 就对应于一个传统的集合，因此，我们可以将普通集合视为模糊集合的一种特殊情况。而模糊集合则是一个更广泛的概念，包括了所有可能的普通集合。

模糊数定义：论域 U 上的模糊集 $\tilde{A}$ 由隶属函数 $\mu_{\tilde{A}}(x)$ 来表征，任意 $x \in U$ 都能确定一个数 $\mu_{\tilde{A}}(x) \in [0, 1]$。$\mu_{\tilde{A}}(x)$ 的值反映了 U 中的元素 x 对于 $\tilde{A}$ 的隶属程度，称其为模糊数，表示为：

$$\mu_{\tilde{A}}(x): U \to [0, 1], \ x \to \mu_{\tilde{A}}(x) \tag{4-13}$$

因此，在计算模糊集时，运用隶属函数是最有效的方法。对于隶属函数的表示，工程中应用比较多的有三角模糊数以及梯形模糊数。

2. 故障树分析的模糊算子

假设基本事件 x_i 的模糊数为 (a_i, b_i)，那么 x_i 逻辑门中的计算表达式如下：

其中或门中的概率表达式为：

$$\tilde{P}_O = \left\{ 1 - \prod_{i=1}^{n} \left[1 - (a_i + (b_i - a_i)) \right], \ 1 - \prod_{i=1}^{n} \left[1 - (b_i - (b_i - a_i)) \right] \right\}$$

$$(4-14)$$

与门中的概率表达式为：

$$\tilde{P}_A = \left\{ (a_i + (b_i - a_i)), \ (b_i - (b_i - a_i)) \right\} \tag{4-15}$$

式（4-14）和式（4-15）中使用的乘法、加法以及减法的运算规则如下：

假设 $x_1 = (a_1, \ b_1)$，$x_2 = (a_2, \ b_2)$，那么：

$$x_1 \times x_2 = \left[\min(a_1 a_2, \ a_1 b_2, \ b_1 a_2, \ b_1 b_2), \ \max(a_1 a_2, \ a_1 b_2, \ b_1 a_2, \ b_1 b_2) \right]$$

$$(4-16)$$

$$x_1 + x_2 = \left[a_1 + a_2, \ b_1 + b_2 \right] \tag{4-17}$$

$$x_1 - x_2 = \left[|a_1 - b_2|, \ |b_1 - a_2| \right] \tag{4-18}$$

如果式（4-16）、式（4-17）、式（4-18）中 x_1 为 1，那么记为 $x_1 = (1, \ 1)$，同理 x_2 也是，但若为 0，则不参与计算。

3. 基本事件的模糊重要度

在计算模糊重要度（fuzzy importance，FIM）之前需要首先计算顶事件发生的概率，其计算公式如下：

$$P(\alpha) = P_1 \times P_2 \times \cdots \times P_n \tag{4-19}$$

式（4-19）中，P_n 表示第 n 个基本事件的发生概率。

其次，再计算当 x 事件不发生的情况下顶事件发生的概率，用 $P(X1)$ 表示，其计算公式如下：

$$P(X1) = P_1 \times P_2 \times \cdots \times P_n \tag{4-20}$$

式（4-20）也即在式（4-19）求解顶事件发生概率时，假设 $P(X1) = 0$，求解结果即是 x 事件不发生的情况下顶事件发生的概率。

接下来用最大隶属度平均值法对顶事件的模糊概率进行清晰化处理。假设顶事件发生的模糊概率为 $\alpha = (a, \ b)$，那么最大隶属度平均值（MOM）计算公式为：

$$MOM = \frac{a+b}{2} \tag{4-21}$$

根据式（4-19）~式（4-21），计算 x 事件的模糊重要度，计算公式如下所示：

$$FIM(x) = \frac{P(\alpha) - P(x)}{P(x)} \times 100\% \qquad (4-22)$$

4.2.3 T-S 故障树

随着故障树分析方法的广泛应用，该方法的许多不足之处也逐渐显露出来。对于传统的故障树分析方法，其要求故障发生概率及事件间联系为精确已知的，这无疑增加了构建故障树的难度，并且限制了其在实际工程中的应用。基于此，为了改善传统故障树分析方法的不足，北京航空航天大学宋华等学者在 2005 年将 T-S（Takagi and Sugeno）模糊系统理论引入到传统的故障树分析方法中，提出了一种新的故障树分析方法：T-S 故障树分析方法。

1. T-S 模糊门

1985 年，日本学者高木友博（Takagi）和菅野道夫（Sugeno）提出了著名的 T-S 模型，它由一系列 *if-then* 模糊规则组成，被认为是一种通用的万能逼近器，可用来描述事件间的联系，从而构成 T-S 模糊门。一般来说，T-S 模型是一种具有多输入、单输出的模糊推理系统，这与故障树逻辑门中的输入事件（即基本事件）以及输出事件（即上级事件）相对应。因此，可将 T-S 模型中的输入变量视为逻辑门中的基本事件，将输出变量视为逻辑门中的上级事件。设基本事件 x_1，x_2，$\cdots$，x_n 的上级事件为 y，则它们间的联系可由图 4-1 描述。

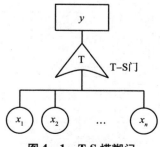

图 4-1 T-S 模糊门

2. T-S 故障树算法

关于 T-S 模型，可进行如下表述。

假设规则 $r(r=1, 2, \cdots, m)$ 已知；若 e_1 为 f_{r_1}，e_2 为 f_{r_2}，$\cdots$，e_ρ 为 f_{r_ρ}，则 y 为 y_r。其中：$e = [e_1, e_2, \cdots, e_j, \cdots, e_\rho]^T$ 为输入变量，f_{r_j}，$j = 1, 2, \cdots, \rho$ 为模糊集。令模糊集 f_{r_j} 的隶属函数为 $\mu_{f_{r_j}}(e_j)$，则 T-S 模型的输出为：

$$y = \sum_{r=1}^{m} \beta_r^*(e) y_r \tag{4-23}$$

其中 $\beta_r^*(e)$ 须满足以下条件：

$$\sum_{r=1}^{m} \beta_r^*(e) = 1 , \quad r=1, 2, \cdots, m$$
$$0 \leqslant \beta_r^*(e) \leqslant 1 \tag{4-24}$$

$\beta_r^*(e)$ 计算公式如下：

$$\beta_r^*(e) = \frac{\beta_r(e)}{\sum\limits_{r=1}^{m} \beta_r(e)} \tag{4-25}$$

其中 $\beta_r(e)$ 称为规则 r 的执行度，计算公式如下：

$$\beta_r(e) = \prod_{j=1}^{\rho} \mu_{f_{r_j}}(e_j) \tag{4-26}$$

因此，对于图 4-1 中的 T-S 模糊门，假设用模糊数 $(x_1^1, x_1^2, \cdots, x_1^{l_1})$，$(x_2^1, x_2^2, \cdots, x_2^{l_2})$，$\cdots$，$(x_n^1, x_n^2, \cdots, x_n^{l_n})$ 来描述基本事件 x_1，$x_2, \cdots, x_n$ 的故障状态；用模糊数 $(y^1, y^2, \cdots, y^{l_y})$ 描述上级事件 y 的故障状态。且各模糊数均满足下式：

$$\begin{cases} 0 \leqslant x_1^1 < x_1^2 < \cdots < x_1^{l_1} \leqslant 1 \\ 0 \leqslant x_2^1 < x_2^2 < \cdots < x_2^{l_2} \leqslant 1 \\ \quad\quad\quad \vdots \\ 0 \leqslant x_n^1 < x_n^2 < \cdots < x_n^{l_n} \leqslant 1 \\ 0 \leqslant y^1 < y^2 < \cdots < y^{l_y} \leqslant 1 \end{cases} \tag{4-27}$$

则可用以下模糊规则来描述 T-S 模糊门的逻辑规则：

假设规则 $r(r=1, 2, \cdots, m)$ 已知；若 x_1 为 $x_1^{i_1}$，x_2 为 $x_2^{i_2}$，$\cdots$，x_n 为 $x_n^{i_n}$，则 y 为 y^1 的概率为 $P^r(y^1)$，y 为 y^2 的概率为 $P^r(y^2)$，$\cdots$，y 为 y^{l_y} 的概

率为 $P^r(y^{l_y})$。其中：$i_1 = 1$，2，$\cdots$，l_1，$i_2 = 1$，2，$\cdots$，l_2，$\cdots$，$i_n = 1$，2，$\cdots$，l_n。n 为基本事件总数。m 为规则总数，且满足 $m = l_1 l_2 \cdots l_n$。

令 $x = (x_1$，x_2，$\cdots$，$x_n)$。如果基本事件的故障状态已知，为 $x' = (x_1'$，x_2'，$\cdots$，$x_n')$，则根据 T-S 模型算法可以估算出上级事件故障状态的模糊发生概率为：

$$
\begin{cases}
P(y^1) = \sum_{r=1}^{m} \beta_r^*(x') P^r(y^1) \\
P(y^2) = \sum_{r=1}^{m} \beta_r^*(x') P^r(y^2) \\
\quad\vdots \\
P(y^n) = \sum_{r=1}^{m} \beta_r^*(x') P^r(y^n)
\end{cases}
\tag{4-28}
$$

其中：

$$
\beta_r^*(x') = \frac{\prod_{j=1}^{n} \mu_{x_j^{ij}}(x_j')}{\sum_{r=1}^{m} \prod_{j=1}^{n} \mu_{x_j^{ij}}(x_j')}
\tag{4-29}
$$

式（4-29）中，$\mu_{x_j^{ij}}(x_j')$ 表示第 r 条规则中 x_j' 对相应模糊集的隶属度。

假设 $P(x_1^{i_1})(i_1 = 1$，2，$\cdots$，$l_1)$，$P(x_2^{i_2})(i_2 = 1$，2，$\cdots$，$l_2)$，$\cdots$，$P(x_n^{i_n})(i_n = 1$，2，$\cdots$，$l_n)$ 为基本事件各种故障状态的模糊发生概率，则规则 $r(r = 1$，2，$\cdots$，$m)$ 执行的概率为：

$$
P_0^r = P(x_1^{i_1}) P(x_2^{i_2}) \cdots P(x_n^{i_n})
\tag{4-30}
$$

因此上级事件的模糊发生概率为：

$$
\begin{cases}
P(y^1) = \sum_{r=1}^{m} P_0^r P^r(y^1) \\
P(y^2) = \sum_{r=1}^{m} P_0^r P^r(y^2) \\
\quad\vdots \\
P(y^n) = \sum_{r=1}^{m} P_0^r P^r(y^n)
\end{cases}
\tag{4-31}
$$

4.2.4　T-S 动态故障树

相较于传统的故障树分析方法，T-S 故障树分析方法可以描述任意形式的组合、多态等静态失效行为，这的确拓展了故障树分析方法在实际工程中的应用，但 T-S 故障树仍不能刻画系统的动态失效行为，对于解决复杂多样的工程实践问题仍存在一定的局限性。为此，为进一步增强故障树描述动态失效逻辑的能力，燕山大学姚成玉教授团队于 2019 年在 T-S 故障树分析方法的基础上，提出了 T-S 动态故障树分析方法。

1. T-S 动态门及其描述规则

T-S 动态故障树由 T-S 故障树延伸而来，包含基本事件、中间事件、顶事件以及 T-S 动态门，事件是对系统的部件进行描述，T-S 动态门是对这些部件进行逻辑关系的定义。如图 4 – 2 所示，Y 为顶事件，$y_1 \sim y_3$ 为中间事件、$x_1 \sim x_4$ 为基本事件，$G_1 \sim G_4$ 为 T-S 动态门。

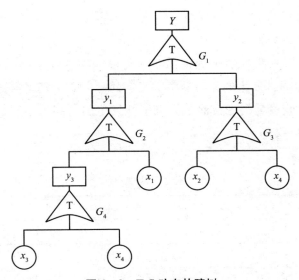

图 4 – 2　T-S 动态故障树

通过构建 T-S 动态门及其描述规则（见图 4 – 3），可以对任何形式的静、动态失效行为进行刻画。

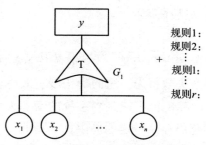

图 4 – 3   T-S 动态门及其描述规则

假设将系统工作时间 T 均分为 n 份，则每个区间的时间就为 $t = \dfrac{T}{n}$，分别记为 $[0, t)$，$[t, 2t)$，$\cdots$，$[(n-1)t, nt)$，$[nt, +\infty)$，用时间段 $1, 2, \cdots, n, n+1$ 表示。基本事件 x_i 在时间段 j_i 的故障状态 $x_i^{(j_i)}$ 为 $S_i^{(a_i)}$，其中 $i = 1, 2, \cdots m$，$j_i = 1, 2, \cdots, n, n+1$，$a_i = 1, 2, \cdots, k_i$，且满足 $0 \leqslant S_i^{(1)} < S_i^{(2)} < \cdots < S_i^{(k_i)} \leqslant 1$；顶事件 y 在时间段 j_y 的故障状态 $y^{(j_y)}$ 为 $S_y^{(b_y)}$，其中 $j_y = 1, 2, \cdots, n, n+1$，$b_y = 1, 2, \cdots, k_y$，且满足 $0 \leqslant S_y^{(1)} < S_y^{(2)} < \cdots < S_y^{(k_y)} \leqslant 1$。

T-S 动态门有两种逻辑规则，一种是根据事件发生的时间所规定的，另一种是根据事件发生的先后顺序所规定的。以 2 个基本事件的 2 种运行状态，3 个时间段为例进行展示。以事件发生的时间为逻辑的 T-S 动态门规则，如表 4 – 2 所示。

表 4 – 2   发生时间规则

规则	x_1			x_2			y		
	1	2	3	1	2	3	1	2	3
1	0	0	1	1	0	0	P_1^{y1}	P_1^{y2}	P_1^{y3}
2	0	0	1	1	1	0	P_2^{y1}	P_2^{y2}	P_2^{y3}
$\vdots$	$\vdots$	$\vdots$	$\vdots$	$\vdots$	$\vdots$	$\vdots$	$\vdots$	$\vdots$	$\vdots$
l	l	l	l	l	l	l	P_l^{y1}	P_l^{y2}	P_l^{y3}

通过规则 1，可以看出：x_1 在时间段 1 与时间段 2 中是正常状态，在时间段 3 中是故障状态；x_2 在时间段 3 与时间段 2 中是正常状态，在时间段 1 中是故障状态；此时上级事件 y 在时间段 1、2、3 中的故障状态为 P_1^{y1}，P_1^{y2}，P_1^{y3}。同样是这些规则，如果以事件发生的先后为规定，则如表 4-3 所示。

表 4-3　　　　　　　　　　　　　事件发生规则

规则	x_1	x_2	y		
			1	2	3
1	3	1	P_1^{y1}	P_1^{y2}	P_1^{y3}
2	3	1	P_2^{y1}	P_2^{y2}	P_2^{y3}
⋮	⋮	⋮	⋮	⋮	⋮
l	l	l	P_l^{y1}	P_l^{y2}	P_l^{y3}

2. T-S 动态门的输入输出算法

（1）输入算法。

由于 T-S 动态门有两种逻辑规则，因此给出两种逻辑规则下的输入算法，首先已知基本事件 x_i 故障概率密度函数 $f_i(a) = \lambda_i \exp(-\lambda_i a)$，$\lambda_i$ 为 x_i 的故障率，则在输入规则 l 中 x_i 在时间段 j_i 的故障状态的概率为：

$$P_{(l)}(x_i^{j_i}) = \int_{(j_i-1)t}^{j_i t} f_i(a) \, da \qquad (4-32)$$

时间状态下规则 l 的发生概率为：

$$P'_{(l)} = \prod_{j_i=1}^{n+1} \prod_{i=1}^{m} P_{(l)}(x_i^{j_i}) \qquad (4-33)$$

事件状态下规则 l 的发生概率为：

$$P'_{(l)} = \prod_{i=1}^{m} P_{(l)}(x_i^{j_i}) \qquad (4-34)$$

（2）输出算法。

顶事件 y 在时间段 j_y 的故障状态 $y^{(j_y)}$ 为 $S_y^{(b_y)}$ 的概率：

$$
\begin{cases}
P(y^{(j_y)} = S_y^{(1)}) = \sum_{l=1}^{r} P'_{(l)} P_{(l)}(y^{(j_y)} = S_y^{(1)}) \\
P(y^{(j_y)} = S_y^{(2)}) = \sum_{l=1}^{r} P'_{(l)} P_{(l)}(y^{(j_y)} = S_y^{(2)}) \\
\vdots \\
P(y^{(j_y)} = S_y^{(k_y)}) = \sum_{l=1}^{r} P'_{(l)} P_{(l)}(y^{(j_y)} = S_y^{(k_y)})
\end{cases}
\tag{4-35}
$$

式（4-35）中，$P_{(l)}(y^{(j_y)} = S_y^{(k_y)})$ 为规则 l 中 y 在时间段 j_y 的故障状态 $y^{(j_y)}$ 为 $S_y^{(b_y)}$ 的概率，$P(y^{(j_y)} = S_y^{(k_y)})$ 为 y 在时间段 j_y 的故障状态 $y^{(j_y)}$ 为 $S_y^{(b_y)}$ 的概率。

4.2.5　灰色关联分析

1982 年，华中科技大学邓聚龙教授提出了一种研究不确定性问题的新方法，即灰色系统理论。该理论主要已存在部分未知信息的"贫信息"不确定性系统为研究对象，通过对部分已知信息的深入分析和处理，提取有价值的信息，以帮助人们更全面地理解和掌握系统的运行特征和演化规律，从而建立适合实际情况的数学模型。这些模型能够准确描述系统的运行状态和演化趋势，为决策提供重要参考依据。因此，灰色系统理论作为一种有效的工具，被广泛运用于解决复杂问题和应对不确定性挑战，其可靠性和实用性已在多个领域得到广泛认可。

作为灰色系统理论研究中十分活跃的一个分支，灰色关联分析已在社会经济、工程技术及自然科学等各个领域中得到广泛应用。其基本思想是通过分析多个因素的样本数据，观察样本数据与各个因素的变化趋势是否一致，从而判断各因素之间是否存在相关性。如果样本数据与多个因素的变化趋势一致，说明各因素之间存在相关性；如果不一致，则说明不存在相关性。通过计算各个因素之间的关联系数，可以判断其关联性的强弱。

具体而言，灰色关联分析采用线性插值的方法，将各个因素的离散观测值转化为连续的折线。通过对比折线的形状和趋势，可以评估不同序列之间的关联度。当折线的形状越相似时，表示相应序列之间的关联程度较高；反之，如果形状相差较大，说明关联程度较低。

灰色关联分析过程如下（刘思峰，2021）。

第一步：对原始数据进行均值化处理：

$$X_i' = \frac{X_i}{\overline{X}_i} = (x_i'(1), \ x_i'(2), \ \cdots, \ x_i'(k), \ \cdots, \ x_i'(n)) \qquad (4-36)$$

其中，$X_i = (x_i(1), \ x_i(2), \ \cdots, \ x_i(k), \ \cdots, \ x_i(n))$，$i = 0, \ 1, \ 2, \ \cdots,$ m，$k = 1, \ 2, \ \cdots, \ n$ 为影响该数据的相关因素序列，即参考序列，$X_0 = (x_0(1), \ x_0(2), \ \cdots, \ x_0(k), \ \cdots, \ x_0(n))$，$k = 1, \ 2, \ \cdots, \ n$ 为系统所要研究的数据序列，即系统特征序列。

第二步：计算 X_0 与 X_i 的均值像对应分量之间差序列的绝对值：

$$\Delta_i(k) = |x_0'(k) - x_i'(k)| \qquad (4-37)$$

其中，$\Delta_i = (\Delta_i(1), \ \Delta_i(2), \ \cdots, \ \Delta_i(n))$，$i = 1, \ 2, \ \cdots, \ m$。

第三步：确定差序列绝对值的最大值与最小值，分别记为 G 与 g：

$$G = \max_{i=1} \max_{k=1} |x_0'(k) - x_i'(k)| \qquad (4-38)$$

$$g = \min_{i=1} \min_{k=1} |x_0'(k) - x_i'(k)| \qquad (4-39)$$

其中，$i = 1, \ 2, \ \cdots, \ m$，$k = 1, \ 2, \ \cdots, \ n$。

第四步：计算关联系数：

$$\xi_i(k) = \frac{g + \varphi G}{\Delta_i(k) + \varphi G} \qquad (4-40)$$

其中，$i = 1, \ 2, \ \cdots, \ m$，$k = 1, \ 2, \ \cdots, \ n$。$\varphi \in (0, 1)$，为分辨系数，且 φ 值越小，关联系数间差异越大，区分效果越明显。通常 φ 取 0.5。

第五步：求出关联系数的均值即灰色关联度值：

$$r_i = \frac{1}{n} \sum_{k=1}^{n} \xi_i(k) \qquad (4-41)$$

其中，$i = 1, \ 2, \ \cdots, \ m$。

4.2.6 D-S 证据理论

1967 年，哈佛大学德普斯特（A. P. Dempster）教授在研究统计问题时首次提出了证据理论。随后，其学生沙佛（G. Shafer）做了大量的工作，对证据理论进行了深入拓展和完善，使其更加系统化和理论化。因此，该理论也被称为 Dempster-Shafer 证据理论（简称 D-S 证据理论），其是信息融合的一种重要方法。由于证据理论需要的先验概率相对于其他概率推理方法更加直观且更易获得，并且 Dempster 合成规则可以汇总计算多个信息源的数据，因此该理论在不完全信息融合、多属性决策、情报分析等领域得到了广泛应用。

下面对证据理论一些关键概念进行介绍，分别是基本概率分配（basic probability assignment，BPA）、信任函数（belief function，Bel）、似然函数（plausibility function，Pl）以及信任区间（Ying et al.，2018）。

1. 基本概率分配

在识别框架或者假设空间 Θ 上的 BPA 是一个 $2^{\Theta} \in [0,1]$ 的函数 m，称为 $mass$ 函数，又被称为基本概率赋值函数，且满足 $m(\varnothing) = 0$ 及 $\sum\limits_{A \subseteq \Theta} m(A) = 1$，其中，$m(A)$ 为 A 的基本概率数，A 为识别框架或者假设空间 Θ 上的焦元。

2. 信任函数

在识别框架 Θ 上基于 BPA 的 $m(A)$ 的信任函数为：

$$Bel(A) = \sum_{B \subseteq \Theta} m(B) \tag{4-42}$$

式（4-42）中，B 为焦元 A 的子集，$m(B)$ 为 B 的基本概率。

3. 似然函数

在识别框架 Θ 上基于 BPA 的 $m(A)$ 的似然函数为：

$$Pl(A) = \sum_{B \cap A \neq \varnothing} m(B) \tag{4-43}$$

式（4-43）中，集合 B 是与焦元 A 相交不为空集的任意集合，$m(B)$ 为 B 的基本概率。

4. 信任区间

在证据理论中，对于识别框架 Θ 上的焦元 A，根据 BPA 分别计算出关于该焦元的信任函数 $Bel(A)$ 和似然 $Pl(A)$ 组成信任区间 $[Bel(A)$，$Pl(A)]$，表示焦元 A 的可信程度。

5. D-S 证据理论合成规则

D-S 证据理论合成规则也称之为 Dempster 合成公式，其定义如下：在识别框架或者假设空间 Θ 上，对于 $\forall A \subseteq \Theta$，现识别框架或者假设空间 Θ

上有两条证据 m_1 与 m_2，那么两条证据上的 $m_1(A)$，$m_2(A)$ 的 Dempster 合成规则为：

$$m_1(A) \oplus m_2(A) = m_{1,2}(B) + m_{1,2}(C) = \frac{1}{K} \sum_{B \cap C = A} m_{1,2}(B) \times m_{1,2}(C)$$

$$(4-44)$$

式（4-44）中，$m_{1,2}(B)$ 与 $m_{1,2}(C)$ 表示在证据 m_1 与 m_2 中两个相交为焦元 A 的集合基本概率，K 为归一化常数，计算公式如下：

$$K = \sum_{B \cap C \neq \varnothing} m_{1,2}(B) \times m_{1,2}(C) = 1 - \sum_{B \cap C = \varnothing} m_{1,2}(B) \times m_{1,2}(C)$$

$$(4-45)$$

若 $\forall A \subseteq \Theta$，识别框架或者假设空间 Θ 上有 m_1，m_2，$\cdots$，m_n 条证据，那么 Dempster 合成规则为：

$$(m_1 + \cdots + m_n)(A) = \frac{1}{K} \sum_{A_1 \cap A_2 \cap \cdots \cap A_n = A} m_1(A_1) \times \cdots \times m_n(A_n)$$

$$(4-46)$$

式（4-46）中，$m_n(A_n)$ 表示在证据 m_n 中 n 个相交为焦元 A 的集合基本概率，K 为归一化常数，计算公式如下：

$$K = 1 - \sum_{A_1 \cap A_2 \cap \cdots \cap A_n = A} m_1(A_1) \times \cdots \times m_n(A_n) \qquad (4-47)$$

4.3　基于 T-S 动态故障树的工艺质量综合评价分析

本节将对本章拟构建的基于 T-S 动态故障树的工艺质量综合评价模型进行介绍，分别从评价模型构建流程、故障发生率的计算、灰色关联度的计算几个方面阐述。

4.3.1　评价模型构建流程

本节主要阐述如何运用 T-S 动态故障树以及灰色关联分析这两种方法对影响失效模式的相关工艺流程进行可靠性分析，从而提高系统的可靠性，优化产品的工艺质量。相对于传统故障树，T-S 故障树在处理系统事件及故障机理的不确定性问题时具有更好的效果。而 T-S 动态故障树在 T-S 故障树的基础上更进一步，不仅能够描述多时序、多状态、多逻辑关系的故障模式，而且能够对任意形式的静态、动态失效行为进行刻画。灰色关联分析是求解不确定性系统因素关系的一种常用方法，其最显著的优势在于能够通过相对简单的计算过程来揭示复杂的不确定系统间的关联性。因此，基于 T-S 动态故障树和灰色关联分析的产品工艺质量综合评价方法步骤如下所示。

首先，通过 T-S 动态故障树对故障产品的工艺流程进行分析，识别出系统的顶事件、中间事件及基本事件，对事件间的逻辑关系进行分析，以恰当的 T-S 动态门进行连接。构建出产品工艺流程故障系统的 T-S 动态故障树。其次，对每个时间段内每个基本事件的故障概率进行计算，运用故障树基本事件概率的输入输出算法，对每个时间段内每个中间事件和顶事件的故障概率进行求解。最后，通过灰色关联分析方法计算顶事件与各基本事件之间的灰色关联度，比较各关联度的大小，对各基本事件的关联度进行排序，从而有针对性地完善产品工艺流程，提高产品的可靠性，优化产品的工艺质量。具体步骤如图 4-4 所示。

4.3.2　计算故障发生概率

根据图 4-4 可知，需要通过 T-S 动态故障树分析方法对故障产品的工艺流程进行分析。T-S 动态故障树的绘制原则、步骤以及后续的分析方法如下所示。

1. 绘制原则

T-S 动态故障树的绘制原则与传统故障树绘制原则一致。首先，所有的分析必须紧密围绕已确定的顶事件展开，以确保所构建故障树模型的正确性。其次，针对不确定的底事件，需要采取必要的措施，确定其与顶事件是否相关，以决定该事件的去留。此外，在构建故障树的过程中，要安排多名人员进行复查，以便将人为因素的影响降到最低。最后，对于故障树中出现的相关符号，要添加详细的附属说明，便于分析与检查。

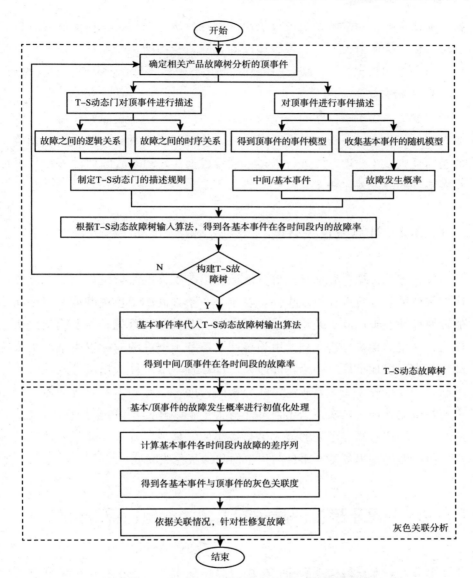

图 4-4　基于 T-S 动态故障树的产品质量评价模型

2. 绘制步骤

关于 T-S 动态故障树的绘制步骤，与传统故障树的绘制步骤并无不同。首先，在熟悉产品工艺流程，对产品故障进行深入调查之后，确定出故障系统的顶事件。其次，对分析的边界进行界定，在范围内对顶事件进行分析，抓住主线，对故障系统进行快速准确地分析。最后，从顶事件起进行演绎分析，按照自上而下、逐层递进的方式，找出所有底事件，按照其逻辑关系，添加相应的 T-S 动态门符号，画出故障树模型，并对其进行复检。

3. 分析方法

根据第 4.2.4 节，在成功地构建出完整的 T-S 动态故障树模型后，需要对其进行相应的分析。首先要对系统工作时间进行划分，其次根据相应的逻辑规则对 T-S 动态门进行描述，最后根据 T-S 动态故障树的算法计算出各事件的故障发生概率。

4.3.3　计算灰色关联度

在运用 T-S 动态故障树分析方法计算出各事件的故障发生率后，需要应用灰色关联分析法计算顶事件与各个基本事件间的灰色关联度，以便能够针对性地改善产品工艺流程，提高产品工艺质量。首先，需要确定分析序列，这里的初始分析序列是由顶事件及各基本事件的故障发生率所组成的。其次，以顶事件序列为特征序列，计算各基本事件与顶事件间的灰色关联度。根据第 4.2.5 节灰色关联分析的程序，一开始需要对各初始序列进行均值化处理。再次，求出顶事件与各基本事件的均值相对应分量之差的绝对值序列并确定序列的最大值与最小值。最后，计算关联系数并对其求均值，即可得出各基本事件与顶事件间的灰色关联度。

4.4　基于模糊故障树的工艺质量综合评价分析

本节将对本章拟构建的基于模糊故障树的工艺质量综合评价模型进行介绍，分别从质量评价模型构建流程、模糊故障树与证据理论的结合过程、基本事件模糊重要度的计算几个方面阐述。

4.4.1　质量评价模型构建流程

本节主要阐述如何运用模糊故障树分析方法对产品相关机构进行可靠

性分析，进而优化系统可靠性，改善产品工艺质量。对于传统故障树分析方法，其分析计算过程是建立在各基本事件故障概率精确已知的基础上的，而对一些复杂系统来说，要想得到基本事件的精确故障率是十分困难的。模糊故障树分析方法结合了模糊理论和故障树分析的相关优点，对基本事件的故障概率进行了模糊化，解决了复杂系统故障因素难以获得精确概率值的问题。一般来说，对于模糊故障率的计算，通常会使用三角模糊数或者梯形模糊数等方法。而本节不同于一般的模糊故障树方法，对于模糊故障率的计算，本书采用通过 D-S 证据理论融合后得到的信任区间，将其作为模糊数进行后续处理。因此，基于模糊故障树分析方法的产品工艺质量综合评价方法步骤如下所示。

首先，对顶事件进行层级以及结构的划分，再进行定性分析确定影响故障的基本事件，如果得不到底事件，需要缩小划分的范围，直至找到所有的基本事件。其次，故障分析组成员根据对以往故障产品的原因分析数据，确定每个基本事件导致产品失效的基本概率。再次，通过 D-S 证据理论合成规则求出基本事件的信任区间，将信任区间作为模糊故障树中基本事件的模糊数。最后，对故障树分析的模糊算子进行计算，得到每个基本事件的模糊重要度，按照其重要度对其进行排序，进而有针对性地对产品故障进行修复，改善产品工艺质量，具体步骤如图 4-5 所示。

4.4.2　模糊故障树与证据理论的结合过程

模糊故障树通过将模糊数学理论引入故障树分析，从而克服了传统故障树的一些缺点。具体来说，考虑到系统中故障事件的发生具有不确定性，用模糊概率去代替基本事件精确的概率值，系统中每个基本事件的模糊概率皆以模糊数表达，通过计算出相应逻辑门的模糊算子，求出基本事件的模糊重要度，从而确定基本事件的关键性。证据理论也被称为 D-S 证据理论，是信息融合领域的一种重要方法。它通过引入信任函数、似然函数很好地表达了不确定性等方面的问题，在不确定性问题方面比较灵活，推理机制比较简洁，具有既能考虑客观数据的作用，又能考虑人的主观经验的作用等优点。因此，将上述两种方法进行结合能够取得良好的效果。

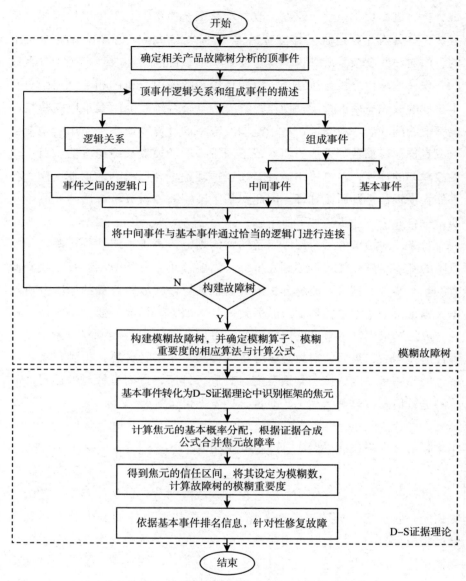

图 4 – 5 基于模糊故障树的产品质量评价模型

模糊故障树中最关键的一点是将具体的故障概率以模糊故障率替代，而模糊故障率通常是由三角模糊数或梯形模糊数计算而来。不同于一般的模糊故障树分析方法，本节将通过 D-S 证据理论融合后得到的信任区间作为模糊故障树的模糊数，然后计算出相应的模糊重要度。关于两种方法的结合，需要详细分析系统中的事件，构建出模糊故障树，模糊故障树的构建方法与传统故障树的构建方法相同，本书在第4.2.1节已经进行了详细阐述，这里便不再赘述。本方法中模糊数是由信任区间所构成的，下面将对证据理论中信任区间的计算进行详细描述。

具体的计算步骤如下。

1. 划分识别焦元

在构建出模糊故障树之后，工程师可以根据相关领域知识及经验将故障树中的基本事件转化为证据理论中识别框架的焦元。在证据理论中，焦元是指支持同一假设的最小的一组元素。它的作用是帮助理解支持某一假设的证据集合，以及识别在这个过程中起到关键作用的元素。

2. 计算基本概率分配

在将基本事件转化为识别框架的焦元后，需要计算各焦元的 *mass* 函数，即基本概率赋值函数。在证据理论中，*mass* 函数用于表示对不同假设的置信度，即每个假设的概率分配。

3. 计算融合后的 *mass* 函数值

在得到焦元的 *mass* 函数后，通过 Dempster 合成公式求得融合后的 *mass* 函数值。合并不同信息来源的 *mass* 函数是证据理论的核心操作，通常使用 Dempster 规则来进行合并。

4. 求出焦元的信任区间

在将 *mass* 函数进行合并后，根据得到的综合 *mass* 函数值，求得相应的信任函数值与似然函数值，进而得到焦元的信任区间。在证据理论中，焦元的信任区间是指在一组证据下，与某个假设相关的置信度的区间。

上述步骤中使用的概念或公式详见第4.2.6节。

4.4.3 计算基本事件模糊重要度

在故障树分析中，重要度指的是系统中不同事件对于顶事件发生的影响程度。一般来说，基本事件的重要度越大，则其发生故障时对顶事件（通常是系统故障）的影响就越大。模糊重要度的概念与传统的故障树分析中的重要度类似，不同的是模糊重要度考虑了故障系统中存在的不确定性及模糊性，使其在处理不确定性系统可靠性分析时具有一定的优势。

关于模糊重要度的计算，详见第4.2.2节。首先，将由证据理论得到的信任区间作为各基本事件的模糊数，通过计算相应的模糊算子，得到顶事件的模糊发生概率；其次，求出在 x 事件不发生情况下的顶事件模糊发生概率；再次，对相关模糊发生概率进行去模糊化处理，得到对应的清晰化值；最后，通过模糊重要度计算公式，求出各基本事件的模糊重要度值。

4.5 应用案例

4.5.1 基于 T-S 动态故障树的质量评价

在4.3节综合评价模型构建之后，本节将通过一个电磁铁工艺质量评价实例，展示所构建综合评价方法各部分的计算过程和注意事项，以验证所构建方法的实用性和有效性。

某科技企业生产了一批电磁铁，客户在使用一段时间以后，出现通电后可动导杆半成品部件不能正常工作的情况，如图4-6所示。在经过工程师的观察后，发现在可动导杆附近有残胶出现，如图4-7所示。因此，初步估计可能是由以下几个因素造成的。

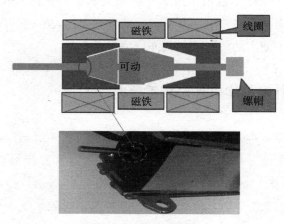

图4-6 故障示意图

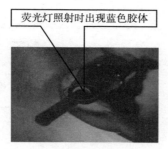

图4-7　可动导杆部分有残胶

（1）可动与导杆铰合后，胶体未清理干净且暂放的时间过短（时间间隔未达到12小时）导致残胶未固化而呈现液体状（厌氧胶，暴露在空气中无法固化）。

（2）后因可动与固定贴合成密闭的环境，导致残胶固化，可动导杆与固定粘连，通电后不能动作（粘连强度大于产品的吸引力），需要用很大的力推开，与客户反馈的现象一致。

（3）生产测试过程中，因为残胶还是液体状态，在通电动作时可动依然能动作，所以未检测出来，导致误当作良品流出。

（4）在出库时会将导杆上的残胶清除，并进行动作测试。如果残胶没有清除干净，再进行一次动作测试时也无法检测出问题，从而导致异常情况的再度发生。

根据综合方法的评价步骤，构建T-S动态故障树。首先，通过对有关故障产品进行调查与统计，确定本实例的顶事件为导杆无法动作，从而导致电磁铁制动时间过长；其次，划分分析的边界为该设计产品；最后，收集系统的故障信息，如表4-4所示。

表4-4　　　　　　　　　　导杆无法动作故障树模型事件表

代号	事件
y	导杆无法动作
y_1	生产线工艺问题
y_2	出库问题
x_1	胶体呈现液体

续表

代号	事件
x_2	未设置风干装置
x_3	成品检测不严谨
x_4	出库再检不仔细

表 4-4 中的中间事件和基本事件是电磁铁生产的关键过程。然后，对电磁铁的每个生产步骤进行检查，找出每个中间事件和基本事件，并添加 T-S 动态门，将这些事件符号连接起来。最后确定故障树图，建立完整科学的分析系统，如图 4-8 所示。

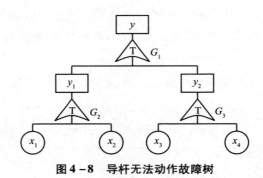

图 4-8　导杆无法动作故障树

图 4-8 中各基本事件的故障率如表 4-5 所示。

表 4-5　　　　　　　　　　　　　　**事件故障率**

代号	事件	故障率 λ_i
x_1	胶体呈现液体	25×10^{-6}
x_2	未设置风干装置	40×10^{-6}
x_3	成品检测不严谨	15×10^{-6}
x_4	出库再检不仔细	35×10^{-6}

资料来源：某电磁铁制造公司案例。

从表 4-5 中可以看出，每种故障模式的故障率都是根据各机构的计算程序设定的。其中，x_1 的故障率是指注射装置的故障率设定，x_2 的故障率是干燥设备的故障率，x_3 的故障率是根据拉力机的故障率设定，x_4 的故障率是根据荧光光谱仪的故障率设定。

根据工程师的分析，假定总的生产时间 $T = 4000(H)$，将总时间均分为 4 段，即 $n = 4$，则每个区间的时间为 $t = \dfrac{T}{n} = \dfrac{4000}{4} = 1000(H)$，有 5 个取值范围，用时间段 1，2，$\cdots$，5 表示，分别记为：

$\{(0, 1000)(1000, 2000)(2000, 3000)(3000, 4000)(4000, \cdots)\}$.

根据式（4-32）求出基本事件在各个取值范围的故障概率值，例如事件 x_1 在（0，1000）（时间段 1）内的故障概率值为：

$$P(x_1^1) = \int_{(j_i-1)t}^{j_i t} f_i(a)da = \int_{(j_i-1)t}^{j_i t} \lambda_i \exp(-\lambda_i a)da$$
$$= \int_0^{1000} 25 \times 10^{-6} \exp(-25 \times 10^{-6}a)da$$
$$= 0.02469$$

同理计算其余的故障概率值，如表 4-6 所示。

表 4-6　　　　　　各基本事件在不同的时间段内的故障概率

事件	时间段				
	1	2	3	4	5
x_1	0.02469	0.02408	0.02349	0.02290	0.90484
x_2	0.03921	0.03767	0.03619	0.03477	0.85214
x_3	0.01489	0.01466	0.01445	0.01423	0.94177
x_4	0.03439	0.03321	0.03207	0.03097	0.86936

根据事件发生规则指定基本事件以及顶事件的影响规律，基本事件 x_1 与 x_2 的关系就是当基本事件 x_1 出现问题，x_2 也出现故障，那么顶事件发生故障，也即是基本事件 x_1 会直接影响顶事件的发生，所以 x_1、x_2、y_1 之间的条件概率如表 4-7 所示。

表 4 – 7 y_1 的条件概率

序号	x_1	x_2	$P(y_1^{jn} = 1 \mid x_1, x_2)$				
			1	2	3	4	5
1	1	1	1	0	0	0	0
2	1	2	0	1	0	0	0
3	1	3	0	0	1	0	0
4	1	4	0	0	0	1	0
5	1	5	0	0	0	0	1
6	2	1	1	0	0	0	0
⋮	⋮	⋮	⋮	⋮	⋮	⋮	⋮
24	5	4	0	0	0	1	0
25	5	5	0	0	0	0	1

同理 x_3、x_4、y_2 以及 y_1、y_2、y 的条件概率如表 4 – 8 所示。

表 4 – 8 y_2 及 y 的条件概率

序号	$x_3(y_1)$	$x_4(y_2)$	$P(y_2^{jn} = 1 \mid x_3, x_4)$ $P(y^{jn} = 1 \mid y_1, y_2)$				
			1	2	3	4	5
1	1	1	1	0	0	0	0
2	1	2	1	0	0	0	0
3	1	3	1	0	0	0	0
4	1	4	1	0	0	0	0
5	1	5	1	0	0	0	0
6	2	1	1	0	0	0	0
⋮	⋮	⋮	⋮	⋮	⋮	⋮	⋮
24	5	4	0	0	0	1	0
25	5	5	0	0	0	0	1

由于每个基本事件都有五个时间段，而每个时间段都有相应的故障率，因此中间事件有 $5 \times 5 = 25$ 条规则。然后，根据式（4 – 34）计算出每条规则的出现概率，例如，在时间段 1 内，x_1、x_2、y_1 的第一条规则的发

生概率为:

$$P = \prod_{i=1}^{m} P_{(l)}\left(x_i^{j_i}\right) = P_{(1)}\left(x_1^1\right) \times P_{(1)}\left(x_2^1\right) = 0.02469 \times 0.03921$$
$$= 0.000968$$

同理可以得到其余规则的发生概率如表 4 – 9 所示。

表 4 – 9　　　　　　　　　规则发生概率

序号	$y_1(x_1, x_2)$	$y_2(x_3, x_4)$	序号	$y_1(x_1, x_2)$	$y_2(x_3, x_4)$
1	0.000968	0.000512	14	0.000817	0.000447
2	0.000930	0.000494	15	0.020013	0.012560
3	0.000894	0.000477	16	0.000898	0.000489
4	0.000859	0.000461	17	0.000863	0.000472
5	0.021040	0.012943	18	0.000829	0.000456
6	0.000944	0.000504	19	0.000797	0.000440
7	0.000908	0.000487	20	0.019519	0.012373
8	0.000871	0.000470	21	0.035479	0.032391
9	0.000837	0.000454	22	0.034099	0.031277
10	0.020520	0.012750	23	0.032751	0.030201
11	0.000921	0.000496	24	0.031467	0.029162
12	0.000885	0.000479	25	0.771052	0.818730
13	0.000850	0.000463			

　　根据表（4 – 7）~ 表（4 – 9）以及式（4 – 35），可以计算出每个时段中间事件的失效概率。例如，在表 4 – 7 中，规则 1、6、11、16、21 中的时间段 1 均处于故障状态。因此，根据式（4 – 35），y_1 在时间段 1 的故障概率为：

$$P\left(y_1^1 = 1\right) = 0.000968 + 0.000944 + 0.000921 + 0.000898 + 0.035479$$
$$= 0.03921.$$

　　同理，也可以得到 y_2 和 y 在每个时间段的故障概率，如表 4 – 10所示。

表 4 - 10 中间事件的故障发生概率

事件	时间段				
	1	2	3	4	5
y_1	0.03921	0.02011	0.01954	0.01915	0.92013
y_2	0.03813	0.03652	0.03515	0.03365	0.85611
y	0.02060	0.01934	0.01807	0.01704	0.78773

根据灰色关联分析的步骤以及表 4 - 6 和表 4 - 10，计算基本事件 x_1、x_2、x_3、x_4 和顶事件 y 之间的灰色关联度。进行灰色关联分析的初始数据序列如表 4 - 11 所示。

表 4 - 11 基本事件与顶事件序列

序列	时间段			
	1	2	3	4
x_1	0.02469	0.02408	0.02349	0.02290
x_2	0.03921	0.03767	0.03619	0.03477
x_3	0.01489	0.01466	0.01445	0.01423
x_4	0.03439	0.03321	0.03207	0.03097
y	0.02060	0.01934	0.01807	0.01704

由表 4 - 11，以 y 为系统特征序列，计算 x_1、x_2、x_3、x_4 与 y 的灰色关联度。根据式（4 - 36）进行均值化处理，以 x_1 为例，均值化处理为：

$$\overline{X}_1 = \frac{1}{4}\sum_{k=1}^{4} x_1(k) = \frac{1}{4} \times (0.02469 + 0.02408 + 0.02349 + 0.02290)$$
$$= 0.02379$$

$$x_1'(1) = \frac{x_1(1)}{\overline{X}_1} = \frac{0.02469}{0.02379} = 1.037831$$

$$x_1'(2) = \frac{x_1(2)}{\overline{X}_1} = \frac{0.02408}{0.02379} = 1.012190$$

$$x_1'(3) = \frac{x_1(3)}{\overline{X}_1} = \frac{0.02349}{0.02379} = 0.987390$$

$$x_1'(4) = \frac{x_1(4)}{\overline{X}_1} = \frac{0.02290}{0.02379} = 0.962589$$

对其他序列进行相同处理，汇总结果如表 4 – 12 所示。

表 4 – 12　　　　　　　　　　对初始序列进行均值化处理

序列	时间段			
	1	2	3	4
x_1'	1.037831	1.012190	0.987390	0.962589
x_2'	1.060877	1.019210	0.979167	0.940747
x_3'	1.022840	1.007041	0.992615	0.977503
x_4'	1.052970	1.016840	0.981935	0.948255
y'	1.097935	1.030779	0.963091	0.908195

根据式（4 –37）计算差序列的绝对值，如下所示：

$$\Delta_1(1) = |y'(1) - x_1'(1)| = |1.097935 - 1.037831| = 0.060104$$
$$\Delta_1(2) = |y'(2) - x_1'(2)| = |1.030779 - 1.012190| = 0.018589$$
$$\Delta_1(3) = |y'(3) - x_1'(3)| = |0.963091 - 0.987390| = 0.024298$$
$$\Delta_1(4) = |y'(4) - x_1'(4)| = |0.908195 - 0.962589| = 0.054395$$

同理，其余序列的差序列的绝对值也可以得到，如表 4 – 13 所示。

从表 4 – 13 中可以看出，差序列绝对值的最大值为 $G = 0.075094$，最小值为 $g = 0.011570$。然后根据式（4 –40）和式（4 –41）计算灰色关联度，其中式（4 –40）中的 φ 为 0.5。以 x_1 与 y 之间的关联系数为例，计算如下：

表 4 – 13　　　　　　　　　　对应分量之差的绝对值序列

序列	时间段			
	1	2	3	4
Δ_1	0.060104	0.018589	0.024298	0.054395
Δ_2	0.037058	0.011570	0.016075	0.032552
Δ_3	0.075094	0.023738	0.029524	0.069308
Δ_4	0.044965	0.013939	0.018844	0.040060

$$\xi_1(1) = \frac{g + \varphi G}{\Delta_1(1) + \varphi G} = \frac{0.011570 + 0.5 \times 0.075094}{0.060104 + 0.5 \times 0.075094} = 0.502982$$

$$\xi_1(2) = \frac{g + \varphi G}{\Delta_1(2) + \varphi G} = \frac{0.011570 + 0.5 \times 0.075094}{0.018589 + 0.5 \times 0.075094} = 0.874949$$

$$\xi_1(3) = \frac{g + \varphi G}{\Delta_1(3) + \varphi G} = \frac{0.011570 + 0.5 \times 0.075094}{0.024298 + 0.5 \times 0.075094} = 0.794183$$

$$\xi_1(4) = \frac{g + \varphi G}{\Delta_1(4) + \varphi G} = \frac{0.011570 + 0.5 \times 0.075094}{0.054395 + 0.5 \times 0.075094} = 0.534214$$

灰色关联度可根据式（4-41）计算：

$$r_1 = \frac{1}{4} \sum_{k=1}^{4} \xi_1(k) = \frac{1}{4} \times (0.502982 + 0.874949 + 0.794183 + 0.534214)$$

$$= 0.676582$$

同理，可得到其余事件与 y 之间的关联系数及关联度，如表4-14所示。

表4-14   基本事件与顶事件的关联系数及关联度

关联系数	时间段				关联度
	1	2	3	4	
ξ_1	0.502982	0.874949	0.794183	0.534214	0.676582
ξ_2	0.658354	1.000000	0.915971	0.700672	0.818749
ξ_3	0.436044	0.801439	0.732305	0.459654	0.607361
ξ_4	0.595268	0.953973	0.871002	0.632887	0.763282

从表4-14的计算结果中可以明显看出，基本事件 x_2（未设置风干装置），x_4（出库再检不仔细）与顶事件 y 的发生密切相关。因此，需要对这两个基本事件进行改进，以实现对产品工艺流程的优化，提高产品的工艺质量，进而提升产品可靠性。

根据本章所提新方法的综合评价分析结果，采取了以下三项措施来修复故障，优化产品工艺流程，从而提高产品工艺质量。首先，在清除活动半成品之后，放入50℃环境下进行烘烤，然后静置12个小时。此外，在活动导杆的点胶记录表中增加了静置时间确认。第二根活动导杆铰接后，半成品静置12小时后，增加荧光灯检测，以防止胶体残留。其次，把动作

检测由原来的通电时间 1~2 秒改为 20 毫秒，并来回确认三次。修改后的
工艺流程如图 4-9 所示，其中增加了 50℃烘烤、静置 12 小时、荧光剂检
测和三次反复动作测试。

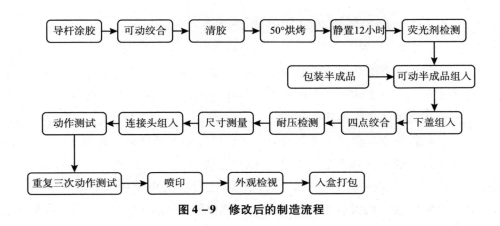

图 4-9　修改后的制造流程

最后，用荧光灯照射成品活动导轨，没有发现残留物，如图 4-10
所示。

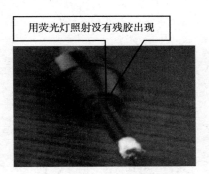

图 4-10　可动导杆没有残胶

通过对故障修复后的结果进行观察，可以充分说明本章所构建的综
合评价模型在产品故障诊断以及工艺质量改进中的实用性和有效性。它
适合在企业产品质量控制中进行广泛推广，通过提高产品的工艺质量，
以提高产品的最终质量与可靠性。结果表明，灰色关联分析方法已成功
用于计算基本事件故障概率与顶部事件故障概率之间的相关程度。根据

计算结果，有经验的质量管理人员可以采取适当的措施来改善产品生产工艺流程，以提高产品工艺质量，减少产品在生产制造过程中的质量损失成本。

4.5.2 基于模糊故障树的质量评价

在第4.4节综合评价模型构建之后，本节将通过一个电磁铁工艺质量评价实例，展示所构建综合评价方法各部分的计算过程和注意事项，以验证所构建方法的实用性和有效性。

某科技企业接到国外某公司的一笔订单，要求设计出一种用于医疗血液采集仪器的旋转电磁铁。目前图纸已经设计完毕，产品正处在量试阶段。但通过对这些样品的测试，发现样品经常会出现保持力不足的故障，该故障可能会导致仪器在使用过程中出现血液回流这种严重后果。因此，现在亟须查明导致故障发生的潜在原因，从而进行针对性修复与完善。工程师对保持力不足的故障展开分析，主要针对电磁铁结构中可能影响保持力的方面进行分析，认为永磁体设计尺寸和永磁体外部的配合关系会影响保持力，具体的永磁体尺寸和配合关系如图4-11所示。

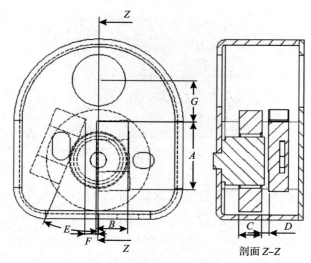

图4-11 永磁体尺寸以及外部配合关系

图 4 - 11 中，A 表示永磁体的长度、B 表示永磁体的宽度、C 表示永磁体的厚度、D 表示永磁体与线圈之间的距离、E 表示永磁体之间夹角、F 表示永磁体之间的距离、G 表示永磁体与导杆之间的距离。

模糊故障树的构建方法与传统故障树一致，工程师对影响故障的原因进行层级划分，直至找到所有的基本事件，再选择合适逻辑门进行连接，绘制旋转电磁铁保持力不足故障的故障树，如图 4 - 12 所示。

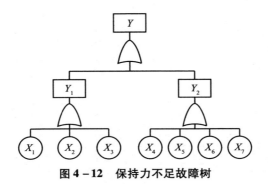

图 4 - 12　保持力不足故障树

故障树中各事件的具体含义如表 4 - 15 所示。

表 4 - 15　　　　　　　　保持力不足故障树模型事件

代号	事件
Y	保持力不足
Y_1	永磁体尺寸设计不当
Y_2	永磁体外部配合不当
X_1	永磁体的长度
X_2	永磁体的厚度
X_3	永磁体的宽度
X_4	永磁体与导杆之间的距离
X_5	永磁体间距离
X_6	永磁体与线圈的距离
X_7	永磁体之间的夹角

　　由于该产品正处于量试阶段，生产的都是小批量的样品，因此能获取到的产品故障数据是比较少的，可以说各机构在产品中的故障率还是处于一个未知的状态，所以工程师统计了两款相似产品 E_1 和 E_2 在保持力不足故障模式的相关数据，统计时间为 2022 年全年。

　　相似产品是指与旋转电磁铁的设计、结构、材料、制造和性能类似的成熟产品，在产品开发阶段，相似产品的统计是可靠性预测和故障分析常用的方法，统计数据如表 4－16 所示。

表 4－16　　　　　　　　　　　相似产品故障数据统计

基本事件	故障数据	
	E_1	E_2
X_1	38556	71540
X_2	38097	25404
X_3	37638	25988
X_4	84272	71540
X_5	28688	37843
X_6	29192	37318
X_7	38786	49465
(X_4, X_5)	29215	71598
(X_4, X_6)	20426	26222
(X_4, X_7)	20012	49465
(X_5, X_6)	19967	25638
(X_5, X_7)	18911	25930
(X_6, X_7)	29606	37726
$\Theta_1 = \{X_1, X_2, X_3\}$	20288	26222
$\Theta_2 = \{X_4, X_5, X_6, X_7\}$	28733	37785
总计	459000	584000

资料来源：某电磁铁制造公司案例。

　　表 4－16 中的 (X_4, X_5) 表示故障原因由 X_4 和 X_5 事件引起，中间事件 Y_1 和 Y_2 被设置为两个识别焦元或假设空间 Θ_1 和 Θ_2。所以 $\Theta_1 = \{X_1,$

X_2，X_3），$\Theta_2 = \{X_4$，X_5，X_6，$X_7\}$，然后计算基本事件的失败率。例如，在相似产品 E_1 中，基本事件 X_1 的故障率为 $P(X_1) = \dfrac{38556}{459000} = 0.08$。同理，可以获得其他基本事件的故障率，如表 4 - 17 所示。

表 4 - 17   基本事件故障概率

基本事件	故障概率	
	E_1	E_2
X_1	0.08	0.12
X_2	0.08	0.04
X_3	0.08	0.04
X_4	0.18	0.12
X_5	0.06	0.06
X_6	0.06	0.06
X_7	0.08	0.08
$(X_4$，$X_5)$	0.06	0.12
$(X_4$，$X_6)$	0.04	0.04
$(X_4$，$X_7)$	0.04	0.08
$(X_5$，$X_6)$	0.04	0.04
$(X_5$，$X_7)$	0.04	0.04
$(X_6$，$X_7)$	0.06	0.06
$\Theta_1 = \{X_1$，X_2，$X_3\}$	0.04	0.04
$\Theta_2 = \{X_4$，X_5，X_6，$X_7\}$	0.06	0.06

根据表 4 - 17，再结合式（4 - 45）可求得：

$$K_1 = \sum_{B \cap C \neq \varnothing} m(B) \times m(C) = 1 - \sum_{B \cap C = \varnothing} m(B) \times m(C)$$
$$= 1 - \left[m_{mX_1} \times m_{aX_2} + m_{mX_1} \times m_{aX_3} + \cdots + m_{mX_2 \times X_3} \times m_{E_2X_1} \right]$$
$$= 1 - (0.08 \times 0.04 + 0.08 \times 0.04 + 0.08 \times 0.04 + \cdots + 0.04 \times 0.12)$$
$$= 0.955$$

同理计算得到 $K_1 = 0.856$，上述计算中 m_{mX_1} 表示上午生产电磁铁在 X_1 处的基本概率分配，同理，m_{aX_1} 表示下午生产电磁铁在 X_1 处的基本概率分配，结合式（4－47）可得到的 K_1 与 K_2，可以计算每个焦元 *mass* 函数融合后的 *mass* 函数值。

例如，X_1 的组合 *mass* 函数为：

$$m(X_1) = m(E_1 X_1) + m(E_2 X_1) = \frac{1}{K} \sum_{E_1 X_1 \cap E_2 X_1 = X_1} m(E_1 X_1) \times m(E_2 X_1)$$

$$= \frac{1}{K} \left[m_{E_1 X_1} \times m_{E_2 X_1} + m_{E_1 X_1} \times m_{E_2 X_1 \times X_2} + \cdots + m_{E_1 \Theta} \times m_{E_2 X_1 \times X_3} \right]$$

$$= \frac{1}{0.955} (0.08 \times 0.12 + 0.08 \times 0.04 + 0.08 \times 0.08 + \cdots + 0.04 \times 0.08)$$

$$= 0.057$$

与计算 X_1 的组合 *mass* 函数相同计算其他焦元的组合 *mass* 函数，结果如表 4－18 所示。

表 4－18　　　　　　　　　　　　*mass* 函数组合结果

基本事件	合成结果
X_1	0.032
X_2	0.013
X_3	0.014
X_4	0.151
X_5	0.052
X_6	0.042
X_7	0.063
(X_4, X_5)	0.032
(X_4, X_6)	0.011
(X_4, X_7)	0.018
(X_5, X_6)	0.032
(X_5, X_7)	0.032
(X_6, X_7)	0.019
$\Theta_1 = \{X_1, X_2, X_3\}$	0.002
$\Theta_2 = \{X_4, X_5, X_6, X_7\}$	0.005

根据式（4-42）、式（4-43）信任函数与似然函数的概念，可以得到 X_1 的信任函数值为 $Bel(X_1) = 0.032$，$Pl(X_1) = 0.034$，所以 X_1 的信任区间为 $[0.032, 0.034]$。

因为本故障的故障树都是使用的"或"门连接，因此根据式（4-14）得到顶事件发生的概率为：

$$P(Y) = 1 - \prod_{i=1}^{n} [1 - P(X_i)] = 1 - (1 - P(Y_1)) \times (1 - P(Y_2))$$
$$(4-48)$$

$$P(Y_1) = 1 - (1 - P(X_1)) \times (1 - P(X_2)) \times (1 - P(X_3))$$
$$= 1 - (1 - (0.032, 0.034)) \times (1 - (0.013, 0.015)) \times (1 - (0.014, 0.016))$$
$$= 1 - (0.966, 0.968) \times (0.985, 0.987) \times (0.984, 0.986)$$
$$= 1 - (0.935, 0.973)$$
$$= (0.027, 0.065)$$

同理得到 $P(Y_2) = (0.171, 0.325)$。

将 $P(Y_1)$ 与 $P(Y_2)$ 代入式（4-48）中得到：

$$P(Y) = 1 - (1 - (0.027, 0.065)) \times (1 - (0.092, 0.337))$$
$$= 1 - (0.935, 0.973) \times (0.663, 0.908)$$
$$= 1 - (0.602, 0.910)$$
$$= (0.090, 0.398)$$
$$(4-49)$$

此时根据式（4-22）计算每个基本事件的模糊重要度，例如，X_1 的模糊重要度为：

$$P(X_1) = 1 - \prod_{i=1}^{n} [1 - P(X_i)] = 1 - (1 - P(Y_1)) \times (1 - P(Y_2))$$
$$= 1 - \{1 - [1 - (1 - P(X_1)) \times (1 - P(X_2)) \times (1 - P(X_3))]\}$$
$$\quad \times \{1 - [1 - (1 - P(X_4)) \times (1 - P(X_5)) \times (1 - P(X_6))$$
$$\quad \times (1 - P(X_7))]\}$$
$$= 1 - \{1 - [1 - (1 - 0) \times (1 - (0.013, 0.015))$$
$$\quad \times (1 - (0.014, 0.016))]\} \times \{1 - [1 - (1 - (0.151, 0.217))$$
$$\quad \times \cdots \times (1 - (0.063, 0.137))]\}$$
$$= (0.057, 0.398)$$
$$(4-50)$$

根据清晰化式（4-21）得到 $P(Y) = \dfrac{0.090 + 0.398}{2} = 0.244$，同理得

到 $P(X_1') = 0.228$。

$$FIM(X_1) = \frac{P(Y) - P(X_1')}{P(X_1')} \times 100\% = \frac{0.244 - 0.228}{0.228} \times 100\% = 7.02\%$$

$$(4-51)$$

式 (4-51) 中 P (X_1') 是 X_1 事件不发生的情况下顶事件发生的概率，即假设 $P(X_1) = 0$，同理计算其他基本事件的模糊重要度如表 4-19 所示。

表 4-19　　　　　　　　　模糊故障树基本事件的模糊重要度

基本事件	模糊重要度
X_1	7.02%
X_2	0.47%
X_3	0.07%
X_4	14.48%
X_5	1.28%
X_6	2.46%
X_7	0.07%

从表 4-19 的计算结果中可以明显看出，基本事件 X_4（永磁体与导杆之间的距离）和 X_1（永磁体的长度）对顶事件 Y 的影响程度最大。

这两种基本事件分别从零件的尺寸与配合关系角度考虑，影响最终的顶事件。而零件的尺寸和配合关系与零件的加工工艺密切相关，在加工过程中，零件的尺寸可能会受到多种因素的影响，包括切削工具的磨损、机床的精度、材料的热变形等。这些因素都可能导致最终零件的尺寸与设计图纸上的期望尺寸存在一定的差异。零件尺寸的差异又会进一步导致各零件间配合关系的变化，从而影响最终产品的质量与可靠性。

通过改进的模糊故障树分析方法得出导致该旋转电磁铁保持力不足的主要影响因素为永磁体的长度及其与导杆间的距离，从而可以间接得出零件的加工工艺质量需要改进的结论。关于零件加工工艺的优化，可以从材料选择、设计优化、加工技术的改进等方面考虑，通过综合上述因素，可以更好地优化零件的加工工艺，实现更高效、更经济、更精确的生产。

4.5.3 方法的比较与分析

对于本章提出的质量评价模型，通过上述具体的应用案例验证后，发现如下结论。

基于 T-S 动态故障树以及灰色关联分析的评价模型可以使用模糊逻辑来描述系统各组件间的关系，能够很好地处理系统中的不确定性和模糊性。并且该方法可以处理系统状态随时间发展而变化的动态系统，能够适应实际系统的动态性对于复杂系统的可靠性分析是非常重要的。此外，该方法通过灰色关联度确定系统各因素间的关联，从而对系统进行综合评价。因此，该方法适用于对动态的工艺流程进行评价。

基于模糊故障树以及 D-S 证据理论的评价模型也可以很好地处理系统中的不确定性和模糊性，但与上一模型不同的是，该模型是一种静态模型，很难捕捉到系统中的动态性。但是，该方法善于发现产品中各零件中潜在的工艺问题，通过定位到具体零件，对其相关加工工艺进行具体改进，从而改进产品的整体质量。

总之，在实际应用过程中，需要根据所要研究的系统的性质、建模的目的以及可用的信息选择适当的故障树模型，从而做出最佳的决策与评价。

4.6 产品工艺质量管控策略

随着市场竞争的加剧和消费者对产品质量要求的日益提高，产品工艺质量的管控显得尤为重要。本章旨在构建一个完善的产品工艺质量管控体系，如图 4 - 13 所示，包括总体框架、管控方法、原材料管理、生产过程管理以及质量检测与评估等方面，以确保产品质量的稳定和提升。

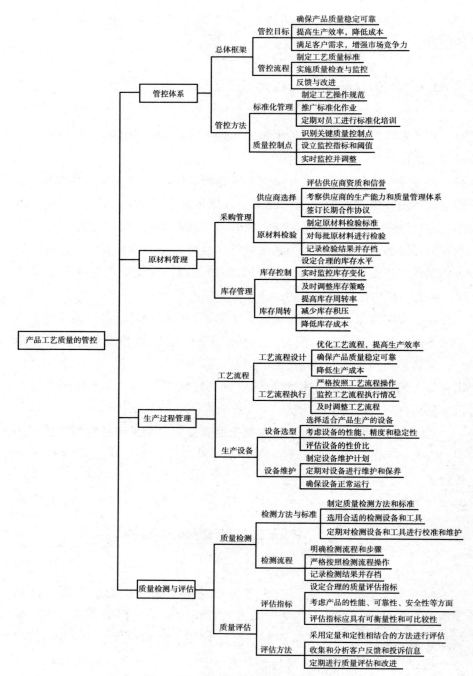

图 4-13 产品工艺质量的管控流程

4.6.1 管控体系

1. 总体框架

产品工艺质量管控体系由四个核心部分组成：管控目标设定、管控流程设计、管控执行与监督、管控效果评估。这四个部分相互关联、相互支撑，形成一个闭环的管控系统。

2. 管控方法

（1）标准化管理：制定并执行各项工艺质量标准和操作规程，确保生产过程的规范性和一致性。

（2）持续改进：通过数据分析、质量评审等方式，识别并解决质量问题，推动产品质量的持续提升。

（3）质量责任制：明确各部门和岗位的质量职责，建立质量追溯机制，确保质量问题可追溯、可纠正。

4.6.2 原材料管理

1. 采购管理

（1）供应商评估：对原材料供应商进行全面评估，包括质量、价格、交货期等方面，确保原材料的质量和供应的稳定性。

（2）采购计划制订：根据生产计划和库存情况，制订合理的原材料采购计划，避免原材料短缺或积压。

（3）采购过程监控：对采购过程进行全程监控，确保采购的原材料符合质量要求。

2. 库存管理

（1）库存分类管理：根据原材料的重要性和使用情况，对库存进行分类管理，确保关键原材料的及时供应。

（2）库存周转率控制：通过优化库存结构、提高库存周转率等方式，降低库存成本，减少浪费。

（3）库存盘点与监控：定期进行库存盘点和监控，确保库存数据的准确性和完整性。

4.6.3　生产过程管理

1. 工艺流程

（1）工艺路线规划：根据产品特点和生产要求，合理规划工艺路线，确保生产过程的顺畅和高效。

（2）工艺流程优化：通过持续改进和技术创新，优化工艺流程，提高生产效率和产品质量。

2. 生产设备

（1）设备选型与配置：根据生产工艺和产品质量要求，选择合适的生产设备，并进行合理配置。

（2）设备维护与保养：定期对生产设备进行维护和保养，确保设备的正常运行和稳定性。

（3）设备故障处理：建立设备故障处理机制，及时排除设备故障，避免影响生产进度和产品质量。

4.6.4　质量检测与评估

1. 质量检测

（1）原材料检测：对采购的原材料进行质量检测，确保原材料符合质量要求。

（2）过程检测：对生产过程中的关键环节进行质量检测，及时发现并纠正质量问题。

（3）成品检测：对成品进行全面检测，确保产品质量符合标准要求。

2. 质量评估

（1）质量数据分析：对质量检测数据进行统计和分析，识别质量问题的根源，为质量改进提供依据。

（2）质量评审：定期进行质量评审，评估产品质量的稳定性和提升情况，提出改进措施和建议。

（3）质量追溯：建立质量追溯机制，对出现质量问题的产品进行追溯和处理，确保问题得到及时解决。

4.7 本章小结

为了能够更好地对产品的工艺质量进行评价与改善，本章提出了基于故障树分析的综合评价方法。本章首先对产品工艺质量综合评价的重要性进行了深入探讨，并对故障树分析方法的发展历程和研究现状进行了阐述，详细地介绍了其在故障诊断及产品工艺质量优化等方面的应用优势。其次对相关方法的基本概念和原理进行了阐述，为后续的研究奠定了理论基础。

接下来，本章从实际产品生产制造的角度考虑，分别构建了基于 T-S 动态故障树及灰色关联分析的综合评价分析模型和基于模糊故障树及 D-S 证据理论的评价分析模型，并对模型进行了详细的描述和分析。之后分别通过相关的应用案例，展示了如何利用本章所构建的综合评价方法对产品进行工艺质量评价。结果表明，基于 T-S 动态故障树的综合评价方法以及基于模糊故障树的综合评价方法能够对系统的故障进行有效的识别，并且可以揭示质量问题与各种影响因素之间的关联，为产品的工艺改进与质量提升提供了有力支持。同时也验证了本章所提方法在评价产品工艺质量方面的有效性和实用性。

第 5 章

基于正负靶心灰靶模型的产品
制造质量评价与管控

产品制造质量指的是在产品制造过程中，确保产品符合既定的质量标准、规范和要求。一个高品质的产品应该具有稳定的性能、可靠性和耐久性，能够满足客户的期望和需求。产品制造质量评价是对产品在制造过程中各个环节的质量进行系统性评估和检验的过程。此外，产品制造质量评价以一系列的评估方法和工具，包括抽样检查、测试、统计分析等，验证产品是否符合设计要求、行业标准和客户需求。通过对原材料、加工工艺、工作环境、设备等方面的评估，可以全面了解产品制造过程中的质量状况，发现潜在问题，并采取适当的措施进行改进和提升产品的质量。常用的产品制造质量评价方法和指标包括可靠性、耐久性、功能性能、尺寸精度等。对于特定产品，还可以根据其特性和需求定制相应的评价指标和方法。评价结果可以用于改进产品设计、制造流程和质量管理体系，以提升产品的制造质量。本章基于正负靶心灰靶模型和 Mamdani 模糊推理模型对产品的制造质量展开评价，以一个电磁铁实际案例，来证明模型的准确性和科学性。

5.1 问题描述

"好的产品质量都是通过设计实现的"，这是人们经过长时间的质量管理得出的结论，因此提高产品在制造阶段的质量管控具有十分重要的意义。高品质的产品能够满足客户的期望，提供良好的用户体验，从而提升客户满意度和忠诚度。通过建立良好的质量声誉，企业可以获得更多的市场认可和竞争优势。一方面，通过对产品制造质量的评价，可以获得关于产品尺寸精度、功能性能、耐久性等方面的数据和反馈。这些数据可以为改进产品设计和制造工艺提供依据，从而提升产品质量和竞争力。另一方面，通过对产品质量进行评价，可以验证产品是否符合设计规格、行业标准和客户的具体需求。这有助于确保产品在功能、性能、外观等方面的一致性，满足用户的期望。产品制造质量是指在产品的制造过程中，通过合理的工艺和控制手段，确保产品在设计规格、性能要求和客户期望下达到一定的质量标准。制造质量的好坏直接影响着产品的可靠性、使用寿命、安全性以及企业的声誉和竞争力。因此，进行有效的产品制造质量评价是保证产品质量、满足客户需求以及企业可持续发展的重要环节。通过评价和改进制造质量，企业可以不断提升产品质量水平，实现与国际先进水平的对标，并在激烈的市场竞争中脱颖而出。目前的产品质量评价存在以下一些问题：（1）传统的产品制造质量评价往往依赖人工对产品进行检验和评估。这种方式容易受主观因素的影响，如个人经验、主观偏好等，导致评价结果的不一致性和可信度的缺失。（2）传统的产品制造质量评价往往只关注产品的外观和功能性能，忽视了其他重要的方面，如耐久性、安全性、环境友好性等。这样的局限性可能无法全面地评价产品的质量水平。（3）传统的产品制造质量评价过程主要依赖人工操作和分析，缺乏智能化和自动化的手段。这限制了评价效率和准确性的提升，无法满足大规模生产和复杂产品的需求。为了解决上述问题，可以采用先进的技术和方法，如人工智能、物联网、大数据分析等，结合自动化设备和在线监测系统，实现实时、全面、智能的产品制造质量评价。这样可以提高评价的准确性和效率，加强制造过程的质量控制和改进，从而不断提升产品制造质量。本章结合正负靶心灰靶模型和 Mamdani 模糊推理模型对产品的制造质量进行综合评价，适用于解决优选生产批次面临的多质量特性优化问题。

　　灰靶模型（grey target model）是一种用于产品质量评价的方法，主要应用于多指标综合评价和决策分析领域。其基本思想是通过将目标值与灰色区间相结合，对产品的质量水平进行评估和判断。在灰靶模型中，目标值通常由专家经验或行业标准确定，并且与产品的各项指标相关联。同时，为了考虑数据不完备或不确定性带来的影响，引入了灰色区间，用于描述指标值的可变性和不确定性。灰色系统理论的创始人邓聚龙教授于1982年提出了灰色理论，并在之后的研究中逐渐完善了灰色系统理论的相关内容。灰靶模型作为灰色系统理论的应用方法（刘思峰，2004），则是在灰色系统理论的基础上不断发展和推进的。20多年来，灰靶模型已经被广泛应用于多个领域，如水利工程、磨损状态评估、零件加工工艺、车间调度优化等。这些应用成果的积累和实践经验为灰靶模型的发展和应用提供了宝贵的支持。灰靶模型的构建流程一般包括以下几个步骤：首先，需要确定评估或决策的指标。这些指标可以是定量的，也可以是定性描述。其次，收集与指标相关的数据，并对收集到的数据进行去除噪声、归一化等处理。这一步旨在提高数据的质量和可靠性。再次，利用收集到的数据，构建一致效果测度矩阵，并确定各指标的权重。权重表明了不同指标对于整体评估的重要性。最后，利用权重和指标数据，计算出每个样本与灰靶之间的灰靶距离。灰靶距离表示了样本与灰靶之间的差异程度。根据灰靶距离，将样本划分为不同的等级或类别。等级可以根据具体需求进行定义，例如，优、良、中、差。根据具体情况，可以选择不同的决策方法或评估标准进行决策或评估。

尽管灰靶模型在各个领域应用十分广泛，但对于产品制造质量评价还是存在一些劣势的。首先，在灰靶模型中，指标的权重和灰区间的设定都需要人为进行确定，这涉及主观判断，可能存在主观偏差（Xie et al.，2020）。不同的专家或决策者可能会对权重和灰区间有不同的看法，导致评价结果的主观性较强（Huang et al.，2022）。其次，灰靶模型需要收集和处理大量的数据，尤其是历史数据用于关联度分析和权重确定（Guo et al.，2022）。如果数据不完备或质量不高，模型的准确性和可靠性可能会受到影响。在实际生产中，灰靶模型中的权重设定对最终结果具有重要影响（Zeng B. & Liu S. F.，2010）。不合理的权重设定可能导致评价结果产生偏差，而如何准确确定权重是一个挑战性问题。综上所述，灰靶模型虽然在一些情况下可以提供初步的评估和决策支持，但其主观性、数据需求高以及对权重设定的依赖等缺点也需要认识到，并在实际应用中综合考虑。

为了使灰靶模型适用于多目标决策存在数据缺失、计算复杂等情况，国内外的研究学者将灰靶模型与人工智能算法（如深度学习、神经网络、支持向量机等）结合使用，可以充分发挥各自的优势，提高决策准确性、弥补数据缺失和不完整性，并综合考虑多个指标和复杂关系，从而得到更准确、全面的决策结果。吕耀华（2020）为了评估混凝土的疲劳寿命，在构建熵权法加权的灰靶模型的基础上，使用 BP 神经网络进行预测。毕娟和李希建（2019）运用层次分析法、熵权法和神经网络算法单独计算出各个指标的权重，再根据博弈论组合赋权确定最终权重，完成煤矿安全综合评价。陈等（Chen D. et al.，2015）通过结合多目标加权灰靶模型和 Dhingra 模型，研究了可靠性优化问题。多目标优化问题是指存在多个冲突的目标函数，而希望找到一组解，使得在不牺牲其中一个目标的情况下尽可能改善其他目标。求解多目标优化问题时，可以使用布谷鸟算法（Cuckoo Search Algorithm）来获取 Pareto 前沿解。杨欢红等（2019）采用改进非线性多目标布谷鸟算法求出 Pareto 最优解集，并利用多目标灰靶模型从最优解集中选择出满意方案。

另外，将灰靶模型与多质量特性决策算法相结合，可以增强决策过程中的准确性和全面性。多质量特性决策方法可以通过权衡不同指标的重要性和对决策者的偏好，为决策问题找到最优解或近似最优解。结合灰靶模型，可以更精确地确定每个准则的权重或目标，提高决策结果的准确性和合理性。刘中侠等（2019）提出了一般灰数灰靶决策模型，并通过 TODIM 法计算方案全局优势度。胡明丽等（Hu M. L.，2016）利用 TOPSIS 原理，不仅考虑了与正靶心的距离，而且还考虑了与负靶心的距离，建立了改进的灰靶决策模型。结合灰靶模型和数据挖掘技术，可以优化模型的输入变量和参数，提高模型的准确性。沈翔等（2019）基于灰靶模型论和云模型的基础上，提出了一种电压暂降事件数据挖掘分析方法。李鹏等（Li P. et al.，2019）提出了一种新的蛛网区域模型对决策信息进行聚合，避免了某些属性对决策结果影响过大的情况。但是，他们没有考虑到指标之间的相关性对指标角度的影响，并且由于指标之间的角度相等而产生一定程度的决策信息失真。王丽珍等（Wang L. Z. et al.，2017）提出一种基于锥体积的灰靶决策模型，以克服指标相关性对决策结果的影响。根据锥体的体积选择方案，根据顺序关系进行决策，并通过算例对所提模型的有效性进行了验证和分析。

灰靶模型中权重的确定对决策具有重要的影响，权重的确定方式可以影响指标的重要性和相对关系，从而对决策结果产生影响。因此，在使用灰靶模型进行决策时，权重的准确确定是至关重要的一环。李安强等（2018）建立了基于灰靶模型的水库调度方案决策模型，该模型可动态设置权重分配系数来提高指标权重的适用性。包艳丽和张洪（2020）将改进的 CRITIC 法引入传统灰靶模型，建立基于 CRITIC 权的改进灰靶模型。贾林桐等（Xu Y. Q. et al.，2016）在改进的层次分析法和熵权法的基础上提出了组合赋权法，利用多质量特性智能灰靶决策模型对飞机的战斗生存能力进行评估。周晓玲等（Zhou X. L. et al.，2019）提出一种基于灰靶模型和变权综合法的岩爆评价方法。在权重确定中，常常需要考虑各种实际约束条件，如非负性约束、容量约束、平衡约束等。非线性规划可以处理这些复杂的约束条件，确保在权重确定过程中满足实际限制。宋杰等（Song J. et al.，2009）基于最小化距离平方和建立规划模型，并通过构造拉格朗日函数确定指标权重。

Mamdani 模糊推理器是一种常用的模糊推理方法，其基于模糊逻辑和模糊集合理论，用于处理具有模糊性质的问题和不确定性的推理过程。同时，Mamdani 模糊推理器具有较好的可解释性和灵活性，适用于处理模糊和不确定性问题。因此，Mamdani 模糊推理器在控制系统、决策支持系统和人工智能等领域得到广泛应用。骆吉庆等（2016）引入模糊集理论，构建基于 Mamdani 型模糊推理系统的风险评价模型。郝宇等（2016）应用 Mamdani 模糊推理构建故障诊断型专家系统，实现对常减压蒸馏装置的故障诊断。普小加斯米等（Pourghasemi H. R. et al.，2016）使用改进的层次分析法（M-AHP）和 Mamdani 模糊逻辑（MFL）模型来评估森林火灾敏感性图（FFSM）及其性能比较。普尔贾瓦德和马尔约加（Pourjavad E. & Mayorga R. V.，2019）提出了一种基于 Mamdani 模糊推理系统的模糊方法，用于制造系统的性能测量。Mamdani 模糊推理器利用模糊逻辑和规则推理来建立输入与输出之间的映射关系，实现对系统的控制。刘文艺和韩继光（2013）提出了一种基于 Mamdani 模糊推理的风电机组控制方法。况阳等（2021）提出了一种基于 Mamdani 模糊推理法的双体无人艇的运动控制方法。通过使用 Mamdani 模糊推理器，可以将模糊的输入转化为清晰的输出，帮助我们做出更合理的决策和推理。

本章总结国内外关于灰靶模型的研究现状，提出了一种新的产品制造质量综合评价方法。首先，本章在多质量特性决策问题的基础上选择了正负靶心灰靶模型，因为对于其他方法的优势在于其能够综合多个评价指标、考虑不确定性和模糊性，并提供定量的评价结果，为决策者提供更全面、准确和有针对性的评估和决策支持。其次，利用区间熵权法获取各指标的权重，从而建立起多特性加权灰靶模型，并计算正负靶心距。最后，运用 Mamdani 模糊推理系统将正、负靶心距离转化为多特性指标响应值后，可以通过对响应值进行比较和分析来进行决策和优化。可以基于响应值的大小进行排序和筛选，进一步确定最优方案或做出决策。这样，决策者可以更有针对性地进行产品改进、资源配置等优化，以提高整体性能和效益。

5.2 产品制造质量的多特性指标体系的构建

评价指标体系是由若干单项指标所构成，用来对某一对象进行综合评价的一组指标的集合。这些指标通常涵盖了对象的各个方面，以便从多角度全面评价对象的特征和性能。评价指标体系的建立需要充分考虑评价的目的、对象的特点以及评价过程中的可操作性和客观性。多特性指标体系是评价指标体系的一种形式，主要强调对目标对象多方面特性的评价，通常包括经济特性、质量特性、安全特性、环境特性、可靠特性等。通过多特性指标体系，可以更全面地了解和评价对象的特点，有助于作出更准确的决策。

产品制造质量的多特性指标体系则是针对产品质量特性而言，它包括一系列能够全面反映产品质量状况的指标。这些指标主要涉及产品的质量控制、生产工艺、材料选用、产品性能等各个方面。通过建立产品制造质量的多特性指标体系，制造企业可以更好地监控和改进产品质量，以满足市场需求并提高竞争力。因此构建合理的制造质量多特性指标体系对评价结果的有效性和准确性具有关键的作用。

5.2.1　产品制造质量的评价理论

评价理论是指用于评估、分析和判断特定对象或现象的理论体系。它提供了一种系统化的方法，帮助人们对事物进行客观、全面的评价，从而得出结论或作出决策。评价理论可以应用于各个领域，包括但不限于教育、经济、社会政策、科学研究、产品质量等。评价理论通常包括以下几个方面的内容：（1）评价目标：确定评价的目的和目标，明确需要评价的对象是什么，以及评价的具体内容和范围。（2）评价标准：制定衡量评价对象的标准或尺度，用于对其进行评估。评价标准可以是定性的或定量的，可以基于事实数据或专家判断。（3）评价方法：选择适当的评价方法和工具，用于收集、整理和分析评价所需的信息和数据。评价方法可以包括问卷调查、访谈、观察、统计分析等。（4）评价过程：进行评价的具体步骤和程序，包括信息收集、分析、解释和总结。评价过程应该是系统化和科学化的，以确保评价结果的客观性和可靠性。（5）评价应用：将评价结果应用于决策、改进或其他实际行动中，以实现评价的目标和意义。

评价理论是指用于对事物、行为、过程等进行评价和判断的理论和方法。不同的领域中，有着不同的评价理论和方法。评价理论的发展和应用有助于提高对事物的认识和理解，促进决策的科学化和合理化，从而推动相关领域的发展和进步。优质的产品是企业竞争力的重要体现，能够赢得市场份额并获得更多的商机。因此，通过对产品制造质量的评价，企业可以不断发现问题、改进流程、提高效率，实现持续改进。在实际应用中，需要根据具体情况选择合适的评价理论和方法，并结合实际情况进行评估和改进。无论使用何种评价理论和方法，都应该以客观、公正、科学的态度，对事物进行评价和判断，以促进事物的发展和进步。产品制造质量的评价理论共分为五部分，研究背景如表 5-1 所示。

表 5 - 1　　　　　　　　　产品制造质量评价理论研究背景

名称	年份	发明人	理论内容
统计质量控制理论	1920	沃特·阿曼德·休哈特	基于统计学原理对生产过程进行监控和改进
失效模式和影响分析	1940	美国国防标准化委员会	用于识别和评估产品或流程中的潜在失效模式和影响
质量成本理论	1950	菲根堡姆	关注最小化制造或服务过程中的成本
质量管理体系理论	1979	英国制造商协会	建立科学、系统的质量管理体系以确保产品符合标准
六西格玛理论	1980	摩托罗拉公司	通过数据分析和过程改进实现质量优化

产品制造质量的评价理论旨在帮助制造企业全面了解产品的质量状况，找出问题所在，并提出改进措施，以确保产品符合标准和客户需求。产品制造质量的评价理论主要分为以下内容。

（1）统计质量控制理论。统计质量控制理论强调通过收集和分析生产过程中产生的数据来监控产品质量。其中包括控制图、抽样检验等方法，以便及时发现生产过程中的变化和缺陷。通过对数据的分析，企业可以及时采取纠正措施，确保产品质量的稳定性。

（2）失效模式和影响分析（FMEA）。FMEA 是一种通过识别潜在的失效模式，评估其对产品质量和可靠性的影响，并采取预防措施的方法。通过分析可能存在的失效模式以及其潜在影响，企业可以制定相应的对策，避免缺陷和提高产品质量。

（3）质量成本理论。质量成本理论认为，在产品制造过程中，除了直接生产成本之外，还存在着与质量相关的成本。这些成本包括内部和外部失败成本（如报废品、返工品带来的成本）、预防成本（用于预防缺陷的成本）和评估成本（用于评估产品质量的成本）。通过分析和管理这些成本，企业可以更好地优化质量管理，降低成本并提高效率。

（4）质量管理体系理论。质量管理体系理论将质量管理视为一个系统工程，强调组织内部的全员参与和持续改进。ISO9000 质量管理体系标准就是基于这一理论而建立的。通过建立完善的质量管理体系，企业可以规范生产流程，确保产品符合质量标准，并不断改进和提高质量水平。

（5）六西格玛理论。六西格玛理论强调通过精确测量和数据分析来消除缺陷和提高生产过程的稳定性，从而实现质量的持续改进。它倡导使用数据驱动的方法来改善工艺流程，减少变异性，提高产品质量和可靠性。

基于评价理论展开产品制造质量的评价工作是一个细致而全面的过程，旨在对产品的各个方面进行深入的评估和分析。在评价过程中一般需要收集并整理产品在制造过程中产生的大量无序数据，这些无序数据绝大多数来自传感器、监控设备、生产设备、质量检测、人工操作和供应链等多个来源，而后借助于科学的智能算法和现代的计算工具进行数据的有序化处理，并得到相应的评价结果。

评价过程一般按照以下流程进行：（1）明确评价前提，明确评价的时期和范围，以便为评价工作提供明确的指导。（2）建立评价指标体系，这包括确定适合该产品的功能性能指标、结构完整性指标、可靠性指标、耐久性指标、安全性指标等。这些指标应该与产品的特性和用户需求相匹配，并参考相关行业标准和规范。（3）定量各项评价指标，需先确定相应的量化标准，对于可用产品价格、制造时间、产品材料等衡量的标准，可进行定量的分析方法，而对于社会、自然环境、人员安全等的影响评价，应先做定性分析，确定量化的方法。（4）收集与产品制造质量相关的数据，可以通过实验数据、测试数据、用户反馈数据等多种途径获取。在数据收集过程中，需要保证数据的准确性和可靠性。（5）建立评价模型，根据评价指标体系选择合适的定性或定量模型，用于对每个评价指标进行综合评价。评价模型可以使用加权平均法、层次分析法（AHP）、主成分分析法（PCA）等方法。（6）进行评价分析，根据收集到的数据和建立的评价模型，对每个评价指标进行定量或定性分析，得出评价决策。这需要运用统计分析方法、专家判断等技术，以确保评价结果的客观性和可靠性。根据评价结果，制定相应的改进措施，这些措施可以包括产品设计的改进、制造工艺的优化、质量控制方法的改进等。（7）建立监控与追踪机制，对产品制造质量进行定期的监测和跟踪，以确保改进措施的有效性和产品质量的稳定性。通过以上步骤，可以全面评估产品的制造质量，并提出有效的改进方案，以满足用户需求，增强产品竞争力（见图5-1）。

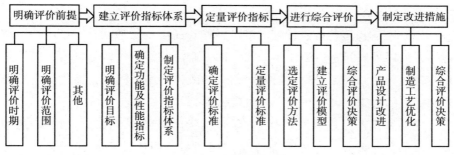

图5-1 评价工作流程

5.2.2 产品制造质量多特性指标体系构建意义

产品制造质量多特性指标体系的科学与合理有助于了解电磁铁全生命周期管理手段的发展现状，有助于优化电磁铁产品的性能参数，有助于为评价模型提供分析和预测的基本数据，并能对电磁铁的运行状况进行跟踪监测和实时反馈。总的来说，产品制造质量多特性指标体系构建具有以下意义。

（1）评估电磁性能。电磁铁的主要功能是产生电磁力，因此，构建多特性指标体系可以用于评估电磁铁的性能表现。指标可以包括电磁力大小、磁场强度分布、响应时间等，通过对这些指标的测量和分析，可以评估电磁铁的工作性能和稳定性。

（2）考虑可靠性与耐久性。电磁铁在长期使用过程中需要保持其性能和功能的稳定性。构建多特性指标体系可以考虑电磁铁的可靠性与耐久性。例如，可以评估电磁铁的使用寿命、温度变化对性能的影响等指标，以确保电磁铁在各种工况下都能稳定可靠地工作。

（3）优化制造精度与工艺控制。电磁铁的制造精度和工艺控制对其性能和稳定性有重要影响。构建多特性指标体系可以考虑电磁铁的制造精度和工艺控制指标，如线圈匝数、尺寸精度、耐压阻值、线包温升等，以提高电磁铁的一致性和可靠性。

（4）明确质量目标和要求。通过构建多特性指标体系，可以帮助制造者明确电磁铁产品质量的目标和要求。通过设定具体的指标和标准，将抽象的质量要求转化为可量化的指标，从而更好地指导产品制造过程中的各个环节。

（5）问题追溯与改进依据。当电磁铁产品出现质量问题时，多特性指标体系可以提供问题追溯和改进的依据。通过对具体指标的分析，可以确定质量问题的原因和根源，并采取相应的改进措施。同时，通过与内部或外部标准的对比，可以找到产品质量改进的方向和重点。

（6）提高产品竞争力。构建多特性指标体系有助于提高电磁铁产品的质量水平和竞争力。通过全面评估产品质量，明确质量目标和要求，并进行问题追溯和改进，可以不断提升产品性能、可靠性和用户满意度。这有助于增强产品的市场竞争力，满足客户需求，并在市场上取得更好的地位。

5.2.3　产品制造质量多特性指标体系构建原则

从以上几点可以看出，产品制造质量多特性指标体系对于整个评价系统的重要程度，而指标体系的合理选择也是整个评价系统的共性问题，也是影响评价结果的关键。产品制造质量多特性指标体系的构建需要遵循一些基本原则，以确保指标体系科学、全面地反映产品质量特性。以下是构建产品制造质量多特性指标体系的基本原则。

（1）全面性原则。产品制造质量多特性指标体系应该覆盖产品的全部关键特性，包括功能性能、可靠性、安全性、耐久性、外观质量等方面。例如，对于电磁铁产品可能需要考虑吸附力、电流输入、温升、外观表面光洁度等多个特性进行评估，以确保全面了解产品的质量状况。

（2）可量化原则。每个指标都应该有明确的度量方法和标准，以便能够进行实际的测试和测量。例如，对于电磁铁产品的电磁力可以采用牛顿（N）作为单位进行量化，而外观表面光洁度可以采用 ISO 标准进行评定，从而实现对质量特性的量化评估。

（3）相关性原则。选择的指标应该与产品的设计、制造、使用等环节密切相关。例如，对于电磁铁产品，吸引力指标与产品的磁路结构设计、线圈匝数、电流数值密切相关，而外观表面光洁度则与生产工艺和材料选择有关，这样才能有效地反映产品的实际情况。

（4）可操作性原则。指标需要是可以操作和实施的。也就是说，必须能够在实际生产场景中进行测试和监控。例如，针对电磁吸引力指标，需要设计相应的测试设备和方法，以便在生产线上进行实际测试和监控。

（5）一致性原则。不同的指标之间应该是相互协调和一致的，以避免出现矛盾或者重复的情况。例如，产品的安全性指标应该和产品的使用环境相一致，并且不应该与其他指标产生冲突。

（6）可追溯性原则。指标的数据和结果需要是可追溯的。也就是说，必须有清晰的记录和数据来源，以便能够追溯到具体的测试方法、测试数据和测试时间等信息。这样可以确保数据的真实性和可靠性。

（7）可持续改进原则。指标体系应当是动态变化的。随着产品和生产技术的不断发展，指标体系也需要不断更新和完善，以适应新的需求和挑战。因此，产品制造质量多特性指标体系需要具有灵活性和可调整性，以适应市场和技术的变化。

通过遵循上述原则，构建的产品制造质量多特性指标体系将更加科学和全面，有助于提高产品质量管理水平，推动制造业不断提升产品质量，满足市场需求。

5.2.4 产品制造质量多特性指标体系结构类型

评价指标体系的结构类型指的是在建立评价体系时，所采用的组织结构形式。评价指标体系是用来评估、衡量和比较不同对象或现象的工具，而结构类型则决定了指标之间的层次关系、组织方式和相互作用方式。根据所需评价的内容及各指标之间的关系，一般将评价指标体系分为三种结构：一元结构、线性结构和塔式结构，如图 5-2 所示。

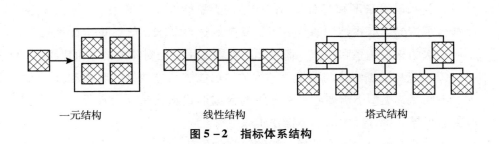

一元结构   线性结构   塔式结构

图 5-2　指标体系结构

一元结构（unary structure）：是指标体系中最简单的结构类型，指标直接与一个超级目标或核心目标相关联，没有多层次的关系结构。所有的指标都直接指向唯一的核心目标，适用于相对简单的评价需求。线性结构（linear structure）：是指标体系中具有多个层次的结构类型，各个层次之间呈线性关系。在线性结构中，每个层次代表了不同的评价因素或评价维度，而每个因素或维度下又包含了多个具体的指标。线性结构能够清晰地展示指标之间的层次关系，适用于中等复杂度的评价需求，通常对各指标直接进行加权综合评价。塔式结构（hierarchical or tower structure）：是指标体系中最常见的也是最复杂的一种结构类型。在塔式结构中，指标按照层次进行组织，形成一个金字塔状的结构，每个层次都包含了若干个评价因素或评价维度，而每个因素或维度下又包含了多个具体的指标。塔式结构的顶层为评价目标，第二层为经济性、可靠性、安全性、经济性等指标类别，再向下详细分类则可具体到各指标集。塔式结构能够更全面地展示评价因素之间的关系和权衡，适用于较为复杂的评价需求。

在评价指标体系中，不同的结构类型并没有绝对的好坏之分，而是根据具体的评价需求和评价对象来选择适合的结构类型，不同的结构类型能够以不同的方式呈现指标之间的关系和层次结构，从而提供更清晰的评价体系。清晰的评价体系能够帮助评估者更好地理解指标之间的相互关系，并有助于分析和决策。不同的结构类型在评价指标体系中具有以下作用。

（1）组织指标间的关系。结构类型能够帮助组织者清晰地表达指标之间的关系，如指标之间的层次关系、相互依存关系等。不同的结构类型能够反映出指标之间的不同关系模式，如线性结构能够显示出指标之间的相对独立性，而塔式结构则更能够表达指标之间的层次关系和相互影响。

（2）反映复杂度和权衡。不同的结构类型能够反映出评价体系的复杂度和权衡情况。塔式结构通常适用于复杂的评价需求，能够更全面地展示不同层次的相互关系和权衡，而一元结构则适用于相对简单的评价需求。

（3）指导数据收集与分析。结构类型也能够指导数据的收集和分析方式。不同结构类型下需要收集和分析的数据形式和层次也会有所不同，因此能够指导评价过程中的具体操作步骤。

通过选择合适的结构类型，能够更好地组织和呈现评价指标，使得评价体系更符合实际需求，提高评价的科学性和可操作性。对于电磁铁产品的制造质量多特性指标体系构建，可以采用塔式结构（pyramid structure）来构建评价体系。以下是详细说明：多维度评价，电磁铁产品的制造质量涉及多个方面的特性，如电磁力、磁场强度、线圈阻值、饱和温升等。塔式结构能够将这些特性按照不同的维度进行划分和组织，形成金字塔状的结构。每个维度下又包含了具体的指标，用于衡量和评估质量特性。通过塔式结构，可以更全面地展示电磁铁产品制造质量的各个方面。层次关系。塔式结构将指标按照层次关系逐级展开，从总体到具体。在电磁铁产品制造质量的评价中，可以将指标分为总体指标（如产品整体质量）和具体指标（如电磁力大小、响应时间等）。层次结构能够清晰地显示指标之间的上下级关系，帮助评估者理解各个指标的重要性和相对权重。权重确定。通过主观或客观权重计算方法可以在塔式结构中确定指标之间的权重。评估者可以根据电磁铁产品制造质量的实际情况和需求，对各个维度和指标进行比较和排序，从而确定它们在评价体系中的权重。这样可以使评价体系更符合实际情况，提高评价结果的准确性。可扩展性。塔式结构具有很好的可扩展性，适用于需要在评价体系中添加或调整指标的情况。在电磁铁产品的制造质量评价中，可能会出现新的特性指标或者需要调整原有指标的权重。采用塔式结构能够方便地对评价体系进行调整和扩展，以适应不断变化的评价需求。

5.2.5 产品制造质量多特性指标体系构建流程

产品制造质量多特性指标体系构建的流程包括以下步骤。首先，明确评价目的与评价对象，确定所要评价的产品制造质量多特性的具体目标，例如，电磁铁的吸引力、磁场强度、响应时间等，并确定评价对象。其次，根据评价目的，确定适当的指标体系，如可靠性、安全性等，并筛选出与评价目的相关且可测量的具体指标。在确定指标体系和具体指标后，需要对指标体系进行结构优化，建立指标之间的层次关系和依赖关系，以形成清晰的体系结构。下一步，对选择的具体指标进行数据标准化处理，使其具有可比性和可计量性。再次，使用合适的方法确定各个指标的权重，考虑指标的重要性和相对优先级，为每个指标分配适当的权重。建立综合评价模型和评价函数，将指标的测量结果和权重代入评价函数，计算得出综合评价结果。依据评价函数的值，确定最优的产品制造方法或改进措施。进行实际试验或验证，检验最优方法的可行性和有效性，收集实验数据，与评价指标进行对比和验证。最后，检查评价结果是否满足预期目标，如果存在问题或不足，返回确定指标体系和具体指标的步骤进行修改和改进，最终确定产品制造质量多特性指标体系。该过程的流程结构如图 5 - 3 所示。

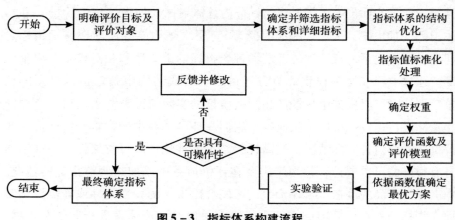

图 5 - 3　指标体系构建流程

5.3　方　法　原　理

本节将对本章中出现的方法、定义、运算规则进行阐述，便于掌握本章的产品制造质量综合评价方法。

5.3.1　Mamdani 模糊推理系统

Mamdani 型模糊推理系统是由埃布拉希姆·曼达尼（Ebrahim Mamdani）于 1975 年提出的，他是伦敦帝国学院的一位电气工程师和控制理论家。曼达尼的研究旨在开发一种能够处理模糊信息的控制方法，以应对现实世界中存在的不确定性和模糊性。此外，Mamdani 型模糊推理系统也被广泛应用于各个领域。在工程控制领域，该系统用于处理一些复杂的非线性系统，如汽车控制、机器人控制、空调系统等。在决策支持系统中，Mamdani 型模糊推理系统能够处理模糊的输入和不完全的信息，从而提供更准确的决策结果。

通过定义输入变量的模糊集合、构建模糊规则、进行模糊推理和解模糊化，Mamdani 型模糊推理系统可以实现对复杂问题的模糊控制与决策。其基本组成包括以下几个要素。

（1）输入变量（input variables）：是模糊推理系统的输入，用于描述系统的状态。每个输入变量可以根据实际情况设置多个模糊集合，例如，温度可以有"低""中""高"三个模糊集合。

（2）输出变量（output variable）：是模糊控制器的输出，表示对系统的控制操作。同样地，输出变量也可以被划分为多个模糊集合，例如，风扇转速可以有"低速""中速""高速"等模糊集合。

（3）模糊化（fuzzification）：将输入变量的数值映射到相应的模糊集合上。这可以通过隶属函数（membership function）实现，其中每个隶属函数表示一个模糊集合，在输入变量的取值上具有一定的隶属度。

（4）规则库（rule base）：是模糊推理系统的核心，规则库包含了一系列模糊规则，用于描述输入变量与输出变量之间的关系。每条模糊规则由一个条件部分和一个结论部分组成，通常采用"如果－那么"形式来表示。例如，"如果温度为低，则风扇转速为低速"。

（5）模糊推理（fuzzy inference）：通过将输入变量的模糊集合与规则库中的模糊规则进行匹配，计算每个规则的激活度和隶属度，并根据这些值来确定输出变量的模糊集合。

（6）解模糊化（defuzzification）：将模糊输出映射回实际的控制量。常见的解模糊化方法包括质心法（centroid method）、最大值法（maximum method）等，用于确定最终的输出值。

Mamdani 型模糊推理系统的基本组成即包括输入变量、输出变量、模糊化、规则库、模糊推理和解模糊化这几个关键要素，结构原理如图 5－4 所示。通过灵活设置输入变量的模糊集合和规则库中的模糊规则，可以实现对系统的模糊控制。

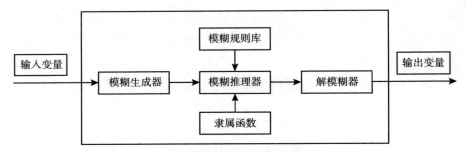

图 5 - 4　Mamdani 型模糊推理系统的组成

Mamdani 型模糊推理系统中的语言变量指的是模糊化过程中用于描述问题领域的输入和输出变量，语言变量通常由一组模糊集合和对应的隶属度函数组成。每个语言变量都会与一个或多个模糊集合相关联。对于每个语言变量，可以定义多个模糊集合来描述不同的概念，例如，"小""中""大"可以是表示"身高"这个语言变量的模糊集合。每个模糊集合通过一个隶属度函数来定义其隶属度的分布。常见的隶属度函数有以下几种。

三角隶属度函数是一种简单而常用的隶属度函数。该函数以三角形状描述模糊集合的隶属度，在集合的中心有最大隶属度，向两侧逐渐降低。隶属度函数的参数包括峰值、左边界和右边界。三角隶属函数的表达式为：

$$
\mu_{A_i}(x) = \begin{cases} \dfrac{1}{b-a}(x-a), & a \leqslant x \leqslant b \\ \dfrac{1}{b-c}(x-c), & b \leqslant x \leqslant c \\ 0, & else \end{cases} \tag{5-1}
$$

式（5-1）中，a、b、c 均为定义在相应数值区间上划分的间隔。

梯形隶属度函数也是一种常用的隶属度函数，该函数以梯形状描述模糊集合的隶属度。梯形隶属度函数可以比三角隶属度函数更加灵活地描述模糊集合。该函数的参数包括左边界、左顶点、右顶点和右边界。梯形隶属函数的表达式为：

$$\mu_{A_i(x)} = \begin{cases} \dfrac{1}{b-a}(x-a), & a \leqslant x \leqslant b \\ 1, & b \leqslant x \leqslant c \\ \dfrac{1}{d-c}(d-x), & c \leqslant x \leqslant d \\ 0, & else \end{cases} \qquad (5-2)$$

式（5-2）中，a、b、c、d 均为定义在相应数值区间上划分的间隔。

高斯隶属函数以钟形曲线描述模糊集合的隶属度，其形状类似于正态分布曲线。高斯隶属度函数的参数包括中心（mean）和标准偏差（standard deviation），可以通过调整这两个参数来改变函数的形状和分布。高斯隶属函数的表达式为：

$$\mu_{A_i(x)} = e^{-\frac{(x-\mu)^2}{2\sigma^2}} \qquad (5-3)$$

式（5-3）中，μ 为高斯曲线的中心，决定了函数的中心值；δ 为影响曲线的陡峭程度，决定了函数的宽度。

模糊推理规则是模糊逻辑系统中的核心组成部分，用于将模糊集合的输入映射到输出。以下是一些常见的模糊推理规则形式。

（1）IF-THEN 规则。最常见的模糊推理规则形式是 IF-THEN 规则。该规则由两个部分组成，条件部分（IF）和结论部分（THEN）。条件部分基于输入变量的模糊集合进行匹配，而结论部分定义了输出变量的模糊集合。例如：IF 温度是热 THEN 加大冷气的强度；IF 光线亮度是低 THEN 打开灯光。

（2）模糊规则关系。在模糊推理中，不同的规则之间可能存在不同的关系，常见的关系包括以下三种。

①AND 关系。所有的条件都满足时，结论才成立。IF 温度是热 AND 湿度是高 THEN 打开空调。

②OR 关系。任意一个条件满足时，结论就成立。IF 温度是热 OR 湿度是高 THEN 打开窗户。

③嵌套关系。规则之间可以相互嵌套和组合。IF 温度是热 AND（湿度是高 OR 光线亮度是低）THEN 打开空调。

（3）权重和置信度。模糊推理规则可以使用权重或者置信度对不同的规则进行加权。权重或者置信度可以根据专家知识、实验数据或者经验进行确定。例如：IF 温度是热 AND 湿度是高 WITH 权重 0.8THEN 打开空调；

IF 温度是热 AND 湿度是高 WITH 置信度 0.9THEN 打开空调。

通过设计合适的模糊推理规则库，将模糊输入变量映射到模糊输出变量，从而实现模糊推理的目标。规则库的设计需要基于领域专家的知识和经验，并根据实际情况进行优化和调整。

在 Mamdani 型模糊推理算法中，经典的极大—极小合成（max-min composition）是常用的规则融合方法之一。该方法用于将模糊规则的输出模糊集合进行聚合，生成最终的模糊输出。极大—极小合成方法通过最小化隶属度值来融合模糊集合，确保了结果的保守性和稳定性。需要注意的是，极大—极小合成是 Mamdani 型模糊推理算法中最常见的规则融合方法之一，但在某些特定情况下，也可以使用其他融合方法，如加权平均法等，根据具体问题和应用需求选择适合的方法。图 5 – 5 为 Mamdani 型模糊推理算法的组成部分。

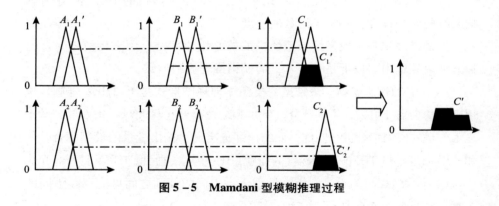

图 5 – 5　Mamdani 型模糊推理过程

在 Mamdani 型模糊推理算法中，去模糊化（defuzzification）是将模糊输出集合转换为确定性的输出值的过程。该过程将模糊的输出结果转化为一个具体的数值或决策。常用的去模糊化方法包括重心法（centroid method）、最大值法（maximum method）、平均最大法（average maximum method）等。其中，重心法是最为常用和经典的一种方法。重心法的计算式为：

$$Z^* = \frac{\int \mu_A(Z) \cdot Z dZ}{\int \mu_A(Z) dZ} \tag{5-4}$$

式（5 – 4）中，Z^* 为 Z 的精确输出值，μ_A 为输出的隶属函数。

Fuzzy Logic Toolbox 图形用户界面（GUI）是 MATLAB 中的一个工具箱，用于创建和管理模糊逻辑系统。该 GUI 提供了一个可视化的界面，使用户能够方便地进行模糊逻辑建模、调试和分析。模糊推理系统的 GUI 由五个界面组成，如图 5-6 所示。以下是 Fuzzy Logic Toolbox GUI 的主要特点和功能。

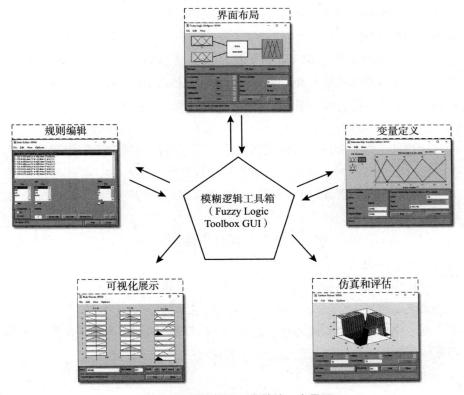

图 5-6　模糊推理工具箱的五个界面

（1）界面布局：GUI 以直观的方式呈现了模糊逻辑系统的各个部分，包括输入变量、输出变量、隶属度函数和规则等。用户可以通过面板和选项卡来方便地切换和编辑不同的部分。

（2）变量定义：GUI 允许用户定义和编辑输入变量和输出变量。用户可以设置变量的名称、范围和隶属度函数，选择不同类型的隶属度函数（如三角形、梯形、高斯等），并根据需要调整隶属度函数的形状和参数。

（3）规则编辑：GUI 提供了一个简单的界面，用于定义和编辑模糊逻辑系统的规则。用户可以使用逻辑运算符（如 AND、OR、NOT）来组合输入变量的条件，并指定输出变量对应的结论部分。GUI 还支持模糊规则的导入和导出，方便用户在不同系统之间共享和复用规则集。

（4）可视化展示：GUI 以图形和图表的形式可视化展示模糊逻辑系统。用户可以直观地观察隶属度函数的形状、输入变量和输出变量的模糊集合，以及模糊推理的结果。这有助于用户了解系统的运行机制和效果，并进行调试和优化。

（5）仿真和评估：GUI 提供了仿真和评估模糊逻辑系统性能的功能。用户可以输入具体的输入值，观察系统的响应和模糊输出结果。GUI 还支持绘制误差曲线、输出响应图等来评估系统的性能，并进行参数调整和改进。

总的来说，Fuzzy Logic Toolbox GUI 是一个强大而直观的工具，提供了丰富的功能来构建和分析模糊逻辑系统。该工具使得用户能够快速建立模型、定义变量和规则，并可视化地观察和评估系统的行为。要使用模糊逻辑工具箱图形用户界面（Fuzzy Logic Toolbox GUI）构建 Mamdani 系统，可以按照以下步骤进行操作：

打开 MATLAB 软件，并在命令窗口中输入"fuzzy"，然后按回车键。这将打开模糊逻辑工具箱。

在模糊逻辑工具箱界面中，点击菜单栏上的"FIS Editor"，进入模糊推理系统编辑器。

在模糊推理系统编辑器中，点击"New"按钮，创建一个新的模糊推理系统。我们可以为该系统指定一个名称。

（1）定义输入变量。

①在右侧的面板中，选择"Input Variables"选项卡。

②点击"Add"按钮添加一个输入变量。

③为输入变量指定一个名称，并设置其范围和隶属度函数。我们可以选择不同的隶属度函数类型，并设置函数的参数。

（2）定义输出变量。

①在右侧的面板中，选择"Output Variables"选项卡。

②点击"Add"按钮添加一个输出变量。

③为输出变量指定一个名称，并设置其范围和隶属度函数。同样，我

们可以选择合适的隶属度函数类型，并设置参数。

（3）定义模糊规则。

①在右侧的面板中，选择"Rules"选项卡。

②点击"Add"按钮添加模糊规则。

③为每个模糊规则指定前提部分和结论部分。我们可以使用输入变量和输出变量的名称、运算符以及隶属度函数来定义规则。

完成模糊推理系统构建后，点击"Save"按钮保存我们的工作。

（4）运行模糊推理系统。

①在模糊逻辑工具箱界面的主窗口中，点击菜单栏上的"Simulation"。

②选择"Run"选项，并选择我们想要使用的输入值。

③单击"Simulate"按钮运行模糊推理系统，并观察输出结果。

5.3.2   正负靶心灰靶模型

基于正负靶心的多特性灰靶决策模型是一种用于解决多质量特性决策问题的方法，结合了多质量特性决策和正负靶心思想（邓存宝等，2018）。该决策模型可以帮助我们在面对多个质量特性或指标时，对不同方案进行评估和排序。在这个模型中，首先，需要明确决策问题所涉及的各个质量特性或指标。这些质量特性可以包括性能指标、经济指标、可靠性指标等，根据具体情况选择合适的质量特性。其次，为了进行比较和评价，需要对每个质量特性进行标准化处理。这样可以避免不同质量特性尺度差异对结果的影响。再次，需要设定正向和负向靶心，代表各个质量特性的理想最优和理想最劣取值。正向靶心反映了理想的质量特性水平，而负向靶心代表了不可接受的质量特性水平。通过计算每个方案与正、负靶心之间的距离（靶心距），可以得到方案与靶心之间的相关程度。靶心距可以用来衡量方案在各个质量特性上的相似程度或者偏离程度。此外，为了考虑不同质量特性的重要性，需要确定每个质量特性的权重。可以使用主观评价、层次分析法或其他方法进行权重分配。最后，通过综合考虑各个质量特性的归一化值、权重和关联系数，可以计算出每个方案的综合灰靶距离。

灰靶决策的流程是一个循环迭代的过程，如图5-7所示。根据实际情况和需求，在实施过程中可能需要多次进行方案的评价、修订和调整，以满足决策目标和要求。决策流程是指在面对具体问题或情境时，按照一定的步骤和方法进行决策的过程。灰靶决策的流程可以按照以下步骤进行。

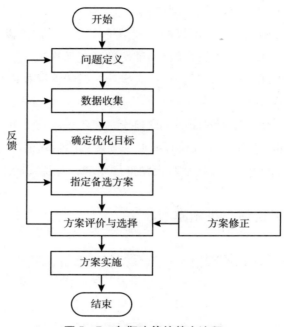

图 5 – 7　灰靶决策的基本流程

（1）提出问题：明确需要做出决策的具体问题和目标。确保问题明确、清晰，并能够量化或描述成各项指标。

（2）收集资料：收集与问题相关的数据和信息。涉及的数据可以是历史数据、专家意见、市场调研结果等。确保数据的准确性和完整性。

（3）确定目标：根据问题的要求和决策的目标，明确需要达到的正、负靶心。正靶心代表理想状态或目标，负靶心代表恶劣状态或不利情况。

（4）拟定备选方案：根据问题和目标，制订多个备选方案。每个备选方案应该包括具体的行动或措施，以及相关的影响因素和指标。

（5）方案评价与选择：利用灰色系统理论和灰靶决策方法，对每个备选方案进行评价。计算指标与正、负靶心之间的距离，评估各指标对决策结果的影响程度。根据指标权重和正、负靶心灰靶值的大小比较，评估备选方案的优劣，并选择最佳方案。

（6）方案修订：根据评价结果，对选定的方案进行修订和调整。可能需要对方案的具体内容、实施步骤或资源分配进行修改，以提高方案的可行性和效果。

（7）方案实施：将修订后的方案付诸实施。确保实施过程中的协调、沟通和监测，以确保方案能够按照计划顺利执行。

灰靶是指在灰色关联分析中，根据定性分析得到的满意解（即理想最优解），对其分布规定一个范围。在多质量特性灰靶决策模型中，这个范围可以通过设定正向和负向靶心来表示。在决策问题中，包括事件、对策、目标及效果四个要素。这些要素相互之间存在着复杂的因果关系和影响关系。为了进行多质量特性决策，我们需要对这些要素进行分析和评估。

（1）事件集。事件集是指决策问题中可能出现的各种事件、问题或挑战的集合。事件集包括了决策环境中需要面对的各种情况和变化。通过对事件集的分析，可以识别出潜在的决策需求和可能的决策方案。所有研究目标的事件集合，记为 $A = \{a_1, a_2, \cdots, a_n\}$，其中，$a_i(i = 1, 2, \cdots, n)$ 表示第 i 个事件。

（2）对策集。对策集是指为应对事件集中的各种情况制定的行动方案的集合。对策集中包含了多个不同的决策方案或行动计划，每个对策代表了一种可能的应对方式。通过对对策集的比较和评估，可以找到最佳的决策方案。所有研究问题的事件全体称为对策集，记为 $B = \{b_1, b_2, \cdots, b_m\}$，其中 $b_j(j = 1, 2, \cdots, m)$ 表示第 j 种对策。

（3）局势集。局势集是指在决策过程中可能遇到的不同情境或决策环境的集合。局势集包括了事件集和对策集所涵盖的各种情况和组合。通过对局势集的综合分析，可以全面考虑各种情况下的决策效果。将（1）与（2）对应的集合进行笛卡尔积运算，即 $S = A \times B = \{(a_i, b_j) \mid a_i \in A, b_j \in B\}$，则 (a_i, b_j) 为局势，记为 $s_{ij} = (a_i, b_j)$。

（4）目标和效果。目标是决策的驱动力和期望结果，是决策过程中追求的具体目标或期望的效果。效果则是决策方案实施后产生的结果或影响。在灰靶模型中，目标和效果可以被转化为评价方案时所关注的质量特性或指标。通过对目标和效果的分析和评估，可以确定各个方案的优劣和潜在风险。假设 A 表示事件集，B 表示对策集，S 表示局势集。那么 $\mu_{ij}^{(k)}$ 表

示为第 k 个质量特性下，局势 s_{ij} 的效果映射。

区间灰数是一种数学概念，用于表示某个变量在一个特定范围内的可能取值。区间灰数由两个实数构成，分别表示变量可能的最小值和最大值。区间灰数可以用来处理数据不确定性或模糊性的问题，常用于灰色系统理论和不确定性分析中。区间灰数的表示形式可以记为 $a(\otimes) \in [\underline{a}, \overline{a}]$，其中 $\underline{a}$ 为变量可能的最小值，$\overline{a}$ 为变量可能的最大值。在区间灰数中，具体取值的不确定性由其上下界限定，在此范围内的取值都是可能的。

区间灰数常用于处理含有噪声、不完全信息或不确定度较高的数据。通过对区间灰数进行运算和推理，可以得到更准确的结果或决策。在实际应用中，区间灰数可以用于模糊分类、风险评估、不确定性分析等领域。

（1）设有两区间灰数 $x(\otimes) \in [\underline{x}, \overline{x}]$ 和 $y(\otimes) \in [\underline{y}, \overline{y}]$，$k$ 为正实数，则：

① $x(\otimes) + y(\otimes) \in [\underline{x} + \underline{y}, \overline{x} + \overline{y}]$；

② $x(\otimes)y(\otimes) \in [\min\{\underline{xy}, \underline{x}\overline{y}, \overline{x}\underline{y}, \overline{xy}\}, \max\{\underline{xy}, \underline{x}\overline{y}, \overline{x}\underline{y}, \overline{xy}\}]$；

③ $kx(\otimes) \in [k\underline{x}, \overline{kx}]$；

④ $k + x(\otimes) \in [k + \underline{x}, k + \overline{x}]$。

（2）设区间灰度 $x(\otimes) \in [\underline{x}, \overline{x}]$ 和 $y(\otimes) \in [\underline{y}, \overline{y}]$，则：

$$d(x(\otimes), y(\otimes)) = 2^{-1/2}[(\underline{x} - \underline{y})^2 + (\overline{x} - \overline{y})^2]^{1/2} \qquad (5-5)$$

式（5-5）中，$d(x(\otimes), y(\otimes))$ 为区间灰数 $x(\otimes)$ 和 $y(\otimes)$ 的距离。

在正负靶心灰靶模型中，最优对策、最优事件和最优局势是评估和决策过程中的重要概念。它们可以帮助我们确定最佳的行动方案和目标状态。最优对策（optimal strategy）：最优对策是指在正负靶心灰靶模型中，在给定的条件和约束下，能够最大限度地实现正靶心（目标）的对策。最优对策是针对当前问题或目标制定的最佳行动方案，可以最大限度地达到预期的目标。最优事件（optimal event）：最优事件是指在正负靶心灰靶模型中，能够最有效地推动或产生正靶心的事件或行为。最优事件是指那些最有利于达到目标的事件或行为，可以帮助实现最优对策。最优局势（optimal situation）：最优局势是指在正负靶心灰靶模型中，对于实现正靶心的目标来说，能够达到最理想状态或最佳状态的一组条件或环境。最优局势是创造和提供最有利条件的情况，使得最优对策和最优事件能够顺利实施并取得最佳效果。

在使用正负靶心灰靶模型进行评估和决策时，我们可以通过分析现有条件和约束，寻找最优对策、最优事件和最优局势。这需要综合考虑各种因素，包括目标的重要性、资源的可用性、决策者的偏好和环境的变化等。通过选择最优对策、最优事件和最优局势，可以提高决策的效果和结果，实现更好的目标达成。基于此，最优对策、最优事件、最优局势，分别定义为：

（1）设 $\max\limits_{1 \leqslant j \leqslant m}\{z_{ij}\} = z_{ij_0}$，则事件 a_i 的最优对策为 b_{j_0}；

（2）设 $\max\limits_{1 \leqslant i \leqslant n}\{z_{ij}\} = z_{i_0j}$，则对策 b_j 对应的最优事件为 a_{i_0}；

（3）设 $\max\limits_{1 \leqslant i \leqslant n, 1 \leqslant j \leqslant m}\{z_{ij}\} = z_{i_0j_0}$，则 $z_{i_0j_0}$ 为最优局势。

5.4　基于正负靶心灰靶模型的产品制造质量综合评价方法

本节将对本章拟采用的正负靶心灰靶改进模型进行介绍，分别对评价模型的构建流程、产品制造质量评价体系的构建、多特性加权正负靶心灰靶模型的建立、多质量特性响应指标值的确定这几个方面分别进行阐述。

5.4.1　评价模型的构建流程

在产品制造过程中，多质量特性评价是非常重要的一项任务。而灰靶模型是一种常用的多指标综合评价方法，适用于评价产品多质量特性。然而传统的灰靶模型在多质量特性评价中存在独立性假设、缺乏灵活性和对大量数据的需求较高等劣势。为了克服这些劣势，本书按照以下几个步骤对灰靶模型进行优化，以更好地适应实际制造场景的需求。第一步：确定多质量特性的生产批次，需要综合考虑各项指标和要求，进行系统性的分析与优化，以确保在满足不同质量特性要求的前提下，实现最佳的批次进行生产。第二步：多特性加权正负靶心灰靶模型的建立，将各局势在质量特性下对应的各指标集结为多质量特性效果评价值，并利用正负靶心灰靶模型方法分别计算正、负靶心距。第三步：多质量特性响应指标值的确定，Mamdani 型模糊推理可以将正、负靶心距离转化为多个质量特性指标的响应值，通过定义模糊集合、隶属函数和推理规则，并进行合适的聚合操作实现。第四步：确定最佳生产批次，Mamdani 型模糊推理的输出响应值可以作为模糊化处理后的结果。各步骤的具体细节，如图 5 - 8 所示。

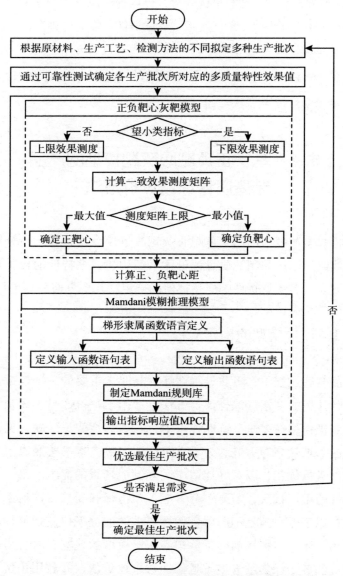

图 5 - 8　基于正负靶心灰靶模型的产品制造质量评价模型

通过图 5 – 8 可以看出，正负靶心灰靶模型可以综合多个评价指标对产品质量进行评价，考虑到各指标之间的相互影响和权重。通过将这些评价指标转化为模糊变量，并应用 Mamdani 型模糊推理模型，可以利用模糊逻辑对各指标进行综合分析，从而更准确地评估产品的制造质量水平。除此之外，通过正负靶心灰靶模型和 Mamdani 型模糊推理模型结合，可以得到定量的评价结果，而不仅仅是简单的定性判断。这些定量的评价结果可以帮助制造企业了解产品质量的具体情况，为进一步的改进和优化提供依据。这有助于制造企业监控和改进产品制造过程，提高产品质量水平和竞争力。

5. 4. 2　产品制造质量评价体系的构建

产品制造质量评价体系的构建是为了全面、系统地评估和改进产品制造过程中的质量水平。首先，需要明确评价体系的目标和范围，如提高产品一致性、降低不良率、增强客户满意度等。其次，选择与产品质量相关的评价指标，可以参考常见的指标或根据企业自身情况进行调整和补充。再次，制定具体的评价标准，以便对产品质量进行量化评估。从次，收集与评价指标相关的数据，确保数据的准确性和可靠性。对收集到的数据进行分析，计算评价指标的数值，并与制定的评价标准进行对比，识别出质量问题所在，并找出潜在的改进机会。根据评估结果对产品制造质量进行评估，并提供评估报告，包括评价指标的数值、与标准的对比、问题分析和改进建议等内容。最后，制定并实施相应的改进措施，监控改进效果，并持续更新和完善评价体系，以适应市场需求和技术进步。构建产品制造质量评价体系需要注重数据的准确性和可靠性，全员参与的质量文化以及与相关部门和员工的合作与沟通是推动质量提升的重要因素。

目前针对产品制造过程中质量特性具有复杂性、多特性的决策问题，设 $\mu_{ij}^{kt} \in [\underline{\mu}_{ij}^{kq}, \bar{\mu}_{ij}^{kq}]$ $(i = 1, 2, \cdots, n; j = 1, 2, \cdots, m)$ 为局势 $s_{ij} \in S$ 在第 k 个质量特性的第 q 个指标下的效果评价值，记为 $\mu_{ij}^{kq} \in [\underline{\mu}_{ij}^{kq}, \bar{\mu}_{ij}^{kq}]$，其中 $\underline{\mu}_{ij}^{kq}$ 和 $\bar{\mu}_{ij}^{kq}$ 分别为效果评价矩阵的上、下限。若第 k 个质量特性有 q 个评价指标，且其指标权重向量为 $(w_{k1}, w_{k2}, \cdots, w_{kq})$，不同的质量特性下其评价

指标也各不相同，各个质量特性的权重向量为（w_1，w_2，…，w_k），多质量特性评价问题结构如表 5-2 所示，其中为了易于叙述，每个质量特性下的评价指标个数均为 q 个（实际情况下可能不等）。

表 5-2　　　　　　　　　　　　多质量特性评价结构

| 产品批次 | 局势 | 质量特性 1 w_1 | | | … | 质量特性 k w_k | | | |
		指标 1 w_{11}	指标 2 w_{12}	…	指标 q w_{1q}	指标 1 w_{k1}	指标 2 w_{k1}	…	指标 q w_{kq}
批次 1	(a_i, b_1)	$z_{i1}^{11}(\otimes)$	$z_{i1}^{12}(\otimes)$	…	$z_{i1}^{1q}(\otimes)$	$z_{i1}^{k1}(\otimes)$	$z_{i1}^{k2}(\otimes)$	…	$z_{i1}^{kq}(\otimes)$
批次 2	(a_i, b_2)	$z_{i2}^{11}(\otimes)$	$z_{i2}^{12}(\otimes)$	…	$z_{i2}^{1q}(\otimes)$	$z_{i2}^{k1}(\otimes)$	$z_{i2}^{k2}(\otimes)$	…	$z_{i2}^{kq}(\otimes)$
…	…	…	…	…	…	…	…	…	…
批次 j	(a_i, b_j)	$z_{ij}^{11}(\otimes)$	$z_{ij}^{12}(\otimes)$	…	$z_{ij}^{1q}(\otimes)$	$z_{ij}^{k1}(\otimes)$	$z_{ij}^{k2}(\otimes)$	…	$z_{ij}^{kq}(\otimes)$

产品制造质量评价的目的是为全面评估产品在制造过程中各个关键质量特性的表现，以及产品整体的制造质量水平。通过评价多个质量特性，可以更全面地了解产品的制造质量，包括性能、可靠性、耐用性等方面。具体而言，产品制造质量评价的目的包括以下内容。

（1）发现潜在问题。通过对产品多个质量特性的评价，可以发现可能存在的问题和缺陷。例如，某个特定工艺环节可能导致产品尺寸不稳定，或者某个材料的性能不符合要求。发现这些问题可以帮助企业及时采取措施进行改进，避免质量问题在生产中被放大或影响客户满意度。

（2）优化质量管理：通过制造质量评价，可以识别当前质量管理的薄弱环节，找出造成质量问题的原因和根源。这有助于企业优化质量管理流程，加强质量控制和监测，提高产品制造过程的一致性和稳定性。

（3）提升客户满意度：通过评价产品多个质量特性，可以了解产品在客户需求和期望方面的表现。这有助于企业根据客户反馈和市场需求，进行针对性的改进和创新，提供更高质量的产品，增强客户满意度，提升市场竞争力。

（4）改进制造过程：通过评价多个质量特性，可以识别制造过程中可能存在的问题和瓶颈，并找到改进的机会。例如，通过评价原材料的质量特性，可以选择更优质的供应商或优化采购流程。通过评价生产工艺的质量特性，可以改进工艺参数和控制方法，提高产品的一致性和可复制性。

综上所述，产品制造质量评价的目的是为发现问题、优化质量管理、提升客户满意度和改进制造过程。通过评价产品多个质量特性，能够全面了解产品的制造质量水平，并为企业决策和改进提供有力支持。产品多质量特性的制造质量评价流程如图 5 – 9 所示。

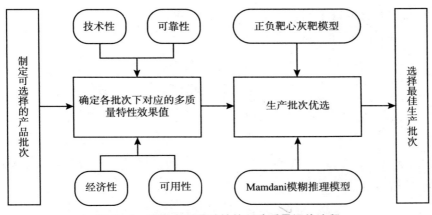

图 5 – 9　产品多质量特性的制造质量评价流程

5.4.3　多特性加权正负靶心灰靶模型的建立

构建加权正负靶心灰靶模型之前进行标准化的目的是为确保各指标在模型中具有可比性和可靠性，以便更有效地进行权重分配和决策分析。标准化可以消除指标之间的尺度差异，使得各指标在模型中具有相对可靠的比较基础。通过将指标转化为统一的标准分布，可以提供更可靠的数据基础，使模型的结果更加稳定、可靠。灰色极差变换（gray extent analysis，GEA）是一种常用的灰色预测方法，用于处理具有不完整信息或数据不全的问题。该方法通过对数据进行标准化和归一化处理，综合考虑因素之间的关系，进行预测和分析。因此，本书采用灰色极差变换方法进行标准化处理来降低实际产品制造过程中不同质量特性指标的差异性。若 k 为望大类指标，采用上限效果测度：

$$z_{\underline{ij}}^{kq} = \frac{\underline{\mu}_{ij}^{kq} - \underline{z}^{kq}}{\overline{z}^{kq} - \underline{z}^{kq}}, \quad \overline{z}_{ij}^{kq} = \frac{\overline{\mu}_{ij}^{kq} - \underline{z}^{kq}}{\overline{z}^{kq} - \underline{z}^{kq}} \tag{5-6}$$

若 k 为望小类指标，采用下限效果测度：

$$z_{\underline{ij}}^{kq} = \frac{\overline{z}^{kq} - \overline{\mu}_{ij}^{kq}}{\overline{z}^{kq} - \underline{z}^{kq}}, \quad \overline{z}_{ij}^{kq} = \frac{\overline{z}^{kq} - \underline{\mu}_{ij}^{kq}}{\overline{z}^{kq} - \underline{z}^{kq}} \tag{5-7}$$

其中，$\underline{\mu}_{ij}^{kq}$、$\overline{\mu}_{ij}^{kq}$ 分别为第 k 个质量特性效果评价值的下限和上限，$\underline{z}^{kq}$ 为 $\underline{\mu}_{ij}^{kq}$ 的最小值，$\overline{z}^{kq}$ 为 $\overline{\mu}_{ij}^{kq}$ 的最大值。$\underline{z}^{kq} = \min_{1 \leqslant i \leqslant n} \min_{1 \leqslant j \leqslant m} \{\underline{\mu}_{ij}^{kq}\}$，$\overline{z}^{kq} = \max_{1 \leqslant i \leqslant n} \max_{1 \leqslant j \leqslant m} \{\overline{\mu}_{ij}^{kq}\}$。

根据式（5-6）和式（5-7），综合得到 $z_{ij}^{kq}(\otimes) \in [z_{\underline{ij}}^{kq}, \overline{z}_{ij}^{kq}]$（$i = 1$, 2, $\cdots$, n；$j = 1$, 2, $\cdots$, m），则：

$$Z^{kq} = z_{ij}^{kq}(\otimes)_{m \times n} = \begin{bmatrix} z_{11}^{kq}(\otimes) & z_{12}^{kq}(\otimes) & \cdots & z_{1m}^{kq}(\otimes) \\ z_{21}^{kq}(\otimes) & z_{22}^{kq}(\otimes) & \cdots & z_{2m}^{kq}(\otimes) \\ \vdots & \vdots & & \vdots \\ z_{n1}^{kq}(\otimes) & z_{n2}^{kq}(\otimes) & \cdots & z_{nm}^{kq}(\otimes) \end{bmatrix} \tag{5-8}$$

其中，$z_{ij}^{kq}(\otimes)$ 是局势（a_i, b_j）在第 k 个质量特性下的第 q 个指标下规范化后的指标评估值。

质量特性决策是一个涉及多个质量特性、多个指标和多个局势的复杂问题。为了应对这种复杂性，决策者采用了简化方法，即将在质量特性 k 下针对局势（a_i, b_j）的各个指标进行集合，综合评估为质量特性 j 下的综合效果评估值 z_{ij}^k。

$w_k = (w_{k1}, w_{k2}, \cdots, w_{kq})$，$\sum_{i=1}^{q} w_{ki} = 1$，$0 \leqslant w_{ki} \leqslant 1$。则在第 k 个质量特性下的 q 个评价指标的综合效果评估值 z_{ij}^{kq} 为：

$$z_{ij}^k(\otimes) = w_{k1} z_{ij}^{k1}(\otimes) + w_{k2} z_{ij}^{k2}(\otimes) \cdots + w_{kq} z_{ij}^{kq}(\otimes) \tag{5-9}$$

其中，本书利用区间熵权法计算得出各个指标的权重，则：

$$Z^k = z_{ij}^k(\otimes)_{m \times n} = \begin{bmatrix} z_{11}^k(\otimes) & z_{12}^k(\otimes) & \cdots & z_{1m}^k(\otimes) \\ z_{21}^k(\otimes) & z_{22}^k(\otimes) & \cdots & z_{2m}^k(\otimes) \\ \vdots & \vdots & & \vdots \\ z_{n1}^k(\otimes) & z_{n2}^k(\otimes) & \cdots & z_{nm}^k(\otimes) \end{bmatrix} \tag{5-10}$$

正负靶心灰靶模型的优势在于能够从全局的角度考虑决策问题，综合考量正负两个方面的因素，帮助决策者进行全面而有效的决策分析。通过灵活运用该模型，可以找到最优的决策方案，实现理想目标并避免不良结果。

在正负靶心灰靶模型中，正靶心和负靶心是用来表示决策方案的理想目标和最差结果的参考点，从而用于评估决策方案的优劣。在正负靶心灰靶模型中，正负靶心可以使用不同的公式来表示：

若 $z_+^k = \max\{(\underline{z}_{ij} + \bar{z}_{ij})/2 \mid 1 \leqslant i \leqslant n\}$，其对应决策值记为 $[\underline{z}_{ij}^+, \bar{z}_{ij}^-]$，则：

$$z_+ = \{z_+^1(\otimes), z_+^2(\otimes), \cdots, z_+^k(\otimes)\}$$
$$= \{[\underline{z}_{i_01}^+, \bar{z}_{i_01}^+], [\underline{z}_{i_02}^+, \bar{z}_{i_02}^+], \cdots, [\underline{z}_{i_0k}^+, \bar{z}_{i_0k}^+]\} \quad (5-11)$$

式（5 – 11）中，z_+ 为正靶心。

若 $z_-^k = \min\{(\underline{z}_{ij} + \bar{z}_{ij})/2 \mid 1 \leqslant i \leqslant n\}$，其所对应的决策值记为 $[\underline{z}_{ij}^-,$ $\bar{z}_{ij}^-]$，则：

$$z_- = \{z_-^1(\otimes), z_-^2(\otimes), \cdots, z_-^k(\otimes)\}$$
$$= \{[\underline{z}_{i_01}^-, \bar{z}_{i_01}^-], [\underline{z}_{i_02}^-, \bar{z}_{i_02}^-], \cdots, [\underline{z}_{i_0k}^-, \bar{z}_{i_0k}^-]\} \quad (5-12)$$

式（5 – 12）中，z_- 为负靶心。

对于每个生产批次，将其指标值与正负靶心的相应指标值进行计算，得到该批次到正、负靶心的欧氏距离。根据式（5 – 5）可得正、负靶心距：

$$z_i^+ = 2^{-\frac{1}{2}}\{w_1[(\underline{z}_{i1} - \underline{z}_{i1}^+)^2 + (\bar{z}_{i1} - \bar{z}_{i1}^+)^2] + \cdots w_k[(\underline{z}_{ik} - \underline{z}_{ik}^+)^2 + (\bar{z}_{ik} - \bar{z}_{ik}^+)^2]\}^{1/2}$$
$$(5-13)$$

式（5 – 13）中，z_i^+ 为正靶心距。

$$z_i^- = 2^{-\frac{1}{2}}\{w_1[(\underline{z}_{i1} - \underline{z}_{i1}^-)^2 + (\bar{z}_{i1} - \bar{z}_{i1}^-)^2] + \cdots w_k[(\underline{z}_{ik} - \underline{z}_{ik}^-)^2 + (\bar{z}_{ik} - \bar{z}_{ik}^-)^2]\}^{1/2}$$
$$(5-14)$$

式（5 – 14）中，z_i^- 为负靶心距。

5.4.4   多质量特性响应指标值的确定

由于生产过程中获取的数据、质量检测数据、客户反馈等参数模糊不确定问题，本章通过构建 Mamdani 型模糊推理模型来解决。构建如图 5 – 10 所示的 Mamdani 型模糊推理模型。通过分析数据，可以评估产品在各个质量特性上的表现，识别问题和改进机会。

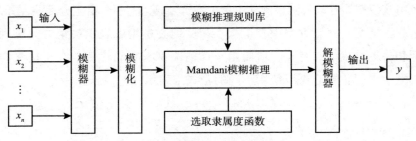

图 5 - 10 产品多质量特性的生产批次优选流程

多质量特性响应指标值的确定需要以下步骤：首先，需要确定输入和输出变量。输入变量是正、负靶心距，输出变量则是响应值 MPCI。其次，设计模糊集合，为每个输入和输出变量定义相应的模糊集合，并确定其隶属函数。模糊集合可以根据问题的具体情况来设计，如"低""中""高"等模糊集合。再次，创建模糊规则库，根据专家经验或领域知识，建立一组模糊规则，将输入变量的模糊集合映射到输出变量的模糊集合。规则库可以使用 if-then 形式表示，如"如果粗糙度高，则质量评分低"。最后，解模糊化，将模糊输出转化为确定的响应指标值。常用的解模糊化方法包括最大值法、平均值法和重心法等。这些方法将模糊输出通过一定的数学运算映射到确定的值域上。

图 5 - 10 中，x_1、x_2、x_3 分别为正、负靶心距，y 表示多质量特性衡量指标 MPCI 值。

隶属函数和模糊推理规则库是 Mamdani 型模糊推理的重要组成部分。本章采用梯形隶属函数作为 Mamdani 型模糊推理模型的隶属函数，其表达式为：

$$\mu_{A_i}(x,\ a_{A_i},\ b_{A_i},\ c_{A_i},\ d_{A_i}) = \begin{cases} 0 & x \leqslant a_{A_i} \\ \dfrac{x - a_{A_i}}{b_{A_i} - a_{A_i}} & a_{A_i} \leqslant x \leqslant b_{A_i} \\ 1 & b_{A_i} \leqslant x \leqslant c_{A_i} \\ \dfrac{d_{A_i} - x}{d_{A_i} - c_{A_i}} & c_{A_i} \leqslant x \leqslant d_{A_i} \\ 0 & x \geqslant d_{A_i} \end{cases} \tag{5 - 15}$$

其中，x 表示正、负靶心距，μ_{A_i} 表示相应取值区间的梯形隶属函数值。

Mamdani 型模糊推理规则描述了输入模糊集合和输出模糊集合之间的关系。每个规则由两个部分组成：条件部分和结论部分。条件部分使用一组模糊逻辑表达式来描述输入变量的状态，而结论部分使用模糊集合来描述输出变量的状态。这些规则通常基于领域专家的知识和经验构建，用于将模糊输入映射到模糊输出。Mamdani 型模糊推理规则的一般形式如下："If < 条件 1 > and < 条件 2 > and…then < 结论 >"。基本推理规则形式如表 5 - 3 所示。本章节在解模糊化时，通过利用重心法来转换模糊集，获得 MPCI 指标值。

表 5 - 3　　　　　　　　　　　模糊推理规则对应表

规则序号	规则
R_1	If x_1 is A_1 and x_2 is B_1 ···then Y is C_1
R_2	If x_1 is A_2 and x_2 is B_2 ···then Y is C_2
…	…
R_n	If x_1 is A_n and x_2 is B_n ···then Y is C_n

表 5 - 3 中，x_1，x_2 分别是输入语言变量；Y 是输出语言变量。A_i，B_i，C_i 是第 i 条规则下的输入输出隶属分布。

5.5　应用案例

本章节分为两部分。第 5.4.1 节通过一个电磁铁制造质量评价实例，说明了新方法构建产品制造质量评价指标体系的流程。第 5.4.2 节展示新方法各部分的计算过程和 Mamdani 型模糊推理模型的 MPCI 值响应，说明了该方法的有效性和科学性。

5.5.1　电磁铁制造质量评价体系

吸引式电磁铁是一种利用电流通过线圈产生磁场以吸引物体的装置。

吸引式电磁铁通常由铁芯、线圈和电源组成。当通过电磁铁的线圈通电时，电流在线圈中流动，形成一个磁场。这个磁场会使铁芯成为一个临时的磁体，产生一个磁极。根据磁性的吸引和排斥原理，当有另外一个磁性物体或铁制物体靠近电磁铁时，物体和电磁铁之间会产生相互吸引力，从而将物体吸附到电磁铁上。吸引式电磁铁被广泛应用于各个领域。在工业自动化中，吸引式电磁铁用于固定、吸附和搬运零部件、工件等物体，提高自动化生产线的效率。吸引式电磁铁的应用在各行各业都发挥着重要的作用，带来便利和效率提升。吸引式电磁铁的结构如图 5 - 11 所示。

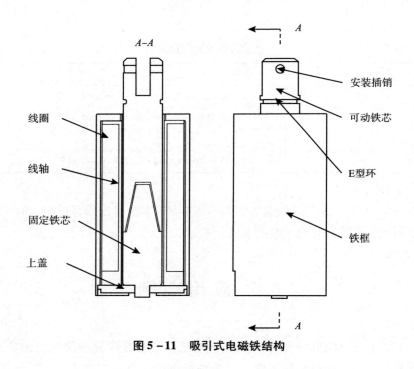

图 5 - 11　吸引式电磁铁结构

　　不同生产批次的同型号电磁铁存在差异的原因是多方面的。首先，原材料的差异是一个重要因素。不同批次所使用的原材料可能来自不同的供应商，或者即使是同一供应商提供的材料也会存在微小的成分差异。这些差异可能会导致电磁铁的性能有所不同。其次，生产工艺也会对电磁铁的性能产生影响。生产过程中的温度、湿度、压力等条件可能在不同生产批次之间存在细微差异。此外，设备和技术水平也可能导致生产批次之间的差异。不同的生产线可能使用不同的设备，在精度、稳定性和控制能力方面存在差异。最后，设计改进也可能导致不同批次之间的差异。根据前期产品的反馈和市场需求，设计团队可能会对产品进行改进和优化。这样的改进可能会导致不同批次的电磁铁在功能、效率和可靠性等方面有所差异。为了确保产品的一致性，需要采取适当的措施来管理和控制这些差异，并不断进行质量改进。

为验证基于正负靶心灰靶模型的产品制造质量评价方法的有效性，选取某电磁铁生产厂家某一型号电磁铁生产环节的部分关键检验数据，对电磁铁质量进行评价，并作为电磁铁产品抽检的支撑数据。根据原材料、生产工艺、检测方法的不同初步拟定四种生产批次，并从中选择最佳批次。在各个生产批次选取 10 个产品，然后进行可靠度测试得到具体的测试数值区间。其中，电磁铁多质量特性具体分布如图 5-12 所示。

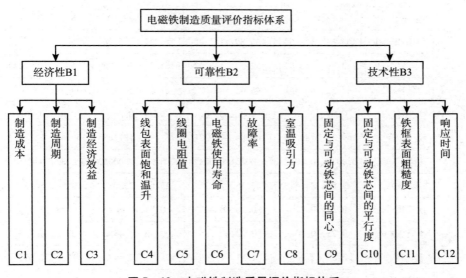

图 5-12 电磁铁制造质量评价指标体系

经济性包括制造成本、制造周期和制造经济效益 [制造经济效益 = (制造预计总值/制造成本) ×100%，下文统称为经济效益] 共 3 个指标。可靠性包括线包表面饱和温升、线圈电阻值、电磁铁使用寿命、故障率、室温吸引力共 5 个指标（下文统称为温升、电阻值、寿命、故障率、吸引力）。技术性包括固定与可动铁心间的同心度、固定和可动铁心间的平行度、铁框表面粗糙度和响应时间共 4 个指标（下文统称为同心度、平行度、粗糙度、响应时间）。此外根据客户要求：温升幅度 <65℃；最高温度 <85℃；电阻值要求在 0.85Ω ±15%；（AT20℃）；寿命 ≥100W 次；行程 0 ~5 毫米时力量值范围在 22.5N ±20%。

此外，在每个生产批次下各选取 10 个电磁铁产品，分别对其进行可靠度测试，可以得到具体的可靠性数值。其中，若指标值为具体的实数时，计算过程中将其看作是特殊的区间值。则四个生产批次下的质量特性对应的效果值如表 5 - 4 所示。

表 5 - 4　　　　　　　　　　　多质量特性效果值

质量特性	指标	生产批次			
		批次 1	批次 2	批次 3	批次 4
经济性	制造成本/RMB	[29.68, 32.42]	[28.91, 31.15]	[27.76, 29.10]	[28.53, 30.25]
	制造周期/h	[163.84, 166.50]	[159.89, 161.45]	[153.54, 155.26]	[155.76, 158.21]
	经济效益/%	[143.79, 148.91]	[152.34, 157.42]	[165.27, 167.88]	[155.47, 159.22]
可靠性	温升/℃	[45.32, 47.36]	[46.45, 48.02]	[51.79, 54.52]	[49.99, 52.66]
	电阻值/Ω	[0.82, 0.88]	[0.86, 0.90]	[0.79, 0.84]	[0.81, 0.86]
	寿命/万次	[167.38, 189.06]	[164.84, 180.21]	[152.93, 187.88]	[160.46, 183.52]
	故障率/次	[0.0037, 0.0037]	[0.0022, 0.0022]	[0.0051, 0.0051]	[0.0032, 0.0032]
	吸引力/N	[22.84, 23.66]	[22.36, 24.76]	[23.66, 25.08]	[19.56, 22.93]
技术性	同心度/mm	[0.32, 0.47]	[0.26, 0.44]	[0.34, 0.42]	[0.28, 0.39]
	平行度/mm	[0.25, 0.40]	[0.22, 0.38]	[0.36, 0.45]	[0.30, 0.36]
	粗糙度/um	[2.07, 2.94]	[1.81, 2.36]	[1.68, 2.44]	[1.79, 2.26]
	响应时间/ms	[42.81, 47.54]	[41.97, 44.92]	[45.79, 47.45]	[44.92, 50.86]

资料来源：某电磁铁公司案例。

5.5.2　计算流程和批次优选

在上述 12 个特性指标中，经济效益、寿命、吸引力是望大类指标，制造成本、制造周期、温升、电阻值、故障率、同心度、平行度、粗糙度、响应时间是望小类指标。

第一步：计算局势集在指标下一致效果测度矩阵。根据式（5-6）和式（5-7）将具有不同量级或不同单位的数据转换为统一的范围，消除了数据之间的量纲差异，从而使得数据更易于比较和分析。式（5-8）局势集 S 在质量特性 k 下的第 j 个指标下一致效果测度矩阵：

$$Z^{1t} = \begin{bmatrix} (0.0000,\ 0.5880) & (0.0000,\ 0.2052) & (0.0000,\ 0.2125) \\ (0.2725,\ 0.7532) & (0.3897,\ 0.5100) & (0.3549,\ 0.5658) \\ (0.7124,\ 1.0000) & (0.8673,\ 1.0000) & (0.8917,\ 1.0000) \\ (0.4657,\ 0.8384) & (0.6397,\ 0.8287) & (0.4848,\ 0.6405) \end{bmatrix}$$

$$Z^{2t} = \begin{bmatrix} (0.7783,\ 1.0000) & (0.1818,\ 0.7273) & (0.3999,\ 1.0000) \\ (0.7062,\ 0.8772) & (0.0000,\ 0.3636) & (0.3296,\ 0.7551) \\ (0.0000,\ 0.2967) & (0.5455,\ 1.0000) & (0.0000,\ 0.9673) \\ (0.2022,\ 0.4924) & (0.3636,\ 0.8182) & (0.2084,\ 0.8467) \end{bmatrix}$$

$$\begin{bmatrix} (0.4828,\ 0.4828) & (0.5942,\ 0.7428) \\ (1.0000,\ 1.0000) & (0.5072,\ 0.9420) \\ (0.0000,\ 0.0000) & (0.7428,\ 1.0000) \\ (0.6552,\ 0.6552) & (0.0000,\ 0.6105) \end{bmatrix}$$

$$Z^{3t} = \begin{bmatrix} (0.0000,\ 0.7143) & (0.2174,\ 0.8696) & (0.0000,\ 0.6905) & (0.3735,\ 0.9055) \\ (0.1429,\ 1.0000) & (0.3043,\ 1.0000) & (0.4603,\ 0.8968) & (0.6682,\ 1.0000) \\ (0.2381,\ 0.6190) & (0.0000,\ 0.3913) & (0.3968,\ 1.0000) & (03836,\ 0.5703) \\ (0.3810,\ 0.9048) & (0.3913,\ 0.6522) & (0.5397,\ 0.9127) & (0.0000,\ 0.6682) \end{bmatrix}$$

第二步：计算局势集在质量特性下一致效果测度矩阵。根据式（5-9）和式（5-10）计算局势集 S 在质量特性 k 下的一致效果测试矩阵 Z^k：

$$Z^k = \begin{bmatrix} (0.0000,\ 0.3313) & (0.4220,\ 0.7524) & (0.1482,\ 0.8019) \\ (0.3438,\ 0.6016) & (0.4695,\ 0.7587) & (0.3566,\ 0.9811) \\ (0.8224,\ 1.0000) & (0.2741,\ 0.6986) & (0.2066,\ 0.5965) \\ (0.5483,\ 0.7883) & (0.3229,\ 0.7280) & (0.3440,\ 0.7702) \end{bmatrix}$$

其中，根据区间熵权法计算出质量特性下各个指标的权重分别为：$w_1 = (0.3414,\ 0.3306,\ 0.3280)$；$w_2 = (0.1944,\ 0.2010,\ 0.2100,\ 0.1835,\ 0.2111)$；$w_3 = (0.2464,\ 0.2486,\ 0.2551,\ 0.2499)$。

第三步：确定正负靶心。根据式（5 – 11）和式（5 – 12）可得正靶心、负靶心：

$$z^+ = ((0.8224,\ 1.0000),\ (0.4972,\ 0.7960),\ (0.3953,\ 0.9737))^T$$

$$z^- = ((0.0000,\ 0.3383),\ (0.2664,\ 0.6929),\ (0.1474,\ 0.6474))^T$$

第四步：计算各局势到正负靶心的距离。根据式（5 – 5）、式（5 – 13）和式（5 – 14）计算正靶心距离、负靶心距离：

$$z^{1+} = 2^{-1/2}\{0.3014 \times [(0.0000 - 0.8224)^2 + (0.3383 - 1)^2] + 0.3507$$
$$\times [(0.4859 - 0.4972)^2 + (0.7960 - 0.7960)^2] + 0.3478$$
$$\times [(0.1474 - 0.3953)^2 + (0.7946 - 0.9737)^2]\}^{1/2} = 0.4292$$

同理：$z^{2+} = 0.2411$，$z^{3+} = 0.1841$，$z^{4+} = 0.1964$

$$z^{1-} = 2^{-1/2}\{0.3014 \times [(0.0000 - 0.0000)^2 + (0.3383 - 0.3383)^2]$$
$$+ 0.3507 \times [(0.4859 - 0.2664)^2 + (0.7960 - 0.6729)^2] + 0.3478$$
$$\times [(0.1474 - 0.1474)^2 + (0.7946 - 0.6474)^2]\}^{1/2} = 0.1219$$

同理：$z^{2-} = 0.2631$，$z^{3-} = 0.4123$，$z^{4-} = 0.2816$

其中，根据区间熵权法计算出各质量特性的权重为：$w = (0.3014,\ 0.3507,\ 0.3478)$。

第五步：定义 Mamdani 输入函数语句表。Mamdani 输入函数语句表是用来定义模糊控制器中变量的输入函数的表格或类似编程语言的表示形式。将计算得到的正、负靶心距作为 Mamdani 型模糊推理器的输入变量进行梯形隶属函数语义定义，将其定义为 H（高）、M（中）、L（低）3 个模糊集合，以及对应的函数语义如表 5 – 5 所示。在实际应用中，根据具体问题和模糊集的数量，可以扩展和修改输入函数语句表，以适应不同变量和模糊集的定义需求。

表 5 – 5   输入函数语义

模糊集合	梯形隶属函数语义
L	$(-0.4,\ -0.1,\ 0.1,\ 0.4)$
M	$(0.1,\ 0.4,\ 0.6,\ 0.9)$
H	$(0.6,\ 0.9,\ 1.1,\ 1.4)$

资料来源：某电磁铁公司案例。

第六步：定义 Mamdani 输出函数语句表。Mamdani 输出函数语句表用于定义模糊控制器中输出变量的输出函数，其描述了每个输出变量的模糊集和其隶属函数的定义。将输出的特性响应指标值进行梯形隶属度函数语义定义，共定义为很低（VL）、低（L）、中（M）、高（H）、很高（VH）5 个模糊集合以及对应的梯形隶属函数语义如表 5－6 所示。在实际应用中，根据具体问题和模糊集的数量，可以扩展和修改输出函数语句表，以适应不同变量和模糊集的定义需求。

表 5－6　　　　　　　　　　　　　　输出函数语义

模糊集合	梯形隶属函数语义
VL	（－0.15，－0.05，0.05，0.15）
L	（0.1，0.2，0.3，0.4）
M	（0.35，0.45，0.55，0.65）
H	（0.6，0.7，0.8，0.9）
VH	（0.85，0.95，1.05，1.15）

资料来源：某电磁铁公司案例。

第七步：制定 Mamdani 推理规则库。在定义正、负靶心距和 MPCI 梯形隶属度函数的基础上，制定 Mamdani 模糊规则库如表 5－7 所示。通过使用模糊规则库，当给定特定的输入变量的模糊值时，可以根据规则库中的匹配和融合过程，计算输出变量的模糊值。具体的模糊推理过程涉及模糊集的交、并、非等运算，以及模糊推理规则的匹配和融合。

表 5－7　　　　　　　　　　　电磁铁产品输入输出模糊规则

负	正		
	L	M	H
L	VL	L	M
M	L	M	H
H	M	H	VH

资料来源：某电磁铁公司案例。

根据表 5 – 7 中的规则，定义并添加 9 条模糊规则，如图 5 – 13 所示。根据实际需求和专家知识，对规则库进行调整和优化。可以添加、删除或修改规则，以改善模糊控制器的性能和鲁棒性。需要注意的是，制定 Mamdani 模糊规则库是一个基于专家经验和问题理解的过程。根据具体问题的复杂程度和输入输出变量的数量，规则库的设计可能需要更多的专业知识和实际测试来确定最佳的模糊规则配置。

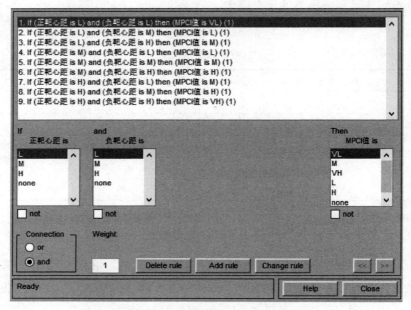

图 5 – 13　电磁铁制造质量评价 Mamdani 推理规则库

第八步：构建 Mamdani 模糊推理模型。通过确定输入和输出变量的模糊集合、构建模糊规则库、模糊化输入、应用模糊规则、聚合输出以及解模糊化等步骤构建 Mamdani 模糊推理模型，构建 Mamdani 模糊推理模型如图 5 – 14 所示。

第九步：输出指标响应值 MPCI。在表 5 – 6 的基础上，根据 Mamdani 模糊规则对生产批次进行模糊推理运算得到表 5 – 8。根据 Mamdani 模糊规则对生产批次进行模糊推理运算可以得到一个模糊推理表。模糊推理表描述了输入变量和输出变量之间的关系，以及在不同模糊规则条件下输出变量的模糊值。

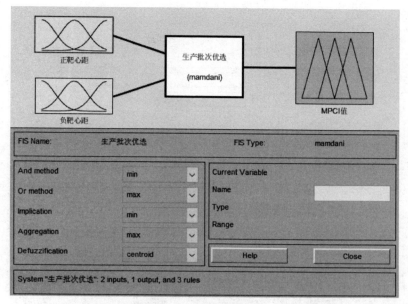

图 5 - 14   电磁铁制造质量评价的 **Mamdani** 模糊推理模型

表 5 - 8   电磁铁产品输入输出模糊规则

生产批次	正靶心距	负靶心距	MPCI
批次 1	0.4292	0.1219	0.2730
批次 2	0.2411	0.2631	0.3120
批次 3	0.1841	0.4123	0.3280
批次 4	0.1964	0.2816	0.2920

资料来源：某电磁铁公司案例。

第十步：确定最佳生产批次。对第八步得到的 MPCI 值进行排序：批次 3 > 批次 2 > 批次 4 > 批次 1，则批次 3 对应就是最佳生产批次。其中批次 3 结果如图 5 - 15 所示。

在 Mamdani 模糊推理系统中，本研究设定正、负靶心距是输入变量，用来描述实际测量值与目标值之间的偏差；而 MPCI 是输出变量，用于评估生产批次的质量并进行排序或分类。正、负靶心距与 MPCI 关系如图 5 - 16 所示。

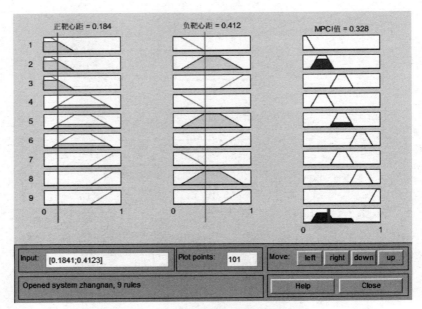

图 5 – 15   电磁铁模糊推理 MPCI 值

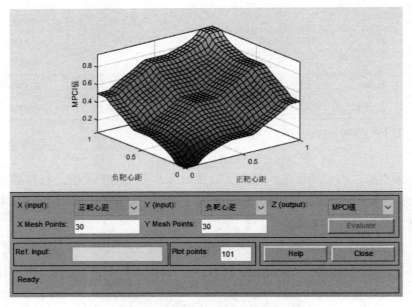

图 5 – 16   电磁铁输入与输出变量之间关系

综上所述，在进行电磁铁的多属性制造质量评价时，以下几个方面值得注意。

（1）属性选择：确定适合评估电磁铁制造质量的关键属性。这些属性可能包括材料强度、电磁性能、尺寸精度、温度稳定性等。确保选择的属性能够全面反映电磁铁的制造质量。

（2）测试方法：选择适当的测试方法和工具来评估各个属性。这可能涉及使用一些常见的测量设备，如万用表、磁力计、显微镜等。确保测试方法准确、可重复，并与标准规程一致。

（3）定量化指标：为每个属性定义合适的定量化指标，以便对制造质量进行量化评估。例如，可以使用特定的尺寸公差来描述尺寸精度，使用磁场强度来评估电磁性能等。确保指标可衡量、具有可比性和敏感性。

（4）质量标准：根据行业标准、设计要求或规范，建立适当的质量标准。这些标准可以是给定属性的最小/最大接受值或范围。与标准相比较，评估电磁铁的制造质量是否符合要求。

（5）过程控制：监控和控制生产过程中的关键环节，以确保质量的稳定性和一致性。这可能包括原材料检验、工艺参数控制、制造设备校准等。通过有效的过程控制，最大限度地减少制造过程中的变异性和不确定性。

（6）持续改进：建立一个反馈机制和改进计划，以应对潜在的质量问题并提高电磁铁制造质量。持续监测和评估制造质量，并根据实际情况采取纠正措施和改进措施。

总之，电磁铁的多属性制造质量评价需要关注属性选择、测试方法、指标量化、质量标准、过程控制和持续改进等方面。这样可以确保电磁铁的制造质量符合要求，满足预期的性能和可靠性需求。

5.5.3　比较分析和讨论

为验证所提方法的有效性和准确性，本书分别选取 TOPSIS 方法、TODIM 方法和 GRA 方法分析上述实例中生产批次的优先顺序。

利用上述三种人工智能算法求解实例中四个生产批次的重要性，并将这三种方法所获取的优先顺序与本书所提方法获取的结果进行对比，如

图 5-17 所示。从图 5-17 中可以看出,所提方法与 TOPSIS 方法所获取结果的差异性较小。排名变化的主要原因在于两种方法对生产批次的评定存在差异。例如,所提方法认为生产批次二排名第 2,而 TOPSIS 方法认为其排名第 4。由此引发的结果是,除了上述两种方法都认可第四批次排名第 1外,其他生产批次的排序均发生了变化。造成这些不同排名的最大原因为TOPSIS 需要对数据进行归一化处理,然后计算候选项与理想解的距离,而在 Mamdani 模糊推理器中,数据被表示为模糊集合,并且使用模糊规则进行推理。因此,两种方法对数据的处理方式存在较大差异,这可能导致上述两种方法得出的排名结果不一致。除此之外,TOPSIS 中决策者的偏好通过设定理想解和负理想解来体现,而正负靶心灰靶模型则是通过设置正负靶心距来反映决策者的偏好。这种偏好表达方式的差异也可能导致排序结果的不一致。

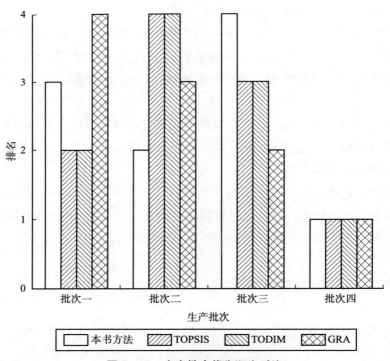

图 5-17 生产批次优先顺序对比

　　所提方法与 TODIM 方法所获取的生产批次排名差距较小，相对于 TOPSIS 方法所获取的排序结果保持一致。TODIM 方法和 TOPSIS 方法排名一致的原因可以从以下两个方面解释：（1）设定相同的指标权重。TODIM 方法和 TOPSIS 方法都是基于评价指标进行排序的，且评价指标之间具有一定的相关性或权值关系，本书设定三种对比方法的评价指标权重是一致的。因此，当这些评价指标之间的相关性或权值关系相同时，两种方法得到的排序结果可能会趋于一致。（2）统一数据处理方式。TODIM 方法中，决策者需要对每个评价指标进行成对比较，从而确定其重要性和优劣程度，而 TOPSIS 方法也需要对每个评价指标进行加权处理，得到综合评价分数。这些比较和加权的过程需要保证一定程度的一致性，从而避免因为个人主观偏好的不同而导致不同排序结果的出现。而 TODIM 与本书所提方法排序不一致的原因在于，TODIM 方法是一种多准则决策方法，主要用于对多个方案进行排序和选择，考虑了决策者的偏好和评价指标的权重，通过将决策矩阵映射到二维平面上，实现对多个方案的比较和排序。Mamda-ni 模糊推理器是一种模糊逻辑推理方法，主要用于处理模糊性较强的问题，通过模糊化、模糊推理和去模糊化等步骤，将模糊的输入映射为模糊的输出。两种方法在处理问题时所依据的理论基础、计算模型和逻辑推理方式是不同的，因此在某些情况下可能会得到不一致的排序结果。特别是在涉及模糊性较强的问题或者评价指标之间具有复杂非线性关系的情况下，两种方法可能会因为对问题的处理方式不同而得到不一致的结果。

　　所提方法与 GRA 方法所获取的生产批次优先顺序也存在一些不同的排名。例如，所提方法认为生产批次三排名第 4，而 GRA 方法认为其排名第 2。由此引发的结果是，除了上述两种方法都认可第四批次排名第 1 外，其他生产批次的排序均发生了变化。所提方法和 GRA 方法排名不一致的原因可以从以下三方面解释：（1）建模方式的不同。GRA 方法是基于灰色系统理论，通过计算各指标之间的关联度来进行排序；而 Mamdani 模糊推理器是基于模糊逻辑理论，通过模糊化、规则库和解模糊等步骤进行推理。两种方法建立模型的方式存在本质上的差异，可能导致排序结果的不一致。（2）指标权重设定的不同。在多指标决策中，不同方法对指标权重的设定可能存在差异。GRA 方法默认评价指标的权重是相等的，而本书所提方法是基于区间熵权法确定指标权重，最终导致排序结果的不一致。（3）模型假设和计算规则的不同。GRA 方法假设各指标之间具有线性关系，而 Mamdani 模糊推理器则假设使用模糊逻辑规则进行推理。不一致的模型假设和计算规则可能导致排序结果的差异。

5.6　产品制造质量管控策略

在竞争激烈的现代市场中，产品制造质量是企业生存和发展的核心。优质的制造质量能够增强客户满意度，提高品牌影响力，降低生产成本。因此，本章提出一个健全的产品制造质量管控体系，如图 5-18 所示，运用科学的质量管控方法和工具，提升产品质量，增强企业竞争力。

5.6.1　质量管控体系

1. 质量控制流程
质量控制流程是确保产品制造过程中质量稳定的关键环节。它包括原材料检验、制程检验、成品检验等多个阶段。在每个阶段，通过制定详细的检验标准和流程，对产品的关键特性和尺寸进行严格把控，确保产品达到预设的质量要求。

2. 质量保证体系
质量保证体系是确保产品质量符合客户要求和法律法规的基础。它包括质量计划、质量控制、质量改进等多个方面。通过建立健全的质量保证体系，可以系统地识别和控制产品质量问题，持续改进制造过程，提高产品质量和客户满意度。

5.6.2　质量管控方法

1. 统计过程控制
统计过程控制（SPC）是一种运用统计学方法对生产过程进行监控和控制的方法。通过对生产过程中关键特性的测量和分析，识别并消除异常波动，确保生产过程稳定可控。SPC 方法可以帮助企业及时发现潜在的质量问题，提高生产效率和产品质量。

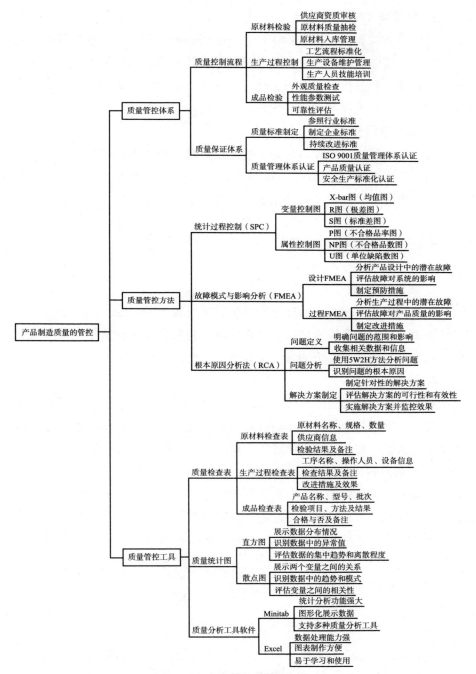

图 5 - 18　产品制造质量管控流程

2. 故障模式与影响分析

故障模式与影响分析（FMEA）是一种识别和分析产品潜在故障模式及其对系统性能影响的方法。通过对产品设计、制造和使用过程中的故障模式进行预测和分析，可以制定针对性的预防措施和纠正措施，降低故障发生的概率和严重程度。

3. 根本原因分析法

根本原因分析法（RCA）是一种通过系统分析找出问题根本原因的方法。当产品出现质量问题时，通过 RCA 方法深入剖析问题产生的原因，找到问题的根源并采取相应的纠正措施，以防止问题再次发生。

5.6.3　质量管控工具

1. 质量检查表

质量检查表是记录产品质量检查情况的重要工具。通过制定详细的质量检查表，可以明确检查项目、检查标准、检查方法和检查结果等关键信息，确保产品制造过程中的每个环节都得到严格把控。

2. 质量统计图

质量统计图是通过图形方式展示产品质量数据的工具。它可以帮助企业直观地了解产品质量的变化趋势和分布情况，发现潜在的质量问题并采取相应的措施。常见的质量统计图包括直方图、折线图、散点图等。

3. 质量分析工具软件

质量分析工具软件是一种集成多种质量管控方法的计算机软件。通过运用这些软件，企业可以方便地进行数据收集、分析和处理，快速识别和解决质量问题。常见的质量分析工具软件包括 Minitab、JMP 等。

5.7　本章小结

本书将正负靶心灰靶模型和 Mamdani 模糊推理模型相结合，以构建产品制造质量评价体系，并考虑多质量特性对生产批次多方面的影响。同时，利用区间熵权法构建多特性正负靶心灰靶模型，并将正负靶心距作为

Mamdani 模糊推理模型的输入变量，最后利用 MPCI 值确定批次优选，实现产品制造质量评价。

首先，本章先介绍正负靶心灰靶模型。该模型是一种多因素综合评价方法，用于评估产品质量。通过建立正负靶心，即定义期望值和最差值，以及构建评价指标与正负靶心之间的关联度来确定评分。该模型可以综合考虑多个质量特性对产品制造质量的影响。其次，本章采用 Mamdani 模糊推理模型来处理正负靶心距这一指标。Mamdani 模糊推理模型是一种常用的模糊逻辑模型，可以处理模糊的、不确定的输入与输出关系。正负靶心距被作为模糊推理模型的输入变量，并且根据实际情况设定相应的模糊规则，以便根据这些规则对质量进行评估。再次，为了考虑多个质量特性的影响，并确定各个特性的权重，本书采用区间熵权法。区间熵权法是一种常用的多指标权重确定方法，该方法能够考虑指标之间的相关性和不确定性。通过计算每个指标的区间熵值，并根据熵值的相对大小确定权重，可以构建多特性加权正负靶心灰靶模型，增强评价体系的准确性和可靠性。最后，利用 MPCI 值确定批次优选。MPCI 值是衡量模型预测准确性和一致性的指标，可以用于比较不同批次的产品制造质量。根据 MPCI 值的大小，可以选择具有较高 MPCI 值的批次作为优选批次，以保证产品质量的稳定性和一致性。

综上所述，本书将正负靶心灰靶模型和 Mamdani 模糊推理模型相结合，构建产品制造质量评价体系，并考虑多质量特性的影响。在评价过程中，采用区间熵权法确定权重，构建多特性正负靶心灰靶模型，并利用 MPCI 值确定批次优选，以实现对产品制造质量的综合评价和优化。这种方法有助于提高产品质量管理水平，促进制造业的可持续发展。

第 6 章

基于数字孪生技术的产品装配过程
质量的智能评价方法与管控

企业生产模式正在发生改变，装配阶段在整个制造过程中所占的比重越来越大，越来越多的企业专注于装配过程的质量评价。此外，市场环境、客户需求和生产系统运行环境的复杂性、动态性和不确定性等因素使装配过程中出现大量的质量异常，因此如何融合和使用人工智能、大数据、数字孪生等新一代信息技术实现对产品制造过程质量异常的实时监控、精准预测和快速响应，真正实现动态化、协同化和智能化的制造过程质量管控的运行模式，已经成为智能制造企业关注的热点问题，也是工业4.0和智能制造背景下质量管理需要亟须解决的瓶颈问题。本章基于数字孪生（digital twin，DT）技术和机器学习模型对产品装配质量展开评价，并提供一个应用实例，为产品装配质量控制和持续优化提供新思路。

6.1 问题描述

装配作为产品质量形成的最后环节，其过程中存在着各种不稳定因素和波动，这些因素可能导致高风险的质量问题，并使产品超出规范。装配质量评价结果可以帮助企业确保产品的可靠性和稳定性，优化装配工艺，提高产品的精度和降低制造成本。因此，装配质量评价对于提高整体产品质量水平具有重要的意义。此外，越来越多的智能制造企业正在关注和应用工业物联网、人工智能、数字孪生等新一代信息技术，以实现对产品制造过程质量的实时预测、动态评价和快速响应。本章在总结装配质量评价技术的基础上，结合数字孪生技术的优势，提出一种新的装配质量评价智能方法。

装配质量作为产品质量的重要属性，不仅对产品的制造经济性有重要影响，而且直接决定了企业的市场份额和竞争力。据统计，与装配相关的工作占全部制造活动的 20% ~70%（Tang et al.，2010）。然而，国内外大量的研究仍集中在产品研发设计和零部件的加工上，对装配质量研究较少。一方面，是以装配质量重要指标为对象，例如，从装配精度或误差、装配质量特性等角度来评价装配质量。苏强等（Su et al.，2009）将评级产品设计复杂度的评价方法运用到机电产品装配工艺复杂度的评价中，并通过构建产品装配缺陷的统计模型实现对产品装配质量的预测。在该预测模型的帮助下，设计人员可以定量计算出可能导致更高装配缺陷率的关键零件、工艺和详细参数并指定改进策略。此外，制造工程师和产品/工艺设计师之间的交互可以更加有效。李衡（Heng Li，2021）考虑了定制产品个性化、小批量、多品种的特点，提出一种基于生成对抗网络和特征迁移学习（GAN-FTL）的装配精度预测方法。GAN 基于高质量数据（源域）构建，以生成具有高保真度和大样本量的辅助样本。将不同分布的源域、目标域和辅助样本的特征转移到同一分布中，利用 FTL 实现实测和模拟数据的多源融合。通过电梯导轨装配的实例分析，证明了该模型在装配精度预测和质量评价中的有效性。乔华等（Qiao H. et al.，2019）提出了一种基于 3D 模型的新方法来解决航天器的装配精度问题。根据每个尺寸的输入公差或实际尺寸，可以通过尺寸链和精度预测模型来预测产品的装配精度。此外，还有部分研究基于产品质量影响因素的数据集，预测产品装配质量特性，以实现对产品装配质量的有效评价（张根保等，2015；方喜峰等，2021；刘明周等，2021）。

另一方面，研究人员通过建立产品装配质量的综合评价指标体系，计算出质量等级水平以实现对装配过程的优化决策。当范利敏等（2010）针对层次分析法分析产品质量时，不同专家对于同一个指标或许有不同评价标准，从而造成层次分析法的指标体系不足的问题，通过确定相邻两层元素隶属关系构建阶梯模糊层次模型，得到产品综合指标的评语集，最终根据隶属度确定产品的质量等级。熊小龙等（2014）从定性分析和定量分析相结合的角度，提出了一种基于属性基数偏好信息的多属性决策方法（TOPSIS），构建加权的规范决策矩阵，通过计算评价对象与最优解和最劣解的距离实现对柴油机的装配状况评价。王发麟等（2017）根据专家经验构建了不同层级指标的权重矩阵，并且将单因素熵权法与综合层次分析法相结合，提出了模糊综合评判方法，实现了对产品质量等级的划分。安进等（2014）考虑到精密复杂的产品不仅要满足设计、制造、使用的合格，更需要考虑产品质量等级的问题，提出了多层次结构评价指标体系，结合模糊综合评判和组合赋值法构建产品质量评价模型。冯小雄等（Xiaoxiong Feng et al.，2020）首先使用随机森林来降维并分析关键质量特征，其次提出了一种具有联合优化超参数的SMOTE-Adaboost方法，用于车轮轴承装配质量预测中的不平衡数据分类。通过预测结果评价产品装配质量，为质量管理人员分析和评价质量问题提供了见解。慧样等（Yang Hui et al.，2020）提出了一种基于归一化互信息和替换随机抽样（NMI-RSWR）变量选择方法、合成少数过采样技术（SMOTE）和遗传算法（GA）优化的多类支持向量机（SVM）的数据驱动建模方法，用于评价线性轴的装配质量。常建涛等（2020）在构建产品质量评价指标集过程中融合了测试过程数据，通过随机森林和信息熵结合对重要评价指标进行选择后，利用高斯混合模型实现对产品质量的评价。

装配车间管控策略的发展可以划分为四个阶段：事后的被动管控、事中的实时管控、事前的预测管控和主动管控（姚锡凡等，2017）。相应地，装配质量管控方式的发展进步也经历了四个阶段，如图 6 – 1 所示。目前，机电产品装配车间的大多数仍停留在第一阶段，甚至有不少企业还未实现真正的电子化装配过程数据采集和管理。只有极少数企业在某些环节实现了实时装配过程的管控。特别是对于复杂的装配产品，它们由多个子系统组合而成，每个子系统又由多个零部件组成，而每个零部件都有多个质量特性。这些质量特性之间存在复杂的关联关系，它们的波动和变化对产品质量产生一定的影响。此外，市场环境、客户需求和生产系统运行环境的复杂性、动态性和不确定性等因素导致制造过程中频繁出现质量异常的情况。因此，企业需要动态评估产品质量并及时解决质量问题。然而，传统的评估方法存在一些问题。首先，设计质量信息与实际制造过程的质量信息之间存在脱节现象，导致评估结果与实际情况不一致。其次，产品实际制造过程的数据反馈能力不足，无法实时、动态地获取产品的质量信息。因此，有必要进一步完善产品质量信息建模的方法。

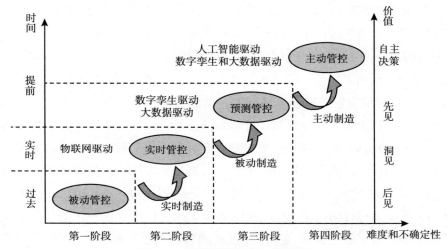

图 6-1　装配质量管控方式的发展

当前，数字化和智能化转型升级已经成为释放巨大发展动能的关键要素，也成为各国发展未来制造技术的共同目标。"数字孪生（digtial twin）"一词正在成为学术界和产业界的热门话题。数字孪生技术综合了多个方面的产品仿真模型，具备多样化的物理性、尺度性及概率性特征。这种技术能够即时地展现产品的真实状态，对于实现复杂产品设计和制造信息的物理融合至关重要（陶飞等，2018）。数字孪生通过在整个生命周期中实现多应用的协同作用，利用云计算、物联网和大数据等先进技术，通过虚实互动的反馈机制，将物理产品的质量数据实时地映射到信息空间的数据流系统中。这推动了产品智能制造过程及智能车间各层次信息物理融合的发展（潘薇薇，2022）。此外，在产品制造过程中，借助工业物联网，每个物理对象都能迅速、方便、实时地获取整个工厂物理对象质量信息的能力。通过对连续制造过程进行动态监控，特别是容易出现质量问题的环节，结合历史数据、实时数据和仿真数据进行大数据分析，能够模拟制造过程中人、机、料、法、环、测（5M1E）多因素之间的相互关系和制约，以及在真实环境中的质量状况。采用边缘计算、数据挖掘和机器学习等技术手段，为加工方法、装配工艺优化及质量评价等制造各阶段的决策提供了技术支持。在过程质量控制方面，已经有许多关于数字孪生的研究。李磊等（Lei Li et al.，2020）在分析船舶装配和焊接内外部质量因素的基础上，应用数字孪生技术实现船组产品的质量预测与控制。郝博等（2021）针对飞机机翼装配过程中，装配累计误差大、返修率高等问题，提出基于数字孪生的装配过程质量优化模型。借助装配质量熵和互信息理论构建产品装配稳定性测度模型，预测并给出下一步的最优化装配方案。金寿松等（2022）在传统质量管理模式基础上，提出一种基于数字孪生的产品质量管理方法。以齿轮生产过程质量诊断为例，对齿轮加工质量进行分析和预测。刘等（Liu et al.，2021）提出基于数字孪生加工系统的增强现实加工过程监测技术，提供了一种面向加工的人机交互方法，以达到监控加工过程状态的目的。波利尼和科拉多（Polini W. & Corrado A.，2020）引入了产品装配制造过程的数字孪生工具，考虑了从零件设计到装配的几何变化信息。基于数字孪生技术，为整个 PLM 的数字和物理装配建立了连续的变化信息流。刘等（Liu et al.，2022）针对复杂压铸智能制造中的实时可视化监控、运行状态分析和质量预测等问题，提出了一种数字孪生和数据驱动的质量预测架构。庞等（Pang et al.，2021）应用数字孪生技术与物理信息系统仿真方法，提出了一种数据驱动的产品质量智能控制模型，为工业阀门制造过程建立质量控制体系。

　　数字孪生技术融合了物联网数据采集、大数据处理和人工智能建模分析等方法，具有广泛的应用价值。首先，它能够实现对当前质量状态的评估和对过去发生故障问题的诊断。其次，数字孪生技术还能够模拟各种可能出现的质量故障。通过在数字孪生模型中引入不同的变量和参数，可以模拟各种故障情况，并评估其对产品或系统性能的影响。这种模拟可以帮助制定预防措施，预测潜在的风险，并提前进行相应的调整和改进，以提高产品的质量和可靠性。本章将探索数字孪生在装配过程质量评价的构建理论和应用方法，包括方法原理、建模过程和构成要素，并基于实例验证讨论其实际价值和适用性。

6.2　方法原理

数字孪生是从物理系统中获得数据输入，并通过数据分析将实际结果反馈到整个数字孪生体系中，产生决策循环。本节将对数字孪生产品装配过程质量控制领域的应用原理以及关键技术进行总结。

6.2.1　基于数字孪生技术的装配质量控制体系框架

严格来说，数字孪生并不是一个全新的概念。它植根于一些现有技术，例如 3D 建模、系统仿真、数字原型（包括几何、功能和行为原型）等（杨林瑶等，2019）。数字孪生的兴起揭示了虚拟世界和物理世界日益密切联系并整合为一体的不可逆趋势。早在 2003 年，密歇根大学的格里夫斯（Grieves M. W.）教授在产品全生命周期管理课程上提出了数字孪生的概念模型。随后的 2010 年，美国国家航空航天局（NASA）在太空技术路线图中首次引入了数字孪生概念，旨在利用数字孪生实现飞行系统的全面诊断和预测功能，确保系统在整个使用寿命期间持续安全运行（陶飞等，2019）。2012 年，NASA 与美国空军研究实验室（AFRL）共同提出了面向未来飞行器的数字孪生范例，并将其定义为一个集成了多物理场、多尺度和概率性仿真过程的概念（陶飞等，2020）。AFRL 同时提出了实现数字孪生中机身部分存在的主要技术挑战。此后，美国通用电气公司（GE）在为美国国防部提供 F-35 联合攻击机解决方案时，也认识到了数字孪生的价值，并开始研究和应用数字孪生技术。2014 年，迈克尔·格里夫斯（Michael Grieves）教授发表了一份关于数字孪生的白皮书，正式定义了数字孪生的三个主要部分：真实空间中的物理实体，虚拟空间中的虚拟模型以及将物理实体和虚拟模型连接在一起的数据（Liu et al.，2023）。2016 年，美国波音、洛克希德·马丁、德国西门子和法国达索等公司开始将数字孪生技术应用于产品的监测和维护等过程。同年，世界知名咨询公司高德纳（Gartner）连续两年（2017 年和 2018 年）将数字孪生列为十大战略性科技趋势之一。2018年，陶飞等（2019）通过引入孪生数据和服务两个维度，将传统的三维数字孪生模型扩展为五维模型，并探索了其在不同领域的应用。2019年，国际标准化组织（ISO）对数字孪生体进行了定义，称其为现实事物（或过程）在特定目的下的数字化表达，通过适当的同步速率使物理实例与数字实例趋于一致。2023年，第七届数字孪生与智能制造服务学术会议成功举行，会上正式发布了《数字孪生工业软件白皮书》。随着新一代信息技术以及其他新兴科技的迅猛发展，数字孪生技术将得到进一步的探索、试验和优化，以不断完善其应用领域和效果（刘大同等，2018）（见图6-2）。

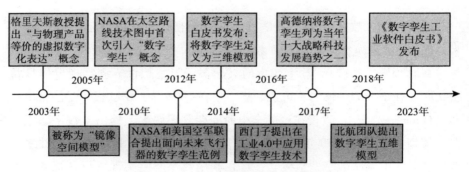

图6-2 数字孪生技术的重要发展过程

数字孪生是一种先进的仿真模拟技术，其通过数据交互构建物理实体的虚拟模型映射，从而支持产品的研发、生产及业务管理过程的分析和决策。在产品质量控制中，数字孪生技术被应用于复杂产品装配过程的实时质量管理、设备的故障诊断及预测性维护中（刘然和刘虎沉，2022）。基于传统的三维数字孪生体模型（物理实体、虚拟模型、连接），本章提出基于数字孪生技术的装配质量控制体系框架，如图6-3所示。该模型以质量特性为主线贯穿于产品生命周期过程，并通过对数字孪生体的多质量特性分析，实现物理空间与虚拟空间相互映射融合。

物理实体是实际存在的一个物理装配系统，是数字孪生映射的对象。因此，它需要有数字化的接口，能够进行装配过程质量数据采集和信息映射。物理实体的各个部分，例如，装配人员、装配设备、工件材料和装配环境等，通过物理连接或产品装配活动关系相结合。物理实体本身可以是

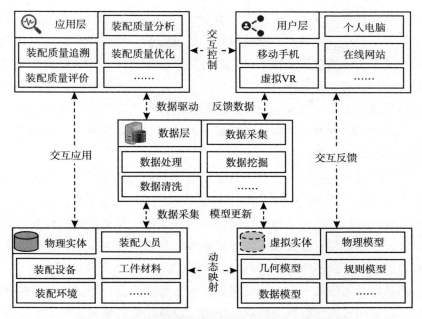

图6-3 基于数字孪生技术的装配质量控制体系框架

一个信息物理系统（cyber-physical system，CPS）单元、CPS系统或CPS体系。物理实体是数字孪生模型的基础，其他模块则围绕物理实体构建，为产品质量管控活动提供有效保障。

虚拟实体是指物理实体在虚拟空间中的数字模型，以及产品装配过程的相关质量信息系统。虚拟实体的模型包括物理实体设计和运行过程中所构建的几何模型、物理模型和规则模型等。这些模型可以被视为对物理实体的定义。对于工业产品而言，模型包括三维设计模型、有限元分析模型、制造工艺模型等。质量信息系统是对物理实体质量信息的抽象模型，包括物理实体的设计质量、运行过程的质量、性能指标等相关信息。

数据层主要用于管理物理模型的质量数据，包括数据采集、处理、传输、存储和其他功能。数据包含系统的静态和动态信息。静态信息不随时间维度改变，而动态信息则相反。可以存储多个时间维度的数据以形成历史记录。动态数据结合特定的算法模型可用于诊断、分析和评价产品的质量情况，进而掌握产品质量的总体情况。历史数据可用于追溯和评价产品运维，从而追溯整个生命周期。

应用层是数字孪生建模过程中数据、算法、模拟和结果的封装。通过服务层,用户可以实现产品制造过程的质量分析、质量追溯、质量优化和质量评价等全面的质量管理活动。结合物联网数据采集、大数据处理和人工智能建模分析,实现对当前状态的评价、过去问题的诊断,模拟各种可能出现的质量故障,以及对未来趋势的预测,提供更全面的智能质量决策支持。针对不同的新型故障进行特征库的丰富和更新,最终形成智慧化的质量控制和智能诊断。

用户层位于应用层的上游,是应用功能方法的体现。用户层允许用户通过 PC、手机、Pad、Web、VR 客户端等方式进入数字孪生操作系统,直接参与生产过程的质量管理。例如,当用户监控产品的装配过程并发现质量问题时,用户层可以实现系统的反馈控制。用户层在整个数字孪生系统中起着监督和干预的作用。

连接层是实现数字孪生其他部分互联互通的中间桥梁。通过数据传输协议、数据接口等实现数据的双向传输。质量数据传输的实时性、安全性和稳定性是评估连接性能的重要标准。连接层连接整个系统,打破质量信息孤岛现象,是数字孪生模型运行机制中的重要环节。

6.2.2 数字孪生驱动的产品质量控制关键技术

基于数字孪生技术的产品装配质量控制体系是一个复杂的系统工程,需要多种使能技术来支持数字孪生的不同模块,本节主要介绍三种关键技术:质量数据管理技术、数字孪生建模技术、孪生数据驱动的质量预测技术。

数据管理是几乎所有不同类型信息系统开发和维护的重要组成部分。在这种情况下,全面的数字孪生解决方案面临着明显的质量数据管理挑战。装配操作期间的质量数据管理包括数据采集、数据传输、数据处理等技术。装配过程数据收集是质量评价和决策优化的基础。孔天翔等(Kong et al.,2021)提出一种基于传感器和 RFID(射频识别)指导下的数据构建方法,用于数字孪生系统的应用,提供稳定高效的数据支持。周帅昌等人采用半边折叠算法处理复杂的三维模型,实现了生产线模型的轻量化。林晨阳等(2020)对采集数据进行了分类,设计了数据采集系统的软硬件架构,并设计了分布式传感器的时钟同步方法。区块链可以用于数字孪生数据的采集。黄思涵等（Sihan Huang et al.，2020）提出了一种基于区块链技术的产品数字孪生数据获取方法。产品的生命周期数据记录在区块链上，可以通过区块链查询特定时间点的数字孪生数据。此外，区块链可以使每个参与者直接向请求者发送数据，从而提高了数据共享的效率。完成数据采集后，需要实时物理数据和虚拟数据进行传输，为数字孪生模型在虚拟场景下的动态映射提供数据来源。龚平等（2023）提出一种轻量化XML协议数据传输方式来实现物理实体和虚拟实体中的多台设备协同工作，完成外形、结构、位姿和运行状态等多维度的映射。邱祝礼等（2022）提出传感器数据采集与传输的优化架构，试图能接入多源异构传感器与信息采集设备，集成多种传感器组网模式，通过采用 MQTT 协议、Flume 数据采集工具、Kafka 发布订阅系统，使数据能稳定、安全地被传送到大数据存储体系当中。数据处理是指从大量不完整、非结构化、嘈杂、模糊和随机的原始数据中提取有用质量信息的过程。腾格尔等（Geer Teng et al.，2016）提出了一种基于数据处理组方法的聚类集成框架。通过该框架，可以使用不同的基础聚类分析算法、传递函数和外部准则作为其组件，通过迭代方法生成最终的最优集成。黄惠悦等（Huiyue Huang et al.，2021）采用边缘计算来实现高性能的数据处理，在边缘对数据进行预处理，向云端提供适量可靠的信息，可以大大减轻网络传输的压力。

数字孪生建模是将物理实体以数字形式表示的过程，使其能够被计算机进行处理、分析和管理（Qi et al.，2021）。它为产品装配、质量检验和质量管理等提供了信息表示的方法，可以被视为数字孪生技术的基石。数字孪生建模涉及几个重要领域，包括几何建模、物理建模、行为建模和规则建模（Bao et al.，2020）。几何模型通过几何形状、体积和外观等来描述具有适当数据结构的物理实体。这种模型适合计算机信息转换和处理。除了几何信息，物理模型还添加了精度信息（如尺寸公差、形状公差、位置公差和表面粗糙度）、材料信息（如材料类型、性能、热处理要求、硬度等）及装配信息（如配合关系和装配顺序）等（Bao et al.，2018）。行为模型描述了物理实体的各种行为，以实现功能、响应变化、与他人互动、调整内部操作和保持健康等（杨一帆等，2022）。通过建立行为模型，数字孪生可以模拟物理实体在不同条件下的运行状态，并帮助预测可能的问题和改进方案。另外，规则模型描述了从历史数据、专业知识和预定义逻辑中提取的规则。这些规则赋予了虚拟模型推理、判断、评价、优化和预测的能力（陶飞等，2021）。通过运用规则模型，数字孪生可以利用已有知识和经验来辅助决策，提高产品和系统的性能。赵鹏等（Zhao et al.，2020）提出了一种制造方法的数字孪生建模方法，包括三维实体模型、进程间模型、过程感知模型和仿真模型。此外，还提出了一种映射策略，以实现制造过程的动态性和瞬时性。艾瓦利奥蒂斯等（P. Aivaliotis et al.，2019）提出了一种先进的基于物理的建模方法，该方法包含三个阶段，即机器建模、虚拟传感器建模和可更新建模参数的定义。通过定义可更新的建模参数，它有助于根据实际情况调整模型。胡富琴等（2022）给出了数字孪生模型高保真的几何表示、加工物理行为定义与数据融合方法，利用本体技术对各模型进行关联、组合与集成，研究了模型的知识获取与演化过程。

对产品装配企业而言，将孪生数据驱动的质量预测方法应用于产品装配阶段、实现装配车间的质量评价与控制是全面质量管理的新趋势。装配过程的质量数据具有海量、多类、异构等特点，它们可以来自各个制造环节和生产设备，包括传感器、监测系统、质量控制工具等。通过收集实时和离线采集的数据（环境数据、制造数据、公差数据、检测数据、故障数据等），反馈到数字孪生模型中进行修正完善，选用马尔可夫（Markov）、支持向量机、神经网络等方法预测质量数据未来的变化趋势，实现对制造过程状态的高保真模拟和质量的精准预测。质量管理人员可以通过数字孪生随时随地访问产品装配过程的最新预测数据，及时获得操作反馈，提高动态控制的精准性。

6.2.3　机器学习算法在过程质量评价及控制中的应用

过程质量监控和评价在质量控制中扮演着至关重要的角色，是确保质量稳定性的关键步骤。近年来，国内外许多学者对这一课题进行了深入研究，并在实际生产过程中积累了丰富的经验。随着过程质量评价和控制技术的不断发展，研究人员不断引入概率论、数理统计、随机过程以及人工智能等理论和方法，从而极大地提升了制造企业产品质量水平（Tang et al.，2007）。根据文献分析，过程质量评价及控制方法主要分为两大类，即基于统计过程控制理论（statics process control，SPC）的传统方法和基于机器学习（machine learning，ML）技术的新方法。

　　传统的基于 SPC 的方法主要集中在对产品制造过程关键质量特性的监控，运用控制图和其他方法对过程进行质量稳定性评价和控制（Lu et al.，2020）。从产品质量的统计学角度来看，制造过程中的质量特性值存在着不可避免的波动，可分为偶然波动与异常波动。制造过程中的偶然波动由偶然因素引起，且无法完全消除，但对产品质量的影响相对较小，类似于制造过程的背景噪声，因此可被视为可容忍的自然变化（张莹和褚娜，2022）。相反，异常波动对产品质量的影响较大，虽然在制造过程中时有时无，但可通过合理方法有效去除。因此，在制造过程中，企业需关注的焦点是产品质量的异常波动。为监控产品质量的异常波动，古铁雷斯（Shewhart）提出了控制图的概念。控制图通过划分区域对生产过程中的监控数据进行分析，其中横坐标表示样本采样时间或样本序列号，纵坐标表示质量特征值，即在某一时刻反映产品质量特性的数值。控制图通常包括中心线（CL，表示某个质量特性的平均值）、上控制限（UCL）和下控制限（LCL），这些限制分别位于中心线两侧且与之等距，如图 6-4 所示。异常波动在控制图上表现为样本点的异常位置，指示该过程处于失控状态（卢桐等，2019）。一旦发现异常波动，企业需对其进行分析，判断异常情况的性质，找出异常原因，并采取相应措施进行纠正，以使生产过程恢复到受控状态。

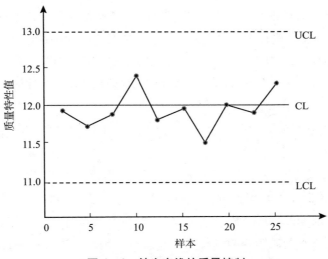

图 6-4　某生产线的质量控制

在 SPC 理论的基础上，已经进行了多项与过程质量评价和控制相关的研究。郭旺喜（2020）针对柴油机的质量问题进行分析，利用 FMEA 质量工具制定了控制策略，并结合信息化建立了 MES 质量系统和 SPC 过程统计控制，形成了一套有效的装配质量评价方法。宋承轩和吉卫喜（2019）为了使电梯的装配过程质量得到及时评价和控制，结合 SPC 理论和 T-S 模糊神经网络实现了工序质量预警。刘坚等（2011）针对车身焊接质量检测工作量大、抽样样本非常小的特点，提出一种基于方差的改进累积和控制图方法，用于监测车身焊接质量的方差波动，以实现车身焊接质量的有效评价。李伟等（2021）通过对标准 SPC 控制图进行优化，建立适合海上油气井的生产参数预警模型，自动判断海上油气井生产参数异常。同时，结合业务专家经验，提出一种基于加权决策树的组合参数故障诊断模型，预测所发生的故障类型。在小批量生产中，能够获得的样本数据量是有限的，因此部分学者在探究小样本的情况下如何使用控制图进行质量控制评价和控制的问题。贝叶斯理论是基于先验信息、样本信息等的一种统计推断，被广泛应用于质量控制中。因为贝叶斯能够充分利用历史、样本等数据，可极大提升控制图参数的计算准确性和合理程度（尚鹏涛等，2019）。例如，纳德哈尼和马基斯等（Naderkhani & Makis et al.，2016）设计了一种具有两个采样间隔和两个控制阈值的多变量贝叶斯控制图来监测过程均值，从而实现过程质量的稳定性控制。宁方华等（2023）构建基于贝叶斯理论与传统 HotellingT2 的工序质量控制图，克服了在小批量加工中传统方法受样本数量干扰的问题，更具适应性和稳定性。曹程明和马义中（2021）针对威布尔更新过程和样本数据较少等问题，结合贝叶斯理论，设计了 Bayesian-Beta 控制图，实验表明这种方法受参数估计量波动的影响更小。

大量的研究指出，尽管在生产过程中每个工序的单个质量特性都保持在正常范围内，但考虑两个或多个质量特性时，它们之间可能存在相互非线性的耦合关系，从而对整个装配过程的质量产生影响（刘明周等，2011）。这种影响逐渐积累可能导致质量波动，最终影响产品性能。主要原因在于，前期的生产装配活动未能及时发现和解决问题，导致问题逐渐累积，并最终影响后续装配阶段的产品质量。因此，需要一种能够有效监控复杂机械产品非线性装配过程质量波动的工具。机器学习技术在这方面展现出了强大的潜力。机器学习是一种人工智能领域的技术，其核心原理是让计算机系统通过从数据中学习模式，自动改善其性能（王秋莲等，2022）。这种学习过程使得计算机系统能够在面对新的、未见过的数据时做出预测和决策，而无须明确的编程规则。机器学习按照不同的分类标准可以分为不同的种类，如图 6 - 5 所示，本节将重点介绍和分析第一类分类标准（孟子流和李腾龙，2020）。

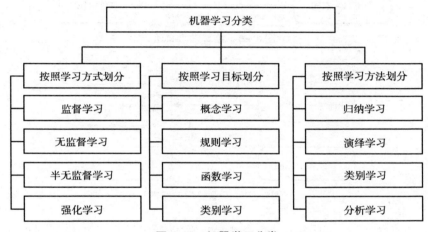

图 6 - 5　机器学习分类

监督学习（supervised learning）：在监督学习中，模型通过训练数据集，其中包含输入数据和相应的标签（输出），从而学习输入和输出之间的映射关系。其目标是通过学习已知的示例，使模型能够对新的未见过的数据进行准确的预测。监督学习可以用于建立质量与装配过程数据之间的关系，以预测未来可能的质量问题。常见的监督学习模型包括线性回归、决策树、神经网络、支持向量机等（见图 6 - 6）。

无监督学习（unsupervised learning）：与监督学习不同，无监督学习不需要标签。其目标是从数据中学习隐藏的结构或模式。聚类是无监督学习的一种常见方法，它可以将相似的数据样本分组，发现潜在的质量问题模式。无监督学习可以帮助识别装配过程中的异常情况，为质量管理提供及时的反馈。常见的无监督学习模型包括 K 均值聚类、组成成分分析、层次聚类等（见图 6 - 7）。

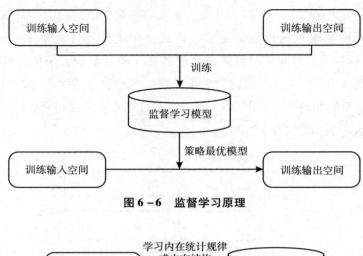

图 6 – 6　监督学习原理

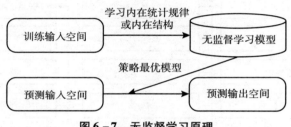

图 6 – 7　无监督学习原理

强化学习（reinforcement learning）：强化学习关注的是模型如何通过与环境的交互来做出决策，以最大化某种奖励信号。强化学习可以应用于优化生产流程，使得系统在不断地试验和学习中获得更好的性能。在每一步 t，智能系统从环境中观测到一个状态 s 和一个奖励 r，采取一个动作 a。环境根据采取的动作决定下一个时刻 $t+1$ 的状态和奖励。需要学习的策略表示为给定状态下采取的动作，目标不是短期奖励的最大化，而是长期累积奖励的最大化。强化学习模型按照给定条件又可分为基于模式的强化学习和无模式强化学习等（见图 6 – 8）。

半监督学习（semi-supervised learning）：半监督学习是一种训练空间中包含大量未标注数据和少量标注数据的学习过程。例如，产品历史数据集中可能同时包含带质量标签和无标签的样本。该方法主要利用未标注数据中的信息辅助标注数据，以进行监督学习。大多数半监督学习算法是无监督式和监督式算法的结合，例如，基于图论的方法、半监督支持向量机、生成模型算法等。

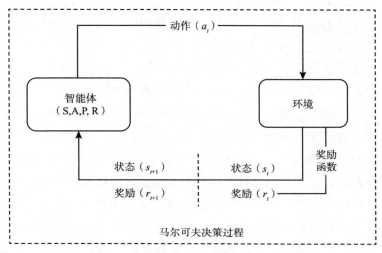

图6-8 强化学习原理

在选择适用的机器学习模型时，需要综合考虑多个因素如下。

（1）研究问题的类型：要先明确要解决的问题是分类、回归、聚类还是递归学习问题，从而选择适用的机器学习模型。尽管很多机器学习模型都可以用于分类和回归，但问题的性质将直接指导选择的技术。

（2）数据集的复杂性：数据相互关系（如线性、弱非线性或强非线性）直接影响到建立鲁棒机器学习模型所需的数据量和类型。如果注释数据有限，目标应当是选择具有强大外推能力的机器学习模型，如高斯模型和支持向量机。当有足够的训练数据时，可以考虑更复杂的技术，如随机森林和人工神经网络。通常情况下，具有相似功能/属性的技术将表现出可比性能。

（3）领域知识的可用性：领域知识的可用性可能会影响数据处理的方法。通过利用物理原理将原始过程或传感数据转换为具有更好物理意义的变量，可以提高数据处理的效果，然后这些变量可以用于分类或回归。相对于人工神经网络或深度学习支持的自动特征提取和分类，这种方法更有可能实现更高的鲁棒性。此外，领域知识还可用于优化机器学习架构或学习过程，实现对物理理解和数据驱动学习的共识，从而提高机器学习性能。

实际上，为应用程序选择最佳机器学习模型并不简单。大多数情况下，决策是在有效性和计算效率、准确性和泛化之间进行权衡。通常，机器学习的应用包括了模型训练、特征提取和模型评估等步骤。针对汽车零件在生产过程中铣削孔的位置受到严格的公差限制的问题，姆萨克尼等（Msakni et al.，2023）使用先前产品测量的时间序列数据，采用神经网络和随机森林等算法建立铣削过程中的产品质量的预测和评价模型。在机器学习技术和质量评价结果的支持下，允许早期调整工艺参数，并减少生产系统中的废品生产和停机时间，从而改善生产中的质量控制过程。增材制造的工业应用需要严格的过程质量控制程序和高产品质量。冯思等（Feng et al.，2022）对多源质量相关数据进行了预处理和融合。通过可视化和机器学习模型，研究了增材制造过程的加工参数与孔隙率之间的相关性。孔隙率作为关键质量特性指标，其预测结果为质量评价和反馈控制奠定了基础。图萨尔等（Tea Tusar et al.，2017）基于机器视觉、机器学习和智能优化技术开发了一个用于换向器制造过程的质量控制程序。其中，主要使用了随机森林模型预测换向器安装孔的粗糙度，为质量评价提供可解释的结果。连铸作为现代工业钢铁生产中的关键工序之一，已成为钢铁生产企业、设计、工程、科研院所的研究重点。张义祥等（Zhang et al.，2023）从7300个连铸板坯样品中收集的实际传感器数据集上建立、训练和检查了各种机器学习算法，包括决策树、支持向量机、K最近邻、随机森林、AdaBoost 和多层感知器神经网络，为连续铸造过程的夹杂物预测提供了最精确的近似值之一。对于实际的连铸过程，这种基于机器学习的质量控制方法可以帮助决策者估计缺陷率并为质量评价提供有价值的见解。

研究结果表明，即使是在不同的工业制造场景，机器学习技术都能够胜任质量评价和控制的任务。下一节本书将重点介绍一种利用数字孪生和支持向量机技术进行装配过程质量评价的方法和步骤。

6.3 基于数字孪生技术的产品装配质量评价方法

本节提出基于数字孪生技术的装配过程质量评价方法，采用最小二乘支持向量机和粒子群算法建立智能质量评价模型，讨论了方法框架和质量建模的具体步骤。

6.3.1　方法总体框架

装配质量评价通过定量和定性的手段，对装配过程中的关键指标、工艺参数和质量要求进行度量和分析，以确定装配后的产品质量是否满足标准和要求。结合数字孪生技术，装配过程质量评价可以更全面地考虑各种因素的影响，促进装配工艺的优化和质量的改进。在本节中，企业介绍了一种基于数字孪生技术的产品装配过程质量评价方法，如图 6-9 所示。该方法的步骤如下。

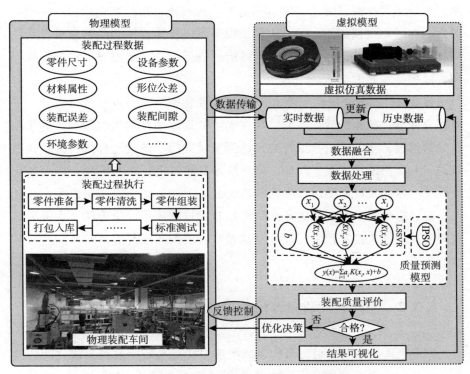

图 6-9　基于数字孪生技术的装配过程质量评价方法

步骤1：数字孪生建模。通过虚实映射机制构建与物理装配实体等价的数字化模型，在虚拟环境中完成对产品装配过程的仿真和监控。这个数字孪生模型可以帮助企业更好地理解和预测装配过程的质量情况。

步骤2：实时数据采集。通过工业物联网动态获取装配过程的实时质量数据。这些数据包括传感器捕捉的压力、电流、温度、位移等。同时，还包括操作人员在装配过程中记录的数据，如尺寸公差、工艺参数等。这些数据经过处理后，用于更新实时的数字孪生模型，并储存在数据库中。

步骤3：质量特性实时预测。将装配过程数据作为输入，通过改进粒子群（improved particle swarm optimization，IPSO）优化的最小二乘支持向量机（least squares support vector regression，LSSVR）模型（IPSO-LSSVR）进行处理，输出预测的连续变量，如装配精度、产品质量特性等。所有的结果通过可视化窗口展示，便于质量人员观察质量指标变化趋势。基于这种自动在线质量预测的方式，质量工程师可以快速评价产品的质量是否达到标准要求。此外，还可以使用大量仿真数据和迁移学习等方法来训练模型，以提高预测的精度。

步骤4：装配质量动态评价。将预测结果与预设的公差进行对比，如果符合标准，预测的数据将被储存在孪生数据库中作为历史数据。如果出现异常情况，相关质量数据将被发送到质量部门。质量工程师将分析这些数据，并提出改进方案，例如，调整设备参数、优化工艺流程、调整装配顺序等，以确保产品质量并降低制造成本。

通过这种基于数字孪生技术的产品装配过程质量评价方法，企业可以实现实时质量监控和预测，及时发现和解决质量问题，提高产品的质量和制造效率。

6.3.2　面向装配质量评价的 IPSO-LSSVR 的预测模型

产品装配质量评价可以看作是装配质量指标与装配过程参数之间的复杂非线性函数逼近问题，因此本节将介绍基于 IPSO-LSSVR 方法的产品装配质量指标预测建模过程，如图 6 - 10 所示。首先，将装配过程的质量数据作为输入，将产品装配质量指标作为输出，导入 IPSO 算法优化 LSSVR

模型。其次，通过对训练样本进行学习，建立各装配质量数据与产品装配质量指标之间的非线性映射，进而得到稳定的 LSSVR 模型。最后，将待评价产品的装配质量数据输入到已经训练好的模型中，即可得到装配质量指标预测值，通过与设计值对比，最终评价产品质量。

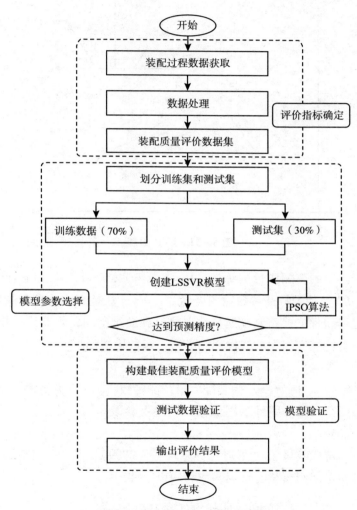

图 6 – 10　IPSO-LSSVR 模型构建过程

支持向量回归（SVR）是 SVM 在回归领域的扩展，具有泛化能力强、收敛速度快等优点，在处理小样本和非线性问题方面具有独特的优势（见

图 6-11）。通过引入结构化最小准则，SVR 具有良好的鲁棒性、泛化性和学习性（应征等，2017）。

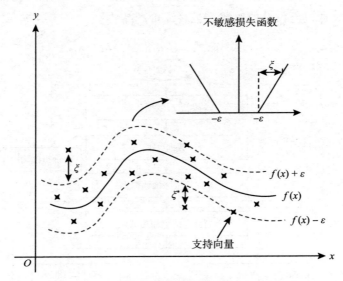

图 6-11 SVR 原理

对于给定的装配质量训练集，$U = (x_i, y_i)$，$i = 1, \cdots, l \in (R^n \times \gamma)^l$，其中 $x_i \in R^n$ 是装配特征参数输入变量，$y_i \in \gamma = R$ 是真实装配质量特性值。SVR 通过非线性变换将装配质量数据映射到高维空间，将非线性模型转化为一个高维特征空间中的线性回归模型，函数构造如下：

$$f(x) = \omega^T \varphi(x) + b \qquad (6-1)$$

式（6-1）中，$f(x)$ 为装配质量预测函数；$\varphi(x)$ 为将输入变量映射到高维特征空间的非线性映射函数，模型由参数 ω^T 和 b 确定，ω^T 为权值向量，b 是阈值。

根据结构风险最小化原则（林献坤等，2009），基于 ε 不敏感损失函数的支持向量回归模型的目标函数和约束条件为：

$$\min \frac{1}{2} \|\omega\|^2 + C \sum_{i=1}^{l} (\xi_i + \xi_i^*) \qquad (6-2)$$

$$\text{s. t.} \begin{cases} y_i - \omega^T \cdot \varphi(x_i) - b \leqslant \varepsilon + \xi_i \\ \omega^T \cdot \varphi(x_i) + b - y_i \leqslant \varepsilon + \xi_i^* \ (i = 1, 2, \cdots, l) \\ \xi_i \geqslant 0, \ \xi_i^* \geqslant 0 \end{cases} \qquad (6-3)$$

式（6-2）和式（6-3）中：C 为惩罚因子，ξ_i 和 ξ_i^* 为松弛因子，ε 为不敏感系数。在目标中，第一部分 $\frac{1}{2}\|\omega\|^2$ 反映了模型的复杂性，而第二部分 $C\sum_{i=1}^{l}(\xi_i+\xi_i^*)$ 响应训练错误。因此，正则化参数 C 作为 SVR 的重要用户定义模型参数，决定了模型复杂度和预测精度之间的权衡成本，应仔细指定以保证预测性能（杨宜霖等，2020）。

为了降低计算复杂度，通过将约束中的不等式转化为等式，提出了 SVR 的最小二乘版本 LSSVR（Wang et al.，2020）。引入平方损失函数 e_i^2 代替 ε，此时的求解问题为：

$$\min J(\omega,\ b,\ e) = \frac{1}{2}\|\omega\|^2 + \frac{C}{2}\sum_{i=1}^{l}e_i^2 \tag{6-4}$$

$$\text{s. t.}\ y_i - ((\omega\cdot\varphi(x_i)) + b) = e_i,\ i=1,\ \cdots,\ l \tag{6-5}$$

为简便计算，引入 Lagrange 函数（Xiao et al.，2020）求解该问题：

$$L(\omega,\ b,\ e,\ \alpha) = J(\omega,\ e) - \sum_{i=1}^{l}\alpha_i(\omega^T\varphi(x_i) + b + e_i - y_i)$$

$$\tag{6-6}$$

式（6-6）中 α_i 是 Lagrange 乘子向量，$\alpha_i = [\alpha_1,\ \alpha_2\cdots,\ \alpha_l]^T$。通过卡罗需 - 库恩 - 塔克（Karush-Kuhn-Tucher，KKT），拉格朗日函数 L 对优化目标的偏导数为 0：

$$\begin{cases} \dfrac{\partial L}{\partial \omega} = 0 \rightarrow \omega = \sum_{i=1}^{l}\alpha_i\varphi(x_i) \\[2mm] \dfrac{\partial L}{\partial b} = 0 \rightarrow \sum_{i=1}^{l}\alpha_i = 0 \\[2mm] \dfrac{\partial L}{\partial e_i} = 0 \rightarrow \alpha_i = Ce_i \\[2mm] \dfrac{\partial L}{\partial \alpha_i} = 0 \rightarrow \omega^T\varphi(x_i) + b + e_i - y_i = 0 \end{cases} \tag{6-7}$$

选取核函数 $K(x,\ x_i)$ 代替 $\varphi(x_i)\cdot\varphi(x)$，这些等式可以转换为以下形式：

$$\begin{bmatrix} 0 & 1 & \cdots & 1 \\ 1 & K(x,\ x_i)+1/C & \cdots & K(x,\ x_i) \\ \vdots & \vdots & \ddots & \vdots \\ 1 & K(x,\ x_i) & \cdots & K(x,\ x_i)+1/C \end{bmatrix} \begin{bmatrix} b \\ \alpha_1 \\ \vdots \\ \alpha_l \end{bmatrix} = \begin{bmatrix} 0 \\ y_1 \\ \vdots \\ y_l \end{bmatrix} \qquad (6-8)$$

进一步求解预测函数：

$$f(x) = \sum_{i=1}^{l} \alpha_i K(x_i,\ x) + b \qquad (6-9)$$

常用的核函数 $K(x_i,\ x)$ 有线性核函数、多项式核函数以及高斯核函数（Yang et al.，2018），本章选取径向基核函数：

$$K(x,\ x_i) = \exp\left(-\frac{\|x-x_i\|^2}{2\gamma^2}\right) \qquad (6-10)$$

式（6-10）中 x_i 为装配参数输入变量，γ 为径向基宽 $\gamma > 0$。根据上述理论，预测的产品装配质量特性值可以表示为：

$$f(x) = \sum_{i=1}^{l} \alpha_i \exp\left(-\frac{\|x-x_i\|^2}{2\gamma^2}\right) + b \qquad (6-11)$$

通常，LSSVR 的惩罚因子 C 和内核参数 γ 的初始值根据经验值设置，不能确保最终的解决方案是全局最优的。本书提出的 IPSO 算法用于寻找 $(C,\ \gamma)$ 的全局最优解，提高装配质量响应值预测精度。

粒子群优化算法（PSO）是由美国肯尼迪（Kennedy）博士和埃伯哈特（Eberhat）博士于 1995 年共同提出的一种群智能进化算法（于宏等，2010）。PSO 的简单计算步骤可以描述为参数初始化、适应度计算、判断终止条件、更新速度及位置、更新引导者五个步骤。其中速度和位置更新式如下：

$$V_i(t+1) = WV_i(t) + c_1 r_1 \left[pbest_i - X_i(t)\right] + c_2 r_2 \left[gbest_i - X_i(t)\right]$$

$$(6-12)$$

$$X_i(t+1) = X_i(t) + V_i(t) \qquad (6-13)$$

式（6-12）和式（6-13）中，$X_i(t) = (x_{i,1},\ x_{i,2},\ \cdots,\ x_{i,n})$ 和 $V_i(t) = (v_{i,1},\ v_{i,2},\ \cdots,\ v_{i,n})$ 分别为第 i 个粒子在 n 维空间的位置和速度，W 为惯性权重，c_1 和 c_2 称为学习因子或加速系数，r_1 和 r_2 是服从均匀分布 $U(0,\ 1)$ 的随机数。$pbest_i$ 和 $gbest_i$ 分别表示第 i 个粒子搜索到的个体优位置和种群最优位置（见图 6-12）。

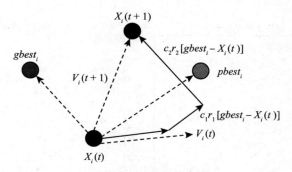

图 6 – 12 粒子群算法原理

PSO 算法存在随机产生初始种群的局限性，这是因为随机方法不但不能保证初始种群的多样性，也无法有效地提取搜索空间中有用信息。针对这一挑战，本书采用华罗庚提出的佳点集理论（黄静和官易楠，2019）来重新设计初始化种群空间，其基本定义与构造如下。

（1）设 G_s 是 s 维欧氏空间中的单位立方体，如果 $r = (r_1, r_2, \cdots, r_s) \in G_s$，$n$ 为样本数，形如：

$$P_n(k) = \{(\{r_1^{(n)} \cdot k\}, \{r_2^{(n)} \cdot k\}, \cdots, \{r_s^{(n)} \cdot k\}), 1 \leq k \leq n\} \tag{6-14}$$

（2）取：

$$r = \{2\cos(2\pi k/p), 1 \leq k \leq s\} \tag{6-15}$$

其中，p 满足 $(p-3)/2 \geq s$ 的最小素数或 $r_k = \{e^k, 1 \leq k \leq s\}$。

（3）若 $P_n(k)$ 的偏差 $\varphi(n)$ 满足以下等式：

$$\phi(n) = C(r, \varepsilon)n^{-1+\varepsilon} \tag{6-16}$$

其中 $C(r, \varepsilon)$ 是只与 r 和 ε（ε 是任意的正数）有关的常数，则称 $P_n(k)$ 为佳点集，r 为佳点。

为验证佳点集理论的优越性，图 6 – 13 给出了分别使用佳点集理论和随机方法设计种群的总体分布比较。设置初始解个数为 30 个，个体维度为 2，设置 LSSVR 正则化参数 C 和内核参数 γ 的变化范围为 [0，10]。图中每个点代表一个可行解（C，γ），可以发现，随机生成的二维点集具有局部集中和缺乏规律性的特点，而佳点集理论生成的解集更均匀地分布在搜索空间的几乎每个角落，这有利于最优问题的求解。

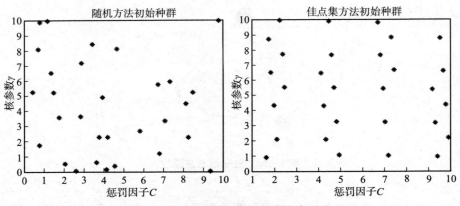

图 6 – 13   30 个随机点和佳点分布对比

惯性权重 μ 在是 PSO 算法开发和探索能力的重要参数（Harrison et al.，2016）。为了应对 PSO 算法容易陷入局部极值、早熟收敛或停滞的问题，本节采用了一种非线性的动态惯性权重系数方法。在这种方法中，惯性权重的取值会根据微粒的目标值的变化情况进行调整。当各微粒的目标值趋于一致或达到局部最优时，会增大惯性权重的值，以增强算法的开发能力。而当各微粒的目标值相对分散时，会减小惯性权重的值，以提高算法的探索能力。此外，对于那些目标函数值优于平均目标值的微粒，在计算惯性权重时它们会被赋予较小的权重，从而保留它们的信息。相反地，对于那些目标函数值不理想的微粒，企业会赋予较大的惯性权重，使它们向全局最优粒子的搜索区域靠拢（陈林涧等，2012）。通过采用这种非线性的动态惯性权重系数方法，企业能够更好地平衡 PSO 算法的开发和探索能力，从而提高其优化性能，并降低陷入局部极值或早熟收敛的风险。非线性的动态惯性权重函数如下：

$$W = \begin{cases} W_{min} - (W_{max} - W_{min}) \times (F - F_{min})/(F_{avg} - F_{min}), & F \leqslant F_{avg} \\ W_{max}, & F > F_{avg} \end{cases}$$

$$(6 - 17)$$

所提出的用于 LSSVR 模型参数选择的 IPSO 算法原理如图 6 – 14 所示。主要步骤如下。

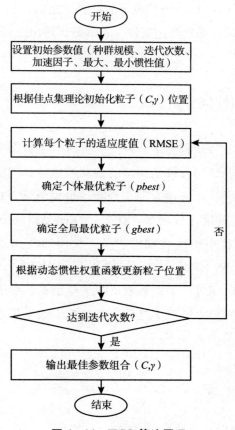

图 6 - 14 IPSO 算法原理

步骤 1：初始化算法参数，包括种群规模、迭代次数、加速因子等。

步骤 2：利用佳点集理论设置初始解（C，γ）的位置。

步骤 3：评价种群粒子适应度值，适应度值为 LSSVR 模型训练过程中质量特性预测值与实验值的计算均方根误差 RMSE，具体计算公式为：

$$fitness = \sqrt{\frac{1}{l} \sum_{i=1}^{l} (f(x_i) - y_i)^2} \tag{6-18}$$

式（6-18）中，y_i 为真实质量特性值，$f(x_i)$ 为质量预测值，l 为样本总数。

步骤 4：比较粒子适应度值大小，选择个体引导者和全局领导者。

步骤 5：采用式（6-17）的非线性动态惯性权重系数，并按照式（6 – 12）和式（6 – 13）更新粒子的位置与速度。

步骤 6：判断是否达到终止条件，若满足，输出全局最优解 c 和 γ。否则，进入步骤 3。

6.3.3　模型性能分析

本节提出的质量评价模型是一种基于实时孪生数据来预测产品质量的方法。通过性能分析，可以评估模型的预测准确性，确定模型在给定质量数据集上的预测误差大小。这有助于判断评价模型是否足够可靠，是否可以应用于实际装配质量评价场景。此外，性能分析还有助于对比不同模型，在模型选择过程中做出合理的决策。常用的性能指标有：决定系数（R^2）、平均绝对误差（MAE）、相对平均误差（$MAPE$）。

（1）决定系数（R^2）：决定系数反映了模型对装配质量数据变异性的解释程度。其取值范围在 0 到 1 之间，越接近 1 表示模型对质量数据的拟合效果越好。其计算公式如下：

$$R^2 = 1 - \frac{\sum\limits_{k=1}^{l} (y_{actual} - y_{estimated})^2}{\sum\limits_{k=1}^{l} (y_{actual} - y_{mean})^2} \qquad (6-19)$$

（2）平均绝对误差（MAE）：MAE 衡量了模型预测的质量特性值与质量特性真实值之间的绝对偏差大小。其取值越小且越接近 0，表示模型对数据的拟合效果越好。其计算公式如下：

$$MAE = \frac{1}{l} \sum\limits_{k=1}^{l} |y_{actual} - y_{estimated}| \qquad (6-20)$$

（3）平均绝对百分比误差（$MAPE$）：$MAPE$ 度量了预测误差的平均百分比。其取值越小且越接近 0，表示模型对数据的拟合效果越好。其计算公式如下：

$$MAPE = \frac{1}{l} \sum\limits_{k=1}^{l} \left| \frac{y_{actual} - y_{estimated}}{y_{actual}} \right| \qquad (6-21)$$

其中，l 表示样本数量，$y_{estimated}$ 为质量特性预测值，y_{actual} 为质量特性实际值，y_{mean} 为质量特性实际值的平均。

6.4 应用案例

6.4.1 电磁制动器装配工艺分析

电磁制动器是机械设备中重要的执行部件之一。制动器的质量对机械设备的正常运行起着至关重要的作用。然而，由于电磁制动器在装配过程中没有严格的质量控制，装配后的故障概率容易增加。以浙江省某公司研制的一种盘式电磁制动器为例，将数字孪生技术应用于装配过程的质量评价和控制。装配完成后，电磁制动器主要用于机器人的手臂控制。部分零件实物图如图 6 – 15 所示。

（a）某电磁制动器实物图

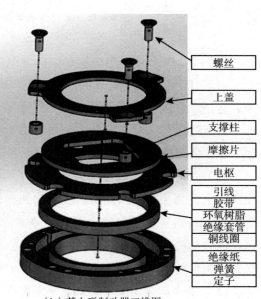

（b）某电磁制动器三维图

图 6 – 15 部分零件实物图

电磁制动器与其他机械结构相比，最大的优势在于无须人工操作即可控制动作的执行和力度。在伺服电机工作期间，电磁制动器中的线圈被激励，电枢和定子相互吸引。当电机停止工作时，线圈同时失去励磁电流，没有电磁力来抵消弹簧力。因此，弹簧推动电枢脱离与摩擦盘的接触，产生摩擦力矩使电机立即制动。主要装配工艺过程如图 6 – 16 所示。

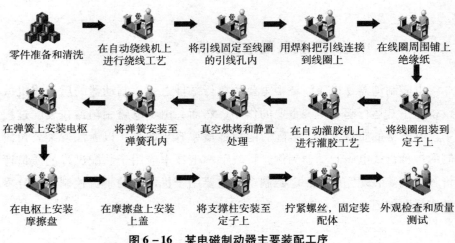

图 6 – 16　某电磁制动器主要装配工序

如图 6 – 16 所示，电磁制动器的装配过程具有如下的特点。

（1）工艺流程复杂。电磁制动器的装配过程涉及多个复杂的工艺步骤，包括无骨绕线、零件组装、灌胶等多个环节。这些步骤需要按照严格的工艺流程进行，以确保最终产品的性能和质量达到要求。复杂的工艺流程要求工人具备高度的技能和经验，同时需要使用各种专业设备和工具。

（2）质量控制点众多。由于电磁制动器是一个复杂的机电产品，其性能和安全性直接关系到控制系统安全和运行状态。因此，在装配过程中需要设置大量的质量控制点，对关键部件和关键工序进行严格的检测和测试。这包括使用各种检测设备，如装配间隙检测、拧紧力矩测试等，以确保每个组件的质量都符合标准。

（3）工序耦合、关联复杂。不同工序之间存在着复杂的耦合和关联关系。一个环节的错误可能会影响整个装配过程的顺利进行。因此，在制动器的装配过程中，各个工序之间需要密切协作，确保零部件的正确组装和调试。这也要求装配人员有较高的沟通协调能力，以及对整个装配流程的全面管控。

（4）装配环境动态多变。电磁制动器的装配过程可能需要在不同的环境条件下进行，例如进行真空烘烤时需要严格保证温度和加热时间等。这对装配过程提出了更高的要求，需要确保在各种条件下都能保持一致的装配质量。

（5）质量不可预测。由于电磁制动器的装配过程涉及多个因素的复杂交互，因此质量问题可能在任何时候发生，而且有时很难预测。这要求在整个装配过程中保持高度的警惕性，及时发现并解决潜在的质量问题。

因此，及时评价电磁制动器装配过程的质量对于制造公司尤为重要。

6.4.2 基于数字孪生的电磁制动器装配质量管理架构

结合应用对象的装配过程特点和质量评价的功能需求，本节设计了一个基于数字孪生的电磁制动器装配过程质量评价平台技术架构，如图 6 - 17 所示。该架构包括四个部分：物理层、虚拟层、数据层和装配质量评价平台。物理层是包含电磁制动器装配过程的各种资源的集合。在虚拟层中创建能够真实表达装配过程质量状态和包含质量数据的数字孪生模型。根据数字孪生数据，开发装配质量评价平台。在此基础上，所开发的平台可以实现对所有装配产品当前质量的实时预测和评价，结合专家知识和质量诊断技术分析异常模型，并优化装配中的工艺参数、工艺顺序等。

物理层是物理装配资源的集合，由电磁制动器、装配人员、装配自动化设备和装配车间环境等子系统组成。它是整个装配质量管理架构的基础，也是实施质量改进和反馈的作用对象。物理层主要负责进行电磁制动器的一系列装配活动，各个活动形成信息物理系统单元。通常，企业会根据质量的控制需求在装配工序之间设置一些关键质量控制点，用于采集重要的质量数据。

数据层的主要功能是对与装配质量相关的数据进行采集、传输和储存。其中包含大量实时数据（如焊锡温度、绕线圈数、拉拔压力、制动盘尺寸等）和非结构化多源数据（如自动灌胶机参数、工艺步骤等）。这些数据具有数量众多、生成速度快、多样性丰富的特点。数字孪生数据不仅包括物理装配数据，还包括虚拟层中生成的仿真数据、预测数据等。这些数据经过融合处理后储存在数据库中。

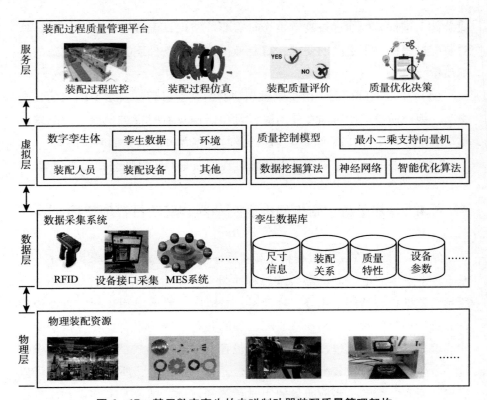

图 6 – 17 基于数字孪生的电磁制动器装配质量管理架构

虚拟层中包含基于物理层构建数字孪生体，能在虚拟空间中动态、真实、准确地映射工件质量特性状态和物理装配状态中的制造资源。通过操控数字孪生体，对物理装配中的工艺设备分配、工艺路线、电磁制动器的几何形状和尺寸，以及工艺参数等各种类型的装配状态进行仿真、评价和验证。在孪生数据的支持和驱动下，通过质量控制模型可以对关键的装配质量特性进行预测，为开发质量评价服务提供决策依据。

服务层通过软件或网页使用户能够在相互连接的信息系统中调用全局装配数据资源。这一层面的服务不仅确保电磁制动器及其数字孪生体在装配过程中实现实时交互和一致同步，如装配过程监控、装配过程仿真。同时通过孪生数据和质量控制模型推动质量管理和改进活动的进行，如装配质量评价和装配质量优化。本架构所提供的服务主要侧重于实时自动预测和评价电磁制动器的装配质量。在出现不合格产品的情况下，平台将发出预警并提供改进方案建议，以确保装配过程的顺利进行并提高产品质量。

6.4.3 孪生数据驱动的电磁制动器装配质量评价机制

依托装配质量管理平台，承载对虚拟实体和物理实体的服务。对虚拟实体的服务主要体现在对虚拟实体的观察、分析、质量符合性判断，结合 IPSO-LSSVR 质量控制模型和数据库中的设计数据，实现对当前产品质量特性的预测和异常报警。将待评价产品的过程质量数据输入质量控制模型中，可以得到装配质量指标的预测值。通过将预测值与预定义的公差范围进行比较，可以准确评价产品质量是否符合标准。如果预测值在公差范围内，则认为产品质量合格。反之，如果预测值超出公差范围，则进入相应的质量诊断和优化程序。这种方式能够帮助生产企业快速评价产品质量，及时发现并处理质量问题。对物理实体的服务则体现在改进决策建议以及对物理世界优化改进。装配质量评价和控制流程如图 6 - 18 所示。

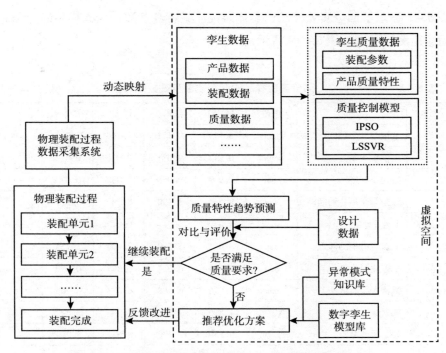

图 6 - 18 孪生数据驱动的电磁制动器装配质量评价机制

6.4.4 IPSO – LSSVR 模型构建与验证

在装配线中，质量数据通常由传感器设备进行自动化采集和监测。同时，结合 RFID 和条形码技术对电磁制动器进行标记和识别，利用 OPC 数据传输技术将质量数据实时传输至数字孪生数据库。其中，制动力矩是评价电磁制动器最为关键的质量特性之一。若制动力矩不足，则无法达到预期的制动效果。而过大的制动力矩也可能导致制动器失效或损坏。因此，制造公司有必要对制动力矩进行监控，并确保其在客户需求范围内。

为了验证所提出的 IPSO-LSSVR 方法的有效性，从数据库中收集了一个历史数据集作为静态制动力矩预测分析的数据源，构建装配质量评价模型。该数据集包括 12 个装配质量特性参数和 1 个最终装配质量特性（静态制动扭矩）。数据集中有 78 个样本，来自三坐标投影仪、高度规及专用的力矩测试平台等设备，根据采集时间的先后顺序将其依次标记为 1 ~ 78。表 6 – 1 显示了部分实验样品的具体装配质量特性参数，实验样品的静态制动扭矩测试平台如图 6 – 19 所示。

表 6 – 1 部分实验样品的装配质量特性数据

参数	名称	单位	样本 1	样本 2	样本 3	样本 4	…
X_1	电枢与转子的间隙	mm	0.119	0.151	0.166	0.291	…
X_2	电枢平面度	mm	0.012	0.021	0.015	0.014	…
X_3	制动器厚度	mm	17.909	19.053	17.983	16.070	…
X_4	上盖与摩擦片的间隙	mm	8.544	8.490	8.530	5.529	…
X_5	上盖平面度	mm	0.030	0.017	0.017	0.022	…
X_6	上盖与电枢的间隙	mm	2.611	3.080	2.604	2.755	…
X_7	摩擦片同心度	mm	0.019	0.022	0.037	0.030	…
X_8	弹簧安装高度	mm	6.576	6.568	6.574	6.569	…
X_9	锁紧螺钉扭矩	N·m	4.556	9.602	4.996	2.822	…
T	静态制动力矩	N·m	9.559	11.200	8.642	3.289	…

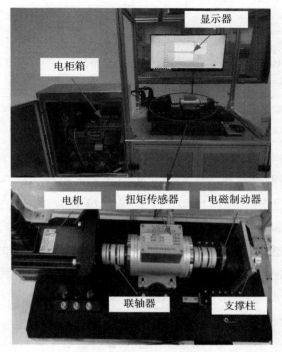

图 6 - 19   制动力矩测试平台

案例中的质量评价建模过程在 MATLAB2021b 中执行。本节将第 1 ~ 56 组数据用于训练 LSSVR 模型，剩下的 22 组数据作为测试集验证模型的精度。建模之前，需要利用 *mapminmax* 函数对输入数据线性归一化至 [0, 1]，目的是为确保所有装配质量参数在相同的尺度上，以便模型能够更准确学习各参数之间的关系。归一化后的部分数据如表 6 - 2 所示。

表 6 - 2   归一化后的部分数据

参数	样本 1	样本 2	样本 3	样本 4	样本 5	样本 6	…
X_1	0.062176	0.227979	0.305699	0.678756	0.953368	0.222798	…
X_2	0.307692	1.000000	0.538462	0.769231	0.461538	0.384615	…
X_3	0.255011	0.387556	0.263585	0.429962	0.041942	0.383849	…
X_4	1.000000	0.982324	0.995417	0.461866	0.013093	0.982324	…
X_5	1.000000	0.750000	0.350000	0.900000	0.600000	0.400000	…

续表

参数	样本 1	样本 2	样本 3	样本 4	样本 5	样本 6	…
X_6	0.110548	0.586207	0.103448	0.069980	0.256592	0.956389	…
X_7	0.318182	0.386364	0.727273	0.590909	0.568182	0.340909	…
X_8	0.693182	0.602273	0.670455	0.431818	0.613636	0.397727	…
X_9	0.091162	0.356362	0.114274	0.774965	0.000000	0.092386	…

采用 IPSO 算法自动选择 LSSVR 的最优参数组合（C，γ），并将其应用于静态制动力矩的预测模型。在 LSSVR 模型的（C，γ）参数优化过程中，需要不断调整 IPSO 的参数，以达到最佳优化。实验过程中，设置粒子群算法参数如下：种群规模 30、迭代次数 50、加速因子 2、最大权重 1、最小权重 0.4、C 和 γ 范围 [0，10]，其他均为默认参数。根据式（6–14）~ 式（6–16）计算初始粒子的位置，结果如表 6–3 所示。

表 6–3   粒子初始位置

粒子序号	（C，γ）坐标点	粒子序号	（C，γ）坐标点
1	(2.2282，9.9462)	16	(9.1543，5.3883)
2	(4.4563，9.8925)	17	(1.9865，4.3429)
3	(6.6845，9.8387)	18	(4.2147，4.2891)
4	(1.7449，8.7395)	19	(9.7584，4.3967)
5	(7.2886，8.8471)	20	(4.8188，3.2975)
6	(9.5167，8.7933)	21	(7.0469，3.2437)
7	(2.3490，7.7479)	22	(9.2751，3.1900)
8	(4.5771，7.6941)	23	(2.1073，2.1446)
9	(6.8053，7.6404)	24	(4.3355，2.0908)
10	(1.8657，6.5412)	25	(9.8792，2.1983)
11	(4.0939，6.4874)	26	(1.6241，0.9379)
12	(7.4094，6.6487)	27	(4.9396，1.0992)
13	(2.4698，5.5496)	28	(7.1678，1.0454)
14	(4.6980，5.4958)	29	(9.3659，0.9916)
15	(6.9261，5.4420)	30	(9.6376，6.5950)

本章节选用 RBF 函数〔式（6 – 10）〕作为 LSSVR 的内核，均方根误差〔式（6 – 18）〕作为 IPSO 的适应度函数。根据第 6.3.2 节中的步骤 4 ~ 8 进行实验，处理 50 次迭代后的最终优化结果如图 6 – 20 所示。

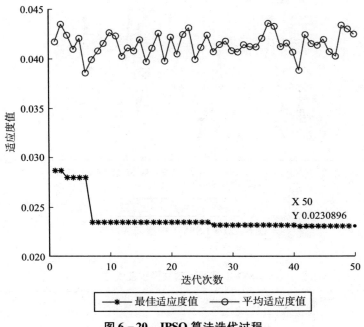

图 6 – 20   IPSO 算法迭代过程

根据图 6 – 14 所示的结果，所有的粒子经过 50 次位置更新后收敛，适应度从初始的 0.0287 下降到 0.0231，均方根误差降低了约 19.54%。此外，粒子在第 41 次迭代后的最佳适应度值保持不变，意味着算法找到了该问题的最优解。此时，最优惩罚因子 C 为 9.879，最优核参数 γ 为 2.467。然后，将优化得到的惩罚因子 C 和核参数 γ 作为 LSSVR 模型的参数。56 组质量样本数据的训练过程如图 6 – 21 所示。

表 6 – 4 给出了 LSSVR 模型的预测误差，得到稳定的 LSSVR 模型后，将 22 组测试集输入到模型中以验证模型的精度和泛化能力，预测结果如图 6 – 22 所示。

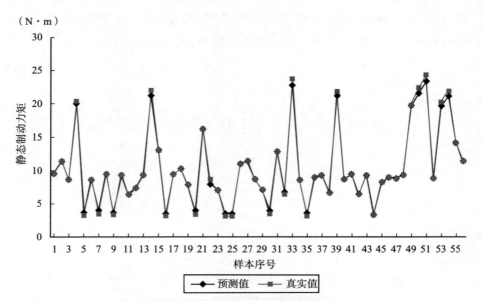

图 6-21 LSSVR 模型训练过程

表 6-4   LSSVR 模型预测结果以及误差

预测样本	预测值	真实值	误差	预测样本	预测值	真实值	误差
1	8.528	8.600	-0.072	12	7.098	7.360	-0.262
2	8.533	9.303	-0.770	13	7.095	7.200	-0.105
3	12.005	12.119	-0.114	14	11.115	11.300	-0.185
4	17.757	16.900	0.857	15	9.811	9.200	0.611
5	12.125	12.200	-0.075	16	11.695	10.800	0.895
6	4.817	5.318	-0.501	17	11.475	11.500	-0.025
7	10.030	9.300	0.730	18	11.838	11.800	0.038
8	11.741	11.400	0.341	19	11.650	10.800	0.850
9	15.210	15.200	0.010	20	14.717	14.400	0.317
10	11.140	10.984	0.156	21	11.481	11.300	0.181
11	11.241	11.120	0.121	22	9.205	9.300	-0.095

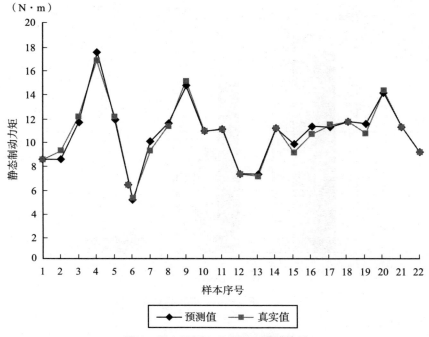

图 6 – 22　IPSO – LSSVR 预测结果

　　为了进一步验证本书提出的质量评价模型的优越性，本书基于 PSO-BP、PSO-LSSVR 和 IPSO-LSSVR 模型，使用相同的数据集进行静态制动力矩的预测。通常情况下，预测模型的逼近性能由 R^2、MSE 和 MAPE 等指标来衡量。R^2 值越接近 1，表示近似性能越好，而较低的 MSE 和 MAPE 值表示预测结果越接近实际值。根据式（6 – 19）~式（6 – 21）计算三个指标的结果，如图 6 – 23 所示。实验结果显示，IPSO-LSSVR 模型的 R^2 值为 0. 9693，表明该方法在三个模型中表现出最佳的预测性能。该模型的 MSE 和 MAPE 值分别为 0. 3323 和 0. 3336，表明所提出的方法具有最小的误差。此外，通过比较 IPSO-LSSVR 和 PSO-LSSVR 的计算结果，证实了 IPSO 算法在有效选择最优的 LSSVR 参数组合方面具有一定的优势。

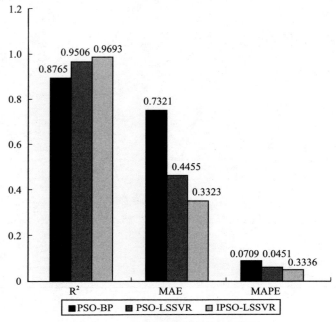

图6-23 不同模型性能指标计算结果

6.4.5 结果分析与讨论

某公司生产的电磁制动器产品编号为 SIP - 8419，其额定静态制动力矩为 6 牛·米。若偏差超过额定值的 ±10%，则该电磁制动器的装配质量评价结果为不合格，否则为合格。在实际装配过程中，实时采集 5 个产品的质量数据。然后利用装配质量评价平台预测产品的制动力矩，并进行质量评价。相应的质量评价结果如图 6 - 24 所示。

产品编号	装配过程数据									质量评价结果	
SIP-841913	0.179	0.018	19.158	5.536	0.019	2.841	0.034	6.537	4.413	6.200	合格
SIP-841962	0.300	0.014	19.094	5.504	0.018	3.488	0.014	6.548	5.223	6.500	合格
SIP-841921	0.121	0.018	18.871	5.515	0.017	3.030	0.020	6.538	5.119	6.257	合格
SIP-841918	0.159	0.016	18.948	5.545	0.012	3.248	0.013	6.550	4.096	6.240	合格
SIP-841909	0.198	0.019	16.085	5.506	0.026	2.736	0.017	6.562	3.379	3.224	不合格

图6-24 电磁制动器装配质量评价结果

如图 6 –25 所示,产品代号为 SIP – 841909 的电磁制动器的制动力矩预测值在预设的标准外,评价结果为不合格。因此,停止该电磁制动器的装配进程并进行工艺检查。检查结果表示,这是由于在锁螺丝时,摩擦片卡在支撑住和上盖之间导致摩擦片受磨损,且摩擦片偏移中心位置,最终导致制动力矩不符合规定。重新更换摩擦片并按照标准装配后,将测试数据输入到数字孪生质量控制模型中,再次预测制动力矩值直到符合标准,减少返工时间并减少制造过程损失。此外,对夹具进行重新设计,在装配时保证摩擦片处于中心位置,避免再次出现摩擦片被压伤的情况。

图 6 –25　质量不合格产品检查

6.5　产品装配质量管控策略

在当今高度竞争的市场环境中,产品装配质量对于企业的生存和发展具有至关重要的作用。优质的产品装配质量不仅能够提升企业的品牌形象,还能增加客户黏性,从而为企业带来长期的经济效益。因此,本章建立一个科学、有效的产品装配质量管控体系,如图 6 – 26 所示,这对于提高企业产品质量、降低生产成本具有重要意义。

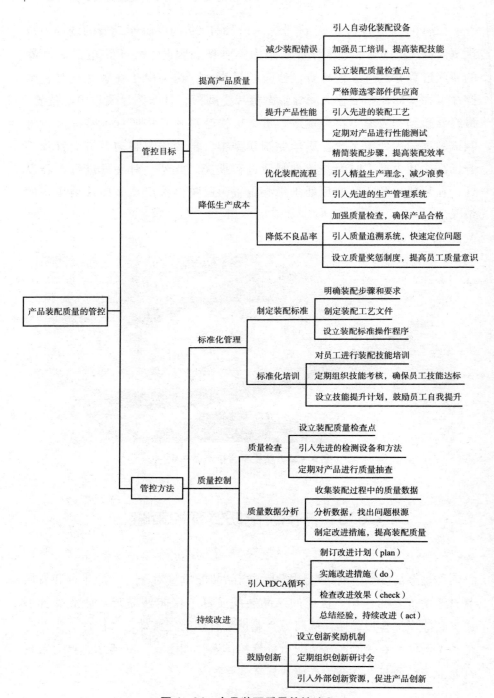

图 6-26 产品装配质量管控流程

6.5.1　管控目标

产品装配质量管控的核心目标在于提高产品质量和降低生产成本。具体来说，这两个目标可以细分为以下几个方面。

（1）提高产品质量：通过严格的质量控制和持续改进，减少装配过程中的错误和缺陷，提升产品的性能稳定性和使用寿命，以满足客户的期望和需求。

（2）降低生产成本：通过优化装配流程、提高装配效率、减少浪费等方式，降低生产成本，提高企业的经济效益和市场竞争力。

6.5.2　管控方法

为实现上述管控目标，我们将采用以下三种管控方法（见图 6 – 26）。

1. 标准化管理

标准化管理是确保产品装配质量一致性的重要手段。制定详细的装配工艺流程和操作规范，明确每个环节的操作要求和质量标准。同时，加强对员工的培训和教育，确保员工能够熟练掌握装配技能和质量要求。此外，建立严格的质量检验制度，对装配完成的产品进行全面检查，确保产品符合质量标准。

2. 质量控制

质量控制是确保产品装配质量的重要手段。建立全面的质量控制体系，包括原材料检验、过程检验和成品检验等环节。通过严格的质量检测和控制，及时发现并纠正装配过程中的问题，确保产品质量的稳定性和可靠性。同时，建立质量追溯制度，对不合格产品进行追溯和处理，防止类似问题再次发生。

3. 持续改进

持续改进是提升产品装配质量的重要途径。定期组织员工开展质量分析和改进活动，分析装配过程中存在的问题和不足，并提出改进措施。同时，积极引进新技术、新工艺和新设备，提高装配效率和质量水平。此外，建立质量改进激励机制，鼓励员工积极参与质量改进活动，为企业的发展贡献力量。

6.5.3 实施策略

为确保产品装配质量管控的有效实施，采取以下策略。

（1）加强组织领导：成立专门的质量管控小组，明确各成员的职责和任务，确保质量管控工作的有序进行。

（2）强化宣传教育：加强对员工的宣传和教育，提高员工对质量管控的认识和重视程度，形成全员参与的良好氛围。

（3）定期考核评估：定期对装配质量进行考核评估，发现问题及时整改，确保质量管控工作的持续有效。

（4）持续改进完善：根据市场需求和企业实际情况，不断完善和优化质量管控体系，提升产品装配质量水平。

6.6 本 章 小 结

在本章中，企业专注于使用数字孪生技术和装配过程数据进行质量评价，这符合智能制造的趋势。数字孪生驱动的装配质量评价框架体系可以帮助利益相关者根据不同的质量目标做出有利的决策。一方面，通过对装配车间数字孪生模型的仿真分析，质量人员很容易发现潜在的问题，并且非常了解如何进行调整。另一方面，基于 IPSO-LSSVR 的集成模型，从装配过程的各个方面提供了一个比较全面的质量分析和评价方案。对于应用，本章以电磁制动器的装配生产为例，说明应用数字孪生技术和质量评价方法的效果。采用数字孪生与智能方法融合的装配质量评价模式，有助于制造企业最大限度降低装配过程风险和制造成本。此外，与其他方法相比，所提出的 IPSO-LSSVR 模型预测的静态制动力矩值与真实值更接近，评价结果更客观可靠。因此，该方法可以扩展到其他机电产品装配过程质量评价中。

需要指出的是，全球范围内对数字孪生技术的研究正处于起步阶段。即使是欧美等发达国家虽然发展起步早，但技术成熟度也不高，未来还有较大的提升空间。基于数字孪生技术的质量评价实施过程受到产品多质量特性、装配过程不确定性等因素的限制，未来需要付出更多的努力和创新来解决这些问题。例如，开发更加可靠的虚拟模型和智能决策方法，让企业更具适应性。通过采取一些可靠的措施进一步提高评价的准确性，包括采集更多的制造和装配参数、应用更多的机器学习和启发式算法方法组合等。此外，如何基于装配质量特性的高精度预测动态优化后续工艺参数，也是值得探索的问题。

第 7 章

基于 K-means 聚类算法的产品关键
质量特性检测与综合评价

产品关键质量特性检测与综合评价是对产品的关键质量特性进行检验和评估的过程。它旨在确保产品在生产过程中符合预定的质量标准，并能够满足顾客的需求和期望。这个过程涉及使用各种测试和评估方法来量化和验证产品的关键质量特性是否达到预期的水平。综合评价的目标是为得出一个全面的结论，指导产品质量控制和改进措施。这个过程需要跨部门合作，包括质量控制、研发、生产和市场营销等，以确保产品的关键质量特性能够持续满足市场和客户的需求。

7.1 问题描述

随着电子产品竞争的日益激烈，人们的消费观念日趋务实，质量和可靠性成为产品占据市场份额的主要因素。通过对产品关键质量特性的综合评价，可以确保产品在生产过程中符合预定的质量标准，从而满足客户的需求和期望。产品关键质量特性在产品开发的各个阶段，从设计到生产和质量控制，都需要得到重视和考虑，以确保产品能够满足市场需求并保持竞争优势。产品关键质量特性综合评价对于企业的竞争力和可持续发展至关重要。因此，本章分别提出运用双层犹豫模糊语言术语集（double hierarchy hesitant fuzzy linguistic term set，DHHFLTS）和 K-means 聚类算法方法对产品关键质量特性进行检测和综合评价。

目前，许多评估方法和工具能够提供即时的反馈，使我们能够实时地对产品的质量特性做出反应，例如，第 3 章提出的基于 FMEA 的方法。与其他可靠性分析方法（吴鉴平和廖振宇，2013）相比，FMEA 凭借其简单的计算过程，被广泛应用于企业的实际生产过程。随着电子产品的复杂性增大、FMEA 的使用场景增加等问题的出现，FMEA 自身的问题也暴露出来。第一，FMEA 评估过程使用精确数字来评估失效模式，这不符合人们在评估时的语言习惯，并且 FMEA 评价中各影响因素的权重是等分的，因此并没有考虑各影响因素的相对重要性；第二，评价成员的权重也是主观指定的，这将导致评价结果不真实；第三，风险优先级数（RPN）在最终结果排序中，可能会导致其最终 RPN 值相同，而 RPN 包含的严重度（S）、频率（O）和可探测度（D）的值可能各不同。与频率高、可探测度低的失效模式相比，企业更偏向于对严重程度高的失效模式采取提前预防措施，因此传统的 FMEA 不能很好地指导企业的生产。

针对传统 FMEA 的不足，许多学者对其进行了改进。一方面，直觉模糊集可以代替评价语言中的精确数字，同时表示决策者对方案的支持与反对，可以有效处理决策信息不确定的问题。宋亚飞等（2016）通过采用直觉模糊多属性决策中的属性权重估算技术，对证据的动态可信度进行了评价，有效处理时域信息冲突的问题。何致远等（Zhiyuan He et al.，2019）利用证据理论与直觉模糊集之间的转化关系，将评价信息作为指定证据的支持度，以此提出了一种基于直觉模糊集和证据理论的多源信息可靠性评估方法。但直觉模糊集不能表达评价成员的犹豫，例如，一些评价成员认为严重程度应该介于高和高语言集之间，这对于直觉模糊集来说是难以确定的。而梯形模糊数（刘万里等，2022）和三角模糊数（肖懿群和王肇荣，1995）只能表达歧义，但不能很好地表达犹豫。相对于模糊语言集（FLS），犹豫模糊语言集（HFLS）既能表达评价的模糊性，又能表达评价的犹豫性。易研等（Yi Yan et al.，2022）提出了一种基于犹豫模糊集的桥梁安全监测与评价方法。研究者基于犹豫模糊集的桥梁安全监测与评价数学模型，利用犹豫模糊相似理论，设计了基于单指标、双指标联动和多指标联动的损伤识别算法。另外，三角犹豫模糊集、犹豫 z 数、二型模糊粗糙集等可以表达评价者的犹豫心态，这对于动态生产环境下的可靠性分析尤为重要（Luo et al.，2022）。但是以上这些方法对于语言集的分割间隔非常大，无法表达高层次的句子。因此，本书基于 DHHFLTS 来简洁地表达评价人员的心理。

　　DHHFLTS 由双层语言术语集（double hierarchy linguistic term set，DHLTS）和犹豫模糊语言术语集（hesitant fuzzy linguistic term set，HFLTS）组成。它通过第二层次结构对主要层次结构进行了补充，这样决策者就能更好地表示复杂的语言术语，最终的评价信息是从 DHHFLTS 中选择一个有限有序的连续语言项集，形成一个犹豫区间（Qin et al.，2020）。因此，DHHFLTS 被广泛应用于各种工程评价领域中。张瑞晨等（Zhang R. et al.，2020）将最优最劣法和证据理论扩展到双层犹豫模糊语言环境中，解决了现有的语言信息方法有时不能考虑由于未知引起的信息不确定性的问题。克里尚库马尔等（Krishankumar R. et al.，2019）在 DHHFLTS 背景下提出了双层犹豫模糊混合聚合算子框架，通过扩展统计方差法来计算属性的权重，使得决策者更合理地对偏好信息进行表达。尽管 DHHFLTS 在决策者处理几个复杂的 LTS 之间犹豫不决的情况时非常有用，但有时 DHHFLTS 无法考虑任何两个输入之间的支持度，也无法处理极值的存在，因此有学者对该方法进行改进。例如，刘正民等（Liu Z. et al.，2019）采用双层犹豫模糊语言广义幂几何算子（DHHFLGPG），将属性值表示为双层犹豫模糊语言数，将之用于处理以 DHHFLTS 形式表示的评估值。这种创新性的改进对于决策者来说能够运用 DHHFLTS 更清晰准确地表达他们对替代方案可行性的看法。

　　另外，确定影响因素和评价成员权重的方法也很多。庞继红等（Pang J. et al.，2021）采用相似度度量法计算评价信息与其中心点之间的距离，归一化得到评价成员的权重，并根据影响因素的两两比较矩阵构建非线性规划模型求解影响因素的权重。博拉尔等（Boral S. et al.，2020）采用模糊层次分析法（FAHP）和修正模糊多属性理想真实比较分析法计算各影响因素之间的模糊相对重要性，从而得到各影响因素的权重。田章鹏等（Tian Z. P. et al.，2018）采用模糊最优、最劣法和相对熵法计算影响因素和评价成员的权重。首先，计算影响因素区间评价值的模糊最佳差值，得到影响因素权重；其次，基于模糊接近度和模糊相似熵法，计算各评价成员的评价方法与中心方案之间的模糊距离，用于获得 FMEA 团队成员的权重。此外，熵权法、模糊度量法、多目标优化模型等方法可以计算影响因素并评价成员的权重。通过观察这些方法，可以发现，寻找评价信息中心点并计算评价信息与中心点之间的距离来获得权重信息是很常见的。K-means 就是一种通过这种思想进行迭代聚类分析的算法。K-means 的计算过程简单，也可以避免由于评价信息差距大而导致评价结果不真实的情况（Zhuang et al.，2022）。因此，本书基于 K-means 聚类和熵权法来求解影响因素和评价成员权重。

K-means 聚类算法由詹姆斯·麦昆（James Macqueen）于 1967 年首次提出，并在不同学科中得到了广泛的研究和应用（Franti et al.，2018）。它具有简单、高效、适合处理大型数据集等优点，是目前应用最广泛、最成熟的聚类方法。K-means 应用范围广，例如，数据处理、图像处理、调度优化等诸多研究领域。作为一种迭代聚类分析算法，K-means 也被常用于进行信息权重计算。例如，陈小蕾等（Chen X. et al.，2021）采用 K-means 算法对训练数据集进行回归分析，引入密度和纯度度量计算特征项的权重，促进聚类过程。张仟伍等（Zhang Q. et al.，2022）采用 K-means 聚类算法计算并替换非线性均衡器中的相近权重，以此达到权重共享和降低复杂度的目的。艾哈迈德和库马尔（Ahmad S. T. & Kumar K. P.，2016）使用 K-means 聚类算法计算 RBF 的隐含层神经元权重，最终提高 RBF 网络的性能和操作数据速率。当然，K-means 聚类算法不仅能够用于计算权重信息，也可用于与其他权重计算方法相结合进行聚类分析。例如，杨大明（Yang D. et al.，2022）在粗糙集中引入信息内容计算核心属性和非核心属性的权重，并结合 K-means 聚类算法对硬件威胁进行定量评估。另外，与其他权重求解方法相比，K-means 聚类算法不仅可以计算基于当前失效模式的权值，还可以预测未来失效模式影响因素的权值（Hu J. & Chen P.，2020）。值得注意的是，我们在使用 DHHFLTS 进行评估时，由于其复杂的语义，可能会导致评估者之间的评价信息存在很大的差距。而 K-means 聚类算法可以通过聚类减少评价信息之间的差距。因此将 K-means 用于 DHHFLTS 进行评估，可以很好地平衡评价信息的差距。

本章总结了国内外研究者在 FMEA 基础上进行的各种综合评价方法的研究现状。然而，传统的 FMEA 存在诸多不足，给失效评估工作带来了较大的困难。因此，本章采用 DHHFLTS 和 K-means 聚类算法来改进传统 FMEA 的不足。首先，确定产品失效模式，并在制定双层评估语言集后组建评估小组，评价人员使用 DHHFLT 可以真实地表达评价者在评价过程中的心理变化。其次，采用熵权法计算评价成员的权重，将评价人员对失效模式的评价信息根据评价成员的权重进行汇总。最后，使用 K-means 聚类算法计算故障模式与每个聚类中心点之间的距离，并对影响因素的权重进行归一化，限制每个评价器的评价距离。

7.2　产品关键质量特性

质量特性对产品的性能、可靠性、安全性、符合性等方面起着至关重要的作用。这些特性通常直接影响产品是否能够满足顾客的需求和期望，以及产品是否能够在市场上成功竞争。产品关键质量特性可以因产品类型和行业而异，在产品开发和质量管理过程中，确定和管理这些关键质量特性是至关重要的。不同的产品可能有不同的关键质量特性，因此在开发过程中需要根据产品类型和市场要求来确定和关注这些特性。

7.2.1　质量特性与质量定义

产品的质量是由质量特性定义的。产品质量特性检测是实现质量管理闭环的重要步骤，同时也是产品综合质量评价中的关键步骤。

首先质量是一个广泛的概念，涵盖了产品或服务的各个方面。质量不仅仅包括产品或服务的特性，还包括了对质量的整体理解和定义，以确保产品或服务满足顾客需求和期望，同时也要符合相关的法规、标准和规范。质量的定义可以从多个角度出发，如顾客导向的质量。质量不仅仅是产品或服务的特性，更是对顾客体验和满意度的体现。如果产品或服务能够满足顾客的期望，那么它就可以被认为是高质量的。零缺陷的质量。这个定义强调质量是没有缺陷、不需要纠正或修复的状态。在这个理念下，质量意味着产品或服务在生产或提供过程中没有任何问题或缺陷，从而避免了客户投诉和不满；符合标准的质量。这个定义强调质量是符合相关法规、行业标准和规范的要求。产品或服务必须符合特定的标准，以确保其质量和合法性。这种定义适用于需要遵守法规和标准的领域，如食品安全、医疗设备等。持续改进的质量。这个定义强调质量是一个不断提升的过程，通过不断改进产品或服务，以满足不断变化的市场需求和客户期望。持续改进是质量管理的核心概念之一，旨在提高质量水平和竞争力。

质量特性则是指产品或服务的具体属性、特点或特征，它们对于产品或服务的质量和性能具有重要影响。质量特性的对象一般是产品或者一种服务。产品通常指的是物理实体，如电子设备、汽车、食品等，而服务是一种无形的、以经验为基础的价值提供，如银行服务、医疗服务、咨询等。无论是产品还是服务，它们都有与之相关的质量特性。质量特性是质量的组成部分，它们代表了产品或服务的不同方面。质量特性通常是产品或服务的具体属性或特征，可以通过检测、测试、评估来衡量和验证。它们是质量的关键要素，直接影响产品或服务的表现和客户满意度。质量特性可以根据不同的维度进行分类。以下举例说明一些常见的质量特性分类。

（1）性能特性。

性能特性是产品或服务在特定条件下的表现能力。这包括速度、功率、容量、效率、准确性等方面。性能特性通常与产品或服务的主要功能相关。

（2）可靠性特性。

可靠性特性涉及产品或服务的可靠程度，即其在一段时间内正常运行的能力。这包括寿命、故障率、可用性等。可靠性特性对于长期使用的产品和关键服务至关重要。

（3）安全性特性。

安全性特性关注产品或服务在使用过程中是否对用户、操作人员和环境造成危险。包括物理安全、化学安全等。安全性特性至关重要，尤其是涉及健康和生命安全的领域。

（4）符合性特性。

符合性特性涉及产品或服务是否符合相关的法规、标准、规范和客户要求。这包括法律法规的遵守、行业标准的符合、合同规定的履行等。符合性特性对于合法性和合规性至关重要。

（5）可维护特性。

可维护特性指的是产品或服务在出现故障或需要维护时是否容易进行修复或维护工作。这包括易维护的设计、可更换的零部件、维护手册等。可维护特性影响了维修成本和停机时间。

（6）用户体验特性。

用户体验特性包括产品或服务的易用性、界面设计、人机交互等方面。这些特性可以影响用户的满意度和忠诚度，对于市场竞争力至关重要。

质量特性的重要性在于它们决定了产品或服务的表现和客户满意度。不同行业和不同类型的产品或服务可能会对不同的质量特性赋予不同的重要性。例如，在医疗设备领域，安全性和可靠性特性是比较关键的，而在消费电子产品领域，性能和用户体验特性可能更为重要。质量特性的定义需要考虑客户需求、市场竞争、法规要求和行业标准等因素。它们作为产品或服务的关键属性，需要在整个产品开发、制造或服务提供过程中得到有效管理和控制。

质量特性和质量的定义之间存在密切关系。质量特性是质量的具体体现，而质量的定义是对质量的整体理解和定位，包括了对质量的各个方面的综合考虑。在质量管理中，质量特性是实现质量定义的手段之一。通过定义和管理适当的质量特性，组织可以更好地实现其质量目标和满足客户需求。不同的行业和产品类型可能会对不同的质量特性赋予不同的重要性，因此需要根据具体情况来确定关注和管理哪些质量特性。通过以上介绍可知，质量检测的主要目标是确保产品或服务的质量符合预定的标准和要求。这一阶段的主要任务是检查、验证和确认产品或服务是否合格，以便将其交付给客户或市场。那么质量特性该如何进行确认和检测工作，通常会采取以下关键步骤。

（1）制订检测计划。

在质量检测阶段的开始，制订一个详细的检测计划至关重要。该计划应明确定义检测的目标、范围、方法和标准。在该阶段，我们需要综合考虑产品的功能与质量特性。制订检测计划又包括以下几个步骤：首先，确定检测目标，要清楚认识检测的质量特性和要求。其次，确定检测的方法，选择适当的检测方法，如物理检查、测量、化学分析、功能测试等。再次，制定取样计划，确定如何从生产批次或服务范围中选择样本，并确定取样数量和方法。此外，还要确定检测标准，明确用于评估产品或服务合格性的标准和规范。最后，需要准备检测设备和工具，确保检测设备和工具在检测期间正常运行，并进行必要的校准和维护。

（2）产品的取样。

取样是质量检测过程中的一个关键步骤，它涉及从生产批次或服务提供范围中选择一定数量的样本，以代表整个批次或服务。取样的目的是确保检测结果具有代表性，并能够反映整体质量水平。取样的方法和数量通常根据统计学原则来确定，以确保取样的随机性和公平性。在取样过程中，需要注意取样的方法、数量、位置和时间。选择适当的取样方法，如随机抽样、分层抽样、系统抽样等，以确保样本的代表性。同时，根据批次大小和可接受的抽样误差来确定合适的取样数。当然，取样的时间和位置同样重要。确定从哪里取样、何时进行取样都需要合理进行安排，以确保样本在生产或服务过程中具有代表性。

（3）检验和测试。

在质量检测过程中，对取样的样本进行检验和测试，以评估它们是否符合质量标准和规范。这一步骤可能涉及多种不同类型的检测方法，具体取决于产品或服务的性质和要求。一些常见的检测和测试方法如下。

测量：使用仪器和设备来测量产品的尺寸、重量、温度、压力等参数。

物理检查：通过目视或使用工具来检查产品的外观、形状、尺寸等物理特性。

功能测试：对产品的功能进行测试，确保产品能够满足设计需求。

化学分析：通过化学实验和分析来检测产品的成分、材料质量等。

可靠性测试：通过模拟产品在实际使用中的条件来测试可靠性和寿命。

用户体验测试：通过合理的调研方法来评估产品的用户体验和满意度。

（4）质量数据分析。

在完成检验和测试后，需要对检测结果进行数据分析。例如，将检测结果与已定义的质量标准相比较，以确定是否合格。数据分析也有助于发现产品或服务的质量问题和趋势。在数据分析过程中，需要关注以下方面。

符合标准：确定产品或服务是否符合预定的质量标准和规范。

缺陷识别：识别并记录任何产品或服务中的缺陷、问题或不合格项。

统计分析：使用统计方法来分析数据，了解质量的分布、变化和趋势。

（5）数据记录和报告。

在质量检测过程中，需要详细记录检测的所有信息。这包括检测计划、取样过程、检验和测试结果、数据分析、问题和不合格项等。这些记录可以作为未来质量改进的参考，并且也用于制定检测报告。检测报告通常包括以下内容。

检测目标和范围：说明检测的目标和涵盖的范围。

取样信息：描述取样方法、数量和样本的选取过程。

检测结果：汇总检验和测试结果，包括符合标准的项目和不合格项。

根本原因分析：如果有问题，提供根本原因分析和可能的纠正措施。

建议和决策：根据检测结果提出建议和决策，包括是否批准产品或服务的交付，以及是否需要进一步的改进。

（6）决策和处理。

根据检测结果做出决策和处理。这些决策通常包括是否允许产品继续流向市场，或者是否需要采取纠正措施来改进质量。决策的过程需要综合考虑检测结果、客户需求、法规要求及经济考虑因素。一般的决策包括以下几种。

纠正措施：针对出现的异常问题确定必要的纠正措施。这能避免不合格问题再次发生，同时改进质量管理过程。

暂停生产：如果发现质量问题严重，可能需要暂停生产或服务提供，以解决问题并确保质量。

合格产品交付：如果产品或服务符合标准，可以批准交付给客户或市场。

不合格产品处理：如果发现不合格项，需要决定如何处理，可能包括修复、重新制造、退货等。

质量检测是确保产品或服务的合格性的关键步骤之一，它有助于减少不合格产品进入市场的风险，提高客户满意度，确保合规性，同时也为质量改进提供了关键的数据和见解。

产品特性与质量的定义是质量管理领域的重要概念，它们帮助组织确保产品或服务的高质量、合规性和满足客户需求。质量特性的确认需要考虑客户需求、市场竞争、法规要求和行业标准等因素，同时它也代表了产品或服务的具体属性和特征，是产品综合质量评价中的关键步骤。

7.2.2　产品的过程特性与方法

产品特性概念是质量特性过程的输出。当我们把产品的生产活动视为一个个过程时，过程的输入对输出有着重要的影响，需要进行有效的管控。质量管理体系是组织确保产品或服务质量的关键工具。在这个体系中，过程特性和过程方法是两个不可或缺的要素，它们共同构建了一个强大的框架，有助于组织实现质量管理的目标，下面介绍它们在质量管理中的关键作用。

过程特性是指一个过程或操作的固有属性或性质，它们可以用来度量和评估该过程的性能、稳定性和一致性。这些特性涵盖了多个关键方面，包括稳定性、能力、一致性、偏差、可靠性、效率、成本和安全性。稳定性是指一个过程是否具有一致的性能，即使在不同的时间和条件下也是如此。能力则关注一个过程是否能够在规定的规格范围内产生产品或服务。一致性表示一个过程在不同时间和条件下是否能够产生相似的结果，而偏差则涉及一个过程在目标值或标准值附近的性能表现。可靠性、效率、成本和安全性则是其他关键过程特性。这些过程特性都会对质量产生或多或少的影响。

过程特性的重要性在于它们帮助组织了解其过程的现状。通过对这些特性进行测量、监控和分析，组织可以识别潜在问题和改进机会。例如，通过控制图来监测过程的稳定性，组织可以及时检测到异常情况，并采取纠正措施，以确保质量标准得到满足。同样，通过分析成本和效率，组织可以找到降低生产成本和提高资源利用率的方法，从而提高竞争力。

与过程特性相对应的是过程方法，它是一种系统性的方法，用于规划、执行、监控和改进组织的活动和过程，以达到质量管理的目标。过程方法包括了多种工具和技术，其中一些最为常见，如 PDCA 循环、风险管理、统计工具、供应链管理、客户需求分析以及员工培训和发展。

PDCA 循环，即 Plan-Do-Check-Act 循环，是一个经典的过程方法。它包括计划、执行、检查和行动四个阶段。该循环被广泛运用在各种组织和项目中，用于持续改进和问题解决。PDCA 循环有助于组织不断改进其过程和性能。风险管理是另一个重要的过程方法，它涉及识别、评估和控制与质量相关的风险。组织可以通过风险管理方法，理解和优化组织的关键过程，从而识别存在的瓶颈、浪费，进而提高效率和质量。统计工具是质量管理中不可或缺的一部分，包括直方图、控制图、散点图和回归分析等。这些工具用于收集、分析和解释数据，以做出质量管理决策。供应链管理则强调与供应商的合作，以确保原材料和零部件的质量，从而确保生产高质量的产品。客户需求分析是过程方法中的另一个重要方面。理解客户需求是质量管理的基础。好的需求分析可以帮助企业定位市场和优化产品设计。最后，员工培训和发展是过程方法中的关键元素，它确保组织的员工具备必要的技能和知识，以有效地执行质量管理活动。

过程特性和过程方法在质量管理中相辅相成。过程特性帮助组织了解其过程的现状，而过程方法提供了一种系统性的框架来改进和管理这些过程。通过合理应用这两个概念，组织可以实现更高水平的质量管理，提供高质量的产品或服务，满足客户需求，并提高竞争力。质量管理体系的成功建立和运行需要综合考虑这两个关键要素，确保其有效整合，以实现卓越的质量管理。

7.3　方法原理

本书在第 3 章对 FMEA 方法进行过了详细的介绍。FMEA 广泛应用于产品的设计和生产阶段。它的主要目标是通过对产品或过程进行系统化的分析，采取预防和纠正措施，以提高产品或过程的可靠性和质量，降低故障风险，增强安全性。

除了传统的 FMEA 方法，还有一些拓展的方法可以进一步提高分析的准确性和全面性，例如，Design FMEA（DFMEA）：专注于产品设计阶段，分析设计过程中的潜在故障模式及其影响。设计失效模式、效应与关键性分析是从概念定义到最终设计的整个研发过程中必不可少的设计功能。为了实现其效益，DFMEA 必须结合设计开发过程并反复进行。DFMEA 极大促进了标准化的流程，其包括了预计产品设计中的潜在弱点、评估潜在弱点导致的影响后果、制定设计控制措施以预防或检测这些后果。其过程如图 7 - 1 所示。

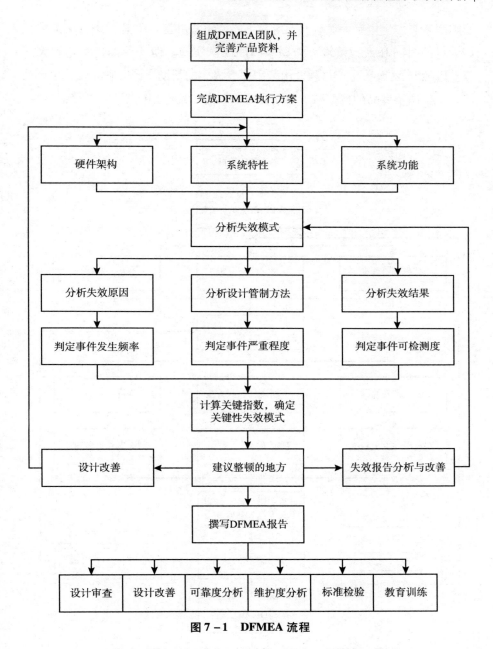

图 7 – 1 DFMEA 流程

Process FMEA（PFMEA）：专注于制造流程中可能发生的故障模式和控制，用以提高生产过程的制造质量。在企业总体规划的生产系统中，工程师会运用 FMEA 研究产品在过程中可能的失效模式，从而寻找各种失效模式的影响因素和发生概率，然后寻找所有可能的解决办法。但是，该方法需要耗费大量的时间和人力资源，需要专门的团队实施。但无论如何，其利大于弊。PFMEA 对改善生产过程及组装程序有极大的帮助。同时它在改善生产品质，让生产不良品的概率减少方面有很大效果。其过程如图 7 - 2 所示。

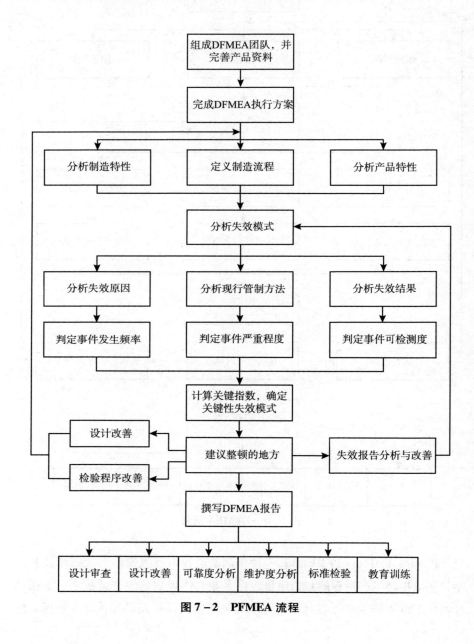

图 7 - 2 PFMEA 流程

DFMEA 和 PFMEA 可以根据具体的需求和情况选择使用，他们都能够帮助组织更全面地了解潜在风险，制定更有效的预防和纠正措施，从而提高产品和过程的可靠性和质量。

本节主要对双层犹豫模糊语言术语集和 K-means 聚类算法方法的定义与运算规则进行阐述，便于掌握本章对产品关键质量特性进行检测和综合评价。

7.3.1 双层犹豫模糊语言术语集

根据经典理论，DHHFLTS 由双层语言术语集（DHLTS）和犹豫模糊语言术语集（HFLTS）组成。因此，它既可以像 DHLTS 那样表达复杂的语义，也可以像 HFLTS 那样表达模糊和犹豫的语义（Wang et al.，2021）。在这一部分中，我们将依次介绍 DHLTS、HFLTS 和 DHHFLTS 的定义、形式和计算规则。

（1）双层语言术语集。

DHLTS 是一种用于表达复杂决策问题中存在多个层次的语言术语集的数学方法。在传统的模糊集理论中，一个元素可以被分配到一个模糊集合中，并且每个元素都有一个隶属度值来表示其属于该模糊集的程度。而在双层语言术语集中，每个元素被分配到两个层次上，分别代表不同的观点或视角。

假如在我们的日常生活中，当我们需要表达一件事的好或坏时，我们会使用"好""坏"和"一般"。假设现有的语言术语集（LTS）S 如下：

$$S = \{ s_{-3} = 无,\ s_{-2} = 非常差,\ s_{-1} = 差,\ s_0 = 中等的,$$
$$s_1 = 高,\ s_2 = 非常高,\ s_3 = 完美 \}$$

然而，当我们想要表达"一点点好"或"优秀"时，LTS 无法准确表达这种语义。因此，有学者定义了 DHLTS，具体表达形式如下：

$$S = \{\ \dot{S}_{t<\ddot{s}_k>} \mid t = -\tau,\ \cdots,\ -1,\ 0,\ 1,\ \cdots,\ \tau;$$
$$k = -\xi,\ \cdots,\ -1,\ 0,\ 1,\ \cdots,\ \xi \} \tag{7-1}$$

式（7-1）中，$\dot{s}_t$ 和 $\ddot{s}_k$ 分别为第一和第二 LTS，t 和 k 是 LTS 的个数。

如果使用 DHLTS，则可以表示 $\phi \times \varphi$ 类型的语义，$\phi = 2\tau$，$\varphi = 2\xi$。设 $t = k = 3$，则 $\dot{s}_t = \{\ \dot{s}_{-3} = 无,\ \dot{s}_{-2} = 非常差,\ \dot{s}_{-1} = 差,\ \dot{s}_0 = 中等的,\ \dot{s}_1 = 高,\ \dot{s}_2 = 非常高,\ \dot{s}_3 = 完美 \}$，$\ddot{S}_k = \{\ \ddot{S}_{-3} = 差得远,\ \ddot{S}_{-2} = 只有一点,\ \ddot{S}_{-1} =$

一点，$\ddot{S}_0 =$ 刚刚好，$\ddot{S}_1 =$ 好，$\ddot{S}_2 =$ 非常好，$\ddot{S}_3 =$ 完全$\}$，因此"一点点好"就可以被表示为 $\dot{S}_{1<\ddot{s}_{-2}>}$。

为了保证评价语言的逻辑性，也做了以下规定：

①当 $t \geqslant 0$，则 $\ddot{S}_k = \{\ddot{S}_{-3} =$ 差得远，$\ddot{S}_{-2} =$ 只有一点，$\ddot{S}_{-1} =$ 一点，$\ddot{S}_0 =$ 刚刚好，$\ddot{S}_1 =$ 好，$\ddot{S}_2 =$ 非常好，$\ddot{S}_3 =$ 完全$\}$.

②当 $t < 0$，则 $\ddot{S}_k = \{\ddot{S}_{-3} =$ 完全，$\ddot{S}_{-2} =$ 非常好，$\ddot{S}_{-1} =$ 好，$\ddot{S}_0 =$ 刚刚好，$\ddot{S}_1 =$ 一点，$\ddot{S}_2 =$ 只有一点，$\ddot{S}_3 =$ 差得远$\}$.

③当 $t = \tau$，则 $\ddot{S}_k = \{\ddot{S}_{-3} =$ 差得远，$\ddot{S}_{-2} =$ 只有一点，$\ddot{S}_{-1} =$ 一点，$\ddot{S}_0 =$ 刚刚好$\}$.

④当 $t = -\tau$，则 $\ddot{S}_k = \{\ddot{S}_0 =$ 刚刚好，$\ddot{S}_1 =$ 一点，$\ddot{S}_2 =$ 只有一点，$\ddot{S}_3 =$ 差得远$\}$.

DHLTS 主要用于处理具有不确定性和多层次决策态度的问题。它在一些实际决策问题中具有较好的应用潜力，特别是那些需要在模糊环境下考虑多个因素和不确定性的复杂决策情况。双层语言术语集方法能够更准确地帮助决策者在不确定的情况下做出决策，提高决策的可信度和有效性。

但是当 DHLTS 涉及多个层级和不确定性的处理时，需要大量的数据来支持模型的建立和运行，反之如果数据不充分或质量不高，就可能会影响模型的可信度和准确性，模型设计和计算将会变得更加复杂，这可能导致需要更多的计算资源和时间。并且在实际应用中，决策者对于隶属度值的判断可能存在一定的主观性和不一致性，这可能导致模型的稳定性和可靠性受到影响。

（2）犹豫模糊语言术语集。

托拉（Torra，2010）在 2010 年提出了直觉模糊集的概念。设 U 是有限非空集合，则 $A = \{<x, h_A(x)> | x \in X\}$ 是 U 上的一个犹豫模糊集，其中 $h_A(x)$ 是一个犹豫模糊元（HFE），由 $[0, 1]$ 区间内的若干值组成。

例如，$U = \{y_1, y_2, y_3\}$，$h_A(y_1) = \{0.9, 0.3\}$，$h_A(y_2) = \{0.1, 0.4, 0.6\}$，$h_A(y_3) = \{0.3, 0.2, 0.7, 0.8\}$，然后犹豫模糊集（HFS）可以表示为 $A = \{\langle y_1, \{0.9, 0.3\}\rangle, \langle y_2, \{0.1, 0.4, 0.6\}\rangle, \langle y_3, \{0.3, 0.2, 0.7, 0.8\}\rangle\}$。

在此基础上，有学者提出了 HFLTS 的概念，将 U 标记为连续有序的语言集（Liao et al.，2015）。设 $x_i \in U$ 固定，并且 $S = \{s_t \mid t = -\tau, \cdots, -1, 0, 1, \cdots, \tau\}$ 为 LTS，因此 HFLTS 可以表示为：

$$H_S = \{\langle x_i, h_S(x_i) \rangle \mid x_i \in U\} \tag{7-2}$$

$$h_S(x_i) = \{s_{\phi_l}(x_i) \mid s_{\phi_l}(x_i) \in S; \ l = 1, \cdots, L;$$

$$\phi_l \in \{-\tau, \cdots, -1, 0, 1, \cdots, \tau\}\} \tag{7-3}$$

其中，L 为 $h_S(x_i)$ 中的语言项数，s_{ϕ_l} 中的每个 $h_S(x_i)$ 为 S 中的连续项（Rodriguez et al.，2012），$h_S(x_i)$ 表示 x_i 属于 U 的可能性，$h_S(x_i)$ 称为犹豫模糊语言元素（HFLE）。

此外，HFLE 的表达机制更接近人的逻辑思维，能够清晰地表达模糊语义。它通常通过两种方式参与最终结果的确认，一种是通过直接参与模糊语言，另一种是通过将模糊语言转化为数字形式（Rajati M. R. & Mendel J. M.，2013）。本节将语言集转换成数值来参与最终结果的确定，因为这样可以使最终的评价结果更加直观。语言值二元组模型和虚拟术语是转换语言集的常用方法（孟佳等，2018；魏翠萍和葛淑娜，2016）。为了证明模糊语言集变换的合理性，郭等（Gou X. et al.，2016）提出了等效函数的概念，具体计算公式如下：

假设 $S = \{s_t \mid t = -\tau, \cdots, -1, 0, 1, \cdots, \tau\}$ 为 LTS，$h_S(x_i) = \{s_{\phi_l}(x_i) \mid s_{\phi_l}(x_i) \in S; \ l = 1, \cdots, L; \ \phi_l \in [-\tau, \tau]\}$ 为 HFLE，L 是 $h_S(x_i)$ 中的语言项数，$h_\sigma = \{\sigma_l \mid \sigma_l \in [0, 1]; \ l = 1, \cdots, L\}$ 是一个 HFE。如果语言术语 s_{ϕ_l} 的 σ_l 和 ϕ_l 表示相同的含义，则它们之间的互变换函数为 f 和 f^{-1}，具体表达式如下：

$$f: \ [-\tau, \tau] \rightarrow [0, 1], \ f(\phi_l) = \frac{\phi_l + \tau}{2\tau} = \sigma_l \tag{7-4}$$

$$f^{-1}: \ [0, 1] \rightarrow [-\tau, \tau], \ f^{-1}(\sigma_l) = (2\sigma_l - 1)\tau = \phi_l \tag{7-5}$$

其中，ϕ_l 为语言项，σ_l 为隶属度。

由式（7-4）、式（7-5）可知，HFLTS h_S 与 HFE h_σ 之间的变换函数为：

$$F: \ \phi \rightarrow \Theta, \ F(h_S) = F(\{s_{\phi_l} \mid s_{\phi_l} \in S; \ l = 1, \cdots, L; \ \phi_l \in [-\tau, \tau]\})$$

$$= \{\sigma_l \mid \sigma_l = f(\phi_l)\} = h_\sigma \tag{7-6}$$

$$F^{-1}: \ \Theta \rightarrow \phi, \ F^{-1}(h_\sigma) = F^{-1}(\{\sigma_l \mid \sigma_l \in [0, 1]; \ l = 1, \cdots, L\})$$

$$= \{s_{\phi_l} \mid \phi_l = f^{-1}(\sigma_l)\} = h_S \tag{7-7}$$

其中，ϕ 为 LTS，Θ 为所有 HFLEs 的集合。

HFLTS 的基本功能和操作公式如下：

假设 $h_{S_1} = \{ s^1_{\phi_l} \mid s^1_{\phi_l} \in S;\ l = 1,2,\cdots,L;\ \phi_l \in [-\tau,\tau] \}$ 和 $h_{S_2} = \{ s^2_{\phi_l} \mid s^2_{\phi_l} \in S;\ l = 1,2,\cdots,L;\ \phi_l \in [-\tau,\tau] \}$ 为两个 HFLTSs。

① $h_{S_1} \oplus h_{S_2} = F^{-1} \left(\bigcup_{\gamma_1 \in F(h_{S_1}),\ \gamma_2 \in F(h_{S_2})} \gamma_1 + \gamma_2 - \gamma_1 \gamma_2 \right)$

② $h_{S_1} \otimes h_{S_2} = F^{-1} \left(\bigcup_{\gamma_1 \in F(h_{S_1}),\ \gamma_2 \in F(h_{S_2})} \gamma_1 \gamma_2 \right)$

③ $\lambda h_{S_1} = F^{-1} \left(\bigcup_{\gamma_1 \in F(h_{S_1})} \{ 1 - (1 - \gamma_1)^\lambda \} \right)$

④ $(h_{S_1})^\lambda = F^{-1} \left(\bigcup_{\gamma_1 \in F(h_{S_1})} \{ \gamma_1^\lambda \} \right)$

在以上公式中，γ 为实数。

（3）双层犹豫模糊语言术语集。

在上述的理论基础上，首先，本书提出了 DHHFLTS，$H_s = \{ \dot{S}_{\phi_l < \ddot{s}_{\phi_l} >} \mid \dot{S}_{\phi_l < S_{\phi_l} >} \in S;\ l = 1,\cdots,L;\ t = [-\tau,\tau];\ k = [-\xi,\xi] \}$，$S = \{ \dot{S}_{t < \ddot{s}_k >} \mid t = -\tau,\cdots,-1,0,1,\cdots,\tau;\ k = -\xi,\cdots,-1,0,1,\cdots,\xi \}$，其中 L 为 H_s 中 LTS 的个数，如图 7-3 所示。

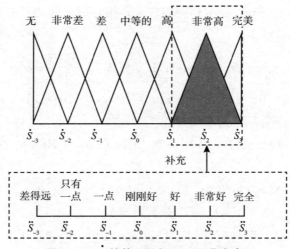

图 7-3　$\dot{S}_2$ 的第二层级 LTS（非常高）

在图 7 – 3 中，设 $t = k = 3$，则第一层级 LTS 为 $\dot{S}_\tau$，第二层级 LTS 为 $\ddot{S}_k$，第二层级 LTS 是对第一层级 LTS 的补充。

其次，根据 HFLTS 的变换函数和运算公式，给出了 DHHFLTS 的变换函数和运算公式。假设 $H_s = \{ \dot{S}_{\phi_l < \ddot{s}_{\varphi_l}>} \mid \dot{S}_{\phi_l < \ddot{s}_{\varphi_l}>} \in S;\ l = 1,\ \cdots,\ L;\ t = [-\tau,\ \tau];\ k = [-\xi,\ \xi] \}$ 为 DHHFLTS，$S = \{ \dot{S}_{t < \ddot{s}_k>} \mid t = -\tau,\ \cdots,\ -1,\ 0,\ 1,\ \cdots,\ \tau;\ k = -\xi,\ \cdots,\ -1,\ 0,\ 1,\ \cdots,\ \xi \}$；假设 $h_\mu = \{ \mu_l \mid \mu_l \in [0,\ 1];\ l = 1,\ \cdots,\ L \}$ 为一个 HFE，如果语言术语 $\dot{S}_{\phi_l < \ddot{s}_{\varphi_l}>}$ 的 μ_l 和 $\phi_l \langle \varphi_l \rangle$ 表示相同的意思，则它们之间的互变换函数为 q 和 q^{-1}，具体表达式如下：

$$q:\ [-\tau,\ \tau] \times [-\xi,\ \xi] \rightarrow [0,\ 1],\ f(\phi_l,\ \varphi_l)$$

$$
\begin{cases}
\dfrac{1}{\tau} \times \dfrac{\varphi_l + \xi}{2\xi} + \dfrac{\tau + \phi_l - 1}{2\tau} = \dfrac{\varphi_l + (\tau + \phi_l)\xi}{2\xi\tau} = \mu_l, & \text{当 } -\tau + 1 \leqslant \phi_l \leqslant \tau - 1 \\[2ex]
\dfrac{1}{2\tau} \times \dfrac{\varphi_l + \xi}{\xi} + \dfrac{\tau + \phi_l - 1}{2\tau} = \dfrac{\varphi_l + (\tau + \phi_l)\xi}{2\xi\tau} = \mu_l, & \text{当 } \phi_l = \tau \\[2ex]
\dfrac{1}{2\tau} \times \dfrac{\varphi_l}{\xi} = \dfrac{\varphi_l}{2\xi\tau} = \mu_l, & \text{当 } \phi_l = -\tau
\end{cases}
$$

$$(7 - 8)$$

$$q^{-1}:\ [0,\ 1] \rightarrow [-\tau,\ \tau] \times [-\xi,\ \xi]$$

$$
\begin{cases}
[2\tau\mu_l - \tau] + 1 < \ddot{S}_{\xi((2\tau\mu_l - \tau - [2\tau\mu_l - \tau]) - 1)} >, & \text{当 } 1 - \tau \leqslant 2\tau\mu_l - \tau \leqslant \tau - 1 \\[2ex]
\tau < \ddot{S}_{\xi(2\tau\mu_l - \tau - [2\tau\mu_l - \tau]) - \xi} >, & \text{当 } \tau - 1 \leqslant 2\tau\mu_l - \tau \leqslant \tau \\[2ex]
1 - \tau < \ddot{S}_{\xi((2\tau\mu_l - \tau - [2\tau\mu_l - \tau]) - 1)} >, & \text{当 } -\tau \leqslant 2\tau\mu_l - \tau \leqslant 1 - \tau
\end{cases}
$$

$$(7 - 9)$$

其中，ϕ_l 和 φ_l 分别为第一层级 LTS 和第二层级 LTS 的下标号，表示舍入符号。

由式（7 – 8）和式（7 – 9）可知，DHHFLTS H_S 与 HFE h_μ 之间的变换函数为：

$$Q:\ \phi \times \varphi \rightarrow \Theta,\ Q(H_S) = \{ \mu \mid \mu_l = q(\phi_l,\ \varphi_l) \} = h_\mu \qquad (7 - 10)$$

$$Q^{-1}:\ \Theta \rightarrow \phi \times \varphi = \{ s_{\phi_l < o_{\varphi_l}>} \mid \phi_l < o_{\varphi_l} > = q^{-1}(\mu_l) \} = H_S \qquad (7 - 11)$$

其中，ϕ 和 φ 为 LTS，Θ 为所有 HFLEs 的集合。

DHHFLTS 的运算公式如下：假设 $H_{S_1} = \{ \dot{S}^1_{\phi_l < \ddot{s}^1_{\varphi_l}>} \mid \dot{S}^1_{\phi_l < \ddot{s}^1_{\varphi_l}>} \in S;\ l = 1,\ \cdots,\ L;\ t = [-\tau,\ \tau];\ k = [-\xi,\ \xi] \}$ 和 $H_{S_2} = \{ \dot{S}^2_{\phi_l < \ddot{s}^2_{\phi_l}>} \mid \dot{S}^2_{\phi_l < \ddot{s}^2_{\phi_l}>} \in S;$

$l = 1, 2, \cdots, L_2; \phi_l \in [-\tau, \tau]\}$ 为两个 DHHFLTSs，其中 $S = \{ \dot{S}_{t<\ddot{s}_k>} \mid t = -\tau, \cdots, -1, 0, 1, \cdots, \tau; k = -\xi, \cdots, -1, 0, 1, \cdots, \xi\}$。

$$H_{S_1} \oplus H_{S_2} = Q^{-1} \left(\bigcup_{\eta_1 \in Q(H_{S_1}), \ \eta_2 \in Q(H_{S_2})} \eta_1 + \eta_2 - \eta_1\eta_2 \right)$$

$$(7-12)$$

$$H_{S_1} \otimes H_{S_2} = Q^{-1} \left(\bigcup_{\eta_1 \in Q(H_{S_1}), \ \eta_2 \in Q(H_{S_2})} \eta_1\eta_2 \right) \qquad (7-13)$$

$$\lambda H_{S_1} = Q^{-1} \left(\bigcup_{\eta_1 \in Q(H_{S_1})} \{1 - (1-\eta_1)^\lambda\} \right) \qquad (7-14)$$

$$(H_{S_1})^\lambda = Q^{-1} \left(\bigcup_{\eta_1 \in Q(H_{S_1})} \{\eta_1^\lambda\} \right) \qquad (7-15)$$

其中，Q^{-1} 的计算规则按照式（7-11）进行计算，λ 为本节实际计算过程中的权重，η_1 和 η_2 分别为 DHHFLTSs H_{S_1} 和 H_{S_2} 的 HFLEs。

总体而言，DHHFLTS 在处理多属性决策问题时具有较强的优势，能够更全面地表达决策者的犹豫态度和不确定性，提高决策的准确性和可信度。DHHFLTS 允许决策者在每个元素的多个层次上表达不同程度的不确定性和犹豫态度。这样，决策者可以更全面地考虑和反映不同属性值的不确定性，从而更准确地评估决策结果。

7.3.2　K-means 聚类算法

聚类分析是数据挖掘中一个重要概念，其核心是寻找数据对象中隐藏的有价值的信息。K-means 根据相似性原理划分数据点，是一种无监督学习算法。K-means 通过计算数据点之间的距离，来划分各数据点的归属。在这一过程中，随着迭代次数的增加，划分趋势越来越大，划分的误差越来越小或呈现收敛趋势时，聚类过程结束。K-means 算法关键步骤在于选择聚类中心点；然后通过距离大小找出离该样本最近的聚类中心，并将样本分配到此聚类中心；最后计算样本的均值作为新的聚类中心，依次进行迭代，直至误差收敛或趋于最小。

K-means 的欧氏距离计算公式为：

$$d(X, C_i) = \sqrt{\sum_{j=1}^{N} (d_j - C_{ij})^2} \qquad (7-16)$$

式（7-16）中，d_j 为第 j 个数据至聚类中心的距离，N 为数据个数，C_{ij} 为聚类中心，即簇的质心，表达式如下：

$$C_{ij} = \frac{1}{|C_i|} \sum_{d_j \in C_i} d \qquad (7-17)$$

样本集的误差平方和 SSE 计算公式为：

$$SSE = \sum_{i=1}^{K} \sum_{d \in C_i} |d(X, C_i)|^2 \qquad (7-18)$$

其中，d 为数据对象，K 为簇的个数。

K-means 聚类实质是 EM（Expectation-Maximization algorithm，EM）模型的优化过程。具体步骤如下：

（1）随机选择 K 个初始聚类中心；

（2）将数据集中的每个样本点分配到与其最近的聚类中心；

（3）根据每个聚类中心所包含的样本点，计算新的聚类中心位置；

（4）重复步骤（2）与（3），直到中心点的位置不再发生变化或达到预定的迭代次数。最终得到 K 个聚类簇，每个簇包含一组相似的样本点。

EM 算法主要用于解决包含隐变量的模型参数估计、模型选择、缺失数据填充、聚类分析和特征提取等问题。在 K-means 算法中，每当确认中心点后，需要执行重新标记数据的步骤，类似于 EM 算法中的 E 步。即在当前参数条件下计算期望。然后根据重新标记的数据来更新中心点，这类似于 EM 算法中的 M 步。即在最大化似然函数时更新参数。EM 算法的一个缺点是容易陷入局部极小值，因此有时 K-means 算法也会陷入局部最优解。K-means 的聚类思想简单，其算法存在部分的缺陷，本章简单介绍改进的 K-means 算法，读者可自行深入研究。

（1）簇类个数初始化。

簇类初始化是 K-means 的一个重要参数，通常需要根据具体问题进行选择。一般而言，选择一个合适的簇类个数可以得到更为准确和有意义的聚类结果。常用的选择方法有：先验法、手肘法等方法。先验法比较简单，就是凭借着对数据集的了解而确定 K 的取值。例如，对于常见的鸢尾花数据集，当我们提前知道它有三种类别，就可以按照 K = 3 做聚类验证。手肘法比先验法复杂。首先我们知道 K 值越大，划分的簇群越多，对应的各个点到簇中心的距离的平方和越低，通过确定距离平方和随着 K 的增加而减少的曲线拐点，作为 K 的取值。但手肘法的缺点在于需要人为判断，因此手肘法的主观性太强。许多研究者提出了各种不同的方法用于确定 K 值，如 Gap statistic 方法、ISODATA 算法等，由于 K-means 较为简单，也有学者采用不同的初始化方案进行多次验证，最终选择最优的初始化值。

（2）中心点初始化。

本章提到过不同初始化的中心点对于算法结果的影响比较大，所以，针对这点更新出了 K-means＋＋算法。其初始化的思路是：各个簇类中心应该互相离得越远越好。基于各点到已有中心点的距离分量，依次随机选取到 K 个元素作为中心点。离已确定的簇中心点的距离越远，越有可能被选择作为另一个簇的中心点。这可以有效解决 K-means 有时会陷入局部最优的问题。

（3）数据分布不同。

由于 K-means 对初始聚类中心的选择较敏感，不同的初始聚类中心可能导致不同的聚类结果，因此需要多次运行算法并选择最好的结果。另外，K-means 对离群点和噪声数据也很敏感，这些数据可能会影响聚类中心的计算和簇的分配，导致结果不准确或不合理。此外，K-means 算法假设簇是凸形的，对于非凸形的簇，K-means 可能无法正确地将其划分为多个子簇。因此针对不同的场景应慎重选择适合的算法。当然，针对 K-means 还可以采用一些预处理技术，如离群点检测和去噪等，以提高算法的鲁棒性和准确性。通过合理的预处理和参数配置，我们也仍然可以得到准确和有意义的聚类结果。

（4）数据特征类型。

K-means 是基于距离来聚类的，因此是面向数值型的特征。对于类别特征需要进行 one-hot 编码或其他编码方法。此外还有 K-Modes、K-Proto-types 算法可以用于混合类型数据的聚类，对于数值特征簇类中心取得是均值向量，而类别型特征中心取得是众数，计算距离采用海明距离，一致为 0 否则为 1。

（5）数据特征选择。

K-means 本质上只是根据样本特征间的分布确定所属的簇类。而不同特征的情况，就会明显影响聚类的结果。当使用没有代表性的特征时，结果可能就和预期相差很大。对于无监督聚类的特征选择，可以采用方差选择、相关性分析等方法来评估特征对聚类结果的贡献；也可以通过运用模型特征选择和降维方法帮助筛选出对聚类分析最具意义的特征子集。

7.3.3　BIRCH 聚类算法

BIRCH （Balanced Iterative Reducing and Clustering Using Hierarchies）适合处理大规模数据集。它通过构建一个层次化的聚类结构来实现高效的聚类。区别于 K-means 算法，BIRCH 算法只需单遍扫描数据集就能进行，且运行速度快。BIRCH 算法的主要原理是通过建立层次结构的数据表示来进行聚类，以在不需要显式存储所有数据点的情况下进行高效的聚类。它通过聚类特征 CF （Clustering Feature）来表示数据点的紧凑信息。每个 CF 包括数据点的数量、均值、协方差等信息。通过维护 CF，BIRCH 能够有效地表示大量数据点的聚类特征。通过递归合并子簇，最终形成具有层次结构的簇。BIRCH 的两个主要阶段是建立子簇和簇的合并。

子簇构建：BIRCH 的第一阶段是建立子簇。在这个阶段，BIRCH 逐个处理数据点，将每个数据点分配给最近的子簇。如果某个数据点无法分配到任何子簇或距离最近的子簇与其距离超过了一个阈值 T，则会创建一个新的子簇。

层次结构：BIRCH 使用 B + 树或其他类似数据结构来组织子簇，从而构建一个层次结构。这个层次结构允许对子簇进行递归合并，以形成更大的簇。

簇的合并：在第二阶段，BIRCH 通过递归合并相邻的子簇来构建最终的簇。合并的条件通常是根据子簇之间的距离或密度等标准来确定的。合并后，新的 CF 将代表合并后的子簇。

通过上述，介绍 BIRCH 算法的详细执行步骤如下：

（1）建立子簇，初始化一个空的子簇集合，逐个处理数据点；

（2）将新数据点与现有子簇进行比较，选择最近的子簇（通常使用欧氏距离或其他距离度量）；

（3）如果最近的子簇与新数据点之间的距离小于阈值 T，则将新数据点分配给该子簇，更新子簇的 CF；

（4）如果最近的子簇与新数据点之间的距离大于 T，则创建一个新的子簇，并将新数据点分配给该子簇；

（5）构建一个 B + 树或类似的数据结构，用于合并子簇；

（6）对子簇进行递归合并，直到满足合并条件（通常是子簇之间的距离或密度相等）；

（7）重复步骤（5），直到不再有可以合并的子簇。

这样，BIRCH 算法通过递归地构建子簇和合并子簇来创建具有层次结构的簇。最终，簇的层次结构可以用于分析和理解数据，以便进一步的数据挖掘和分析任务。除了聚类之外，BIRCH 算法还可以用于数据预处理、簇分布分析、簇标记与分类，以及异常检测等任务。在数据预处理方面，BIRCH 算法可以通过构建 CF 树并合并节点，将数据集进行压缩和降维，减少数据的存储空间和计算复杂度。在簇分布分析方面，BIRCH 算法生成的聚类结果可以用于研究数据集中的簇分布情况。在簇标记与分类方面，通过将新样本点标记为属于某个特定的簇，可以用于后续的分类任务。在异常检测方面，BIRCH 算法可以帮助识别数据集中的异常点或离群点。在实际应用中，BIRCH 要比 K-means 复杂，参数 T 和合并条件的选择会影响算法的性能和聚类结果，因此需要根据数据集的特性来选择适当的参数值。就该点来说，BIRCH 的参数调优是一个很重要的任务，调参的范围会很大影响聚类的最终形式。

7.3.4 DBSCAN 聚类算法

DBSCAN（Density-Based Spatial Clustering of Applications with Noise）聚类算法是一种含噪声的聚类算法，可以用于发现具有相似密度的样本点组成的簇。与 K-means 不同，DBSCAN 能够自动识别任意形状的簇，并且对噪声数据具有较好的鲁棒性。DBSCAN 算法的核心思想是基于样本点周围的密度来划分簇。算法首先会选择一个未被访问的样本点，其次找出它的邻域内的所有样本点。如果该样本点的邻域内包含足够多的样本点（大于等于一个预先设定的阈值），则将其作为核心点，并将其邻域内的样本点加入到同一个簇中。再次，对于新加入簇的样本点，继续检查其邻域内的样本点，并递归地扩展簇的大小。如果邻域内的样本点数量小于阈值，但仍属于某个簇的邻域，则将其标记为边界点。最后，未被任何簇包含的样本点将被标记为噪声点。

DBSCAN 不需要事先指定簇的个数，能够自动识别数据中的离群点，并且在处理大规模数据集时也具有较高的效率。此外，DBSCAN 还能够处理具有不同密度的簇，对参数的选择相对较低敏感。然而，DBSCAN 算法也存在一些限制。对于具有不同密度的簇，选择适当的阈值可能相对困难。如果数据集的维度较高，算法的性能可能会下降。此外，DBSCAN 对于具有不同密度的簇，可能会将它们划分为多个簇，而无法将其合并为一个簇。DBSCAN 主要步骤如下。

（1）设定样本集 $D = (x_1, x_2, \cdots, x_m)$，邻域参数 (ε, δ)，初始化核心对象集合 $\Omega = \varnothing$，初始化聚类簇数 $k = 0$，初始化未访问样本集合 $\Delta = D$，簇划分 $C = \varnothing$。

（2）对于 $j = 1, 2, \cdots, m$，按以下方法找出所有的核心对象：通过距离度量方式，找到样本 x_j 的 ε – 邻域子样本集 $N \in (x_j)$。如果子样本集样本个数满足 $|N \in (x_j)| \geqslant \delta$，将样本 x_j 加入核心对象样本集合：$\Omega = \cup (x_j)$。

（3）若核心对象集合 $\Omega = \varnothing$，则算法结束，否则转入步骤（4）。

（4）在核心对象集合 Ω 中，随机选择一个核心对象 O，初始化当前簇核心对象队列 $\Omega_{cur} = \{O\}$，初始化类别序号 $k = k + 1$，初始化当前簇样本集合 $C_k = \{O\}$，更新未访问样本集合 $\Delta = \Delta - \{O\}$。

（5）如果当前簇核心对象队列 $\Omega_{cur} = \varnothing$，则当前聚类簇 C_k 生成完毕，更新簇划分 $C = \{C_1, C_2, \cdots, C_k\}$，更新核心对象集合 $\Omega = \Omega - C_k$，转入步骤（3）。否则更新核心对象集合 $\Omega = \Omega - C_k$。

（6）在当前簇核心对象队列 Ω_{cur} 中取出一个核心对象 O'，通过邻域距离阈值 ε 找出所有的 ε – 邻域子样本集 $N \in (O')$，令 $\tau = N \in (O') \cap \Delta$，更新当前簇样本集合 $C_k = C_k \cup \tau$，更新未访问样本集合 $\Delta = \Delta - \tau$，更新 $\Omega_{cur} = \Omega_{cur} \cup (\tau \cap \Omega) - O'$，转入步骤（5）。

（7）最终输出结果簇划分 $C = \{C_1, C_2, \cdots, C_k\}$。

通过这些步骤，DBSCAN 能够将数据集划分为若干个密度相连的簇，并能够识别出噪声点。它对簇的形状和大小没有先验假设，因此适用于各种类型的数据分布。另外，由于其不需要预先指定簇的数量，因此对于不同数量和大小的簇的数据集具有较强的鲁棒性。基于这些优点，DBSCAN 在许多实际应用中被广泛使用，如空间数据分析、图像处理和异常检测等领域。通过适当选择参数和理解算法的特点，可以更好地应用 DBSCAN 聚类算法进行数据分析和挖掘。

7.4 基于 K-means 聚类算法的产品关键质量特性综合评价模型

上一节描述了 DHHFLTS 和三种聚类算法的定义和计算公式。本节主要介绍 DHHFLTS 和 K-means 方法的计算步骤。

7.4.1 模型构建流程

本节基于 K-means 聚类算法的产品关键质量特性综合评价模型主要使用了 DHHFLTS、熵权法、K-means 聚类三种方法。

第一步：首先，收集故障模式，建立评价小组，确定评价语言集。其次，评价成员使用 DHHFLTS 对失效模式进行评估。

第二步：求解评价成员的权重。即对评价成员给出的 DHHFLTS 进行标准化，并计算其信息熵，然后采用熵权法计算评价人员的权重。

第三步：利用 K-means 聚类算法找到评价信息的中心。

第四步：计算影响因素的权重。即计算失效模式评估信息与最终中心点之间的距离，并进行归一化，得到影响因素的权重。如果影响因素的权重计算没有达到评价成员的共识，则返回第二步。

第五步：获取评估结果。即对失效模式的评价信息进行聚合，对失效模式的评价信息进行累积，对风险进行排序。

具体计算过程如图 7-4 所示。

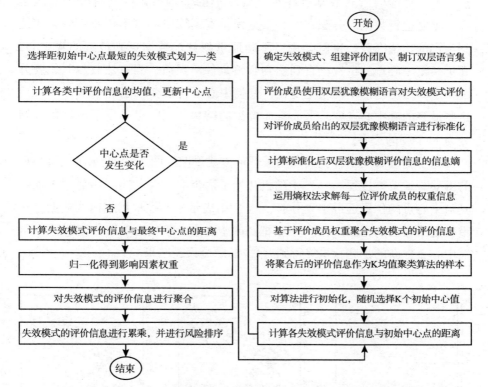

图 7 - 4 基于 K-means 聚类算法的产品关键质量特性综合评价模型流程

7.4.2 聚类数据中心点

K-means 聚类是一种常用的无监督学习算法，用于将数据集分成 K 个不重叠的簇。每个簇由其对应的中心点（也称为聚类中心或质心）来表示。K-means 聚类的目标是将数据集划分为 K 个簇，使每个数据点都属于与其最近的簇中心。K-means 聚类的中心点确定过程如下。

首先，随机初始化 K 个簇中心点。可以从数据集中随机选择 K 个点作为簇中心，或者使用其他方法进行初始化。其次，分配数据点到最近的簇中心点。对于每个数据点，计算其与 K 个簇中心点之间的距离，通常使用欧氏距离。将数据点分配给与其距离最近的簇中心所在的簇。再次，更新簇中心点。对于每个簇，计算该簇内所有数据点的均值，作为新的簇中心点。即计算簇内所有数据点在每个维度上的平均值，得到新的中心点坐标。重复进行数据点分配和中心点更新，直到簇中心点不再发生变化或达到预定的迭代次数。也就是说，不断地重新分配数据点到最近的簇中心，并更新簇中心点的位置，直到达到收敛条件。最后，当算法收敛时，簇分配稳定，簇的均值不再发生变化，聚类中心不再改变（吴花平等，2022）。这些最终的簇中心点就是 K-means 聚类的结果，同时也确定了数据集被划分为 K 个簇的边界。

为了更直观展示，我们采用了图形方式说明。图 7 - 5 展示了二分数据的 K-means 聚类过程。（a）中随机初始了两个中心点，（b）中数据点根据其与中心点的位置远近来划分簇，（c）中表示中心点根据簇内的数据分布重新更新自己的位置，（d）中根据新的中心点，簇被重新划分，（e）中重复中心点更新的步骤，最终得到（f）的二分聚类结果。

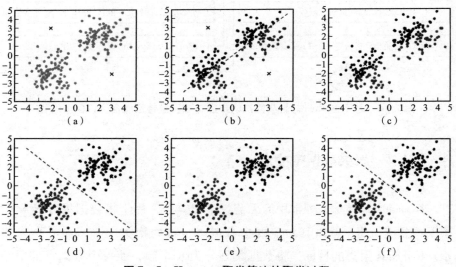

图 7 - 5　K-means 聚类算法的聚类过程

值得注意的是，从图 7 - 5（a）步开始，K-means 就有陷入局部最优的可能。为此，可以通过多次运行 K-means 算法，取最稳定且最优的情况来代表最终的聚类结果。

7.4.3 聚类算法的性能评估

聚类算法的性能评估是通过一系列指标和方法来量化和衡量算法在给定数据集上的聚类效果的过程。这种评估有助于了解算法对数据的拟合程度，以及聚类结果的质量和一致性。聚类算法主要从以下几个方面评估从而确定指标。

紧凑性：簇内样本的紧密度。好的聚类应该使同一簇内的样本彼此接近，形成紧凑的簇。

稳定性：对于不同的数据集或初始条件，算法的聚类结果是否稳定。稳定性高的算法在不同情况下产生一致的聚类结果。

分离度：不同簇之间的分离程度。好的聚类应该确保不同簇之间有明显的分离，即簇与簇之间的间隔明显。

簇内相似性：衡量同一簇内样本之间的相似性程度。在好的聚类中，簇内的样本应该彼此相似，即具有较小的内部距离。

可解释性：聚类结果是否容易理解和解释。直观且可解释的聚类结果有助于深入理解数据的结构。

噪声容忍度：算法对噪声的敏感程度。有效的聚类算法能够对数据中的噪声有识别能力，将其归类为适当的簇或将其忽略。

簇间差异性：衡量不同簇之间样本的差异性。好的聚类应该保证不同簇之间的样本有较大的间隔，即具有较大的外部距离。

对比：簇内和簇间的对比。好的聚类应该在簇内有高对比度，簇间有明显对比度，以便更清晰地区分不同簇。

外部评估指标：使用真实标签或其他外部信息来评估聚类结果，如调整兰德指数和互信息等。

内部评估指标：通过数据本身的信息来评估聚类结果。

这些评估指标的选择取决于具体的任务和数据特性。综合使用多个指标能够更全面地了解聚类算法的性能。下面详细介绍几个常用的评估指标：

（1）F 值（F-measure）。

F 值是最常用的一种用于二分类聚类模型性能的指标，常配合模型的精确度和召回率计算。在聚类算法的性能评估中，通常用于衡量聚类结果的准确性。F 值的计算公式为：

$$F = \frac{2 \times Precision \times Recall}{Precision + Recall} \qquad (7-19)$$

式（7-19）中，$Precision$ 表示在所有被分类为正类的样本中，实际属于正类的比例；$Recall$ 表示在所有实际为正类的样本中，被正确分类为正类的比例。F 值越接近 1 则模型性能越好。

在聚类算法中，可以将聚类结果看作是模型对数据进行二分类的结果，其中正例表示簇内的样本，负例表示簇外的样本。然后，可以根据簇的真实标签和聚类结果计算 $Precision$ 和 $Recall$，进而得到 F 值，用于衡量聚类结果的准确性和全面性。

（2）纯度（purity）。

纯度旨在衡量聚类结果中簇内样本的类别纯净度。纯度的结果代表的是每个簇中包含最多样本的类别所占比例。纯度用以评估簇的一致性。纯度的计算公式如下：

$$Purity = \frac{1}{N} \sum_{i=1}^{K} \max_j (count(C_i \cap T_j)) \qquad (7-20)$$

式（7-20）中，N 是样本总数，K 是簇的数量，C_i 表示第 i 个簇，T_j 表示真实类别的第 j 类，$count(C_i \cap T_j)$ 表示簇 C_i 中属于类别 T_j 的样本数量。

纯度的取值范围在 0~1，其中 1 表示聚类结果非常纯净，每个簇都包含同一类别的样本。较高的纯度值表示聚类结果中簇内的类别一致性较高。虽然纯度提供了一种直观的评估方式，但它对簇的大小和类别数量敏感，因此在评估聚类算法时，通常需要综合考虑其他性能指标，以全面了解聚类结果的质量。

（3）兰德指数（rand index，RI）。

RI 是一种直观且易于理解的指标，用于度量两个数据分割（如聚类结果与真实标签）之间的相似性。RI 将样本划分为同一簇或不同簇的情况进行了分类，并通过比较聚类结果中的配对样本与真实标签中的配对样本来评估聚类结果的一致性。RI 的计算公式为：

$$RI = \frac{a+b}{a+b+c+d} \qquad (7-21)$$

式 (7 - 21) 中，a 表示同族内配对数，即在聚类结果和真实标签中，样本被正确分配到相同簇的配对数；b 表示不同内配对数，即在聚类结果和真实标签中，样本被正确分配到不同簇的配对数；c 表示同族外配对数，即在聚类结果和真实标签中，样本被错误分配到相同簇的配对数；d 表示不同外配对数，即在聚类结果和真实标签中，样本被错误分配到不同簇的配对数。通常来说，RI 越接近 1，表示聚类结果越与真实标签一致。

（4）轮廓系数（silhouette coefficient，SC）。

轮廓系数度量出了样本和类簇的紧密度和分离度，从而评估簇的合理性和紧凑性。轮廓系数 $s(i)$ 对于每个样本 i 的计算公式为：

$$s(i) = \frac{b(i) - a(i)}{\max\{a(i), b(i)\}} \tag{7-22}$$

式 (7 - 22) 中，$a(i)$ 表示簇内平均距离，即对样本 i 计算它与同簇其他样本的平均距离，用于衡量簇内的紧密度；$b(i)$ 表示最近簇内平均距离，即对样本 i 计算它与最近的非同簇样本的平均距离，用于衡量簇间的分离度。

SC 越接近 1 表示样本 i 被正确地分配到了簇，因为它与同簇样本的距离很小，与其他簇的距离很大；接近 -1 表示样本 i 被错误地分配到了簇，因为它与同簇样本的距离较大，与其他簇的距离较小；接近 0 表示样本 i 位于两个簇的边界上。

整体而言，轮廓系数的均值提供了对整个聚类结构的评估。一个高整体轮廓系数表示聚类结果的质量较高。轮廓系数在没有真实标签的情况下，常用于选择聚类簇的数量（K 值），因为它可以在不需要真实标签的情况下对不同的 K 值进行比较。

（5）Davies-Bouldin 指数。

Davies-Bouldin 指数是一种用于衡量聚类算法性能的指标，旨在评估簇内的紧密度和簇间的分离度。Davies-Bouldin 指数计算的核心思想是比较每个簇与最相似的其他簇之间的相似性。具体来说，对于每一对簇 i 和 j，计算一个相对指数 $R(i, j)$，该指数衡量了两个簇的内部紧密度和外部分离度。计算公式如下：

$$R(i, j) = \frac{1}{K} \sum_{i=1}^{K} \max_{j=i} R(i, j) \tag{7-23}$$

式（7-23）中，K 是簇的数量。Davies-Bouldin 指数越小，意味着簇内紧密度较高，簇间分离度较大，聚类效果越好。

（6）Calinski-Harabasz 指数。

Calinski-Harabasz 指数也称为方差比标准。它旨在衡量簇的紧密度和分离度，通过比较簇间的方差与簇内的方差的比值来评估聚类结果的质量。Calinski-Harabasz 指数的计算公式如下：

$$CH = \frac{B(K)}{(K-1)} \times \frac{N-K}{W(K)} \qquad (7-24)$$

式（7-24）中，$B(K)$ 是簇间的方差，$W(K)$ 是簇内的方差，N 是样本总数，K 是簇的数量。

具体来说，簇间的方差 $B(K)$ 表示簇中心之间的差异程度，它是所有簇中心与数据集中心之间的方差之和。簇内的方差 $W(K)$ 是所有簇内样本到其簇中心的距离方差。因此也代表簇内样本与簇中心之间的差异程度。Calinski-Harabasz 指数越大，聚类效果越好。因此，该指数可用于在不知道真实标签的情况下评估算法的性能，但是 Calinski-Harabasz 对簇的凸性和大小都敏感。因此在计算这个指标之前，需要考虑所处理数据的特点。

（7）互信息（mutual information，MI）。

在聚类算法的性能评估中，MI 常被用来衡量聚类结果与真实标签之间的一致性。MI 的计算基于信息熵的概念。给定两个随机变量 X 和 Y，它们的联合概率分布为 $P(X, Y)$，边缘概率分布分别为 $P(X)$ 和 $P(Y)$。互信息 $I(X; Y)$ 的计算公式为：

$$I(X; Y) = \sum_{x \in X} \sum_{y \in Y} P(x, y) \log\left(\frac{P(x, y)}{P(x)P(y)}\right) \qquad (7-25)$$

式（7-25）中，log 是以 2 为底的对数。

MI 度量了两个随机变量之间的共享信息量，即一个变量的取值对于另一个变量的取值提供的信息。

以上七类指标提供了多个角度来评估聚类算法的性能，覆盖了簇内外的距离、紧密度、分离度及一致性等方面。当我们要对比聚类效果时候，可以根据具体的任务和数据特性选择合适的指标。

7.4.4　关键质量特性数据的相关权重

产品关键质量特性综合评价则是对质量特性数据检测结果进行综合分析和评估的过程，通常包括以下内容：质量指标的加权：将不同质量指标赋予适当的权重，以反映其在产品性能中的重要性；质量绩效评估：根据实际检测结果，对产品的质量绩效进行评估，包括优点和改进空间；风险评估：评估产品关键质量特性对产品成功的影响，识别潜在的风险和可能的问题；改进计划：根据评估结果，制定改进计划，进一步优化产品的关键质量特性。

由此而看，质量指标的权重确定十分重要。质量指标会随着信息熵值大小而改变。信息熵值越小，质量指标的影响越大。如果某一指标的数值都相等，则该指标在综合评价中不起作用（陈洪芳等，2023）。本节提出了熵权法进行产品质量综合评价。在对某一影响因素进行评价时，评价成员的评价结果与其他评价成员的评价结果存在较大差异。根据信息熵的定义，可以确定该评价成员的评价离散度较大。因此，评价成员对综合评价的影响越大，权重越大。基于这一思想，我们得到了计算评价成员权重的公式如下：

$$
\lambda_p = \frac{\displaystyle\sum_{q=1;q\neq p}^{b}\sum_{j=1}^{m}\sum_{i=1}^{n} d(H_{S_{ij}}^{p}, H_{S_{ij}}^{q})}{\displaystyle\sum_{p=1}^{b}\sum_{q=1;q\neq p}^{b}\sum_{i=1}^{m}\sum_{j=1}^{n} d(H_{S_{ij}}^{p}, H_{S_{ij}}^{q})} \tag{7-26}
$$

式（7-26）中，i 为影响因素个数，$i=1,\cdots,n$，j 为失效模式数，$j=1,\cdots,m$，q 是评估成员的数量，$q=1,\cdots,p,\cdots,b$。

$$
d(H_{S_x}^{1j}, H_{S_x}^{2j}) = \frac{1}{L}\sum_{l=1}^{L}\left(|Q(\dot{s}_{\phi l<\ddot{s}_{\varphi l}>}^{1j}) - Q(\dot{s}_{\phi l<\ddot{s}_{\varphi l}>}^{2j})|\right) \tag{7-27}
$$

式（7-27）中，L 为 LTS 的个数。

对失效模式的评价信息进行聚类，可以在所有评价成员的评价过程周围找到中心点。然后，通过计算评价信息与最终中心点之间的距离，就很容易得到影响因素的权重。与其他权值方法相比，K-means 算法计算简单。其计算质量特性数据的权重方法如下：

假设 $X = \{x_1, x_2, \cdots, x_i, \cdots, x_n\}$ 是一个给定的包含 D 维数据的数据集，其中 $x_i \in R^d$。K 表示类 K 簇对数据对象的聚类算法，即 $C^1 = \{c_r^1, R = 1, 2, \cdots, K\}$。为了划分簇 c_r^1，初始簇中心 μ_r^1，数据对象与聚类中心在空间上的欧氏距离计算公式如下：

$$J(c_r^1) = \sum_{i=1}^{n} \sum_{x_i \in X} d(x_i - \mu_r^1)^2 \qquad (7-28)$$

将所有数据重新分布，并根据已有数据重新计算簇类中心。若新生的簇为 $C^2 = \{c_r^2, R = 1, 2, \cdots, K\}$，则新簇中心 μ_r^2 的计算公式如下：

$$\mu_r^2 = \frac{1}{N} \sum_{x_i \in c_r^2} x_i \qquad (7-29)$$

式（7-29）中，N 为新簇中数据的个数。整个过程将重复进行，直到满足终止条件为止。假设聚类 R 的最终聚类中心点为 $C_r = \{S_r, O_r, D_r\}$，则影响因素权重的计算公式如下：

$$\omega_s = \frac{l_s}{L} \qquad (7-30)$$

式（7-30）中，l_s 为 S 评价数据到每个聚类中 S 的最终聚类点的距离。

$$l_s = \sum_{j=1}^{m} \sum_{r \in C_r} | d(Q^{-1}(\Gamma H_s^j(S)) - S_r) | \qquad (7-31)$$

$$L = l_s + l_O + l_D \qquad (7-32)$$

其中，$\Gamma H_s^j(S)$ 是所有评价成员对失效模式 j 的 S 评价数据，$\Gamma H_s^j(S)$ 的表达式如下：

$$\Gamma H_s^j(S) = \frac{\sum_{q=1}^{b} \lambda_q \hat{} Q(H_s^j(S))}{\sum_{j=1}^{m} \sum_{q=1}^{b} \lambda_q \hat{} Q(H_s^j(S))} \qquad (7-33)$$

式（7-33）中，λ_q 为评价成员 q 的权重，$H_s^j(S)$ 为 DHHFLTS 对失效模式 j 的影响因子 S 的评价，j 为失效模式个数，$j = 1 \cdots m$。

基于传统 FMEA 计算 RPN 值并进行排序的思想，可以计算出产品关键质量特性的综合评分值，计算公式如下：

$$score = \omega_s \hat{} \Gamma H_s^j(S) + \omega_O \hat{} \Gamma H_s^j(O) + \omega_D \hat{} \Gamma H_s^j(D) \qquad (7-34)$$

式（7-34）中，j 为失效模式。

7.5 应用案例

本节分为两部分。第 7.5.1 节展示了某电子科技公司运用新方法对某电磁铁产品的质量特性进行综合评价。第 7.5.2 节通过将新方法与其他两种方法的比较，说明了新方法的客观性和实用性。

7.5.1 实例分析

一家电子科技公司计划生产一批用于采血设备的电磁铁产品。产品的设计图如图 7-6 所示。

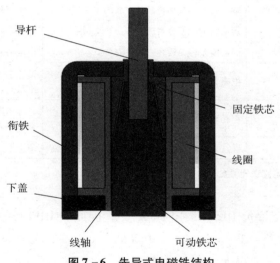

导杆

固定铁芯

衔铁

线圈

下盖

线轴　　　　可动铁芯

图 7-6　先导式电磁铁结构

为了确保产品在特定应用中能够正常工作并满足要求，公司从生产、设计、销售三个部门中分别选取了三名工程师对该产品在设计、制造和使用中的质量特性进行了检测与分析，包括绝缘材料质量、动作电流、绝缘材料强度、最大工作温度、磁场强度、响应时间、能耗效率、表面粗糙度、电阻、导杆同心度、电磁力、剩磁、保持力共 13 个关键质量特性。由于电阻属于电磁铁的属性，在生产过程中一般不产生变化；动作电流、磁场强度由工作电压决定；能耗效率属于次要的影响因素。因此经过商讨，最终从中筛选出 9 个影响相对重要的质量特征，并以 QC1 ~ QC9 命名 9 个关键质量特性，根据这 9 个质量特性，分别整理出这 9 种质量特性可能导致的失效结果及其失效原因，如表 7 - 1 所示。最后，公司抽调三个部门的各一名项目负责人对各失效结果进行综合评价，三名负责人命名为 TM1、TM2、TM3。

表 7 -1　　　　　　　先导式电磁铁关键质量特性导致的失效模式

编号	关键质量特性	可能的失效后果	失效原因
QC1	材料绝缘等级	材料质量不合格产品泄漏	绝缘材料质量不合格
QC2	绝缘材料强度	材料强度不合格导致产品泄漏	塑料材料的强度低
QC3	工作温度	通电后产品短路，无法完成规定的动作	材料耐温等级不够
QC4	响应时间	响应时间不合格将延长产品的工作时间	线圈匝数不足
QC5	表面粗糙度	表面粗糙度差会对产品寿命产生影响	形状公差设计不当
QC6	导杆同心度	同心度差将导致客户无法安装	位置公差设计不当
QC7	电磁力	电磁力不足将导致客户无法使用	设计不当，材料的磁导率不足
QC8	剩磁	存在剩磁将导致客户无法使用	设计不当，电磁铁中存在参与磁力
QC9	保持力	保持力不足将导致使用过程中血液的回流	绕组不充分，工艺不当

资料来源：某电磁铁公司案例。

首先，确定评价 DLS，设定 $t = k = 3$，因此 DHHFLTS 为 $\dot{s}_t = \{ \dot{s}_{-3} =$ 无，$\dot{s}_{-2} =$ 非常差，$\dot{s}_{-1} =$ 差，$\dot{s}_0 =$ 中等的，$\dot{s}_1 =$ 高，$\dot{s}_2 =$ 非常高，$\dot{s}_3 =$ 完美$\}$，$\ddot{S}_k = \{\ddot{S}_{-3} =$ 差得远，$\ddot{S}_{-2} =$ 只有一点，$\ddot{S}_{-1} =$ 一点，$\ddot{S}_0 =$ 刚刚好，$\ddot{S}_1 =$ 好，$\ddot{S}_2 =$ 非常，$\ddot{S}_3 =$ 完全$\}$。评价人员使用 DHHFLTS 根据评估准则对关键质量特性导致的失效模式进行评估，结果如表 7 - 2 所示。因为第一级 LTS 决定了评估范围，而第二级 LTS 是对第一级 LTS 的补充，即对第一级语言的大范围进行了精细界定。因此，在评价过程中，第一层级 LTS 比第二层级 LTS 更重要，因此本节给出的评价标准基于第一层级 LTS。严重度 S、频率 O、可探测度 D 的评价标准如表 7 -3 ~ 表 7 -5 所示。

表 7 – 2　　　　　　　　　　　DHHFLTS 对失效模式进行评估

关键质量特性	TM1			TM2			TM3		
	S	O	D	S	O	D	S	O	D
QC1	$\dot{s}_{3<\ddot{s}_{-1}>}$	$\dot{s}_{-2<\ddot{s}_{1}>}$	$\dot{s}_{-3<\ddot{s}_{1}>}$	$\dot{s}_{2<\ddot{s}_{0}>}$	$\dot{s}_{-3<\ddot{s}_{2}>}$	$\dot{s}_{-2<\ddot{s}_{-1}>}$	$\dot{s}_{2<\ddot{s}_{-1}>}$	$\dot{s}_{-2<\ddot{s}_{-1}>}$	$\dot{s}_{-3<\ddot{s}_{1}>}$
QC2	$\dot{s}_{3<\ddot{s}_{0}>}$	$\dot{s}_{-2<\ddot{s}_{-1}>}$	$\dot{s}_{-3<\ddot{s}_{1}>}$	$\dot{s}_{3<\ddot{s}_{1}>}$	$\dot{s}_{-1<\ddot{s}_{1}>}$	$\dot{s}_{-3<\ddot{s}_{1}>}$	$\dot{s}_{1<\ddot{s}_{-1}>}$	$\dot{s}_{-2<\ddot{s}_{-1}>}$	$\dot{s}_{-2<\ddot{s}_{0}>}$
QC3	$\dot{s}_{1<\ddot{s}_{-1}>}$	$\dot{s}_{-2<\ddot{s}_{0}>}$	$\dot{s}_{-3<\ddot{s}_{1}>}$	$\dot{s}_{2<\ddot{s}_{-1}>}$	$\dot{s}_{-2<\ddot{s}_{1}>}$	$\dot{s}_{-2<\ddot{s}_{-1}>}$	$\dot{s}_{2<\ddot{s}_{0}>}$	$\dot{s}_{-2<\ddot{s}_{-1}>}$	$\dot{s}_{-2<\ddot{s}_{1}>}$
QC4	$\dot{s}_{3<\ddot{s}_{-1}>}$	$\dot{s}_{-2<\ddot{s}_{1}>}$	$\dot{s}_{-3<\ddot{s}_{1}>}$	$\dot{s}_{1<\ddot{s}_{1}>}$	$\dot{s}_{-2<\ddot{s}_{-1}>}$	$\dot{s}_{-3<\ddot{s}_{1}>}$	$\dot{s}_{2<\ddot{s}_{0}>}$	$\dot{s}_{-1<\ddot{s}_{1}>}$	$\dot{s}_{-3<\ddot{s}_{1}>}$
QC5	$\dot{s}_{0<\ddot{s}_{1}>}$	$\dot{s}_{-2<\ddot{s}_{-1}>}$	$\dot{s}_{-2<\ddot{s}_{-1}>}$	$\dot{s}_{1<\ddot{s}_{1}>}$	$\dot{s}_{-1<\ddot{s}_{-1}>}$	$\dot{s}_{-3<\ddot{s}_{1}>}$	$\dot{s}_{1<\ddot{s}_{1}>}$	$\dot{s}_{-1<\ddot{s}_{0}>}$	$\dot{s}_{-1<\ddot{s}_{-1}>}$
QC6	$\dot{s}_{1<\ddot{s}_{1}>}$	$\dot{s}_{-2<\ddot{s}_{-1}>}$	$\dot{s}_{-3<\ddot{s}_{1}>}$	$\dot{s}_{2<\ddot{s}_{0}>}$	$\dot{s}_{-2<\ddot{s}_{1}>}$	$\dot{s}_{-3<\ddot{s}_{1}>}$	$\dot{s}_{3<\ddot{s}_{-1}>}$	$\dot{s}_{-3<\ddot{s}_{0}>}$	$\dot{s}_{-3<\ddot{s}_{-1}>}$
QC7	$\dot{s}_{1<\ddot{s}_{1}>}$	$\dot{s}_{-1<\ddot{s}_{2}>}$	$\dot{s}_{-2<\ddot{s}_{0}>}$	$\dot{s}_{1<\ddot{s}_{1}>}$	$\dot{s}_{-1<\ddot{s}_{1}>}$	$\dot{s}_{-1<\ddot{s}_{0}>}$	$\dot{s}_{1<\ddot{s}_{1}>}$	$\dot{s}_{-1<\ddot{s}_{1}>}$	$\dot{s}_{-1<\ddot{s}_{0}>}$
QC8	$\dot{s}_{1<\ddot{s}_{-1}>}$	$\dot{s}_{-2<\ddot{s}_{-1}>}$	$\dot{s}_{-3<\ddot{s}_{1}>}$	$\dot{s}_{1<\ddot{s}_{1}>}$	$\dot{s}_{-3<\ddot{s}_{1}>}$	$\dot{s}_{-3<\ddot{s}_{1}>}$	$\dot{s}_{1<\ddot{s}_{1}>}$	$\dot{s}_{-2<\ddot{s}_{-1}>}$	$\dot{s}_{-2<\ddot{s}_{0}>}$
QC9	$\dot{s}_{0<\ddot{s}_{-1}>}$	$\dot{s}_{-2<\ddot{s}_{1}>}$	$\dot{s}_{-2<\ddot{s}_{1}>}$	$\dot{s}_{0<\ddot{s}_{-1}>}$	$\dot{s}_{-2<\ddot{s}_{1}>}$	$\dot{s}_{-2<\ddot{s}_{-1}>}$	$\dot{s}_{0<\ddot{s}_{-1}>}$	$\dot{s}_{-3<\ddot{s}_{2}>}$	$\dot{s}_{-2<\ddot{s}_{1}>}$

资料来源：某电磁铁公司案例。

表 7 – 3　　　　　　　　　　　严重度评估准则

影响	严重度	等级（第一层级 LTS）
影响安全或政府的法律法规的失效	影响安全生产或不遵守政府规定而未作警告的	完美
	对生产安全的影响或不符合政府规定的警告	非常高
预期功能的丧失或减少	基本功能丧失（电磁铁无法工作，不影响安全）	高
次要功能的丧失或减少	次要功能丧失（舒适度、便利性功能丧失）	中等的
客户反馈	电磁铁可以工作，但大多数客户（75%）能感知到噪声和外观	低
	电磁铁可以工作，但大多数客户（50%）能感知到噪声和外观	非常低
没有影响	无明显影响	无

表 7 – 4 频率评估准则

失效的可能	发生的原因	等级（第一层级 LTS）
非常低	无相应历史的新技术、新设计	完美
低	新设计、新应用或操作条件更改带来不可避免失效	非常高
	新设计、新应用或操作条件更改带来很可能失效	高
中等的	新设计、新应用或操作条件更改带来不确定失效	中等的
	类似设计和设计测试中偶尔发生的失效	低
高	类似设计和设计测试中孤立的失效	非常低
非常高	通过预防可控制的失效	无

表 7 – 5 可探测度评估准则

检测难度	通过设计控制发现的可能性	等级（第一层级 LTS）
非常高	无当前的设计控制，不能发现或不能分析	完美
高	设计分析有薄弱的发现能力	非常高
中等的	产品发布前利用通过测试的产品进行验证	高
	产品发布前使用失效测试对产品进行验证	中等的
低	设计冻结前利用失效测试进行产品确认	低
	设计冻结前利用老的试验进行产品确认	非常低
非常低	由于完全可预防的设计，失效模式不会发生	无

通过式（7 – 8）和式（7 – 10）将表 7 – 2 转化为隶属度。例如：

$$\dot{S}_{3<\ddot{s}_{-1}>} = \frac{-1 + (3+3)3}{2 \times 3 \times 3} = \frac{17}{18} = 0.944$$

同样，计算表 7 – 2 中的所有的 DHHFLTS，得到表 7 – 6 的结果。

表 7 – 6 隶属度评估失效模式

关键质量特性	评估信息								
	TM1			*TM2*			*TM3*		
	S	O	D	S	O	D	S	O	D
QC1	0.944	0.222	0.056	0.833	0.111	0.111	0.778	0.222	0.056
QC2	0.611	0.111	0.056	0.833	0.000	0.167	0.722	0.000	0.278

关键质量特性	评估信息								
	TM1			TM2			TM3		
	S	O	D	S	O	D	S	O	D
QC3	0. 611	0. 167	0. 111	0. 722	0. 278	0. 056	0. 833	0. 056	0. 222
QC4	0. 556	0. 111	0. 111	0. 611	0. 222	0. 056	0. 722	0. 333	0. 222
QC5	0. 944	0. 333	0. 167	0. 778	0. 056	0. 056	0. 889	0. 500	0. 111
QC6	0. 722	0. 000	0. 000	0. 833	0. 278	0. 111	0. 944	0. 000	0. 056
QC7	0. 389	0. 278	0. 056	0. 389	0. 222	0. 056	0. 444	0. 111	0. 333
QC8	1. 000	0. 111	0. 111	1. 056	0. 389	0. 111	0. 611	0. 111	0. 167
QC9	0. 778	0. 444	0. 167	0. 722	0. 222	0. 333	0. 778	0. 444	0. 333

资料来源：某电磁铁公司案例。

由式（7 - 12）~ 式（7 - 15）与式（7 - 26）、式（7 - 27）计算得出，三个评价成员的权重分别为 $\lambda_1 = 0.31$，$\lambda_2 = 0.342$，$\lambda_3 = 0.348$。因此可得出各失效模式的相应的影响因素：

$$S_{FM1} = 0.994^0.31 + 0.833^0.342 + 0.778^0.348 = 2.838$$
$$O_{FM1} = 0.222^0.31 + 0.111^0.342 + 0.222^0.348 = 1.691$$
$$D_{FM1} = 0.056^0.31 + 0.111^0.342 + 0.056^0.348 = 1.247$$
$$S_{FM2} = 0.611^0.31 + 0.833^0.342 + 0.722^0.348 = 2.691$$
$$O_{FM2} = 0.111^0.31 + 0.000^0.342 + 0.000^0.348 = 0.506$$
$$D_{FM2} = 0.056^0.31 + 0.167^0.342 + 0.278^0.348 = 1.592$$

$$\cdots\cdots\cdots$$

$$S_{FM9} = 0.778^0.31 + 0.722^0.342 + 0.778^0.348 = 2.736$$
$$O_{FM9} = 0.444^0.31 + 0.222^0.342 + 0.444^0.348 = 2.129$$
$$D_{FM9} = 0.167^0.31 + 0.333^0.342 + 0.333^0.348 = 1.943$$

将所有评价成员的权重计算结果汇总如表 7 - 7 所示。

表 7 - 7 评价成员权重汇总

关键质量特性	评估信息		
	S	O	D
QC1	2.838	1.691	1.247
QC2	2.691	0.506	1.592
QC3	2.691	1.586	1.471
QC4	2.571	1.786	1.471
QC5	2.860	1.870	1.413
QC6	2.824	0.645	0.838
QC7	2.224	1.735	1.464
QC8	2.861	1.695	1.514
QC9	2.736	2.129	1.943

资料来源：某电磁铁公司案例。

将表 7 - 7 中汇总的数据进行归一化，如表 7 - 8 所示。

表 7 - 8 聚类初始样本数据

关键质量特性	评估信息		
	S	O	D
QC1	0.117	0.124	0.096
QC2	0.111	0.037	0.123
QC3	0.111	0.116	0.114
QC4	0.106	0.131	0.114
QC5	0.118	0.137	0.109
QC6	0.116	0.047	0.065
QC7	0.092	0.127	0.113
QC8	0.111	0.037	0.123
QC9	0.118	0.124	0.117

资料来源：某电磁铁公司案例。

其次，将该数据作为聚类算法样本。并将数据分为两类：一类是高风险失效模式，另一类是低风险失效模式。根据式（7－28）与式（7－29），经过 5 次循环，最终得到两种类型的聚类中心，即高风险聚类中心 $C_h = \{C_S = 0.094，C_O = 0.042，C_D = 0.114\}$ 和低风险聚类中心 $C_l = \{C_S = 0.116，C_O = 0.131，C_D = 0.110\}$，如图 7－7 所示。

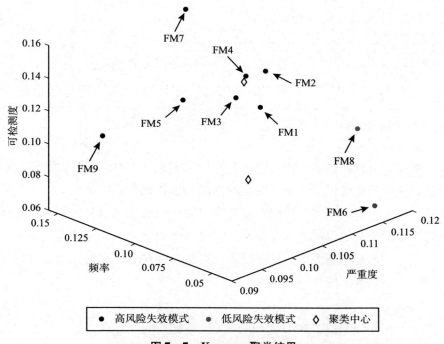

图 7－7　K-means 聚类结果

由式（7－30）～式（7－31）可知，各影响因素的权重 $\omega = \{\omega_S = 0.501，\omega_O = 0.289，\omega_D = 0.211\}$。则各关键质量特性导致的失效模式评分为：

$$score_{FM1} = 0.117^{\wedge}0.501 + 0.124^{\wedge}0.289 + 0.096^{\wedge}0.211 = 1.499$$

最后，依次计算剩余失效模式的评分。为方便观察，将所有关键质量特性得到的失效模式评分录入表 7－9 中，并对其进行风险排序。

表7-9   关键质量特性不合格导致的失效模式评分

关键质量特性	评分	排序
QC1	1.49932	6
QC2	1.36163	8
QC3	1.50193	5
QC4	1.51328	4
QC5	1.53291	2
QC6	1.31643	9
QC7	1.48521	7
QC8	1.5267	3
QC9	1.59069	1

资料来源：某电磁铁公司案例。

根据评分计算结果可知，QC9、QC5 和 QC3，即保持力、表面粗糙度、剩磁这三个质量特性对于该电磁铁的性能和工作效率影响最大。为了消除保持力不足造成的危害，我们在实验室使用拉力机抽查成品的保持力，确保每个出厂产品的保持力都符合要求。我们使用上下两个夹具固定测试零件，使用控制台控制液压拉杆挤压测试样品，并在上位机上读取零件的保持力。产品测试如图7-8所示。

图7-8　拉力机试验图

由于磁场排列的原子磁矩会受热运动的影响被打乱，因此考虑采用加热的方法，加剧铁磁材料的分子热运动，实现退磁。并使用三坐标测量机对产品的表面粗糙度进行测量，以解决表面粗糙度和剩磁带来的失效问题，提高产品的质量。首先，使用恒温恒湿箱对产品进行加热和绝缘。具体步骤为：将产品放入储物盒，打开电源，调节温度至 600°，加热 1 小时。加热后，保持温度一小时后取出。其次，将产品放到三坐标测量机开始进行粗糙度测试。最后，将产品固定在支撑板上，操作测试探头，在测量表面均匀选择 5 个点进行测试，实时监测产品表面粗糙度，便于产品筛选。测试平台如图 7 - 9 所示。

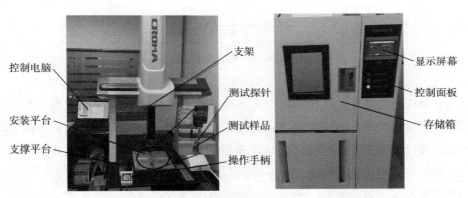

图 7 - 9　综合测试平台，三坐标测量机（左），恒温恒湿箱（右）

通过本节方法的分析结果，企业可以根据电磁铁的关键质量特性来提前制定产品高风险失效模式的优化措施，使企业在产品设计和生产阶段发生失效的可能性降到最低。

7.5.2　方法对比

由于 BIRCH 聚类适合处理大规模数据集，不适用于本案例，为了展示 K-means 聚类方法的优势，本书选取了 DBSCAN 聚类算法进行对比。DBSCAN 聚类算法在初始化时，需要设置其领域半径与最小样本数。因此，本节提前设定该算法的邻域半径为 0.1，最小样本数为 1，聚类效果如图 7 - 10 所示。

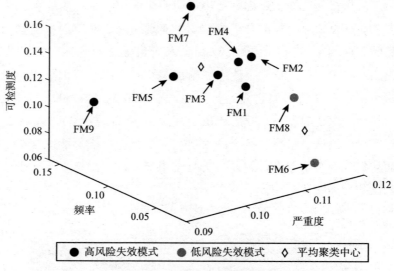

图 7 - 10　DBSCAN 聚类结果

可以对比发现，DBSCAN 与 K-means 聚类一样将数据分成两类，且高风险失效模型与低风险失效模式的簇类个数相同，分类个数也相同，两者之间通过直接观察无法判断其聚类质量的好坏。因此，引进第 7.4.3 节中的性能评估指标进行对比。由于 DBSCAN 不会产生明确的聚类中心，而是将数据点分为不同的簇。为了方便进行聚类评估对比，本书计算每个簇的中心点代替聚类中心，从而能够进行聚类评估指标对比。

由于 F 值、纯度、兰德指数与互信息是基于已有真实标签进行评估判断，无法用于该案例数据集，因此此处采用轮廓系数、Calinski-Harabasz 指数与 Davies-Bouldin 指数三个指标来计算对比。DBSCAN 聚类的平均簇类中心为 $C_h = \{C_S = 0.1107, C_O = 0.1307, C_D = 0.1161\}$ 和 $C_l = \{C_S = 0.1135, C_O = 0.042, C_D = 0.0940\}$。因此根据第 7.4 节定义，可以分别算得三个聚类指标，与 K-means 聚类算法的指标进行对比，如表 7 - 10 所示。

表 7 - 10　　　K-means 与 DBSCAN 的聚类评价指标结果对比

聚类指标	K-means	DBSCAN
轮廓系数	0.1071	0.6393
Davies-Bouldin 指数	1.3008	18.6334
Calinski-Harabasz 指数	1.4723	0.5193

　　由该表分析可知，从轮廓系数来看，DBSCAN 的轮廓系数接近于 1，表示其中某样本分辨性高，聚类效果明显，而 K-means 的轮廓系数接近于 0，表示其中某样本位于两簇边界，分辨程度不高；从 Davies-Bouldin 指数来看，K-means 的结果更小，意味着 K-means 聚类中簇内紧密度较高，簇间分离度较大，聚类效果更好；从 Calinski-Harabasz 指数来看，K-means 的值更大，意味着 K-means 簇的间距相对较大，簇内的紧密度相对较小，聚类效果好于 DBSCAN 算法。综合来看，K-means 聚类算法在该案例中的分类效果要更好，同时 K-means 算法运用较方便，DBSCAN 调参稍复杂，本节中 DBSCAN 调参是多次实验的结果，其他参数设定只能将该风险数据归为一类，因此从调参效率来说，K-means 算法也更加适用。

　　最后，为了展示 DHHFLTS 方法的优势，在确定 K-means 算法作为高低风险聚类中心后，选取 FMEA 方法与本节的综合方法进行对比分析。对于这九种失效模式，使用三种方法的计算结果进行比较。第一种是本节提出的新方法；第二种是用直觉模糊数代替本章的双层犹豫模糊语言术语集进行失效模式评价，其余方法保持不变；第三种是传统的 FMEA。它们分别被记录为 Method 1、Method 2 和 Method 3，如图 7-11 所示。

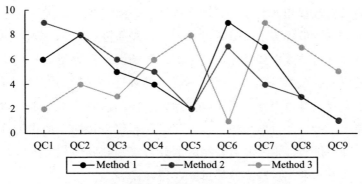

图 7-11　三种失效评估方法的分类对比

　　根据图 7-11 可知，分析 Method 1 和 Method 2。两种方法对 QC9、QC8、QC5 和 QC2 这四种失效模式排序相同，由聚类结果可知失效模式 QC9、QC8 和 QC5 正对应为高危失效模式。结果表明，这两种方法都能分析出最需要预防的失效模式。至于后面的失效模式排序，通过对比影响因素矩阵可知，两种方法计算的影响因素权重参考不同。对于这种情况，本书将它与本节提出的方法进行比较。传统的 FMEA 计算结果无论与新方法的计算结果，还是与基于直觉模糊数与 K-means 聚类的计算结果相比，都有很大的不同。这主要是因为传统 FMEA 在计算 RPN 时，默认的影响因素和评价成员的权重是等分的。在实际评价过程中，严重度 S 的权重远远大于频率 O 和可检测度 D 的权重。例如，新提出的方法的影响因素权重计算结果为 $\omega_{sort1} = \{\omega_S = 0.501，\omega_O = 0.289，\omega_D = 0.211\}$，影响因素权重计算结果为 $\omega_{sort2} = \{\omega_S = 0.684，\omega_O = 0.182，\omega_D = 0.134\}$。因此，传统 FMEA 的计算结果与其他两种方法的计算结果会存在较大差异。

7.6　本章小结

本章采用 DHHFLTS 对电磁铁的关键质量特性进行失效模式评价，能准确反映评价成员的评价心理。基于熵权法和 K-means 聚类算法的思想，求解评价成员的影响因素和权重。熵权法和 K-means 聚类算法是最常用的求解权值方法，较高的使用频率证明了这两种方法的实用性。此外，这两种方法的计算过程相对简单，更适合在电子企业中推广。

此外，本章借鉴传统 FMEA 的思想，首先通过计算 RPN 对电磁铁的关键质量特性进行失效模式排序，其次根据影响因素和评价成员权重综合计算出失效模式的风险等级。这样既不失去客观性，又能最大限度地避免因计算结果重复而导致失效模型风险排序不准确的缺点。本章在评价双层犹豫模糊集的基础上评价单个值，以及将来是否可以用两个值进行评价。如果采用这种评价表，则需要对其相应的计算规则和其他相关方法的计算公式进行创新。未来在这些方面都可以找到突破。

根据本章所述，读者们可以在以下方向进行其他的研究。首先，本章使用的 DHHFLTS 语言集是平衡的，但在某些特殊情况下，FMEA 语言集要求是不平衡的，因此读者们可以针对这种特殊情况对语言集设置进行改进。其次，本章使用的 K-means 聚类算法是最基础的聚类算法，读者们可以在研究过程中尝试使用改进后的聚类算法进行影响因素和权重计算。

第8章

CHAPTER 8

云制造平台下定制产品服务
质量综合评价方法与管控

随着信息化的高速发展，新一代制造模型正在形成。云制造就是一种基于网络化的制造模型，它以云计算为基础，通过网格化的技术，如虚拟制造、物联网、数字孪生等，衍生和发掘更多的功能。实际工作中，云制造平台先是整合各种资源，如加工设备、数据库、评价模型等，资源需求方根据产品需求，上传物料清单。云制造平台接收清单后，将资源与物流清单进行匹配，如果匹配成果，就将结果反馈给供需双方。但如果匹配失败，则对物料清单进行公开征求资源供应方，再进行匹配。总之，在云制造平台上，能够快捷促成资源供需方达成交易。针对云制造的特点，提出了一种基于 q 阶犹豫模糊数，利用综合赋权法与组合妥协解的定制产品服务质量综合评价方法。首先，评价人员以 q 阶犹豫模糊数作为定制产品服务质量评价语言，对所有的定制方案进行评价，克服了评价值过于精确的缺陷。其次，根据余弦夹角的双向投影距离测度，计算评价人员评价信息与所有评价人员评价信息均值的相似度，归一化求得评价人员客观权重。再次，结合客观权重的熵权 – 功效系数法与主观权重最好最差法计算定制产品服务质量评价指标的权重，弥补了以往评价权重客观性的不足。最后，利用组合妥协解 CoCoSo 法，计算得到云制造背景下定制方案的排序，根据排序选择合适的定制方案，提高产品服务质量。

8.1 问题描述

云制造平台是以云计算为基础形成的现代化制造与服务模型，它将深度学习、大数据、虚拟加工等先进技术集成一体，为现代制造业发展提供一个高效、便捷的外部环境。云制造平台最大的优势就是在于资源整合，它将制造资源，如设备、材料、人力资源等，汇聚到一个虚拟的云中，然后通过网络对外提供服务（卢丽等，2023）；高度集成：云制造平台将各种制造资源和能力进行高度集成，实现统一管理和调度，提高制造效率和质量（李强等，2016）；灵活性：云制造平台可以根据用户的需求进行动态调整，实现按需使用和按需付费，降低用户的成本和风险（李长云等，2016）；高效性：云制造平台采用先进的云计算技术，可以实现快速响应和高效处理，提高制造效率和质量（杨琛等，2017）；安全性：云制造平台采用严格的安全措施，确保用户数据的安全性和保密性（陈君等，2023）。云制造平台的应用范围非常广泛，可以应用于汽车、航空航天、电子、机械制造、能源等各个领域（Ci et al.，2020）。例如，在汽车制造领域，云制造平台可以实现汽车零部件的定制化生产，提高生产效率和产品质量；在航空航天领域，云制造平台可以实现飞机零部件的快速设计和生产，缩短产品研发周期（Song et al.，2014）。

近年来，我国在云制造领域的研究和应用取得了显著进展。国内众多高校、科研机构和企业积极投入云制造技术的研究，推动云制造技术的创新和应用。同时，政府也加大了对云制造产业的支持力度，推动云制造产业的快速发展。在国内，许多企业开始将云制造技术应用于生产实践中，实现了生产过程的数字化、智能化和网络化（赵福全等，2017）。例如，一些企业利用云制造技术实现了生产过程的自动化、柔性化和个性化，提高了生产效率和产品质量（侯凤仙和张京燕，2021）。此外，国内的一些高校和科研机构也在积极开展云制造技术的研究和应用。例如，一些高校建立了云制造实验室，开展云制造技术的理论研究和实践应用；一些科研机构则与相关企业合作，推动云制造技术的产业化发展（李长春等，2016）。

在国际上，许多国家都在积极开展云制造技术的研究和应用。例如，法国、韩国、新加坡等国家对于云制造技术的开发与实践都处于一流水平。在美国，一些高校和科研机构对云制造技术的创新和适用性研究上取得了重大突破。例如，一些高校建立了云制造实验室，开展云制造技术的理论研究和实践应用（Fox S. & Griffy-Brown C.，2023）；一些科研机构则与相关企业合作，推动云制造技术的产业化发展。在德国，工业4.0计划将云制造技术作为其核心内容之一（Prakash et al.，2022）。德国政府加大了对云制造产业的支持力度，推动云制造技术的创新和应用。同时，德国的一些企业也开始将云制造技术应用于生产实践中，实现了生产过程的数字化、智能化和网络化。在日本，一些企业开始将云制造技术应用于生产实践中。例如，一些汽车制造商利用云制造技术实现了汽车零部件的定制化生产；一些电子制造商利用云制造技术实现了电子产品的快速设计和生产（Algunaid K. M. A. & Liu J.，2023）。

云制造与产品服务质量之间存在密切关系。首先，云制造可以提高生产效率和产品质量。通过云计算技术，企业可以实现对生产过程的实时监控和管理，及时发现和解决问题，避免生产中断和损失（王宏伟等，2022）。同时，云制造还可以提供定制化的生产计划和工艺流程，满足企业的个性化需求，提高产品的质量和竞争力（胡杨等，2021）。其次，云制造还可以促进产品创新和服务升级。通过云计算技术，企业可以获取更多的数据和信息，了解市场需求和用户反馈，为产品创新和服务升级提供有力支持（原红玲和王寒里，2020）。同时，云制造还可以提供在线监测和预测维护等服务，提高设备的可靠性和安全性，为产品创新和服务升级提供更好的保障。总之，云制造可以提高生产效率和产品质量，促进产品创新和服务升级，从而提升产品服务质量（李强和彭道虎，2023）。

定制化产品在当前生活中随处可见，如联名款服饰、非标件、定制路线等，随着人们生活水平的提高，这是一种趋势。定制化产品是指企业根据客户的要求，在产品规格、颜色、图案、性能、功能等方面进行量身设计与加工。相较于传统生产模式，定制化属于小批量生产，那在物料采购、款式设计、功能设计等方面成本就会很高。但如果通过云制造平台将这些部分进行外包，在很大程度上能够减少产品成本，降低售价，提高企业市场竞争力。定制化产品不仅包括针对产品某些功能上、外观上的功能进行定制，它更符合部分特定消费者的需求和价值观。因此，定制化产品是一种高度个性化的产品，它能够满足客户的特殊需求，提高客户的满意度和忠诚度。同时，定制化产品也是一种高附加值的产品，它能够为企业带来更高的利润和市场份额（钱雨等，2018）。

定制化产品服务质量评价难点在于评级指标的确立，因为不仅需要评价云制造平台生成的定制方案能不能达到预期产品品质，还需要评价是否达到客户的定制需求。因此，在定制产品服务质量评价指标确定上，有大量学者展开研究，本章总结如下。

1. 产品质量方面

产品质量是定制产品服务的核心。企业需要确保所提供的产品或服务符合客户的要求和期望，具备优良的性能和品质。为了达到这一目标，企业需要在生产过程中对原材料、生产工艺、质量检测等方面进行严格管控，确保产品或服务的质量稳定可靠（Sun et al.，2015）。

2. 定制化程度方面

定制化程度是定制产品服务的重要特点之一。企业需要根据客户的具体需求和要求，提供符合其个性化需求的产品或服务。在定制产品服务中，企业需要深入了解客户的实际需求，提供个性化的产品或服务方案，并按照客户的具体要求进行生产或服务，以满足客户的特殊需求（Zhang et al.，2023）。

3. 交货时间方面

交货时间是定制产品服务的另一个关键因素。企业需要确保按照客户的具体要求及时交货，以满足客户的实际需求。为了达到这一目标，企业需要优化生产流程和管理机制，提高生产效率和质量，确保按时完成生产任务并按时交货（Ho T. H. & Zheng Y.，2023）。

4. 售后服务方面

售后服务是定制产品服务的延续。定制化产品相较于标准化产品在售后维保方面局限性很大，因此，企业必须在产品交货后提供一定时间的售后服务。此外，一个好的售后服务可以增加客户的满意度，提高客户对企业的信任，这有助于企业占领更多的市场份额（Golara et al.，2021）。

5. 客户需求匹配度方面

定制化程度是区分标准化产品与定制化产品的重要特征。企业通过与客户沟通，了解其实际需求，提供个性化服务，将这些要求转化为具体的结构、外观、使用场景等方面。通过对客户需求的深入了解和分析，企业可以为其提供更加符合需求的产品或服务方案（Huang et al.，2023）。

6. 生产工艺方面

确保生产工艺是实现定制产品服务的关键环节。企业需要采用先进的生产工艺和技术，确保产品或服务的生产过程和质量符合客户的要求和标准。同时，企业还需要对生产设备、原材料等方面进行严格管控，确保产品或服务的品质和稳定性（王金凤等，2019）。

7. 精确测量和检验方面

精确测量和检验是保证定制产品服务质量的必要手段。企业需要对原材料、半成品、成品等进行精确的测量和检验，确保产品或服务的质量符合客户的要求和标准。同时，在生产过程中也需要进行质检与过程控制，这样能够及时发现质量问题并解决，保证产品交付时的质量与可靠性（卓力等，2018）。

8. 及时交货方面

及时交货是定制产品服务的重要承诺。企业需要根据客户的具体要求及时交货，以满足客户的实际需求。为了达到这一目标，企业需要优化生产流程和管理机制，提高生产效率和质量，确保按时完成生产任务并按时交货。同时，对于因不可抗力等因素造成的延迟交货情况，企业需要及时与客户沟通并协商解决方案（王斌和顾惠忠，2014）。

9. 售后服务方面

提供良好的售后服务是定制产品服务的延续和保障。在产品或服务交付后，企业需要提供完善的售后服务，包括维修、保养、技术支持等方面。良好的售后服务可以提高客户的满意度和忠诚度，建立长期稳定的客户关系。同时也能使企业更了解客户的需求，从而不断改进服务和产品（张文雅和朱广舟，2023）。

基于学者定制产品服务质量评价指标的研究，本章在云制造平台下对定制产品服务质量展开评价。首先，在评价语言上，需要选择自由度更大的语言集，因为对于定制产品，评价人员都有自己独特的理解，而且产品在每个指标的设计上没有标准答案，因此要给评价人员更大的评价自由度，最真实地刻画他们的犹豫心理。模糊语言是指使用模糊集合理论来描述和评价决策对象的语言。在多属性决策中，由于决策对象的属性往往具有模糊性，模糊语言能够刻画评价者的犹豫心理，因此其作为评价语言非常合适。模糊语言相对于整数自由度更高，语言粒度更细，能够为决策者提供更为准确、全面的信息，有助于提高决策的准确性和可靠性。现有文献中，在多属性决策中大多使用模糊语言术语集刻画评价人员的犹豫心理。

本章对使用频率高的几种评价语言进行总结如下。三角模糊数是 Zadeh 在 1965 年提出的模糊集的概念，应用于质量管理、风险管理等领域。它是一种能够有效地表示难以用精确数值描述的信息，还可以灵活地与其他模糊数进行转换，进而解决多个领域的相关问题（姚洪磊等，2023）。梯形模糊数是一种用于表示不确定性或模糊性信息的数学工具，通常由四个参数表示，包括左下角（a）、左上角（b）、右上角（c）和右下角（d）。这四个参数分别表示模糊数的下限值、左拐点、右拐点和上限值。梯形模糊数可以用来处理不确定环境下的各种问题，例如，在模糊控制、模糊推理、模糊聚类等领域中都有广泛的应用。通过梯形模糊数的运算和分析，可以更好地理解和处理现实世界中的模糊性和不确定性。概率语言犹豫模糊集是基于模糊集而形成的，它的出现就是解决复杂不确定工作环境下进行决策的不足。这种信息表达形式符合模糊和不确定信息表达方式的发展方向（沈勇等，2023）。在实际工作中，评价人员对于一个复杂问题，尤其是问题中出现他的多种偏好，没办法用具体数值去量化，他往往会在多个语言集中选择决策。

但是，单纯利用语言集增加评价人员的选择范围是不切实际的。例如，评价一个失效模式发生频率有 50% 的概率是很高，但通过语言集就没办法表达这样的语义，所以只是设置语言集不能解决实际问题。因此，在语言集基础之上添加隶属度的概念，也就是让评价人员决定评价对象有多大的概率属于该语言集。直觉模糊函数是一个从直觉模糊集到直觉模糊集的映射，可以看作是一种模糊函数关系（张帆等，2023）。三参数 Vague 集是模糊理论中的一个概念，它是对经典模糊集的扩展。在经典模糊集中，一个元素被赋予一个模糊隶属度，表示它在集合中的不确定程度。而三参数 Vague 集则引入了三个参数来描述一个元素在集合中的不确定性，这三个参数分别是隶属度：表示元素属于集合的概率；置信度：表示专家对元素属于集合的信念程度；犹豫度：表示专家对元素是否属于集合的不确定程度（兰蓉和范九伦，2010）。毕达哥拉斯模糊语言集是一种基于毕达哥拉斯模糊集的模糊语言集。它通过引入毕达哥拉斯模糊集的概念，对语言集进行模糊化处理，从而能够更好地处理不确定性、模糊性等问题（李丹和王贵君，2023）。

　　虽然将隶属度等信息引入到评价语言中，使得评价更切合评价人员的真实想法，但同时也带来限制，即隶属度、非隶属度和犹豫度三者相加要小于1。在实际情况中，有时评价人员对某个评价指标下的产品或方案，隶属某个语言集的概率会出现很强的犹豫心理，以至于隶属度、非隶属度和犹豫度三者数值之和大于1。就如本章提到的，在云制造平台下进行定制产品服务质量的评价，定制方案因人而异，每个人对于方案的评价都有不同看法，并且每个评价指标下没有标准答案，所以就需要一种自由度更大的评价语言。q 阶正交模糊集是一种特殊的模糊集，它具有正交性。这种模糊集在处理具有复杂性和不确定性的问题时，能够提供更精确和全面的描述。q 阶正交模糊集（q-ROFS）作为传统模糊集的推广，在处理模糊类问题时有着更强的适用性和更大的灵活性（高玉集和郭钧，2023）。

　　q 阶正交模糊集具有的优点是更加灵活：q 阶正交模糊集允许对不同的属性进行不同的模糊处理，可以根据实际需求进行调整，使得模型更加灵活，能够更好地适应各种复杂情况（Zeng et al.，2021）；更加准确：q 阶正交模糊集能够更好地处理模糊类问题，因为它能够考虑到不同属性之间的相互作用和影响，从而更加准确地描述事物的本质特征（Hamid et al.，2020）；更加高效：q 阶正交模糊集的计算过程相对简单，能够更快地得出结果，提高了处理效率（Krishankumar et al.，2020）；适用范围更广：q 阶正交模糊集适用于各种模糊类问题，如模糊聚类、模糊推理、模糊控制等，具有更广泛的适用范围（Peng X. & Luo Z.，2021）。总之，q 阶正交模糊集在处理模糊类问题时具有更强的适用性和更大的灵活性，能够更好地描述事物的本质特征，提高处理效率和准确性。

　　随着毕达哥拉斯模糊集和 q 阶正交模糊集的提出，金恩等（Geng et al.，2017）以及白等（Bai et al.，2020）分别提出了毕达哥拉斯不确定语言集和 q 阶正交不确定语言集。毕达哥拉斯不确定语言集（Pythagorean uncertain linguistic set，PULS）是对现有语言术语集、不确定语言集和直觉不确定语言集的扩展和一般化（Liu et al.，2017）。PULS 不仅可以设定语言术语集，还可以描述评价对象隶属于语言集的程度，这样就可以把评价人员的犹豫心理表征出来，完善了不确定语言集不能全面表述决策者真实心理的弊端。q 阶正交不确定语言集是一种扩展了不确定语言集的概念，它允许在语言值之间存在正交关系。在 q 阶正交不确定语言集中，每个语言值都被赋予一个权重，这个权重反映了决策者对于该语言值的信任程度。同时，不同语言值之间可以存在正交关系，即它们之间没有直接关联。这种扩展的不确定语言集可以更好地处理实际决策问题中的不确定性，因为在实际情况下，决策者对于不同的属性可能拥有不同的信息，因此对于不同的属性有不同的信任程度。

本章基于 q 阶正交不确定语言集对云制造背景下定制产品服务质量进行评价，但这里还有问题值得思考。每位评价人员由于工作经验、知识储备等自身素质的不同，可能有不同的评价信息，那在最终折衷计算时，对不同的评价信息应当按照什么比例参与最终结果计算，即是评价人员权重，也是本章需要解决的问题。常见的求取权重的方法有很多，但本章所提出的问题特殊在于每个评价指标下的评价信息没有标准答案，在这种情况下计算权重需要考虑根据评价信息与理想解的相似度，归一化求得评价人员的权重。双向投影法是一种通过两个相互垂直的投影面来描述物体空间位置的方法。这种方法利用两个投影面（如正立投影面和水平投影面）的投影，通过计算和比较，可以确定物体在空间中的位置。基于双向投影法的特性，它也可以用于计算权重，特别是在处理多目标决策问题时（崔洪雷等，2022）。双向投影法首先将每个方案在不同属性上的得分与相应的最优和最劣方案进行比较，计算出每个方案在每个属性上的得分与最优方案的投影值和与最劣方案的投影值。其次通过一定的规则或算法，将投影值转化为权重值。需要注意的是，双向投影法计算权重的方法可能因具体问题和数据特征而有所不同。因此，在实际应用中，需要根据具体情况选择合适的算法和规则来计算权重。

前面我们提到定制产品服务质量评价有多个评价指标，但每个评价指标的重要度是否同样重要也需要考虑，所以对评价指标权重的确定也会影响最终评价结果。计算权重的方法有很多，层次分析法（AHP）：这是一种定性与定量相结合的权重确定方法。它的优点是可以更好地降低权重设计中的不确定性因素，并且操作起来更为复杂。这种方法利用数字大小的相对性，通过构建判断矩阵和计算权重，能够得到每个因素的相对重要性（孔德玉等，2023）。优序图法：这种方法利用数字的相对大小进行权重计算。通过比较指标的平均值，可以得到各个具体指标（因素）的权重值。这种方法适用于专家打分法，专家只需要对每个指标的重要性打分即可，然后让软件直接结合重要性打分值计算出相对重要性指标表格，最终计算得到权重（邹铁方和谢荣荣，2022）。经验判断法：这种方法的主要优点是决策效率高、非常容易操作，但其缺点是主观性太强、客观性不够。三维确定法是一种综合性的权重确定方法，该方法结合了定性与定量分析。其核心思想在于，确定一个指标权重时，应当考虑以下三个关键因素：在当前资源和条件限制下，该指标的可实现性、其对于整体目标的重要性及紧迫性。这种方法旨在更全面、准确地评估指标的重要性和紧迫性，从而为决策提供更可靠的支持。

　　在计算评价指标权重时，要考虑本章问题的特殊性，也即是评价指标下评价信息是没有标准答案的，也就是不存在评价准则。最好最差法（Best and Worst Method）是一种多准则决策方法。它主要用于从一组备选方案中选出最佳和最差的方案（Brunelli M. & Rezaei J.，2019）。该方法首先对每个备选方案进行评估，其次根据评估结果确定每个方案的排名。在评估过程中，可以使用不同的准则或指标来衡量每个方案的质量或优劣。最好最差法的优点在于它简单易行，不需要复杂的数学模型或算法。同时，它也可以根据实际需求进行调整和改进，以适应不同的决策问题。需要注意的是，最好最差法只考虑了最佳和最差的情况，而没有考虑其他可能的方案（Faizi et al.，2021）。因此，在某些情况下，它可能无法提供全面的决策支持。基于此，本章使用最好最差法计算评价指标的主观权重，对于客观权重使用熵权–功效系数法（criteria importance through intercriteria correlation method）。此方法是一种综合评价方法，它结合了熵权法和功效系数法的优点（曾越，2016）。首先，熵权法是求权重最为常用的方法之一，它是在信息熵基础上形成的，通过计算评价指标上的熵值，其值越小说明该指标为整个评价过程提供的信息越大，所以其权重也应该越大。

其次，功效系数法是一种多指标综合评价方法。它通过计算每个指标的功效系数，来反映该指标对综合评价的影响程度。功效系数越大，说明该指标对综合评价的影响越大（Liu et al.，2018）。在熵权 – 功效系数法中，先运用熵权法来确定各个指标的权重，随后运用功效系数法来计算每个指标的功效系数。最后，通过将每个指标的功效系数与其对应的权重相乘，得出该指标的综合评价值。这种方法的优点在于，它既考虑了每个指标的客观权重，又考虑了每个指标对综合评价的影响程度。因此，它能够更全面、准确地反映每个指标在综合评价中的作用和贡献。基于评价指标主客观权重得到其组合权重，并将组合权重应用于最终折衷结果的计算中（Zhao et al.，2020）。

前面把权重的求解方法进行介绍，定制产品的评价主观性较强，因此对于权重的确定能够最大限度地保证决策的客观性，最后就是要根据这些权重信息对云制造平台生成的定制方案进行评价与排序。所谓排序，其实本质就是在各个评价人员的评价信息中寻求平衡点，然后进行折衷计算，求得所有评价人员都满意的评价结果。综合折衷解法（combined compromise solution method）是一种求解多目标优化问题的方法。它旨在找到一个解，该解能够折衷地平衡多个目标函数，使得每个目标函数都尽可能地达到最优（Mi X. & Liao H.，2020）。在综合折衷解法中，通常会使用权重因子来权衡不同目标函数的重要性。通过调整权重因子，可以改变解的偏好方向，从而得到不同的折衷解。综合折衷解法在实际应用中非常有用，尤其在面对多个相互冲突的目标时。它可以帮助决策者找到一个平衡点，使得所有目标都能在一定程度上得到满足（Fan et al.，2022）。TOPSIS（technique for order preference by similarity to ideal solution）法，也称作逼近理想解排序法，是一种常用的综合评价方法（Wang et al.，2022）。VIKOR是一种多准则决策方法，属于一种基于理想点法的决策方法。它的基本观念在于首先界定理想解与负理想解，其次根据各备选方案的评估值与理想方案的接近程度来排列方案之间的优先顺序（刘建奎等，2023）。VIKOR采用了基于 Lp-metric 的聚合函数，其特点在于，它旨在最大化整体利益并最小化个别遗憾。这种妥协的解决方案使决策者更容易接受。通过这种方法，VIKOR 为决策过程提供了更加平衡和全面的视角。TODIM 是一种交互式多准则决策方法，由巴西学者戈麦斯和利马（Gomes & Lima）于 1992

年提出（李逸群和耿秀丽，2023）。它基于前景理论的价值函数，根据决策者的心理行为建立某一方案与其他各方案相对比的相对优势度函数，并根据优势度的大小进行方案择优，从而确定最优方案。在 TODIM 方法中，多个属性的值被映射到模糊隶属度函数，并通过阈值函数进行交互以生成最终排序（Zhang et al. ，2017）。折衷计算的方法有很多，但符合本章条件的很少。首先，本章通过计算所有评价人员评价信息的均值，可以假定得到正理想解，但负理想解没有办法得到，因为没有具体标准。其次，在定制产品服务质量评价上，各个评价人员评价信息的差异性可能会很大，如果设置阈值，会把一些评价信息删除掉，造成评价信息不完整。基于此，本章采用综合折衷解法对最终的结果进行计算。

通过阅读文献，总结学者在服务质量评价、多属性决策方面的成果，在基于本章特殊的背景，提出了本章在云制造背景下定制产品服务质量评价的思路。首先，评价人员以 q 阶犹豫模糊数作为定制产品服务质量评价语言，对所有的定制方案进行评价，克服了评价值过于精确的缺陷。其次，根据余弦夹角的双向投影距离测度，计算评价人员评价信息与所有评价人员评价信息均值的相似度，归一化求得评价人员客观权重。再次，结合客观权重的熵权 - 功效系数法与主观权重最好最差法计算定制产品服务质量评价指标的权重，弥补了以往评价权重客观性的不足。最后，利用组合妥协解 CoCoSo 法，计算得到云制造背景下定制方案的排序。

8.2　方 法 原 理

本节将对云制造平台的概念、作用及在定制化产品中的功能进行介绍，另外对本章中使用的服务质量评价方法进行介绍，这其中包括 q 阶犹豫模糊数、双向投影距离测度、熵权 - 功效系数法、最好最差法。

8.2.1　云制造平台

云制造平台作为新兴的生产模式，集成了大数据、云计算、互联网、智能制造及物联网等前沿技术，广泛应用于工业制造领域，并逐步拓展至流通、消费等多个领域。该平台以智能制造为核心，但相较于智能制造，其外延更为广阔，不仅局限于制造业，更延伸至使用、服务等多个领域，实现了制造、销售、使用、服务等多个环节的全面覆盖。相较于云制造平台，大制造这一概念则更为宽泛，它涵盖了制造业的方方面面，为整个行业的发展提供了全面的视角和框架。云制造平台作为大制造的一部分，通过互联网技术和互联网营销模式，促进了工业化与信息化的深度融合，推动了制造业的提档升级（李伯虎等，2016）。云制造平台与大制造的关系是部分与整体的关系，云制造平台是大制造在特定领域的应用和发展，它们两者的关系密不可分，有很强的关联性，具体如图 8 – 1 所示。

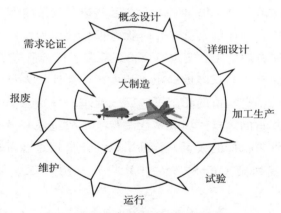

图 8 – 1　云制造平台与大制造的关系

　　云制造平台与大制造在概念设计上的关系主要体现在以下几个方面。首先，云制造平台提供概念设计支持：云制造平台可以利用先进的设计软件和工具，为概念设计提供强大的支持。通过云制造平台，设计师可以轻松地创建和修改设计方案，实现快速原型制作和验证，提高设计效率和准确性（Tong H. & Zhu J.，2022）。其次，大制造强调产品生命周期的全过程管理：大制造不仅关注产品的设计和生产，还注重产品的使用与维护。在概念设计阶段，大制造的理念要求设计师考虑产品的整个生命周期，包括材料选择、制造过程、运输、销售、使用和维护等。云制造平台可以通过提供全面的数据分析和预测，帮助设计师更好地理解和优化产品的生命周期。最后，云制造平台与大制造的融合：云制造平台和大制造在概念设计上的关系是相互促进、相互融合的。云制造平台可以为设计师提供高效的设计工具和资源，帮助设计师更好地实现概念设计。同时，大制造的理念也可以指导设计师在概念设计阶段就考虑产品的整个生命周期，提高产品的可持续性和竞争力（Wang et al.，2021）。

云制造平台与大制造在详细设计上，云制造平台提供详细设计支持：云制造平台可以提供详细设计所需的工具和资源，包括 CAD 软件、仿真软件、工艺规划软件等。在云制造平台上，由于资源整合，设计师可以针对客户需求进行高效且详细的设计，并且设计效率非常高。同时，大制造强调产品的可制造性和可维护性：大制造的理念要求在详细设计阶段考虑产品的可制造性和可维护性。云制造平台可以通过提供全面的数据分析和预测，帮助设计师更好地理解和优化产品的制造过程和维护过程（Wu et al.，2019）。

云制造平台与大制造在加工生产上的关系最为密切。第一，云制造平台提供加工生产支持：云制造平台可以提供加工生产所需的设备、工具和工艺，包括数控机床、机器人、自动化生产线等。通过云制造平台，企业可以更加高效地进行加工生产，提高生产效率和产品质量。第二，大制造强调生产过程的优化和智能化：大制造的理念要求在加工生产阶段实现生产过程的优化和智能化（Yang et al.，2022）。云制造平台可以通过提供全面的数据分析和预测，帮助企业更好地理解和优化生产过程，提高生产效率和产品质量。第三，云制造平台与大制造的融合：云制造平台和大制造在加工生产上的关系是相互促进、相互融合的。云制造平台可以为加工生产提供高效的支持和工具，帮助企业更好地实现加工生产。同时，大制造的理念也可以指导企业在加工生产阶段实现生产过程的优化和智能化，提高企业的竞争力和市场价值。

试验、运行、维护、报废是保障定制产品服务质量的重要步骤，云制造平台为三者发挥作用提供信息互通、融合的渠道。云制造平台提供试验、运行、维护支持：云制造平台可以提供试验、运行、维护所需的工具和资源，包括仿真软件、远程监控系统、故障诊断系统等。通过云制造平台，企业可以更加高效地进行试验、运行、维护，提高产品的可靠性和稳定性。大制造强调产品的可靠性和稳定性：大制造的理念要求在试验、运行、维护阶段实现产品的可靠性和稳定性。云制造平台可以通过提供全面的数据分析和预测，帮助企业更好地理解和优化产品的试验、运行、维护过程，提高产品的可靠性和稳定性。云制造平台与大制造的融合：云制造平台和大制造在试验、运行、维护上的关系是相互促进、相互融合的。云制造平台可以为试验、运行、维护提供高效的支持和工具，帮助企业更好地实现产品的可靠性和稳定性。同时，大制造的理念也可以指导企业在试验、运行、维护阶段实现产品的可靠性和稳定性，提高企业的竞争力和市场价值（Tao et al.，2013）。

大制造是定制产品最为常用的方式，所以需求论证对于大制造而言，决定它工作的有效性。云制造平台通过其线上通道，能在线实时收集客户的需要，对大制造的需求论证非常重要。云制造平台提供需求论证支持：云制造平台可以提供需求论证所需的工具和资源，包括市场调研、用户需求分析、产品规划等。通过云制造平台，企业可以更加高效地进行需求论证，明确产品的目标用户和市场定位，为产品的设计和生产提供指导。大制造强调产品的市场导向和用户需求：大制造的理念要求在需求论证阶段注重产品的市场导向和用户需求。云制造平台具备全面的数据分析和预测能力，从而协助企业更深入地洞察市场需求和用户需求，为产品设计和生产提供更为精确的指导。云制造平台与大制造的融合：云制造平台和大制造在需求论证上的关系是相互促进、相互融合的。云制造平台可以为需求论证提供高效的支持和工具，帮助企业更好地了解市场需求和用户需求（Man et al.，2023）。同时，大制造的理念也可以指导企业在需求论证阶段注重产品的市场导向和用户需求，提高产品的竞争力和市场价值。

云制造平台可以划分为三个部分，分别是制造服务的提供者、制造服务的使用者、制造云的运营者，云制造平台对它们的作用如图 8 - 2 所示。

1. 对制造服务提供者的作用

（1）资源整合：云制造平台可以帮助制造服务提供者整合各类制造资源，包括设备、生产线、原材料等，形成资源池，便于统一管理和调度。

（2）服务封装与发布：制造服务提供者可以充分利用这一平台，将自身的制造能力转化为标准化服务，并通过云制造服务市场进行发布，以便其他用户能够发现并使用这些服务。

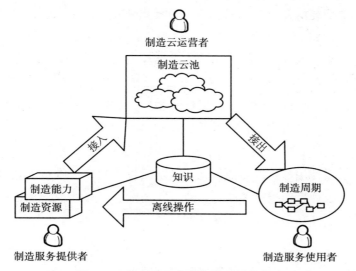

图 8 - 2　云制造平台各部分之间的作用

（3）持续优化：通过云制造平台，制造服务提供者可以收集和分析使用者的反馈数据，了解自身服务的优缺点，进而持续优化服务，提高服务质量。

2. 对制造服务使用者的作用

（1）资源获取：云制造平台能够帮助制造资源需求方快速获取所需的制造服务，包括设备、生产线、原材料等，降低获取资源的门槛和成本。

（2）降低成本：通过云制造平台，制造服务使用者可以按需使用各种制造服务，避免大量投资于固定资产和设备，降低企业的运营成本。

（3）提高效率：云制造平台能够共享和改善制造资源的配置，提高产品制造效率以及灵活性，同时也可以缩短产品上市时间。

3. 对制造云运营者的作用

（1）资源管理：制造云运营者需要负责云制造平台的运营和管理，包括资源的调度、分配、监控等，确保平台的稳定运行和资源的有效利用。

（2）服务质量监控：为了确保服务质量，制造云运营者需要对平台上提供的各类服务进行质量监控和评估，及时发现和解决问题。

（3）生态建设：制造云运营者需要积极吸引更多的制造服务提供者和使用者加入平台，形成良好的生态系统，提高平台的竞争力和吸引力。同时，还需要与各类合作伙伴合作，共同推广云制造模式，扩大市场规模。

云制造功能的实现主要依靠其中的云业务和云计算，它们之间的关系是密切相关，如图 8 – 3 所示。

云计算是一种依托于互联网的先进计算模式，它通过虚拟化手段整合海量的计算资源（如服务器、存储设备、数据库等），并通过网络为各类用户提供高效、便捷的服务。在云制造中，云计算技术被用来构建一个虚拟的云，这个云可以汇聚各种制造资源和能力，然后通过网络对外提供服务。云计算的核心理念是"灵活性"和"可扩展性"（孟圆，2023）。它允许用户按需使用和扩展资源，无须在初始投资和硬件维护上花费大量资金。此外，云计算还提供了高可用性、安全性、可靠性等特性，确保了制造过程的稳定性和高效性（王斌，2021）。

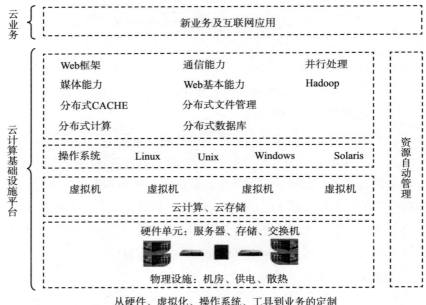

图 8 – 3　云计算与云业务的作用

云业务是基于云计算技术提供的各种服务和解决方案的总称。在云制造中，云业务主要包括云制造服务、云制造平台、云制造应用等。这些服务和应用都是基于云计算技术构建的，它们为制造企业提供了更加高效、灵活和可靠的服务和支持（周燕，2017）。云制造服务：包括设备租赁、生产线外包、原材料采购等服务，帮助企业降低运营成本，提高生产效率。

首先，云制造是以云计算为基础的，云计算是通过服务器使用互联网对数据库进行计算的一种方式，它使用大量虚拟化的计算资源（如服务器、存储设备、数据库等），通过网络对外提供服务。在云制造中，云计算技术被用来构建一个虚拟的云，这个云可以汇聚各种制造资源和能力，然后通过网络对外提供服务。

其次，云业务是云计算的延伸和拓展。云业务是基于云计算技术提供的各种服务和解决方案的总称。在云制造中，云业务主要包括云制造服务、云制造平台、云制造应用等。这些服务和应用均通过云计算技术实现，为制造企业提供了更高效、灵活和可靠的服务与支持。

最后，云计算和云业务在云制造中是相互依存、相互促进的关系。云计算技术为云制造提供了基础技术支撑，而云业务则为制造企业提供了更加全面、个性化的服务和解决方案。通过云计算和云业务的结合，可以实现更加高效、灵活和可靠的制造服务，推动制造业的数字化转型和创新发展。

云制造在处理定制产品订单时，包含 14 个步骤，如图 8-4 所示。

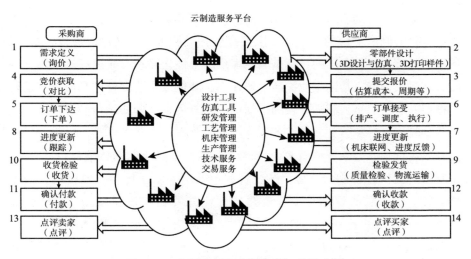

图 8-4　云制造处理定制产品订单的步骤

对于重点步骤本章进行阐述如下。

（1）需求定义：云制造平台接收并分析客户的定制化需求。这其中有了解客户的产品规格、功能要求、设计理念等。

（2）零部件设计：根据客户需求，云制造平台会进行产品设计和建模。这通常涉及使用 CAD 软件进行产品设计，并生成产品的 3D 模型。

（3）订单接受：在产品设计完成后，云制造平台会排产进行仿真分析，以验证产品的性能和可行性。根据仿真结果，可能需要进行设计优化和改进。

（4）进度更新：在产品设计通过后，云制造平台会进行生产准备。这包括准备生产所需的原材料、设备、工具等。

（5）收货检验：对生产出的产品进行质量检测，确保产品质量符合要求。

（6）检验发货：根据客户需求，利用专业的物流公司进行产品配送，确保产品按时送达客户手中。

（7）确认付款、售后服务：对出现故障的产品进行维修服务，确保客户使用产品的稳定性和可靠性。

（8）互评与数据驱动的持续改进：收集并分析生产数据，识别生产流程中的问题及改进潜力。基于数据洞察，制定具体改进措施，不断优化生产效率和产品质量。

云制造平台通常包括服务层、运行支撑层和资源层三个主要层次。服务层：这是云制造平台的最上层，主要提供各类服务，包括产品开发、生产、销售、物流等。服务层的目标是满足客户的个性化需求，通过提供定制化的服务和解决方案，帮助企业提高生产效率、降低成本、提升产品质量。运行支撑层：这一层是云制造平台的中间层，主要负责平台的运行和管理。它包括各种管理工具和服务，如任务调度、资源管理、安全管理等，以确保平台的高效运行和安全性（罗贺等，2023）。资源层：这是云制造平台的基础层，主要负责提供各种制造资源。这些资源包括但不限于设备、原材料、人力资源等。资源层的目标是实现资源的优化配置和高效利用，以支持企业的生产活动。这三个层次相互关联，共同构成了云制造平台的基本架构（梁迪等，2022）。通过这三个层次的支持，云制造平台能够实现资源的共享和优化配置，提高企业的生产效率和市场竞争力，如图 8-5 所示。

云制造平台在服务层、运行支撑层和资源层实现的内容如下。

1. 服务层

（1）为企业提供定制化的生产服务，满足其个性化的需求。

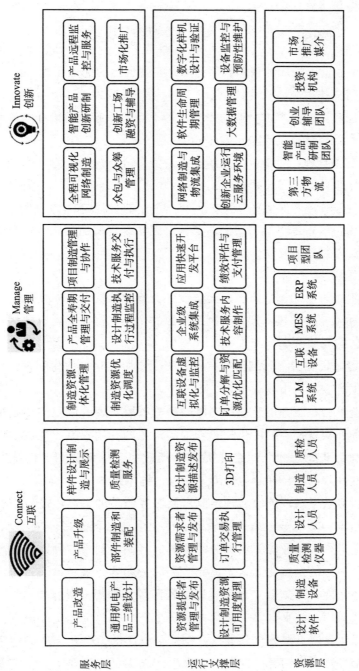

图8-5 云制造平台处理定制化产品的层级

（2）提供全方位的产品开发、生产、销售和物流服务，帮助企业提高生产效率、降低成本、提升产品质量。

（3）通过云制造平台，服务层可以获取到平台内所有的制造资源信息，并为企业提供最优的资源利用方案，实现资源的优化配置。

2. 运行支撑层

（1）任务调度：根据企业的需求，将不同的任务分配给不同的制造资源，确保生产过程的顺利进行。

（2）资源管理：对平台内的所有制造资源进行统一的管理和调度，确保资源的合理利用和高效配置。

（3）安全管理：保证平台的安全性，防止信息泄露和非法访问等问题。

（4）通过运行支撑层，云制造平台可以实现资源的动态管理和优化配置，提高资源的利用效率。

3. 资源层

（1）提供丰富的制造资源，涵盖设备、原材料及人力资源等。

（2）利用物联网技术，实现制造资源的全面联网，确保资源接入网络并实现信息的高效共享与交流。

（3）通过资源层，云制造平台有效实现资源共享与优化配置，从而增强企业的生产效率与市场竞争力。

云制造平台在服务层、运行支撑层和资源层实现的内容主要是提供全方位的服务、实现资源的优化配置和提高资源的利用效率。通过这些实现内容，云制造平台可以帮助企业提高生产效率、降低成本、提升产品质量，并实现高效的生产和全生命周期管理，具体如图 8-6 所示。

通过云制造平台，能够实现定制产品服务质量的提高生产效率、快速响应客户需求、实现全生命周期管理、优化生产流程及降低成本等方面。通过云制造平台，企业能够对资源的配置进行完善和高效利用，提高生产效率，满足客户的定制化需求，提高产品质量和客户满意度。首先，在提高生产效率方面，云制造平台通过优化资源配置和提升资源利用效率，显著增强生产效率。该平台实时采集并分析生产数据，优化生产流程，进而提升产品质量，降低成本。此外，云制造平台还助力企业迅速响应客户需求，捕捉个性化需求信息，并快速调整生产以满足定制要求。在实现全生命周期管理方面，云制造平台可以帮助企业实现产品的全生命周期管理。

Connect 互联	Manage 管理	Innovate 创新
软件 ● 全兼容、快速交付的三维设计平台 ● 增材设计与3D打印技术 ● 数字样件目录与展示 ● 三维设计软件桌面虚拟化 工程 ● 产品改造技术 ● 产品升级技术 管理 ● 资源提供者管理与能力发布、展示 ● 资源需求者管理 ● 设计制造资源描述、发布 ● 设计制造资源可用度跟踪 ● 订单签署、过程跟踪与交付记录 ● 供需方评价管理 ● 自有设计数据管理与协作管理	软件 ● 制造资源一体化定义（虚拟化） ● 虚拟化企业的系统集成总线 ● 应用快速开发平台 ● 应用支撑平台 ● 技术服务内容制作与重用 工程 ● 设备/生产线智能互联化改造 ● 移动终端部署 管理 ● 项目制协作与管理 ● 产品全寿期管理与交付 ● 订单分解与资源优化匹配 ● 制作资源优化调度 ● 设计制造执行过程监控 ● 担保、支付与信用管理	软件 ● 机电协同设计 ● 软件生命周期管理 ● 数字化样机设计与验证 ● 数字化映射与增强现实 ● 智能产品创新研制与优化 ● 设备远程访问与控制 ●（基于配置的）软件与内容自动化部署 ● 大数据分析与优化预测 工程 ● 云制造平台→创新工场，孵化器 ● 虚拟化制作平台→产品运营服务平台 管理 ● 众包与众筹管理 ● 创新工场融资与辅导 ● 市场化推广 ● 网络化制造与物流全资可视化 ● 设备及产品远程监控与服务

图 8－6　云制造平台各层级的功能

从产品设计、生产、销售到后期维护方面，云制造平台都可以提供全方位的服务。这不仅可以提高企业的生产效率，还可以提高客户满意度。在优化生产流程方面，云制造平台可以在持续优化的生产流程中提供新的解决方案和工具，使得生产过程变得更加简单、标准、可控（李芳和程友凤，2023）。借助云制造平台，企业可以对整个生产流程进行评估，并对可能的优化方案进行贯彻。因为系统可以集成不同的数据源，从而实现了状态持续性，这样能够实时更新数据，在更好地了解生产过程的基础上，对制造流程进行优化。在降低成本方面，云制造平台可以降低定制化产品的生产成本。通过对资源的配置进行完善和高效利用，云制造平台能够提高共享资源利用率，减少浪费。此外，云制造平台还可以帮助企业实现精细化管理，降低运营成本。

8.2.2　Q 阶犹豫模糊

模糊集（fuzzy sets，FSs），在 1965 年由扎德（Zadeh）博士首次被创造性地提出，它帮助评价专家更好地用清晰的数字来描述评估过程中的不确定性和不确定性（Zadeh L. A. & Fuzzy Sets，1996）。往后在 1986 年保加利亚学者阿塔纳索维（Atanassov）在模糊集基础上提出直觉模糊集（intuitionistic fuzzy set，IFSs），采用"隶属度""非隶属度"两个维度描述某元素在一个集合和不在一个集合程度用于评价不确定性信息（Atanassov et al.，1999）。随后，又有一系列学者进行多模糊集进行扩展，罗纳德（Ronald R. Yager）在2014年提出一种新的毕达哥拉斯模糊集（pythagorean fuzzy sets，PFSs）的概念，改进了直觉模糊集隶属度和非隶属度之和小于等于1这一实际决策中难以严格满足的约束条件（Yager R. R.，2013）。亚格尔（Yager，2017）对毕达哥拉斯模糊集进行进一步拓展，提出了q阶正交模糊集（q-rung otho-pair fuzzy sets，q-ROFSs）。徐泽水等（Xu et al.，2019）提出q阶正交模糊阶的扩展形式为q阶双犹豫模糊集（q-rung dual hesitant fuzzy sets，q-RDHFSs），允许隶属度和非隶属度由多个离散的值而不是单个值来表示，可以更好地表现评价过程的犹豫性（Xu et al.，2019；Xu et al.，2018）。

定义1：设 X 为一个非空普通集，定义在 X 上的一个q阶双犹豫模糊集 S 可以表示为：

$$S = \{ <x, \mu_S(x), \upsilon_S(x)> \mid x \in X \}$$

其中，$\mu_S(x)$：$X \rightarrow [0, 1]$ 和 $\upsilon_S(x)$：$X \rightarrow [0, 1]$ 分别表示 R 中的隶属度和非隶属度，满足：

$$\gamma^q + \lambda^q \leq 1 (q \geq 1, \ \forall \gamma \in \mu_S(x), \ \forall \lambda \in \upsilon_S(x), \ 0 \leq \gamma, \ \lambda \leq 1)$$

此基础上，犹豫度的表达式如下：

$$\pi_S = \left(1 - \left(\frac{1}{\phi\mu} \sum_{\gamma \in \mu_S} \gamma^q + \frac{1}{\phi\upsilon} \sum_{\lambda \in \upsilon_S} \lambda^q \right) \right)^{\frac{1}{q}} \tag{8-1}$$

其中，$\phi\mu$、$\phi\upsilon$ 表示集合 $\mu_S(x)$、$\upsilon_S(x)$ 中元素的个数。

若 $\alpha(x) = <x, \mu_S(x), \upsilon_S(x)>_q$ 为一个q阶双犹豫模糊元，可以简记为 $\alpha\{\mu, \upsilon\}$。

当 $\phi\mu = \phi\upsilon = 1$ 时，q阶双犹豫模糊集变为q阶模糊集，当 $q=1$ 时，q阶双犹豫模糊集变为对偶犹豫模糊集，当 $q=2$ 时，q阶双犹豫模糊集将会变为犹豫毕达哥拉斯模糊集。因此，q阶双犹豫模糊集是q阶模糊集，毕达哥斯拉模糊集与对偶犹豫模糊集的推广。

定义2：运算规则。

设 $\alpha\{\mu, \upsilon\}$，$\alpha_1\{\mu_1, \upsilon_1\}$，$\alpha_2\{\mu_2, \upsilon_2\}$ 为任意的三个q阶双犹豫模糊元，令 η 为任意非负实数，则运算规则如下：

（1）　$\alpha_1 \oplus \alpha_2 = \bigcup\limits_{\substack{\gamma_1 \in \mu_1, \lambda_1 \in v_1 \\ \gamma_2 \in \mu_2, \lambda_2 \in v_2}} \left\{ \left\{ \left(\gamma_1^q + \gamma_2^q - \gamma_1^q \gamma_2^q \right)^{\frac{1}{q}} \right\}, \{\lambda_1 \lambda_2\} \right\}$

（2）　$\alpha_1 \otimes \alpha_2 = \bigcup\limits_{\substack{\gamma_1 \in \mu_1, \lambda_1 \in v_1 \\ \gamma_2 \in \mu_2, \lambda_2 \in v_2}} \left\{ \{\gamma_1 \gamma_2\}, \left\{ \left(\lambda_1^q + \lambda_2^q - \lambda_1^q \lambda_2^q \right)^{\frac{1}{q}} \right\} \right\}$

（3）　$\eta \alpha = \bigcup\limits_{\gamma \in \mu, \lambda \in v} \left\{ \left\{ \left(1 - (1 - \gamma^q)^\eta \right)^{\frac{1}{q}} \right\}, \{\lambda^\eta\} \right\}, \ \eta > 0$

（4）　$\alpha^\eta = \bigcup\limits_{\gamma \in \mu, \lambda \in v} \left\{ \{\gamma^\eta\}, \left\{ \left(1 - (1 - \lambda^q)^\eta \right)^{\frac{1}{q}} \right\} \right\}, \ \eta > 0$

定义 3：令 $\alpha = \langle \mu_S(x), v_S(x) \rangle_q$ 为一个 q 阶双犹豫模糊元，称 $S(\alpha)$ 为 α 的得分函数。

$$S(\alpha) = \left(\frac{1}{\phi\mu} \sum_{\gamma \in \mu_S} \gamma \right)^q - \left(\frac{1}{\phi v} \sum_{\lambda \in v_S} \gamma \right)^q, \ S(\alpha) \in [-1, 1] \quad (8-2)$$

在实际评价中，利用得分函数处理不完整和模糊信息有时会失效，与实际情况不符等无法区分情形，受李美娟等学者改进毕达哥拉斯模糊集的得分函数启发，引入 q 阶双犹豫模糊集的修正后得分函数 $\acute{S}(\alpha)$（李美娟等，2022）。

$$\acute{S}(\alpha) = \left(\frac{1}{\phi\mu} \sum_{\gamma \in \mu_S} \gamma \right)^q - \left(\frac{1}{\phi v} \sum_{\lambda \in v_S} \gamma \right)^q + \frac{\left(\dfrac{1}{\phi\mu} \sum\limits_{\gamma \in \mu_S} \gamma \right)^q - \left(\dfrac{1}{\phi v} \sum\limits_{\lambda \in v_S} \gamma \right)^q}{\varsigma(1 + \pi_f^q)}$$

$$(8-3)$$

其中，$1 \leqslant \varsigma \leqslant 3$。

由式（8-3）容易得到新得分函数 $\acute{S}(\alpha) \in \left[-\left(1 + \dfrac{1}{\varsigma} \right), \left(1 + \dfrac{1}{\varsigma} \right) \right]$。其中，称 θ 为从众因子，θ 越小从众程度越大，可以看出，当支持度超过反对度时，犹豫不决的人们更可能倾向于支持；反之，当反对度超过支持度时，他们则更可能倾向于反对。$\dfrac{1}{\varsigma(1 + \pi_f^q)}$ 反映出决策者希望犹豫度越小越好的期望以及人们希望不确定性越低越好的认知习惯，更符合实际评价情况。

定义 4：令 $\alpha_1 = (\mu_1, v_1)$ 和 $\alpha_2 = (\mu_2, v_2)$ 为任意 q 阶双犹豫模糊元，它们的距离表达式如下：

$$dis(\alpha_1, \alpha_2) = \frac{1}{2(\phi\mu + \phi v)} \left(\sum_{i=1}^{\phi\mu} |(\gamma_1)_i^q - (\gamma_2)_i^q| + \sum_{i=1}^{\phi g} |(\lambda_1)_i^q - (\lambda_2)_i^q| \right)$$

$$(8-4)$$

其中，$(\gamma_1)_i \in \mu_1$，$(\gamma_2)_i \in \mu_2$，$(\lambda_1)_j \in v_1$，$(\lambda_2)_j \in v_2$，$\phi\mu$ 表示 μ_1 和 μ_2 中评价数个数，ϕv 表示 v_1 和 v_2 中评价数个数。

通常，利用 q 阶双犹豫模糊进行客观实际评价时，决策者对于某属性评价值比较确定时，往往给出较少评价值，会出现犹豫模糊元中评价元素数 $\phi\mu_i$ 与 $\phi\mu_j$ 或 $\phi\upsilon_i$ 与 $\phi\upsilon_j$ 并不相等，计算时 $\phi\mu_1$ 应等于 $\phi\mu_2$，$\phi\upsilon_1$ 等于 $\phi\upsilon_2$，因此需对 q 阶双犹豫模糊元转为标准 q 阶双犹豫模糊元处理（Naz et al.，2022）。

例 $\alpha_1 = \{\{0.4，0.5\}，\{0.6，0.7\}\}$ $\alpha_2 = \{\{0.3，0.4，0.5\}，\{0.6\}\}$，这里取偏好系数为 1，即增加隶属度（非隶属度）集合中元素的最大值，标准化后的 q 阶双犹豫模糊元为 $\alpha'_1\{\{0.4，0.5，0.5\}，\{0.6，0.7\}\}$，$\alpha'_2 = \{\{0.3，0.4，0.5\}，\{0.6，0.6\}\}$。

8.2.3　q 阶双犹豫模糊集结算子

实际的决策问题中，往往多个属性之间存在着关联关系，为处理属性间客观复杂关系，赵红梅提出的改进 q 阶双犹豫模糊信息融合算子（Liu P. & P. Wang，2018）。

定义 5：设 $\alpha_i(=1，2，\cdots，n)$ 是一系列 q 阶双犹豫模糊元，s，$\tau \geqslant 0$ 和 $s + \tau > 0$，利用 q-RDHFPBM（q-rung dual hesitate fuzzy power Bonferroni mean，q-RDHFPBM）算子聚合后仍然是 q 阶双犹豫模糊元，当 $s = 1$，$t \to 0$ 时，称 $q\text{-}RDHFPBM^{1,0}(\alpha_1，\alpha_2，\cdots，\alpha_n) = \bigcup_{\substack{\gamma_i \in \mu_i, \lambda_i \in \upsilon_i \\ \gamma_j \in \mu_j, \lambda_j \in \upsilon_j}}$

$$\left\{\left\{\left(1 - \prod_{i=1}^{n}(1 - \gamma_i^q)^{\frac{1}{n}}\right)^{\frac{1}{q}}\right\}，\left\{\prod_{i=1}^{n}(\lambda_i)^{\frac{1}{n}}\right\}\right\} \tag{8-5}$$

为 q 阶双犹豫模糊均值算子的表达式。

定义 6：设 $\alpha_i(\alpha_1，\alpha_2，\cdots，\alpha_n)$ 为 q 阶双犹豫模糊元，权重向量 $\omega = (\omega_{e1}，\omega_{e2}，\cdots，\omega_{en})^T$，为 α_i 的权重向量，满足条件 $\omega_{ei} \in [0，1]$，且 $\sum_{i=1}^{n} \omega_{ei} = 1$。$s$，$\tau \geqslant 0$ 和 $s + \tau > 0$，利用 q-RDHFWPBM（q-Rung Dual Hesitate Fuzzy Weighted Power Bonferroni Mean，q-RDHFWPBM）算子聚合后仍然是 q 阶双犹豫模糊元：

$$q\text{-}RDHFWPBM^{s,\tau}(\alpha_1，\alpha_2，\cdots，\alpha_n) = \bigcup_{\substack{\gamma_i \in \mu_i, \lambda_i \in \upsilon_i \\ \gamma_j \in \mu_j, \lambda_j \in \upsilon_j}}$$

$$\left\{\left(1 - \left(\prod_{i,j,i \neq j}^{n}(1 - (1 - (1 - \gamma_i^q)^{n\psi_i})^s \times (1 - (1 - \gamma_j^q)^{n\psi_j})^t)\right)^{\frac{1}{n(n-1)}}\right)^{\frac{1}{q(s+t)}}\right\}，$$

$$\Big\{\Big(1-\Big(1-\Big(\prod_{i,j,i\neq j}^{n}\big(1-(1-\gamma_i^{qn\psi_i})^s\big)\times(1-\gamma_j^{qn\psi_j})^t\big)^{\frac{1}{n(n-1)}}\Big)^{\frac{1}{s+t}}\Big)^{\frac{1}{q}}\Big\}$$

$$(8-6)$$

称 $q\text{-}RDHFWPBM^{s,\tau}(\alpha_1,\alpha_2,\cdots,\alpha_n)$ 为 q 阶双犹豫模糊加权算子。其中：

$$\psi_i=\frac{\omega_{ei}(1+T(\alpha_i))}{\sum\limits_{\beta=1}^{n}\omega_{e\beta}(1+T(\alpha_\beta))},\quad \psi_j=\frac{\omega_{ej}(1+T(\alpha_j))}{\sum\limits_{\beta=1}^{n}\omega_{e\beta}(1+T(\alpha_\beta))}\qquad(8-7)$$

式（8-7）中，$\psi_i\in[0,1]$，$\sum\limits_{i=1}^{n}\psi_i=1$。

$$Sup(\alpha_{i\nu},\alpha_{j\mu})=1-dis(\alpha_{i\nu},\alpha_{j\mu})\qquad(8-8)$$

$$T(\alpha_{ij})=\sum_{i=1,i\neq j}^{n}Sup(\alpha_{i\nu},\alpha_{j\mu})\qquad(8-9)$$

其中，$i=1,2,\cdots,m$；$\nu,\mu=1,2,\cdots,n$；$\nu\neq\mu$。$dis(\alpha_i,\alpha_j)$ 表示 α_i 与 α_j 之间的距离由式（8-3）可得，$Sup(\alpha_i,\alpha_j)$ 表示 α_i 对 α_j 的支持度，满足以下关系：

$1\leqslant Sup(\alpha_i,\alpha_j)\leqslant1$；

$Sup(\alpha_i,\alpha_j)=Sup(\alpha_i,\alpha_j)$；

$|a-b|\geqslant|c-d|$，则 $Sup(a,b)\leqslant Sup(c,d)$。

8.2.4 q 阶双犹豫模糊双向投影距离的相似度法

定义 7（Xu Z & H Hu，2010）：假设任意两个 q 阶双犹豫模糊集的形式为 $\boldsymbol{a}=[(\mu_1,\upsilon_1)]$ 和 $\boldsymbol{b}=[(\mu_2,\upsilon_2)]$，那么 $\boldsymbol{a}$ 在向量 $\boldsymbol{b}$ 上的单向投影表达式如下：

$$Proj_{\bar{b}}(\bar{a})=|\boldsymbol{a}|\cos(\boldsymbol{a},\boldsymbol{b})=\frac{\boldsymbol{a}\cdot\boldsymbol{b}}{|\boldsymbol{b}|}$$

$$=\frac{1}{|\boldsymbol{b}|}\sum_{i=1}^{\phi\mu}(\gamma_1)_i^q(\gamma_2)_i^q+\sum_{j=1}^{\phi\upsilon}(\lambda_1)_j^q(\lambda_2)_j^q+\pi_1^q\pi_2^q\qquad(8-10)$$

其中：

$$|\boldsymbol{b}|=\sqrt{\sum_{i=1}^{\phi\mu}((\gamma_2)_i^q)^2+\sum_{j=1}^{\phi\upsilon}((\lambda_2)_j^q)^2+(\pi_2^q)^2}\qquad(8-11)$$

定义 8（杜秀丽等，2023）：假设非空集 $\chi = \{\alpha_1, \alpha_2, \cdots, \alpha_n\}$ 中任意两个 q 阶模糊集为 $A = (\mu_m, \upsilon_m)$ 和 $B = (\mu_n, \upsilon_n)$ 为任意 q 阶双犹豫模糊元，那么 A 在 B 上的双向投影表达式如下：

$$BProj_{\overline{B}}(\overline{A}) = \frac{1}{1 + |Proj_{\overline{A}}(\overline{B}) - Proj_{\overline{B}}(\overline{A})|} \qquad (8-12)$$

满足 $0 \leqslant BProj_{\overline{b}}(\overline{a}) \leqslant 1$。

双向投影不仅包含向量 a 与向量 b 之间的距离和夹角，还包含向量 a 与向量 b 互相投影值，更好的度量 q 阶双犹豫模糊元的相似性关系。

A 与 B 距离测度表达式如下：

$$Dis(\overline{A}, \overline{B}) = BPrj_{\overline{C}}(\overline{A}) - BPrj_{\overline{C}}(B) \qquad (8-13)$$

其中，C 为 q 阶双犹豫模糊元的最大值 $\alpha\{\mu_C, \upsilon_C\}$，

$$C = \{(\mu_i, \upsilon_i), \{\{\max(\gamma(\mu_i))\}, \{\min(\lambda(\upsilon_i))\}\}\}。$$

8.3　基于云制造平台的产品服务质量综合评价方法

随着市场竞争的日益激烈，产品服务的质量成为企业生存和发展的关键因素。产品服务的质量综合评价是企业管理的重要环节，对于满足客户需求、提升竞争力、保证销量持续增长、优化产品研发、促进企业成长、维护企业声誉、保障客户满意及建立信任基础都具有重要的意义。本节对于产品服务质量综合评价使用的一些方法进行介绍，其中包括评价人员权重、评价指标权重、评价信息折衷计算的一些方法。

8.3.1　方案决策信息获取

假设成立的评价小组共有 β 名不同从业经验及专业学识的评价成员，分别对 ℏ 个定制方案 $S_\hbar$（$\hbar = 1, 2, \cdots, m$），n 个评价指标 P_g（$g = 1, 2, \cdots, n$）进行分析和评价，完成对所有定制方案综合效用值排序。评价小组成员集，表示为 $E = \{E_1, E_2, \cdots, E_\beta\}$（$\beta \geqslant 2$），评价成员利用 q 阶模糊犹豫 $< x, \mu_S(x), \upsilon_S(x) >_q$ 给出评价信息，评价成员的评价信息整理成数据矩阵表示如下：

$$
A = \begin{bmatrix}
 & S_1 & S_2 & \cdots & S_m \\
E_1 & \{\mu_{11}^g, \ \upsilon_{11}^g\} & \{\mu_{12}^g, \ \upsilon_{12}^g\} & \cdots & \{\mu_{1m}^g, \ \upsilon_{1m}^g\} \\
E_2 & \{\mu_{21}^g, \ \upsilon_{21}^g\} & \{\mu_{22}^g, \ \upsilon_{22}^g\} & \cdots & \{\mu_{2m}^g, \ \upsilon_{2m}^g\} \\
\vdots & \vdots & \vdots & \vdots & \vdots \\
E_\beta & \{\mu_{\beta 1}^g, \ \upsilon_{\beta 1}^g\} & \{\mu_{\beta 2}^g, \ \upsilon_{\beta 2}^g\} & \cdots & \{\mu_{\beta m}^g, \ \upsilon_{\beta m}^g\}
\end{bmatrix}
$$

令 $\alpha_{i\hbar}^g = \{\mu_{i\hbar}^g, \ \upsilon_{i\hbar}^g\}$，$(i = 1, \ 2, \ \cdots, \ \beta; \ \hbar = 1, \ 2, \ \cdots, \ m, \ g = 1, 2, \ \cdots, \ n)$ 为第 i 评价成员给出的关于定制方案 $S_h'(\hbar = 1, \ 2, \ \cdots, \ m)$ 中的第 ϑ 属性 P_g' $(g = 1, \ 2, \ \cdots, \ n)$ 下的 q 阶双犹豫模糊数的评价信息。基于 q 阶双犹豫模糊的改进综合赋权定制方案服务质量评估流程如图 8 –7 所示。

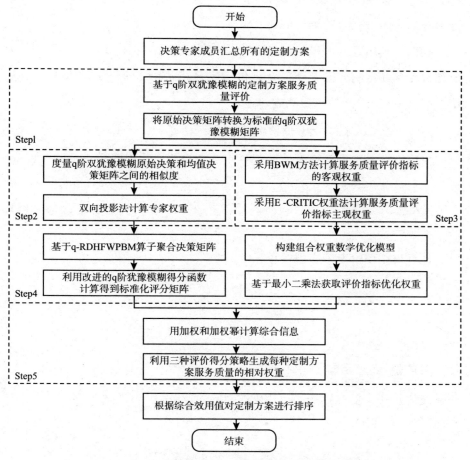

图 8 – 7 改进定制产品服务质量风险评估流程

8.3.2 评价人员权重的确定

首先，根据评价专家提供的评价信息将原始评价矩阵转为标准 q 阶双犹豫模糊矩阵 $\acute{A}$。通常情况下，公司内部根据评价团队成员的知识结构和从业领域经验及职位等级的不同对其评分得到的初始权重向量为，$\omega_i = (\omega_1, \omega_2, \cdots, \omega_\beta)^T$。

利用式（8-5）计算标准化后的 q 阶双犹豫模糊评价矩阵，得到所有评价专家在所有定制方案 $S'_\hbar (\hbar = 1, 2, \cdots, m)$ 中的服务质量每个评价指标 $P'_g (g = 1, 2, \cdots, n)$ 下的均值 $\{\mu_l^{\overline{\gamma_g}}, \upsilon_l^{\overline{\lambda_g}}\}$，$(l = 1, 2, \cdots, m)$，得到聚合的 q 阶双犹豫模糊均值评价矩阵 $\overline{A}$。

其次，利用式（8-14）计算 $Dis\{\{\mu_{i\hbar}^g, \upsilon_{i\hbar}^g\}, \{\mu_l^{\overline{\gamma_g}}, \upsilon_l^{\overline{\lambda_g}}\}\}$，得到第 i 位评价专家在定制方案 S_h 下第 g 评价指标 P_g 下的评价值 $\{\mu_{i\hbar}^g, \upsilon_{i\hbar}^g\}$ 与均值 $\{\mu_l^{\overline{\gamma_g}}, \upsilon_l^{\overline{\lambda_g}}\}$ 之间的相似测度 $\delta_{i\hbar}^g$：

$$\delta_\hbar^g = 1 - \left| Dis\{\{\mu_{i\hbar}^g, \upsilon_{i\hbar}^g\}, \{\mu_l^{\overline{\gamma_g}}, \upsilon_l^{\overline{\lambda_g}}\}\} \right| \qquad (8-14)$$

再次，计算评价指标 ϑ 下每位评价专家占总体相似度 δ_i^g：

$$\delta_i^g = \frac{\sum\limits_{\hbar=1}^m \delta_{i\hbar}^g}{\sum\limits_{i=1}^\beta \sum\limits_{\hbar=1}^m \delta_{i\hbar}^g} \qquad (8-15)$$

计算每位评价专家客观权重：

$$\ddot{\omega}_{Ei} = \frac{\sum\limits_{g=1}^n \delta_i^g}{\sum\limits_{i=1}^\beta \sum\limits_{g=1}^n \delta_i^g} \qquad (8-16)$$

满足 $\ddot{\omega}_i \geq 0$，$\sum\limits_{i=1}^m \ddot{\omega}_i = 1$。

最后，计算组合权重，归一化得到专家权重 ω_{Ei}：

$$\omega_{Ei} = \frac{\omega_i \ddot{\omega}_{Ei}}{\sum\limits_{i=1}^\beta \omega_i \ddot{\omega}_{Ei}} \qquad (8-17)$$

8.3.3 产品服务质量评价指标组合权重的确定

首先，确定所有评价指标中最佳属性 P_b 及最差属性 P_w。评价专家采用数字 $1 \sim 9$，数字评价最好属性 P_b 优于其他属性 P_o 的程度，其他属性 P_o 优于最差属性 P_w 程度，数字越大，最佳属性优于该属性程度越高。所有 β 位专家给出的评价信息为 E_{bo}、E_{ow}。E_{bo} 表示最好属性 P_b 优于其他属性 P_o 值，E_{ow} 表示其他属性 P_o 优于最差属性 P_w 评价值。

$$E_{bo} = (e_{bo}^1, \ e_{bo}^2, \ \cdots, \ e_{bo}^\beta) \quad E_{ow} = (e_{ow}^1, \ e_{ow}^2, \ \cdots, \ e_{ow}^\beta)$$

其中，e_{bo}^i 表示第 i 位专家给出的 P_b 优于其他属性 P_o 的程度值，e_{ow}^i 表示第 i 位专家给出的其他属性 P_o 优于最差属性 P_w 的程度值。

其次，建立求解最优化权重 $w_j = (w_w, \ w_o, \ w_b)$ $(O = 2, \ \cdots, \ n-1)$ 的数学模型如下：

$$\begin{cases} \min f(w_j) = \sum_{i=1}^\beta \ddot{\omega}_i \max \left\{ \left| \dfrac{w_b}{w_o^i} - e_{bo}^i \right|, \ \left| \dfrac{w_o^i}{w_w} - e_{ow}^i \right| \right\} \\ \text{st.} \sum_{i=1}^\beta \ddot{\omega}_i = 1; \ \sum_{j=1}^n w_j = 1, \ w_j > 0 \end{cases} \quad (8-18)$$

利用改进得分函数式（8-2）计算 q 阶双犹豫模糊均值评价矩阵 $\overline{A}$ 各定制方案服务质量评价指标得分值，得到定制方案下各属性下得分矩阵 $(x_{ij})_{m \times n}$，标准化处理后得到 $(k_{ij})_{m \times n}$，记为 K。若指标为效益型指标，则标准化评价矩阵元素 $k_{ij} \in L_1$，若指标为成本型指标，则标准化评价矩阵元素 $k_{ij} \in L_2$：

$$K = (k_{ij})_{m \times n} = \begin{bmatrix} k_{11} & k_{12} & \cdots & k_{1n} \\ k_{21} & k_{22} & \cdots & k_{2n} \\ \vdots & \vdots & & \vdots \\ k_{1m} & k_{m2} & \cdots & k_{mn} \end{bmatrix}$$

$$L_1 = \frac{x_{ij} - \min(x_{ij})}{\max(x_{ij}) - \min(x_{ij})}$$

$$L_2 = \frac{\max(x_{ij}) - x_{ij}}{\max(x_{ij}) - \min(x_{ij})} \quad (8-19)$$

接下来，对标准化后的矩阵 K 根据信息论中信息熵的定义计算各指标

的信息熵 S_j：

$$S_j = \frac{1}{\ln m} \sum_{i=1}^{m} F_{ij} \ln F_{ij} \qquad (8-20)$$

$$(f_{ij})_{m \times n} = \frac{k_{ij}}{\sum_{i=1}^{m} k_{ij}} \qquad (8-21)$$

其中，$F_{ij} = f_{ij}$，若 $f_{ij} = 0$ 时，则：

$$F_{ij} = \frac{1}{1 + \sum_{j=1}^{n} f_{ij}} \qquad (8-22)$$

根据标准化后的矩阵 K 计算 Pearson 相关系数得到的系数矩阵 R：

$$R = (r_{ij})_{n \times n} = \begin{bmatrix} 1 & r_{12} & \cdots & r_{1n} \\ r_{21} & 1 & \cdots & r_{2n} \\ \vdots & \vdots & & \vdots \\ r_{n1} & r_{n2} & \cdots & 1 \end{bmatrix}$$

其中，r_{ij} 为在第 i 指标和第 j 指标间的相关系数，其表达式如下：

$$r_{ij} = \frac{\sum_{d=1}^{m} (k_{di} - \bar{k}_i)(k_{dj} - \bar{k}_j)}{\sqrt{\sum_{d=1}^{n} (k_{di} - \bar{k}_i)^2} \sqrt{(\sum_{d=1}^{m} (k_{dj} - \bar{k}_j))^2}} \qquad (8-23)$$

其中，$\bar{k}_i$ 和 $\bar{k}_j$ 为第 i 和第 j 指标的均值，$\bar{k}_j = \dfrac{\sum_{i=1}^{m} k_{ij}}{m}$。

下一步，计算系数矩阵 R 第 j 属性独立系数值 ρ_j：

$$\rho_j = \eth_j \sum_{i=1}^{n} \vartheta_j \qquad (8-24)$$

其中，ϑ_j 为第 j 属性与其他属性的冲突性值，$\eth_j$ 为变异系数，计算公式如下：

$$\vartheta_j = \sum_{i=1}^{n} (1 - r_{ij}), \quad \eth_j = \sqrt{\frac{\sum_{i=1}^{m} (k_{ij} - \bar{k}_j)^2}{m}} \qquad (8-25)$$

最后，得到评价专家 BWM 法权重 w_j，评价信息的熵权 $\check{\omega}_j$ 及 CRITIC 信息权重 $\hat{\omega}_j$：

$$w_j = (w_1 , \ w_2 , \ \cdots , \ w_n) \qquad (8-26)$$

$$\check{\omega}_j = \frac{1 - S_j}{\sum\limits_{j=1}^{n} (1 - S_j)} \qquad (8-27)$$

$$\hat{\omega}_j = \frac{\rho_j}{\sum\limits_{d=1}^{n} \rho_j} \qquad (8-28)$$

熵权法的核心在于利用指标间的差异性确定其客观权重。当某个属性的信息量较少时，它对应的指标值不确定性程度会相应提高，这反映了该属性在决策过程中承载着更多的信息量。因此，在多属性决策分析中，这类属性往往占据更为关键的地位，并在权重分配时获得更大的权重值。熵权法计算得到的指标权重反映了属性值的离散程度。CRITIC 法的基本思想是以标准差的形式来体现对比强度，以及以各指标之间的相关系数来体现冲突性，从而构造权重。对比强度反映各评价对象的差距，冲突性强弱则与指标之间的相关性大小成反比。用两者权重相结合的方式，兼顾两者权重优点可以更合理反映评价指标本身的差异性特点。

8.3.4　定制方案的综合效用值计算

首先，根据利用 q-RDHFWPBM 算子，获取综合评价矩阵。根据式 (8-8) 和式 (8-9) 计算原始评价矩阵 A 支持度 $Sup(\alpha_{ih}^g , \ \alpha_{jh}^g)$ 及 $T(\alpha)$，$(i, \ j=1, \ 2, \ \cdots, \ \beta, \ i \neq j;\ \hbar=1, \ 2, \ \cdots, \ m, \ g=1, \ 2, \ \cdots, \ n)$。其次，根据式 (8-7)、式 (8-8) 所得的属性权重，以及利用式 (8-17) 考虑评价专家组合后的权重，q-RDHFWPBM 算子聚合得到潜在定制方案最终评价矩阵 $\tilde{A}$。最后，根据评价指标主，客观权重，建立基于最小二乘法的优化组合赋权模型，得到定制化产品评价指标的综合权重。

其中，利用式 (8-2) 计算综合评价矩阵 $\tilde{A}$ 各潜在定制方案评价指标得分，标准化处理得到矩阵 $(y_{ij})_{m \times n}$。根据评价专家 BWM 法权重 w_j，及信息熵权重 $\check{\omega}_j$ 及 CRITIC 法计算得到的权重 $\hat{\omega}_j$，利用式 (8-26) ~ 式 (8-28) 建立组合权重优化数学模型如下：

$$\min f(\overline{W}_{\beta j}) = \sum_{i=1}^{m} \sum_{j=1}^{n} \big[(w_j - \overline{W}_{\beta j}) y_{ij} \big]^2 + \sum_{i=1}^{m} \sum_{j=1}^{n}$$

$$[(\varepsilon \check{\omega}_j + (1 - \varepsilon) \hat{\omega}_j - \overline{W}_{\beta j}) y_{ij}]^2 \quad\quad (8 - 29)$$

其中，s. t. $\sum_{j=1}^{n} \overline{W}_{\beta j} = 1$，$\overline{W}_{\beta j} \geqslant 0$，$0 \leqslant \varepsilon \leqslant 1$。

对式（8 - 29）作拉格朗日函数：

$$L = \sum_{i=1}^{m} \sum_{j=1}^{n} \{[(w_j - \overline{W}_{\beta j}) y_{ij}]^2 + [(\varepsilon \check{\omega}_j + (1 - \varepsilon) \hat{\omega}_j - \overline{W}_{\beta j}) y_{ij}]^2\} +$$

$$4\lambda (\sum_{j=1}^{n} \overline{W}_{\beta j} - 1)$$

$$\frac{\partial L}{\partial \overline{W}_{\beta j}} = - \sum_{i=1}^{m} 2(w_j + \varepsilon \check{\omega}_j + (1 - \varepsilon) \hat{\omega}_j - 2\overline{W}_{\beta j}) y_{ij}^2 + 4\lambda = 0 \frac{\partial L}{\partial \lambda}$$

$$= 4(\sum_{j=1}^{n} \overline{W}_{\beta j} - 1) = 0$$

上式矩阵形式表示形式如下：

$$\begin{bmatrix} A & e \\ e^T & 0 \end{bmatrix} \times \begin{bmatrix} \overline{W}_\beta \\ \lambda \end{bmatrix} = \begin{bmatrix} B \\ \lambda \end{bmatrix} \quad\quad (8 - 30)$$

其中，$A = diag[\sum_{i=1}^{m} y_{i1}^2, \sum_{i=1}^{m} y_{i2}^2, \cdots, \sum_{i=1}^{m} y_{in}^2]$；$e$ 为单位矩阵；$\overline{W}_{\beta j} = (\overline{W}_{\beta 1},$

$\overline{W}_{\beta 2}, \cdots, \overline{W}_{\beta n})^T$，$B = \frac{1}{2} \sum_{i=1}^{m} (w_1 + \varepsilon \check{\omega}_1 + (1 - \varepsilon) \hat{\omega}_1) y_{i1}^2, \frac{1}{2} \sum_{i=1}^{m} (w_2 + \varepsilon \check{\omega}_2 +$

$(1 - \varepsilon) \hat{\omega}_2) y_{i2}^2, \frac{1}{2} \sum_{i=1}^{m} (w_j + \varepsilon \check{\omega}_j + (1 - \varepsilon) \hat{\omega}_j) y_{in}^2$，$\varepsilon$ 为偏好系数，$\varepsilon \in$

$[0, 1]$。

计算各指标属性的优化权重如下：

$$\overline{W}_{\beta j} = A^{-1} \times \left(B + \frac{1 - e^T A^{-1} B}{e^T A^{-1} e} \times e \right) \quad\quad (8 - 31)$$

接下来，基于组合妥协解 CoCoSo 法计算定制方案风险排序。计算每种定制方案评价信息的加权和集成信息 H_i 与加权积集成信息 I_i：

$$H_i = \sum_{j=1}^{n} \overline{W}_{\beta j} y_{ij}$$

$$I_i = \sum_{j=1}^{n} (y_{ij})^{\overline{W}_{\beta j}} \quad\quad (8 - 32)$$

采用三种聚合策略计算每种定制方案的相对重要度系数：

$$C_i^1 = \frac{H_i + I_i}{\sum_{i=1}^{m} (H_i + I_i)}$$

$$C_i^2 = \frac{H_i}{\min\limits_i H_i} + \frac{I_i}{\min\limits_i I_i}$$

$$C_i^3 = \frac{\varepsilon H_i + (1 - \varepsilon) I_i}{\varepsilon \max H_i + (1 - \varepsilon) \max I_i} \qquad (8-33)$$

其中，ε 为折衷系数 $\varepsilon \in [0, 1]$。

最后，根据服务质量评价信息计算各定制方案综合效用值：

$$C_i = (C_i^1 C_i^2 C_i^3)^{\frac{1}{3}} + \frac{1}{3}(C_i^1 + C_i^2 + C_i^3) \qquad (8-34)$$

然后根据综合效用值得分大小进行折优，得到各定制方案综合效用值排序。

8.4 应用案例

本节对本章所提出的定制产品服务质量综合评价方法进行应用。分为两部分，其中第 8.4.1 节为实例分析，阐述一家电磁制动器生产企业为云制造平台上的定制订单进行产品设计与服务质量评价的案例；第 8.4.5 节对服务质量评价结果进行对比分析，采用其他方法对本章的数据进行计算，再对计算结果进行分析，验证本章所提方法的客观性与实用性。

8.4.1 实例分析信息确定

电磁制动器是机器人机械臂的重要组成部分，用于控制机器人的运动和停止。电磁制动器通过控制电流的通断来产生电磁力，从而控制制动盘与离合器的分离和结合，实现机器人的制动和释放。电磁制动器的性能和稳定性直接影响机器人的运动精度和安全性，因此对于电磁制动器的设计和制造至关重要。一家电磁制动器制造企业，通过云制造平台，为需求方设计一款定制的电磁制动器，使用背景如图 8-8 所示。为云制造客户生产的定制方案如表 8-1 所示，表中设计参数代表的含义为 1 是整体高

度（cm）、2 是线圈匝数、3 是容积率（%）、4 是线圈用量（g）、5 是线
径大小（cm）、6 是电磁力大小（N）、7 是重量大小（g）、8 是交付时间
（单位为天）、9 是安装服务、10 是交货完整性（是否提供物流）。

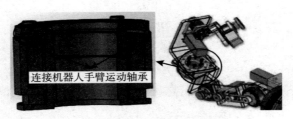

连接机器人手臂运动轴承

图 8 - 8　电磁制动器工作背景

表 8 - 1　　　　　　　　　　电磁制动器定制方案

方案	1	2	3	4	5	6	7	8	9	10
1	12.6	683	56.7%	50.2	0.25	814	343	12	提供	含物流
2	12.7	735	64.8%	58.8	0.26	812	351	9	不提供	含物流
3	13.0	776	77.4%	68.3	0.27	841	374	12	提供	不含物流
4	14.4	785	79.1%	69.0	0.27	884	418	9	不提供	含物流
5	12.9	739	66.4%	59.4	0.26	835	360	12	提供	不含物流
6	15.0	766	81.8%	68.2	0.27	989	441	9	不提供	不含物流
7	12.2	675	57.8%	50.2	0.25	732	327	12	提供	含物流
8	13.6	785	75.5%	68.9	0.27	869	388	12	提供	不含物流

资料来源：公司案例。

每个定制方案的服务质量评价指标如表 8 - 2 所示。

表 8 - 2　　　　　　　　　　服务质量评价指标

一级评价指标	二级评价指标
产品质量满意度	1. 产品的适用性； 2. 产品设计外观； 3. 产品的操作性以及维护的便捷性

续表

一级评价指标	二级评价指标
产品技术支持满意度	1. 产品交付的及时性; 2. 产品交货的完整性
产品交付情况满意度	1. 现场安装、调试的满意程度; 2. 结构合理性; 3. 性能参数合理性

本节会对一级评价指标的权重进行求解,二级评价指标的权重在一级指标权重基础上进行均匀分配。求解二级评价指标权重的方法有很多,层次分析法、熵权法等方法都可以实现,但这些方法无外乎都需要对指标再次进行两两对比评价,本章认为这样会增加评价的主观性,并且提升计算的难度,更不便于将本章所提方法进行推广与使用。基于此,本节仅对一级评价指标采用熵权 – 功效系数法与主观权重最好最差法计算权重。

首先,3 位评价专家根据其自身知识结构和领域经验,结合实际情况各自对 8 项方案下的 3 个一级指标,即产品质量满意度 P_1、技术支持满意度 P_2、交付情况满意度 P_3,利用 q 阶双犹豫模糊数进行评价,得到 q 阶双犹豫模糊原始评价矩阵 A。原始评价矩阵如表 8 – 3 ~ 表 8 – 5 所示。其次,为确定评价专家的权重,3 位评价者一致讨论确定最好指标为 P_1,最差指标为 P_2。如前所述,3 位评价者采用数字 1 ~ 9,给出最好指标 P_1 优于 P_2、P_3 的程度及 P_2 优于 P_1 程度评价值如表 8 – 6 所示。除此之外,团队成员中的 3 位评价专家来自不同岗位,有着不同岗位从业经验及职称,本书根据评价者的从业年限、岗位相关性和职称等级等三方面对其进行统计打分,得到每位评价者得分占比值,最终得到的专家主观权重为 $\omega = (0.375, 0.333, 0.292)^T$。

表 8 – 3　　　　　　　　专家 1 评价信息

方案	指标 1	指标 2	指标 3
S1	{{0.3, 0.4, 0.5}{0.6, 0.7}}	{{0.5, 0.6}{0.3, 0.5}}	{{0.6}{0.6, 0.7}}
S2	{{0.6, 0.7}{0.4, 0.5}}	{{0.4, 0.5}{0.3, 0.4}}	{{0.6}{0.4, 0.5}}
S3	{{0.6}{0.5, 0.6}}	{{0.6}{0.7, 0.8}}	{{0.5}{0.5, 0.6}}
S4	{{0.5, 0.6}{0.8, 0.9}}	{{0.7}{0.7, 0.8}}	{{0.4}{0.6}}

续表

方案	指标1	指标2	指标3
S5	{{0.4, 0.5}{0.6, 0.7}}	{{0.6, 0.7}{0.7, 0.9}}	{{0.6, 0.7}{0.6}}
S6	{{0.6, 0.7}{0.6}}	{{0.4, 0.5, 0.6}{0.5, 0.6}}	{{0.5, 0.6}{0.7, 0.8}}
S7	{{0.7}{0.2, 0.3}}	{{0.5, 0.6}{0.5, 0.7}}	{{0.6}{0.8}}
S8	{{0.4, 0.5}{0.6, 0.7}}	{{0.6, 0.7, 0.8}{0.8, 0.9}}	{{0.5}{0.7, 0.8}}

资料来源：公司案例。

表 8 - 4　　　　　　　　　　**专家 2 评价信息**

方案	指标1	指标2	指标3
S1	{{0.6, 0.7}{0.6, 0.7}}	{{0.6, 0.7, 0.8}{0.5, 0.6}}	{{0.6, 0.7}{0.5, 0.6}}
S2	{{0.7, 0.8}{0.5, 0.6}}	{{0.5, 0.6}{0.6, 0.7}}	{{0.7, 0.8}{0.6, 0.7}}
S3	{{0.6, 0.7}{0.7, 0.8}}	{{0.4, 0.5}{0.8, 0.9}}	{{0.5, 0.6, 0.7}{0.5, 0.6}}
S4	{{0.5, 0.6}{0.6, 0.7}}	{{0.6}{0.7, 0.8}}	{{0.5, 0.6}{0.7}}
S5	{{0.4, 0.5}{0.4, 0.5}}	{{0.5, 0.6, 0.7}{0.6, 0.7}}	{{0.5, 0.7}{0.6, 0.8}}
S6	{{0.7}{0.5, 0.6}}	{{0.6, 0.7}{0.5, 0.6}}	{{0.6, 0.7}{0.6, 0.7}}
S7	{{0.6, 0.7}{0.7, 0.8}}	{{0.7, 0.8}{0.6, 0.8}}	{{0.5}{0.7, 0.8}}
S8	{{0.5, 0.6}{0.8, 0.9}}	{{0.6, 0.7, 0.8}{0.8}}	{{0.5, 0.6}{0.7, 0.8}}

资料来源：公司案例。

表 8 - 5　　　　　　　　　　**专家 3 评价信息**

方案	指标1	指标2	指标3
S1	{{0.6, 0.7}{0.6, 0.7}}	{{0.5, 0.6}{0.6, 0.8}}	{{0.7, 0.8}{0.6, 0.8}}
S2	{{0.5, 0.6, 0.7}{0.5, 0.6}}	{{0.6, 0.7}{0.7, 0.9}}	{{0.5, 0.6}{0.7}}
S3	{{0.7, 0.8}{0.7}}	{{0.6, 0.6, 0.6}{0.6, 0.8}}	{{0.4, 0.5, 0.6}{0.8, 0.9}}
S4	{{0.5, 0.6}{0.8}}	{{0.7}{0.7, 0.8}}	{{0.6, 0.7}{0.7, 0.8}}
S5	{{0.6}{0.8}}	{{0.4, 0.5}{0.8}}	{{0.8, 0.9}{0.5}}
S6	{{0.5, 0.6}{0.7, 0.8}}	{{0.6, 0.7}{0.5, 0.6}}	{{0.6}{0.7, 0.8}}
S7	{{0.7, 0.8, 0.9}{0.7, 0.8}}	{{0.5, 0.6}{0.8}}	{{0.7, 0.8, 0.9}{0.6, 0.7}}
S8	{{0.6, 0.7}{0.6, 0.7}}	{{0.7}{0.6}}	{{0.6, 0.7}{0.6, 0.7}}

资料来源：公司案例。

表 8 – 6　　　　　　　　　　　指标相对重要程度

	E_{12}	E_{13}	E_{32}
e_1	5	2	1
e_2	6	3	3
e_3	5	2	2

8.4.2　评价人员权重计算

首先，根据8.2节内容将专家原始评价信息矩阵，转为标准化 q 阶双犹豫模糊评价矩阵 $\acute{A}$。其次，根据式（8-5）计算得到聚合的 q 阶双犹豫模糊均值评价矩阵 $\overline{A}$，即 $\{\mu_l^{\overline{\gamma_g}},\ v_l^{\overline{\lambda_g}}\}$，（$g=1,2,3$，$l=1,2,\cdots,10$），限于篇幅在这里只保留三位小数（$q=3$）。

$$
\overline{A} =
\begin{bmatrix}
\{\{0.540,0.639,0.652\}\{0.600,0.700\}\} & \{\{0.539,0.639,0.691\}\{0.448,0.621\}\} \\
\{\{0.639,0.717,0.717\}\{0.565,0.695\}\} & \{\{0.616,0.717,0.740\}\{0.464,0.565\}\} \\
\{\{0.516,0.616,0.616\}\{0.501,0.632\}\} & \{\{0.616,0.691,0.691\}\{0.552,0.626\}\} \\
\{\{0.639,0.717,0.717\}\{0.626,0.695\}\} & \{\{0.552,0.572,0.572\}\{0.695,0.832\}\} \\
\{\{0.472,0.539,0.616\}\{0.585,0.687\}\} & \{\{0.500,0.600,0.600\}\{0.727,0.796\}\} \\
\{\{0.672,0.672,0.672\}\{0.700,0.800\}\} & \{\{0.516,0.600,0.600\}\{0.665,0.695\}\} \\
\{\{0.490,0.539,0.539\}\{0.577,0.654\}\} & \{\{0.516,0.616,0.652\}\{0.695,0.796\}\} \\
\{\{0.674,0.799,0.799\}\{0.565,0.621\}\} & \{\{0.616,0.672,0.672\}\{0.594,0.660\}\} \\
\{\{0.552,0.652,0.672\}\{0.500,0.600\}\} & \{\{0.572,0.639,0.639\}\{0.665,0.765\}\} \\
\{\{0.672,0.740,0.799\}\{0.461,0.577\}\} & \{\{0.589,0.691,0.691\}\{0.621,0.765\}\} \\
\{\{0.616,0.674,0.754\}\{0.695,0.765\}\} & \{\{0.516,0.616,0.616\}\{0.660,0.761\}\} \\
\{\{0.639,0.700,0.773\}\{0.727,0.756\}\} & \{\{0.539,0.616,0.616\}\{0.665,0.765\}\}
\end{bmatrix}
$$

$$(8-35)$$

以第一行，第一列计算为例，根据式（8-5）计算过程如下：

$$
\{\mu_1^{\overline{\gamma_1}},\ v_1^{\overline{\lambda_1}}\} =
\left\{
\left\{
\begin{array}{l}
(1-(1-(1-0.3^3)^{\frac{1}{3}})(1-(1-0.6^3)^{\frac{1}{3}})(1-(1-0.6^3)^{\frac{1}{3}}))^{\frac{1}{3}}, \\
(1-(1-(1-0.4^3)^{\frac{1}{3}})(1-(1-0.7^3)^{\frac{1}{3}})(1-(1-0.7^3)^{\frac{1}{3}}))^{\frac{1}{3}}, \\
(1-(1-(1-0.5^3)^{\frac{1}{3}})(1-(1-0.7^3)^{\frac{1}{3}})(1-(1-0.7^3)^{\frac{1}{3}}))^{\frac{1}{3}}
\end{array}
\right\},
\right.
$$

$$
\left.
\left\{
\begin{array}{l}
(0.6)^{\frac{1}{3}}(0.6)^{\frac{1}{3}}(0.6)^{\frac{1}{3}}, \\
(0.7)^{\frac{1}{3}}(0.7)^{\frac{1}{3}}(0.7)^{\frac{1}{3}}
\end{array}
\right\}
\right\}
$$

$$= \{\{0.540, 0.639, 0.652\}\{0.600, 0.700\}\} \qquad (8-36)$$

利用式（8-14），计算 $Dis\{\{\mu_{ih}^g, v_{ih}^g\}, \{\mu_l^{\overline{\gamma g}}, v_l^{\overline{\lambda g}}\}\}$，（$i = 1, 2, 3$；$\hbar = 1, 2, \cdots, 10$），得到第 i 位评价专家在方案 $S_\hbar$ 下第 g 指标权重 P_g 的评价值 $\{\mu_{ih}^g, v_{ih}^g\}$ 与均值 $\{\mu_l^{\overline{\gamma g}}, v_l^{\overline{\lambda g}}\}$ 之间相似测度 δ_{ih}^g（$i = 1, 2, 3$；$\hbar = 1, 2, \cdots, 10$；$g = 1, 2, 3$）。

$$\delta_{ih}^g = \begin{bmatrix} \overline{\delta_{ih}^1} & \overline{\delta_{ih}^2} & \overline{\delta_{ih}^3} \\ \{0.981, 0.969, 0.969\} & \{0.965, 0.944, 0.994\} & \{0.945, 0.987, 0.947\} \\ \{0.997, 0.913, 0.961\} & \{0.967, 0.987, 0.899\} & \{0.983, 0.900, 0.976\} \\ \{0.962, 0.956, 0.909\} & \{0.983, 0.889, 0.971\} & \{0.993, 0.975, 0.861\} \\ \{0.864, 0.950, 0.956\} & \{0.968, 0.954, 0.968\} & \{0.963, 0.994, 0.984\} \\ \{0.990, 0.962, 0.919\} & \{0.935, 0.965, 0.968\} & \{0.893, 0.936, 0.791\} \\ \{0.986, 0.961, 0.971\} & \{0.991, 0.982, 0.982\} & \{0.984, 0.994, 0.984\} \\ \{0.999, 0.986, 0.954\} & \{0.993, 0.894, 0.962\} & \{0.994, 0.949, 0.843\} \\ \{0.991, 0.848, 0.982\} & \{0.868, 0.956, 0.992\} & \{0.982, 0.975, 0.985\} \end{bmatrix}$$

$$(8-37)$$

以第一行第一列的为例，计算 $\{\mu_{11}^1, v_{11}^1\}$ 与均值 $\{\mu_1^{\overline{\gamma 1}}, v_1^{\overline{\lambda 1}}\}$ 的相似测度 δ_{11}^1。

首先，根据式（8-13），需找出 $\{\mu_{11}^1, v_{11}^1\}$，$\{\mu_1^{\overline{\gamma 1}}, v_1^{\overline{\lambda 1}}\}$ 两个 q 阶双犹豫模糊元中的最大 q 阶双犹豫模糊元 $\alpha\{\mu_c, v_c\}$。

$$\{\mu_{11}^1, v_{11}^1\} = \{\{0.3, 0.4, 0.5\}\{0.6, 0.7\}\}$$
$$\{\mu_1^{\overline{\gamma 1}}, v_1^{\overline{\lambda 1}}\} = \{\{0.540, 0.639, 0.652\}\{0.6, 0.7\}\} \qquad (8-38)$$

$C = \{\{\max(0.3, 0.542), \max(0.4, 0.639), \max(0.5, 0.652)\}, \{\min(0.6, 0.6), \min(0.7, 0.7)\}\}$，即 $C = \{\{0.540, 0.639, 0.652\}\{0.6, 0.7\}\}$

其次，计算 q 阶双犹豫模糊元的模长。设 $a = \{\{0.3, 0.4, 0.5\}\{0.6, 0.7\}\} = \{\mu_{11}^1, v_{11}^1\}$，$b = \{\{0.542, 0.639, 0.652\}\{0.6, 0.7\}\} = \{\mu_1^{\overline{\gamma 1}}, v_1^{\overline{\lambda 1}}\}$，根据式（8-10）计算过程如下：

$$|a| = \sqrt{\begin{array}{c}((0.3)^3)^2 + ((0.4)^3)^2 + ((0.5)^3)^2 + \\ ((0.6)^3)^2 + ((0.7)^3)^2 + ((0.866)^3)^2\end{array}} = 0.778 \qquad (8-39)$$

其中，0.866 为 α_{11}^1 的犹豫度，根据式（8-1），计算过程如下：

$$\pi(\alpha_{11}^1) = \left(1 - \left(\frac{1}{3}(0.3^3 + 0.4^3 + 0.5^3) + \frac{1}{2}(0.6^3 + 0.7^3)\right)\right)^{\frac{1}{3}} = 0.866$$

$$(8-40)$$

同样的方法计算 $|b| = 0.757$，$|C| = 0.757$，$\pi(b) = 0.788$，$\pi(C) = 0.788$。

再次，根据式（8-11）计算 a 在 C 上的单向投影：

$$Proj_{\overline{C}}(\overline{a}) = |a|\cos(a, C) = \frac{a \cdot C}{|C|} = \frac{1}{0.757}[(0.3)^3(0.540)^3 + (0.4)^3$$

$$(0.639)^3 + (0.5)^3(0.652)^3 + (0.6)^3(0.6)^3 + (0.7)^3$$

$$(0.7)^3 + (0.866)^3(0.788)^3] = 0.709 \qquad (8-41)$$

同样地，计算 C 在 a 上的单向投影：$Proj_{\overline{C}}(\overline{a}) = 0.690$。

由式（8-12）可知，计算 a 在 C 上的双向投影：$BProj_{\overline{C}}(\overline{a}) = \dfrac{1}{1 + |0.690 - 0.709|} = 0.981$。

同理，计算得到 b 在 C 上的双向投影：$BProj_{\overline{C}}(\overline{b}) = \dfrac{1}{1 + |0.757 - 0.757|} = 1.000$。

最后，根据式（8-13）、式（8-14）计算得到 $\{\mu_{11}^1, v_{11}^1\}$ 与均值 $\{\mu_1^{\overline{\gamma_1}}, v_1^{\overline{\lambda_1}}\}$ 的相似测度 $\underline{\delta_{11}^1}$

$$\delta_{11}^1 = 1 - |0.981 - 1| = 0.981$$

δ_{ih}^g 越大，两个 q 阶双犹豫模糊元相似度越高。

根据式（8-15）求解出每位评价专家指标权重 g 下占总体相似度 δ_i^g，如表 8-7 所示。

表 8-7 评价专家指标权重

专家权重	S	O	D
专家 1	0.339	0.334	0.339
专家 2	0.329	0.330	0.338
专家 3	0.332	0.337	0.323

以评价专家 1 在指标 S 占所有专家总体相似度 δ_1^1 计算为例，根据

式（8 − 15）有：

$$\delta_1^1 = \frac{0.981 + 0.997 + \cdots + 0.991}{\begin{array}{c}0.981 + 0.997 + \cdots + 0.991 + 0.961 + 0.913 + \cdots \\ + 0.848 + 0.969 + 0.961 + \cdots + 0.982\end{array}} = 0.339$$

$$(8 - 42)$$

根据式（8 − 16），计算出所有专家的客观权重 $\ddot{\omega}_{Ei}$，结合专家给定权重 $\omega = (0.375, 0.333, 0.292)^T$，再根据式（8 − 17）计算评价专家组合权重。最后得到 $\omega_{Ei} = (0.379, 0.332, 0.289)^T$。

以评价专家 1 组合权重计算为例，计算过程如下：

$$\ddot{\omega}_{E1} = \frac{0.339 + 0.334 + 0.339}{0.339 + \cdots + 0.339 + 0.329 + \cdots + 0.338 + 0.332 + \cdots + 0.323} = 0.337$$

$$(8 - 43)$$

同理得到评价专家 2，3 权重 0.332、0.331。根据式（2 − 17）计算可得 ω_{E1}：

$$\omega_{E1} = \frac{0.375 \times 0.337}{0.375 \times 0.337 + 0.333 \times 0.332 + 0.292 \times 0.331} \approx 0.379$$

$$(8 - 44)$$

8.4.3　评价指标组合权重确定

根据式（8 − 3）计算 q 阶双犹豫模糊均值评价矩阵 $\overline{A}$ 各方案指标得分值，得到方案下各指标下得分矩阵 $(x_{ij})_{m \times n}$，标准化处理后得到 $(k_{ij})_{m \times n}$：

$$(x_{ij})_{m \times n} = \begin{bmatrix} -0.063 & 0.117 & 0.109 \\ 0.257 & 0.021 & 0.122 \\ 0.057 & -0.362 & -0.129 \\ -0.354 & -0.166 & -0.170 \\ -0.118 & -0.279 & 0.310 \\ 0.042 & 0.103 & -0.178 \\ 0.351 & -0.067 & -0.102 \\ -0.218 & -0.083 & -0.217 \end{bmatrix} \qquad (8 - 45)$$

以第一行第一列的计算为例，根据式（8 − 3）计算过程如下：

$$\acute{S}\left[\alpha(\mu_1^{\overline{\gamma_1}},\ v_1^{\overline{\lambda_1}})\right] = \left(\frac{1}{3}(0.540+0.639+0.652)\right)^3 - \left(\frac{1}{2}(0.6+0.7)\right)^3$$
$$+ \frac{\left(\frac{1}{3}(0.540+0.639+0.652)\right)^3 - \left(\frac{1}{2}(0.6+0.7)\right)^3}{2(1+0.788^3)}$$
$$= -0.063. \tag{8-46}$$

$$(k_{ij})_{m\times n} = \begin{bmatrix} 0.431 & 1.000 & 0.618 \\ 0.868 & 0.799 & 0.643 \\ 0.584 & 0.000 & 0.167 \\ 0.000 & 0.410 & 0.088 \\ 0.334 & 0.173 & 1.000 \\ 0.562 & 0.970 & 0.072 \\ 1.000 & 0.616 & 0.218 \\ 0.193 & 0.583 & 0.000 \end{bmatrix} \tag{8-47}$$

根据以往研究可知，指标越大，风险排序越高，在这里将所有指标视为效益型指标进行标准化处理。以第一行第一列的计算为例，根据式（8-19）计算过程如下：

$$0.413 = \frac{-0.063 - \min(x_{i1})}{\max(x_{i1}) - \min(x_{i1})} = \frac{-0.063 - (-0.354)}{0.351 - (-0.354)}$$

下一步，对标准化后的矩阵 L 根据信息论中信息熵的定义，计算各指标的信息熵 S_j（$j=1,\ 2,\ \cdots 3$）：

$$(f_{ij})_{m\times n} = \begin{bmatrix} 0.104 & 0.220 & 0.220 \\ 0.219 & 0.176 & 0.229 \\ 0.148 & 0.000 & 0.059 \\ 0.000 & 0.090 & 0.031 \\ 0.085 & 0.038 & 0.356 \\ 0.142 & 0.213 & 0.026 \\ 0.253 & 0.135 & 0.078 \\ 0.049 & 0.128 & 0.000 \end{bmatrix} \qquad S_j = (0.930,\ 0.910,\ 0.840)$$

$$\tag{8-48}$$

其中，$F_{41}=0.892$，$F_{32}=0.828$，$F_{83}=0.850$。以 F_{41} 的计算为例，计算过程如下：

$$F_{41} = \frac{1}{1 + f_{41} + f_{42} + f_{43}} = \frac{1}{1 + 0 + 0.090 + 0.031} = 0.892$$

以 S_1 计算为例，根据式（8 – 20）计算如下：

$$S_1 = \frac{-1}{\ln 8} [0.104 \times \ln(0.104) + 0.219 \times \ln(0.219)$$

$$+ \cdots + 0.049 \times \ln(0.049)]$$

$$= 0.930 \tag{8 – 49}$$

根据式（8 – 23）~式（8 – 25）计算系数矩阵 R、独立系数值 ρ_j、变异系数 ϑ_j：

$$R = \begin{bmatrix} 1 & 0.224 & 0.140 \\ 0.224 & 1 & -0.057 \\ 0.140 & -0.057 & 1 \end{bmatrix}$$

$$\eth_j = [0.311, \ 0.337, \ 0.335]$$

$$\vartheta_j = \begin{bmatrix} 1.636 \\ 1.832 \\ 1.917 \end{bmatrix} \tag{8 – 50}$$

以 r_{12}，ρ_1，ϑ_1 计算为例，根据式（8 – 23）~式（8 – 25）计算得到 r_{12}：

$$r_{ij} = \frac{\sum_{d=1}^{m}(k_{di} - \bar{k}_i)(k_{dj} - \bar{k}_j)}{\sqrt{\sum_{d=1}^{m}(k_{di} - \bar{k}_i)^2}\sqrt{(\sum_{d=1}^{m}(k_{dj} - \bar{k}_j))^2}}$$

$$= \frac{\sum_{d=1}^{m} k_{di}k_{dj} - \frac{k_{di}k_{dj}}{m}}{\sqrt{\sum_{d=1}^{m}(k_{di})^2 - \frac{(\bar{k}_i)^2}{m}}\sqrt{\sum_{d=1}^{m}(k_{dj})^2 - \frac{(\bar{k}_j)^2}{m}}}$$

$$r_{12} = \frac{0.413 \times 1 + 0.868 \times 0.799 + \cdots + 0.193 \times 0.583 - \frac{0.413 + 0.868 + \cdots + 0.193}{8} \times \frac{1 + 0.799 + \cdots + 0.583}{8}}{\sqrt{0.413^2 + 0.868^2 + \cdots + 0.193^2 - \frac{(0.413 + 0.868 + \cdots + 0.193)^2}{8}}\sqrt{1^2 + 0.799^2 + \cdots + 0.583^2 - \frac{(1 + 0.799 + \cdots + 0.583)^2}{8}}} = 0.224$$

$$\tag{8 – 51}$$

$$\check{\eth}_j = \sqrt{\frac{\sum_{i=1}^{m}(k_{ij} - \bar{k}_j)^2}{m}} = \sqrt{\frac{\sum_{i=1}^{m}k_{ij}^2 - \dfrac{\sum_{i=1}^{m}k_{ij}^2}{m}}{m}}$$

$$\check{\eth}_1 = \sqrt{\frac{0.413^2 + 0.868^2 + \cdots + 0.193^2 - \dfrac{(0.413 + 0.868 + \cdots + 0.193)^2}{8}}{8}}$$

$$= 0.311$$

$$\vartheta_1 = (1 - r_{12}) + (1 - r_{13}) = (1 - 1) + (1 - 0.224) + (1 - 0.140) = 1.636$$

$$\rho_1 = \check{\eth}_1 \times \vartheta_1 = 0.311 \times 1.636 = 0.509 \tag{8-52}$$

同理，$\rho_2 = 0.617$，$\rho_3 = 0.643$。

根据第 8.3.3 节所述，评价专家确定了最好指标为 P_S（严重度），最差指标为 P_O。表 8-5 所示为指标相对重要程度所提供的信息，根据式（8-18）建立的数学模型为：

$$\min f(w_j) = 0.379\max\left\{\left|\frac{w_1}{w_2} - 5\right|, \left|\frac{w_2}{w_2} - 1\right|\right\} + 0.332\max\left\{\left|\frac{w_1}{w_2} - 6\right|, \left|\frac{w_2}{w_2} - 1\right|\right\} +$$

$$0.289\max\left\{\left|\frac{w_1}{w_2} - 5\right|, \left|\frac{w_2}{w_2} - 1\right|\right\} + 0.379\max\left\{\left|\frac{w_1}{w_3} - 2\right|, \left|\frac{w_3}{w_2} - 1\right|\right\} +$$

$$0.332\max\left\{\left|\frac{w_1}{w_3} - 3\right|, \left|\frac{w_3}{w_2} - 3\right|\right\} + 0.289\max\left\{\left|\frac{w_1}{w_3} - 2\right|, \left|\frac{w_3}{w_2} - 2\right|\right\} +$$

$$0.379\max\left\{\left|\frac{w_3}{w_2} - 1\right|, \left|\frac{w_2}{w_2} - 1\right|\right\} + 0.332\max\left\{\left|\frac{w_3}{w_2} - 3\right|, \left|\frac{w_2}{w_2} - 1\right|\right\} +$$

$$0.289\max\left\{\left|\frac{w_3}{w_2} - 2\right|, \left|\frac{w_2}{w_2} - 1\right|\right\}$$

$$\text{s.t.} \sum_{j=1}^{n} w_j = 1, \ w_j > 0 。 \tag{8-53}$$

利用 Lingo 软件，根据式（8-26）求解得到最好最差法权重值 w_j：

$$w_j = (0.625, 0.125, 0.250) \tag{8-54}$$

根据式（8-27）计算得到指标信息熵权重 $\check{\omega}_j$：

$$\check{\omega}_j = (0.218, 0.280, 0.5) \tag{8-55}$$

以 $\check{\omega}_1$ 计算为例，根据式（8-27），计算过程如下：

$$\check{\omega}_1 = \frac{(1 - 0.930)}{(1 - 0.930) + (1 - 0.910) + (1 - 0.840)} = 0.218 \tag{8-56}$$

根据式（8-28）计算 CRITIC 法计算得到的指标权重 $\hat{\omega}_j$：

$$\hat{\omega}_j = (0.288, 0.345, 0.363)$$

$$\hat{\omega}_1 = \frac{0.509}{0.509 + 0.617 + 0.643} = 0.288 \qquad (8-57)$$

由式（8-8）、式（8-9）计算评价矩阵 $\acute{A}$ 支持度 $Sup(\alpha_{ih}^g, \alpha_{jh}^g)$ 及 $T(\alpha_{ih}^g)$，$(i, j = 1, 2, 3, i \neq j; \hbar = 1, 2, \cdots, 10, g = 1, 2, 3)$。

$$Sup(\alpha_{ih}^g, \alpha_{jh}^g) = \begin{bmatrix} \underline{g=1} & \underline{g=2} & \underline{g=3} \\ \{0.993, 0.993, 1.000\} & \{0.998, 0.994, 0.998\} & \{0.999, 0.998, 0.998\} \\ \{0.999, 0.999, 0.998\} & \{0.994, 0.978, 0.998\} & \{0.996, 0.996, 0.997\} \\ \{0.998, 0.997, 0.999\} & \{0.998, 0.999, 0.998\} & \{0.999, 0.994, 0.994\} \\ \{0.998, 0.999, 0.999\} & \{0.999, 1.000, 0.999\} & \{0.998, 0.992, 0.999\} \\ \{0.998, 0.998, 0.989\} & \{0.998, 0.997, 0.998\} & \{0.999, 0.997, 0.992\} \\ \{0.999, 0.998, 0.997\} & \{0.998, 0.998, 1.000\} & \{0.999, 0.999, 0.999\} \\ \{0.974, 0.974, 0.999\} & \{0.997, 0.997, 0.996\} & \{0.999, 0.995, 0.989\} \\ \{0.998, 0.997, 0.998\} & \{0.999, 0.996, 0.998\} & \{0.999, 0.998, 0.999\} \end{bmatrix}$$

$$(8-58)$$

以第一行第一列计算为例，计算过程如下：

首先，根据式（8-4）计算 $dis(\alpha_{11}^1, \alpha_{21}^1)$，$dis(\alpha_{11}^1, \alpha_{31}^1)$，$dis(\alpha_{21}^1, \alpha_{31}^1)$：

$$dis(\alpha_{11}^1, \alpha_{21}^1) = \frac{1}{2(3+2)}(|(0.3-0.6)^3| + |(0.4-0.7)^3| + |(0.5-0.7)^3|$$
$$+ |(0.6-0.6)^3| + |(0.7-0.7)^3|) = 0.006 \qquad (8-59)$$

$$dis(\alpha_{11}^1, \alpha_{31}^1) = \frac{1}{2(3+2)}(|(0.3-0.6)^3| + |(0.4-0.7)^3| + |(0.5-0.7)^3|$$
$$+ |(0.6-0.6)^3| + |(0.7-0.7)^3|) = 0.006 \qquad (8-60)$$

$$dis(\alpha_{21}^1, \alpha_{31}^1) = \frac{1}{2(2+2)}(|(0.6-0.6)^3| + |(0.7-0.7)^3|$$
$$+ |(0.6-0.6)^3| + |(0.7-0.7)^3|) = 0 \qquad (8-61)$$

其次，根据式（8-8）计算支持度：

$$sup(\alpha_{11}^1, \alpha_{21}^1) = 1 - dis(\alpha_{11}^1, \alpha_{21}^1) = 0.993;$$

$$sup(\alpha_{11}^1, \alpha_{31}^1) = 1 - dis(\alpha_{13}^1, \alpha_{31}^1) = 0.993;$$

$$sup(\alpha_{21}^1, \alpha_{31}^1) = 1 - dis(\alpha_{21}^1, \alpha_{31}^1) = 1.000$$

$$T(\alpha_{hi}^g) = \begin{bmatrix} \underline{g=1} & \underline{g=2} & \underline{g=3} \\ 1.988, 1.994, 1.994 & 1.993, 1.996, 1.993 & 1.998, 1.998, 1.997 \\ 1.999, 1.998, 1.998 & 1.973, 1.993, 1.978 & 1.993, 1.994, 1.994 \\ 1.996, 1.998, 1.997 & 1.999, 1.997, 1.998 & 1.994, 1.993, 1.989 \\ 1.998, 1.998, 1.999 & 1.999, 1.999, 1.999 & 1.991, 1.998, 1.993 \\ 1.997, 1.988, 1.988 & 1.996, 1.997, 1.996 & 1.997, 1.992, 1.990 \\ 1.999, 1.997, 1.996 & 1.997, 1.998, 1.998 & 1.999, 1.999, 1.999 \\ 1.949, 1.974, 1.973 & 1.995, 1.994, 1.994 & 1.995, 1.990, 1.985 \\ 1.996, 1.996, 1.996 & 1.996, 1.998, 1.995 & 1.998, 1.999, 1.998 \end{bmatrix}$$

$$(8-62)$$

以第一行第一列计算为例，根据式（8-9）计算过程如下：

$$T(\alpha_{11}^1) = Sup(\alpha_{11}^1, \alpha_{21}^1) + sup(\alpha_{11}^1, \alpha_{31}^1) = 1.988;$$

$$T(\alpha_{12}^1) = Sup(\alpha_{11}^1, \alpha_{21}^1) + sup(\alpha_{21}^1, \alpha_{31}^1) = 1.994;$$

$$T(\alpha_{13}^1) = sup(\alpha_{11}^1, \alpha_{31}^1) + sup(\alpha_{21}^1, \alpha_{31}^1) = 1.994 \qquad (8-63)$$

最后，根据式（8-7）计算各 q 阶双犹豫模糊元的权重 ψ_{hi}^g（$i=1, 2, 3; g=1, 2, 3; \hbar=1, 2, \cdots, 10$）：

$$\psi_{hi}^g = \frac{\omega_{ei}(1 + T(\alpha_{hi}^g))}{\sum_{i=1}^{\beta} \omega_{ei}(1 + T(\alpha_{hi}^g))}$$

$$\psi_{hi}^g = \begin{bmatrix} \underline{g=1} & \underline{g=2} & \underline{g=3} \\ 0.379, 0.332, 0.289 & 0.379, 0.332, 0.289 & 0.379, 0.332, 0.289 \\ 0.379, 0.332, 0.289 & 0.378, 0.333, 0.289 & 0.379, 0.332, 0.289 \\ 0.379, 0.332, 0.289 & 0.379, 0.332, 0.289 & 0.379, 0.332, 0.289 \\ 0.379, 0.332, 0.289 & 0.379, 0.332, 0.289 & 0.379, 0.332, 0.289 \\ 0.380, 0.332, 0.289 & 0.379, 0.332, 0.289 & 0.379, 0.332, 0.289 \\ 0.379, 0.332, 0.289 & 0.379, 0.332, 0.289 & 0.379, 0.332, 0.289 \\ 0.377, 0.333, 0.290 & 0.379, 0.332, 0.289 & 0.380, 0.331, 0.289 \\ 0.379, 0.332, 0.289 & 0.379, 0.332, 0.289 & 0.379, 0.332, 0.289 \end{bmatrix}$$

$$(8-64)$$

以第一行第一列的计算为例，根据式（8-7）计算过程如下：

$$\psi_{11}^1 = \frac{0.379 \times (1 + 1.988)}{0.379 \times (1 + 1.988) + 0.332 \times (1 + 1.994) + 0.289 \times (1 + 1.994)}$$

$$\approx 0.379 \tag{8-65}$$

同理，$\psi_{12}^1 = 0.287$，$\psi_{13}^1 = 0.323$。

利用 q-RDHFWPBM 算子，根据式（8-6）考虑评价专家综合权重后聚合原始评价矩阵，得到方案综合评价矩阵 $\tilde{A}\{\mu_l^{\tilde{\gamma}_g},\ \upsilon_l^{\tilde{\lambda}_g}\}$：

$$\tilde{A} = \begin{bmatrix}
\{\{0.547, 0.640, 0.653\}\{0.599, 0.699\}\} & \{\{0.540, 0.639, 0.681\}\{0.473, 0.635\}\} \\
\{\{0.639, 0.712, 0.712\}\{0.567, 0.702\}\} & \{\{0.609, 0.710, 0.739\}\{0.466, 0.565\}\} \\
\{\{0.518, 0.615, 0.615\}\{0.550, 0.689\}\} & \{\{0.609, 0.681, 0.681\}\{0.571, 0.635\}\} \\
\{\{0.639, 0.712, 0.712\}\{0.635, 0.701\}\} & \{\{0.549, 0.572, 0.572\}\{0.705, 0.834\}\} \\
\{\{0.470, 0.540, 0.616\}\{0.601, 0.704\}\} & \{\{0.504, 0.603, 0.603\}\{0.739, 0.801\}\} \\
\{\{0.672, 0.672, 0.672\}\{0.699, 0.799\}\} & \{\{0.519, 0.598, 0.598\}\{0.666, 0.701\}\} \\
\{\{0.484, 0.541, 0.541\}\{0.613, 0.676\}\} & \{\{0.507, 0.609, 0.645\}\{0.702, 0.801\}\} \\
\{\{0.652, 0.779, 0.779\}\{0.569, 0.641\}\} & \{\{0.609, 0.671, 0.671\}\{0.602, 0.667\}\} \\
\{\{0.558, 0.654, 0.674\}\{0.499, 0.599\}\} & \{\{0.576, 0.639, 0.639\}\{0.667, 0.767\}\} \\
\{\{0.672, 0.738, 0.779\}\{0.580, 0.676\}\} & \{\{0.582, 0.682, 0.682\}\{0.635, 0.766\}\} \\
\{\{0.611, 0.652, 0.696\}\{0.704, 0.768\}\} & \{\{0.519, 0.615, 0.615\}\{0.669, 0.769\}\} \\
\{\{0.639, 0.702, 0.772\}\{0.742, 0.780\}\} & \{\{0.541, 0.615, 0.615\}\{0.669, 0.768\}\}
\end{bmatrix}$$

$$\tag{8-66}$$

限于篇幅以 $\{\{0.547,\ 0.640,\ 0.653\}\{0.599,\ 0.699\}\}$ 中 0.547、0.599 计算为例，根据式（8-6）计算过程如下：

$$0.545 = (1 - (1 - ((1 - (1 - 0.3^{nq\psi_{11}^1}))^s$$
$$\times (1 - 0.6^{nq\psi_{12}^1})^t)^{\frac{1}{n(n-1)}}((1 - (1 - 0.3^{nq\psi_{11}^1}))^s$$
$$\times (1 - 0.6^{nq\psi_{13}^1})^t)^{\frac{1}{n(n-1)}}((1 - (1 - 0.6^{nq\psi_{12}^1}))^s$$
$$\times (1 - 0.6^{nq\psi_{11}^1})^t)^{\frac{1}{n(n-1)}}((1 - (1 - 0.6^{nq\psi_{12}^1}))^s$$
$$\times (1 - 0.3^{nq\psi_{13}^1})^t)^{\frac{1}{n(n-1)}}((1 - (1 - 0.6^{nq\psi_{13}^1}))^s$$
$$\times (1 - 0.3^{nq\psi_{11}^1})^t)^{\frac{1}{n(n-1)}}((1 - (1 - 0.6^{nq\psi_{13}^1}))^s$$
$$\times (1 - 0.6^{nq\psi_{12}^1})^t)^{\frac{1}{n(n-1)}}\frac{1}{s+t})^{\frac{1}{q}}$$

$$0.599 = (1 - (1 - (1 - (1 - (1 - 0.6^q)^{n\psi_{11}^1})^s$$
$$\times (1 - (1 - 0.6^q)^{n\psi_{12}^1})^t)(1 - (1 - (1 - 0.6^q)^{n\psi_{11}^1})^s$$
$$\times (1 - (1 - 0.6^q)^{n\psi_{13}^1})^t)(1 - (1 - (1 - 0.6^q)^{n\psi_{12}^1})^s$$
$$\times (1 - (1 - 0.6^q)^{n\psi_{11}^1})^t)(1 - (1 - (1 - 0.6^q)^{n\psi_{12}^1})^s$$
$$\times (1 - (1 - 0.6^q)^{n\psi_{13}^1})^t)(1 - (1 - (1 - 0.6^q)^{n\psi_{13}^1})^s$$

$$\times (1 - (1 - 0.6^q)^{n\psi_{11}^1})^t)(1 - (1 - (1 - 0.6^q)^{n\psi_{13}^1})^s$$

$$\times (1 - (1 - 0.6^q)^{n\psi_{12}^1})^t)))^{\frac{1}{n(n-1)}})^{\frac{1}{q(s+t)}}$$

其中，$q = 3$；$n = 3$；s、$t = 1$；$\psi_{11}^1 = 0.379$；$\psi_{12}^1 = 0.332$；$\psi_{13}^1 = 0.289$ 代入上式计算可以得到。

最后，根据式（8-3）得分函数计算综合评价矩阵 $\tilde{A}$ 方案指标得分，归一化后得到的得分函数矩阵 y_{ij}：

$$y_{ij} = \begin{bmatrix} 0.509, & 0.668, & 0.681 \\ 1.000, & 0.000, & 0.663 \\ 0.663, & 0.440, & 0.144 \\ 0.000, & 0.149, & 0.102 \\ 0.334, & 1.000, & 1.000 \\ 0.644, & 0.567, & 0.093 \\ 0.912, & 0.510, & 0.123 \\ 0.221, & 0.777, & 0.000 \end{bmatrix} \qquad (8-67)$$

依据式（8-29），建立最小二乘法组合权重数学规划模型（取偏好系数 $\varepsilon = 0.5$）。

$$\min f(\overline{W}_{\beta j}) = \sum_{i=1}^{m} \sum_{j=1}^{n} \left[(w_j - \overline{W}_{\beta j}) y_{ij} \right]^2 + \sum_{i=1}^{m} \sum_{j=1}^{n} \left[(0.5 \times \breve{\omega}_j + 0.5 \times \hat{\omega}_j - \overline{W}_{\beta j}) y_{ij} \right]^2$$

$$\text{st.} \quad \sum_{j=1}^{n} \overline{W}_{\beta j} = 1, \ \overline{W}_{\beta j} \geqslant 0, \ 0 \leqslant \varepsilon \leqslant 1:$$

$$B = (1.362, \ 0.630, \ 0.668)$$

$$A = \begin{bmatrix} 3.105 & & \\ & 2.858 & \\ & & 1.959 \end{bmatrix} \qquad (8-68)$$

最终，根据式（8-31）可以求解得到优化权重 $\overline{W}_{\beta j}$：

$$\overline{W}_{\beta j} = (0.436, \ 0.218, \ 0.347) \qquad (8-69)$$

8.4.4　综合效用值计算

利用第 8.4.3 节计算得到的指标权重 $\overline{W}_{\beta j}$，得分函数矩阵 y_{ij}，首先，利用式（8-31）计算评价信息的加权和 H_i 与加权积 I_i：

$$H_i = (0.603, \ 0.666, \ 0.434, \ 0.068, \ 0.710, \ 0.438, \ 0.551, \ 0.266)^T$$
$$I_i = (2.536, \ 1.867, \ 2.183, \ 1.114, \ 2.620, \ 2.152, \ 2.308, \ 1.465)^T$$

$$(8-70)$$

以 H_1 和 I_1 的计算为例，根据式 (8-32)，计算过程如下：

$$H_1 = 0.509 \times 0.436 + 0.668 \times 0.218 + 0.681 \times 0.347 = 0.603$$
$$I_1 = 0.509^{0.436} + 0.668^{0.218} + 0.681^{0.347} = 2.536$$

其次，根据式 (8-33) 计算各方案的相对重要系数：

$$C_i^1 = (0.157, \ 0.127, \ 0.131, \ 0.059, \ 0.167, \ 0.130, \ 0.143, \ 0.087)^T$$
$$C_i^2 = (11.177, \ 11.501, \ 8.369, \ 2.000, \ 12.824, \ 8.399, \ 10.202, \ 5.233)^T$$
$$C_i^3 = (0.943, \ 0.761, \ 0.786, \ 0.355, \ 1.000, \ 0.778, \ 0.859, \ 0.520)^T$$

$$(8-71)$$

以 C_1^1、C_2^1、C_1^3 计算为例，取 $\varepsilon = 0.1$ 根据式 (8-33)，计算过程如下：

$$C_1^1 = \frac{0.603 + 2.536}{0.603 + 0.666 + \cdots + 0.266 + 2.536 + 1.867 + \cdots + 1.465} = 0.157$$

$$C_1^2 = \frac{0.603}{\min H_i} + \frac{2.536}{\min I_i} = \frac{0.603}{0.068} + \frac{2.536}{1.465} = 11.177$$

$$C_1^3 = \frac{\varepsilon \times 0.603 + (1-\varepsilon) \times 2.536}{\max H_i + \max I_i} = 0.943 \qquad (8-72)$$

最后，根据式 (8-34) 计算得到每个方案最终得分系数为：

$S_1 = 5.275$，$S_2 = 5.165$，$S_3 = 4.047$，$S_4 = 1.152$，$S_5 = 5.952$，$S_6 = 4.048$，$S_7 = 4.813$，$S_8 = 2.564$。

以 S_1 得分计算为例，根据式 (8-34)，计算过程如下：

$$C_1 = (C_1^1 C_1^2 C_1^3)^{\frac{1}{3}} + \frac{1}{3}(C_1^1 + C_1^2 + C_1^3) = (0.157 \times 11.177 \times 0.943)^{\frac{1}{3}}$$

$$+ \frac{1}{3}(0.157 \times 11.177 \times 0.943) = 5.275$$

得到所有定制方案排名为：$S_5 > S_1 > S_2 > S_7 > S_6 > S_3 > S_8 > S_4$。

由计算结果可以看到，方案 5 为最优定制方案，其次是方案 1 和方案 2。从设计方案的参数可以看到，方案 5 整体高度适中，且电磁力与重量均保持在合理的范围，产品具有很好的适用性，提高了产品质量满意度，同时具有较小的线圈容积率，以及中等的线圈铜线用量，结构的合理性也便于现场安装调试，提高了产品交付满意度。方案 1 相较于方案 5 有相似的设计高度，操作性与维护便捷性，但产品的电磁力低于方案 5，虽然方案 1 提供物流服务有更好的产品技术服务，但结构空间利用上低于方案 5，质量满意度及交付情况满意度总体则稍差于方案 5，因此选择方案 5 为最佳定制方案。

8.4.5 评价结果的对比与分析

根据前文所述专家权重和指标权重都会对排序结果产生影响，对本书提出的基于 q 阶双犹豫模糊定制产品服务质量评价方法进行敏感性分析。本书给出表 8 - 8、表 8 - 9 所给的权重组合信息，即分别改变评价专家、指标主观权重，考虑可能出现的权重情况。计算评价专家权重影响时，保持指标权重一致，相反计算指标情况影响时，保持专家权重一致，计算结果如表 8 - 10 所示。

表 8 - 8 评价专家权重组合

方案	评价专家权重组合			
	本书权重	组合 2	组合 3	组合 4
专家 1	0.436	0.1	0.2	0.5
专家 2	0.216	0.5	0.3	0.2
专家 3	0.346	0.4	0.5	0.3

表 8 - 9 指标权重组合

方案	指标权重组合			
	本书权重	组合 2	组合 3	组合 4
权重 1	0.436	0.33	0.5	0.2
权重 2	0.216	0.33	0.15	0.5
权重 3	0.346	0.33	0.35	0.3

表 8 - 10 不同权重组合得分

方案	评价专家主观权重组合				指标权重组合			
	C_1	C_2	C_3	C_4	C_1	C_2	C_3	C_4
S_1	5.275	10.705	5.748	5.638	5.275	4.802	5.693	4.422
S_2	5.165	11.547	6.137	5.202	5.165	3.998	6.157	2.962
S_3	4.047	8.312	4.728	4.094	4.047	3.542	4.498	3.143

续表

方案	评价专家主观权重组合				指标权重组合			
	C_1	C_2	C_3	C_4	C_1	C_2	C_3	C_4
S_4	1.152	0.971	1.094	1.150	1.152	1.114	1.177	1.073
S_5	5.952	14.517	7.082	6.040	5.952	5.660	6.221	5.465
S_6	4.048	9.029	5.067	3.853	4.048	3.644	4.422	3.350
S_7	4.813	11.974	5.787	5.287	4.813	4.097	5.445	3.512
S_8	2.564	5.191	2.701	2.646	2.564	2.691	2.494	2.896

根据表 8 – 10 不同的评价专家、指标权重组合得分情况，得到图 8 – 9 评价专家权重组合的方案排名对比分析和图 8 – 10 指标权重组合方案排名的对比分析。各排序结果如表 8 – 11 所示。

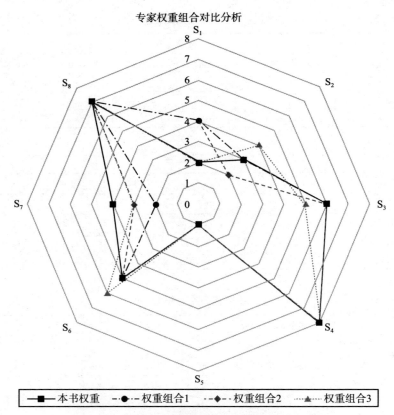

图 8 – 9　评价专家权重组合的方案排名对比分析

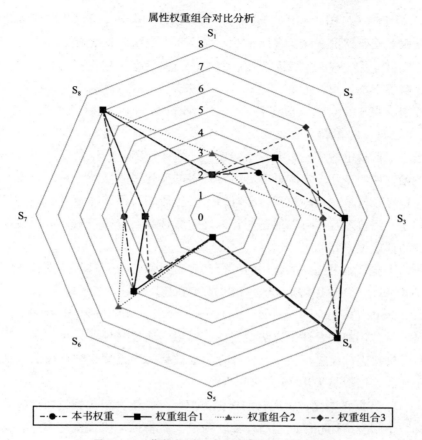

图 8 - 10 指标权重组合方案排名的对比分析

表 8 - 11 组合权重的方案排序结果

方案	评价专家权重组合				评价指标权重组合			
	C_1	C_2	C_3	C_4	C_1	C_2	C_3	C_4
S_1	2	4	4	2	2	2	3	2
S_2	3	3	2	4	3	4	2	6
S_3	6	6	6	5	6	6	5	5
S_4	8	8	8	8	8	8	8	8
S_5	1	1	1	1	1	1	1	1
S_6	5	5	5	6	5	5	6	4
S_7	4	2	3	3	4	3	4	3
S_8	7	7	7	7	7	7	7	7

从图 8 – 9、图 8 – 10、表 8 – 11 可以看出，基于 q 阶双犹豫模糊定制产品服务质量评价方法具有优越性。当改变主观组合评价专家或指标权重对方案排序优先会产生较大影响。例如，当保持指标权重不变时，评价专家 3 赋予更高权重，方案 S_1、S_2 与 S_7 相较于本书计算的结果，排序将发生改变，当评价专家权重保持不变时，评价指标 P_2 被赋予更高权重时，S_2、S_3、S_6、S_7 的排名发生变化。总体来看，定制方案 S_4、S_5、S_8 受专家权重与指标权重的变化影响较小，而 S_1、S_2、S_3、S_6、S_7 受权重变化而产生波动，说明这几个定制方案对组合权重的变化更为敏感。总的来说，改变评价专家权重和指标权重，会对结果产生影响，但整体定制方案排序相对稳定，评价过程中可以通过调整偏好系数选择出合理权重，可以避免专家的错误或偏颇判断。

为了验证本书提出的方法的可行性和有效性，我们将所提方法的结果与 TOPSIS 法、VIKOR 法和改进 PROMETHEE II 法进行了比较。

TOPSIS（technique for order preference by similarity to ideal solution）方法是一种常用的综合评价方法，其核心思想是通过测量各评价对象与理想化目标的接近程度进行排序。这种方法也被称为逼近理想解排序法或优劣解距离法，以下是 TOPSIS 方法的步骤：

（1）数据正向化：将所有的指标类型统一转化为极大型，即把极小型指标、中间型指标和区间型指标都转为极大型指标。该步骤是将所有的评价指标转化为极大型，也就是常说的效益性指标；

（2）数据标准化：该步骤主要是为了消除不同指标量纲的影响；

（3）结果归一化：通过计算各方案与正负理想解的距离，获得各方案的最终得分，并进行归一化处理；

（4）模型优化：当每一个指标都要权重时，则距离公式改变为加权欧氏距离。

TOPSIS 方法是一种有效且实用的综合评价方法，可以帮助我们更好地分析和解决问题（郭超等，2023）。

VIKOR 方法，作为一种多属性决策方法，其核心在于通过对比各备选方案与理想解和负理想解的接近程度，来确定最优方案。该方法的特点在于其不仅追求与理想方案的高度契合，而且强调在最大化群体效益和最小化个体损失之间找到最佳平衡。这种平衡性使得 VIKOR 方法能够在实际应用中为决策者提供一个全面且切实可行的妥协解。通过这一方法，决策者可以在多个属性之间进行权衡，选择出最符合要求的方案，这种方法得出的最优方案更容易被决策者接受（黄佳等，2023）。

PROMETHEE II 方法是 PROMETHEE 方法的一种，主要用于解决多目标决策问题。该方法基于方案的两两比较，通过级别高于关系的概念来进行排序。这种方法无须对评价指标进行无量纲和规范化处理，可以避免因为数据预处理导致的信息缺失和结果偏离，使评价结果更加客观和科学（赵洪举等，2015）。

PROMETHEE II 方法主要包括以下步骤：

1. 构建优先函数，通过优先函数计算每个方案的正负流量；
2. 计算评价指标以及评价人员权重，确定方案之间的模糊关系；
3. 再根据正负流量计算净流量，并进行方案排序。

计算结果如表 8-12 所示。虽然最终的排名略有不同，但最优的定制方案的排名总体是相同的。排序比较图如图 8-11 所示。

表 8-12　　　　　　　不同方法计算对比结果

定制方案	TOPSIS		VIKOR		PROMETHEE II		CoCoSo	
	贴近度	排序	贴近度	排序	净流量	排序	效用值	排序
S_1	0.628	2	0.083	2	0.398	3	5.275	2
S_2	0.603	3	0.042	1	0.712	2	5.165	3
S_3	0.367	5	0.401	5	−0.800	7	4.047	6
S_4	0.095	8	1.000	8	−1.139	8	1.152	8
S_5	0.712	1	0.172	3	0.085	5	5.952	1
S_6	0.366	6	0.437	6	0.131	4	4.048	5
S_7	0.437	4	0.326	4	1.184	1	4.813	4
S_8	0.282	7	0.644	7	−0.572	6	2.564	7

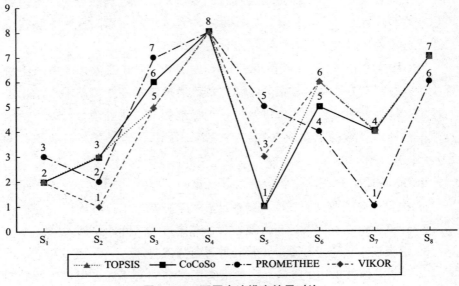

图 8 – 11   不同方法排序结果对比

8.5   定制产品质量管控策略

在高度定制化的市场环境下，保证产品质量对于企业的生存和发展至关重要。定制产品质量的管控涉及从原材料到成品的整个生产流程，本章从质量控制体系、定制产品特性分析、原材料管理、生产过程控制以及成品检验与包装等方面，构建定制化产品的质量管控流程图，如图 8 – 12所示。

8.5.1   质量控制体系

1. 质量控制策略

定制产品的质量控制策略应基于客户需求和产品特性，制定详细的质量控制计划和标准。通过设立质量控制点，对关键生产环节进行重点监控，确保产品质量符合预设标准。

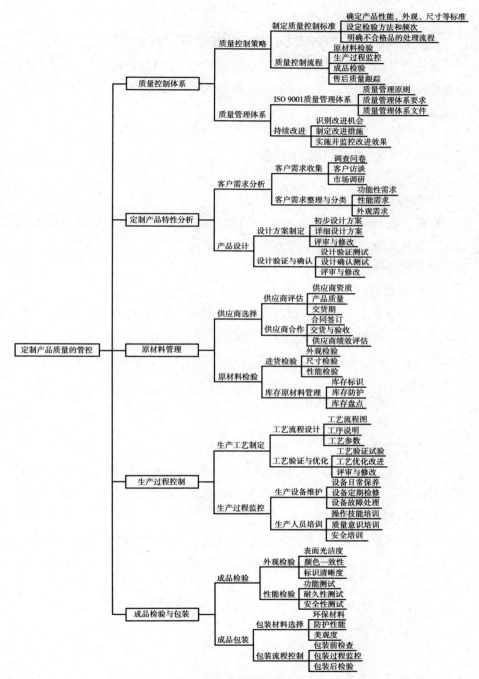

图 8-12 定制产品质量管控流程

2. 质量管理体系

建立完善的质量管理体系，包括质量手册、程序文件、作业指导书等，确保全体员工按照质量管理体系要求进行生产和质量管理。实施持续改进的质量管理方法，通过内部审核和管理评审等方式，不断优化质量管理体系。

8.5.2　定制产品特性分析

1. 客户需求分析

对客户进行详细的需求分析，明确产品定制的要求、标准和技术指标。与客户充分沟通，确保对客户需求有准确的理解，为后续的产品设计和生产提供指导。

2. 产品设计

根据客户需求和产品特性，进行产品设计。在设计过程中，充分考虑产品的结构、功能、性能等方面，确保产品设计的合理性和可行性。同时，进行产品设计的评审和验证，确保产品设计符合客户需求和预期效果。

8.5.3　原材料管理

1. 供应商选择

选择具有良好信誉和实力的供应商，确保原材料的质量和供应稳定性。对供应商进行定期评估，确保其持续满足质量要求。

2. 原材料检验

对进厂的原材料进行严格的检验和验收，确保原材料的质量符合产品设计和生产要求。对不合格的原材料进行退货或处理，防止不合格原材料流入生产环节。

8.5.4　生产过程控制

1. 生产工艺制定

根据产品设计和质量要求，制定详细的生产工艺流程和工艺要求。对关键工序和难点工序进行特别关注和重点控制，确保生产过程的稳定性和产品质量的一致性。

2. 生产过程监控

对生产过程进行实时监控和记录，确保生产过程的稳定性和可控性。对生产过程中出现的问题进行及时处理和纠正，防止问题扩大化。同时，对生产过程进行定期评估和改进，不断提高生产效率和产品质量。

8.5.5 成品检验与包装

1. 成品检验

对生产出的成品进行严格的检验和测试，确保产品质量符合设计要求和客户要求。对不合格的成品进行隔离和处理，防止不合格产品流入市场。

2. 成品包装

对检验合格的成品进行规范的包装和标识，确保产品在运输和储存过程中不受损坏和混淆。同时，对包装材料和包装过程进行监控和管理，确保包装质量和安全性。

8.6 本 章 小 结

本章针对云制造平台的产品服务质量综合评价缺乏合理与科学性，提出了一种基于 q 阶双犹豫模糊环境下的产品服务质量综合评价方法并用于电磁制动器定制方案评价。一方面，采用 q 阶双犹豫模糊多隶属度和非隶属度特点用来处理专家对指标的评价模糊不确定使得整个评价更加合理准确；另一方面，采用双向投影法获取专家客观权重解决了决策时评价成员权重未知，主观性过强问题，另外采用基于最小二乘法组合主观权重 BWM 法与客观权重熵权，CRITIC 法的指标权重优化模型，该方法考虑主、客观因素，较以往单一赋权方式有更大优势。最后采用 CoCoSo 方法进行了定制方案排序，具有避免评价补偿性问题和实现最终效用的内部均衡，以及计算复杂性相对较低等优势。

第 9 章

产品质量管控软件系统设计与开发

随着信息技术的飞速发展，软件系统在产品质量管控中的作用日益凸显。传统的质量管控方法已经无法满足当前复杂多变的市场需求，需要借助软件系统来实现更精细化、高效化的质量管控。通过开发专门的产品质量管控软件系统，企业可以实现质量数据的实时监控和分析，快速发现和处理问题，提升生产效率和产品质量水平。因此，软件开发在产品质量管控中的必要性不言而喻。

9.1 问题描述

在现代制造业中，传统的质量控制方法由于依赖人工检查和事后分析，存在不稳定性、滞后性和复杂性的问题，已难以满足日益复杂的产品和生产工艺的需求。现代制造环境要求对生产过程进行实时监控和反馈，并高效处理和分析大量数据，以确保产品的性能和可靠性（任明仑，2019）。为此，企业需要一套集成化的产品质量管控软件系统，具备数据采集与处理、智能分析与预测、实时监控与报警、报告生成与管理，以及用户管理与权限控制等功能。这将大幅提升质量控制的效率和准确性，降低生产成本，提高产品竞争力，为企业在竞争激烈的市场中提供强有力的技术支持。

本章将围绕产品质量管控软件系统的设计与开发展开讨论。首先，本章将介绍软件的开发环境和平台。其次，将详细探讨软件开发生命周期的主要阶段，包括需求分析、架构设计、编码实现、测试与部署等过程。最后，通过实际案例研究展示产品质量管控软件系统在实际应用中的效果。

9.2　开发环境与软件平台

产品质量管控软件开发工具包括 MATLAB、Python、Java、C#等，这些平台各有优势，开发人员可以根据具体需求和的技术背景选择合适的工具。MATLAB 在产品质量管控软件开发中具有快速开发、集成性强、易学易用、跨平台性好、文档和社区支持丰富等优势，适合于快速开发和迭代的需要（李昂等，2024）。

在开发软件系统的图形用户界面（GUI）时，选择的技术栈以 Windows 10 操作系统为基础，搭载了 Intel（R）Core（TM）i5-9400 CPU @ 2.90GHz 处理器。此系统的界面开发环节，选择了 MATLAB R2022b 版本作为主要的编程、调试和测试环境。MATLAB 为 GUI 设计提供了两个工具：传统的 GUIDE 和较新的 App Designer，后者是 GUIDE 的进阶版，带来了更为丰富的控件选项和更高级的编程便利性。

App Designer 不仅提供了比 GUIDE 更多的控件选择，还通过使用内置的封装类大幅度降低了界面编程的复杂性，如图 9 - 1 所示。它支持自动且逻辑清晰的控件命名，极大地满足了开发者多样化的设计需求，并显著强调了模块化编程的重要性。随着 MATLAB 版本的持续更新，App Designer 的功能日益丰富，已经能够满足几乎所有 GUI 开发需求，并引入了全新的设计画布。该工具支持开发者通过拖拽和缩放等直观操作，按照个人审美构建 GUI 界面，若界面包含多个组件，App Designer 还支持一键调整组件的对齐，极大地优化了开发体验。

由于 App Designer 的便捷编程方式和直观、清晰的界面设计能力，加之其无缝的兼容性，使它能够轻松调用 MATLAB 语言编写的".m"文件，本章选择 App Designer 作为产品质量管控软件的界面设计工具。

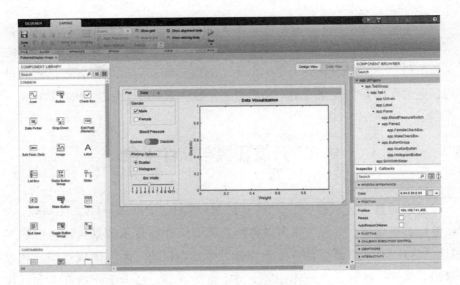

图 9 – 1 App designer 开发界面设计视图

9.3 软件系统开发流程

产品质量管控软件开发的主要流程包括需求分析、系统功能设计、编程实现、测试与部署四个阶段。通过每个阶段的细致工作，可以确保开发出高效、可靠、可扩展的产品质量管控软件系统。

9.3.1 质量管控需求分析

需求分析是软件开发的基础，通过全面理解和分析用户需求，为后续的设计和开发提供指导。首先，进行需求收集。通过客户访谈明确他们对质量管控的具体需求，分析现有的质量控制流程和系统文档，研究市场上已有的质量管控系统，了解它们的功能特点和用户反馈。其次，整理需求，包括列出系统需要实现的功能，如数据采集、数据分析、报警机制、报告生成和用户管理等，以及确定系统的性能、安全、可用性和兼容性要求。例如，产品制造过程的现代质量管控需求主要包含以下几点（阴艳超等，2023；房鑫洋等，2023；Hui Y. et al. , 2020）。

1. 用户登录功能

通过指定的账户和密码，对软件用户的身份信息进行核查，以保障软件的安全性。

2. 模型搭建功能

通过导入历史故障数据与寿命退化数据，构建故障诊断模型与寿命预测模型。在此基础上保存训练的结果，以用于故障诊断模块和寿命预测模块进行调用。

3. 实时监测与控制

实时监测是指对生产过程中关键工艺参数（如温度、压力、速度等）和产品质量特性（如尺寸、重量、外观等）进行实时监测。此外，根据实时监测的数据，对生产过程进行实时调整和控制，确保产品质量稳定在预设范围内。

4. 数据管理与分析

数据管理是指对生产过程中产生的大量数据进行存储和管理，建立完善的数据管理系统。进一步，通过数据分析和挖掘，发现潜在的质量问题和改进机会，提高生产工艺和产品质量。

5. 质量预测与诊断

质量预测是指通过对历史数据和生产参数的分析，预测产品质量可能出现的问题，提前采取预防措施。建立质量诊断模型，能够对生产过程中出现的质量问题进行快速诊断，找出问题原因并提出改进措施。

6. 使用寿命预测功能

软件需要根据用户的需求来对指定的产品进行使用寿命预测，同时设计出的该模块能够配合底层算法的使用。

7. 缺陷检测与处理

自动化缺陷检测是指使用机器视觉、传感器等技术，对产品进行自动化缺陷检测，识别并标记不合格产品。进一步，通过制定缺陷处理方案，对检测出的不合格产品进行返工、修理或报废处理，确保出厂产品的合格率。

8. 质量追溯与记录

通过建立质量追溯系统，记录产品从原材料到成品的生产过程，确保每个环节都有据可查。保存生产过程中的各类质量记录，以备日后查询和分析。

9.3.2 系统功能设计

系统功能设计是规划系统的整体结构，确保系统的高效、稳定和可扩展。本章针对产品制造过程的质量管控需求，开发质量管控软件系统的功能主要包括质量数据管理、质量预测、质量诊断和系统管理四个模块，如图 9 - 2 所示。

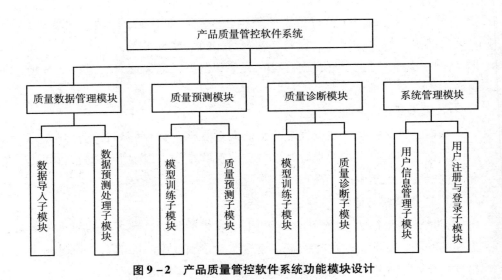

图 9 - 2 产品质量管控软件系统功能模块设计

1. 质量数据管理模块

质量数据管理模块负责收集生产过程中的关键数据，包括工艺参数（如温度、压力、速度等）和产品质量特性（如尺寸、重量、外观等），支持手动输入和自动化数据采集。数据存储系统确保所有收集到的数据都能安全、有效地存储，支持结构化和非结构化数据的存储。该模块还对数据进行预处理，包括数据清洗、归一化和缺失值处理，确保数据质量，并提供丰富的数据可视化工具，如图表和仪表盘，帮助用户直观了解生产过程中的数据变化和趋势。

2. 质量预测模块

质量预测模块基于历史生产数据建立质量预测模型，分析过去的生产数据，识别出影响产品质量的关键因素。使用实时数据输入，应用预测模型实时预测产品质量，提前发现潜在的质量问题。该模块不断优化和更新质量预测模型，以提高预测的准确性和可靠性，支持多种机器学习算法和优化技术，并生成详细的预测报告，包括预测结果、关键影响因素分析和改进建议，帮助用户做出数据驱动的决策。

3. 质量诊断模块

质量诊断模块使用数据分析和机器学习技术检测生产过程中的异常情况和故障，及时报警。对检测到的质量问题进行深入分析，找出问题的根本原因，提供改进措施和解决方案。该模块还分析历史故障数据，找出频繁出现的问题和模式，帮助用户改进生产工艺和流程，并生成详细的诊断报告，包括故障描述、原因分析和改进建议，帮助用户快速应对和解决质量问题。

4. 系统管理模块

系统管理模块管理系统用户，分配角色和权限，确保系统的安全性和可控性，支持多级权限管理和用户组管理。它配置系统参数和设置，包括数据采集频率、报警阈值和报告生成频率，支持灵活的系统配置和个性化设置。该模块记录系统操作日志，跟踪系统操作历史，确保系统操作的可追溯性和安全性，并提供系统维护工具，包括数据备份与恢复、系统更新与升级和性能监控，确保系统的稳定性和可靠性。通过这四个模块的协同工作，产品质量管控软件可以实现全面的质量管理，从数据采集、预测、诊断到系统管理，覆盖整个质量管控的流程，帮助企业提高生产效率和产品质量。

9.3.3　编程实现

编程实现是将设计转化为具体的代码和程序，开发各个功能模块。前端开发使用 MATLAB App Designer 中的代码视图和设计视图用户界面，包括系统登录、数据处理、质量预测和质量诊断模块，并编写回调函数，实现用户交互功能。其中，系统管理界面开发部分代码如图 9 - 3 所示。

```
% Create Label_3
app.Label_3 = uilabel(app.UIFigure);
app.Label_3.HorizontalAlignment = 'right';
app.Label_3.Position = [142 91 29 22];
app.Label_3.Text = '密码';

% Create TextArea_2
app.TextArea_2 = uitextarea(app.UIFigure);
app.TextArea_2.FontSize = 13;
app.TextArea_2.Position = [178 88 146 25];

% Create Button
app.Button = uibutton(app.UIFigure, 'push');
app.Button.BackgroundColor = [0.9412 0.9412 0.9412];
app.Button.FontColor = [0.149 0.149 0.149];
app.Button.Position = [178 11 131 24];
app.Button.Text = '登录';

% Create CheckBox
app.CheckBox = uicheckbox(app.UIFigure);
app.CheckBox.Text = '自动登录';
app.CheckBox.FontSize = 8;
app.CheckBox.Position = [139 51 70 22];

% Create CheckBox_2
app.CheckBox_2 = uicheckbox(app.UIFigure);
app.CheckBox_2.Text = '记住密码';
app.CheckBox_2.FontSize = 8;
app.CheckBox_2.Position = [216 51 70 22];

% Create Label_4
app.Label_4 = uilabel(app.UIFigure);
app.Label_4.Position = [17 11 53 22];
app.Label_4.Text = '账号注册';
```

图 9 – 3　系统管理界面开发部分代码

后端开发方面是指编写脚本或函数，从传感器或其他系统中实时获取质量数据并进行处理和分析，编写报警逻辑，设置报警阈值并监控数据变化，编写报告生成函数，生成质量报告，实现用户注册、登录、权限管理和操作记录。在实际的制造过程中，采集到的质量数据往往会出现缺失、重复、异常值以及量纲不一致等问题。在建立质量预测和诊断模型之前，需要进行对数据进行必要的预处理。数据预处理的步骤包括数据清洗、处理缺失值、数据转换、特征选择、特征提取等（Xu K. et al.，2020）。部分代码如图 9 – 4 所示。

```
% 1. Data Normalization
% Using min-max normalization to scale data to [0, 1] range
A_norm = (A - min(A(:))) / (max(A(:)) - min(A(:)));

% 2. Missing Value Handling
% Filling missing values with column mean
for i = 1:n
    col_mean = mean(A(~isnan(A(:, i)), i)); % Calculate column mean, ignoring NaNs
    A_norm(isnan(A_norm(:, i)), i) = col_mean; % Replace NaNs with column mean
end

% 3. Data Visualization
% 3.1 Visualize original data matrix
figure;
subplot(2, 2, 1);
imagesc(A);
colorbar;
title('Original Data Matrix');
xlabel('Feature Index');
ylabel('Sample Index');
```

图 9 - 4　数据处理部分代码

另外，实际生产线上合格产品的数量通常远超过不合格品，这种情况在质量数据的分类分布上造成了显著的不平衡。面临不平衡的质量数据结构，传统的数据驱动预测技术往往效果不佳，难以满足高精度预测的需求（李敏波和董伟伟，2022）。因此，本章提出了一种结合基于自然近邻的少数类过抽样方法（synthetic minority oversampling technique with natural neighbors，NaNSMOTE）（Li J. et al.，2021）和粒子群优化随机森林（random forest，RF）（Alfarizi M. G. et al.，2023）的质量预测方法。该方法通过 NaNSMOTE 算法自适应地生成新的不合格样本，进而利用随机森林模型进行质量预测。同时，采用粒子群方法优化 RF 模型的超参数，进一步提高预测准确率。部分代码如图 9 - 5 所示。

统计过程控制图（Statistical Process Control，SPC）是质量诊断中不可或缺的工具，通过其数据分布模式揭示了各类质量异常情形（Montgomery D. C. et al.，2017）。如今，质量诊断方法从传统的基于人工直观判断逐渐转变为利用机器学习技术识别控制图中的异常模式。考虑单一分类器可能存在的输出不确定性，本章使用一种基于多分类器融合的策略来提高诊断精准度。通过 D-S 证据理论在决策层面对多个一维卷积神经网络（金列俊等，2020）的分类数据进行融合，提升诊断结果的精确性与可信度。部分代码如图 9 - 6 所示。

```
% Particle Swarm Optimization parameter settings
pop = 30; % Population size
Max_iter = 100; % Maximum number of iterations
dim = 2; % Dimension is 2, optimizing two hyperparameters

lb = [1, 1]; % Lower bounds
ub = [500, f_]; % Upper bounds

% Define the fitness function
fobj = @(x) fun_oob_etezrror(x, NewTrain, NewTrainLabel); % Fitness function

% Set velocity range
Vmax = [2, 2]; % Maximum velocity
Vmin = [-2, -2]; % Minimum velocity

% Run Particle Swarm Optimization
[Best_pos, Best_score, curve, average_fitness] = CLPSO(pop, Max_iter, lb, ub, dim, fobj, Vmax, Vm:

% Extract optimal parameters
n_trees = round(Best_pos(1)); % Number of trees
n_layer = round(Best_pos(2)); % Number of features to sample

%% Create Random Forest Model

model = TreeBagger(n_trees, NewTrain, NewTrainLabel, 'Method', 'classification', ...
    'NumPredictorsToSample', n_layer, 'OOBPrediction', 'on', 'OOBVarImp', 'on'); % Random Forest r
```

图 9 – 5 质量预测模型开发部分代码

```
% Initialize combined probability matrix
L = length(P);
mp = zeros(size(mp1));

% Fuse output probabilities
for sample = 1:size(mp1, 1)
    for k = 1:L
        F_k = zeros(L, L);
        label = num2str(P(k));

        % Build intersection matrix for hypothesis space
        for i = 1:L
            label_i = num2str(P(i));
            for j = 1:L
                label_j = num2str(P(j));
                intersect_ij = intersect(label_i, label_j);

                % If intersection is non-empty, set to 1
                if strcmp(intersect_ij, label)
                    F_k(i, j) = 1;
                end
            end
        end

        % Calculate combined probability distribution
        mp(sample, k) = sum(sum(mp1(sample, :)' * mp2(sample, :) .* mp3(sample, :).* F_k));
    end

    % Normalize to ensure the distribution sums to 1
    mp(sample, :) = mp(sample, :) / sum(mp(sample, :));
end
```

图 9 – 6 质量诊断模型开发部分代码

9.3.4　测试与部署

测试与部署是确保系统功能和性能满足需求，并将系统交付用户使用。测试阶段包括单元测试，对每个功能模块进行测试，确保其功能的正确性，集成测试，确保各模块之间的集成和数据流正确，以及用户验收测试（UAT），邀请部分用户进行系统测试，收集反馈并进行优化。部署阶段包括确保目标环境已安装和配置好 MATLAB 和相关工具，编写部署文档，将系统部署到目标环境，导入必要的数据并初始化数据库，验证系统功能和性能，确保其正常运行。

9.4　应 用 案 例

电磁阀是现代控制系统中不可或缺的核心元件，广泛应用于航空航天、汽车制造、医疗器械及众多工业自动化系统中。某公司生产一款二位三通直动式电磁流量阀，如图 9-7 所示，该阀计划应用于新能源汽车座椅系统中。电磁阀由磁路、执行、流道及连接等机构组成，关键零部件包括电磁铁、弹簧和密封圈等，如表 9-1 所示。

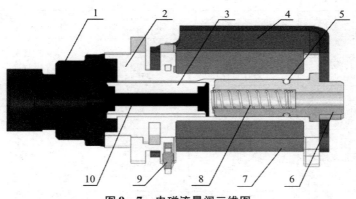

图 9-7　电磁流量阀三维图

表 9 – 1　　　　　　　　　　　　　电磁阀组件名称

序号	组件名称	组件作用
1	连接头	流体进出的通道
2	线轴	固定线圈，并提供电磁线圈的绕制基底
3	可动铁芯	在磁场作用下移动，控制气体的通断
4	铁框	保护内部零件，增强电磁力
5	O 型密封圈	保证电磁阀内部和外部的密封性
6	固定铁芯	增强电磁铁磁场，提高磁力密度支撑
7	线圈	通电后产生电磁力，驱动可动铁芯移动
8	弹簧	提供复位力
9	PIN 针	连接电磁阀的电源线和控制线路
10	橡胶	减震，减少噪声

机电产品装配是一个精密且有序的过程，需按照装配工艺指导书上规定的严格精度要求和技术标准进行组装，以制成最终产品。电磁阀的装配工作涉及多个关键步骤，如 PIN 针的切割、自动化绕线、阀体焊接以及组件的最终组装，各阶段均须确保遵守工艺标准。为确保装配质量，生产线上多个环节设有质量控制点进行校验。如图 9 – 8 所示，主要质量特性检测指标包括装配间隙、电阻值、泄漏量、弹簧力等。

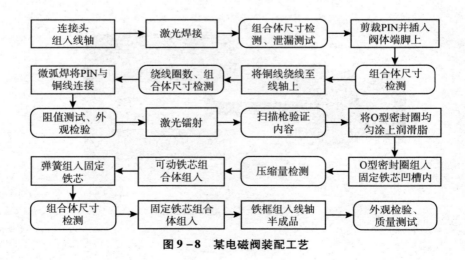

图 9 – 8　某电磁阀装配工艺

总体而言，电磁阀的装配工艺涵盖多个环节，每个环节之间联系紧密。鉴于其零件体积小，装配时易出现错误或遗漏。此外，零件性能的不一致性、设备状况、工作环境、上下游装配影响及人员变动等因素，均可能引发装配质量的不均匀性。即便使用的零件均合格，质量检测数据均满足工艺要求，装配完毕的产品性能仍可能不达标。因此，该电磁阀生产企业使用上述质量预测和诊断关键技术，在 MATLAB 环境中开发了电磁阀装配过程质量控制系统，系统测试过程如下。

9.4.1 系统登录及主界面

电磁阀装配过程质量控制系统登录界面如图 9 – 9 所示，在登录界面输入用户名和密码，系统进行用户信息验证，验证通过后进入系统主界面。如果使用人员首次使用该软件，应先选择账号注册，完成注册后重新输入账号密码进入系统主界面，如图 9 – 10 所示。

图 9 – 9 系统登录界面

图 9 – 10 系统主界面

9.4.2 系统模块选择

当用户信息通过登录验证之后，会跳转到模块选择界面，如图 9 – 11 所示。其中一共包括五个模块：首页、模型训练、故障诊断、寿命预测与关于。"首页"介绍了先导式电磁阀结构与原理；"模型训练"可在初次使用时根据历史数据搭建诊断与预测模型；"故障诊断"可实现待检测样本的故障类型诊断；"寿命预测"可实现待检测样本的使用寿命预测。此页面属于主页面，可以分别进行对应模块的跳转。

图 9 – 11 模块选择界面

9.4.3　质量数据管理

　　质量数据管理模块主要由数据分析与数据处理子模块构成，如图 9 - 12 所示。在数据分析模块中，用户能够上传产品装配的质量数据至系统，并可依据产品样本编号检索历史数据。此模块允许用户选定需分析的质量特性，并通过点击数据分析按钮，生成质量数据的分布直方图与箱线图。这一过程使管理人员得以借助直观的图形方式深入了解质量数据的分布情况。数据处理模块提供了数据标准化、相关性分析及异常值处理等功能，旨在为质量预测与诊断提供准备工作，优化数据质量，从而支撑更加精确的决策制定。

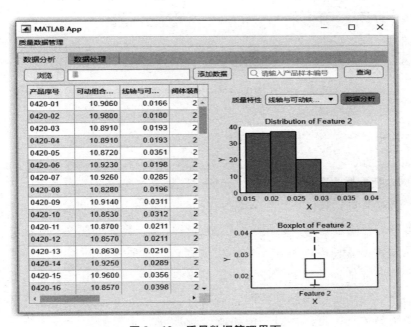

图 9 - 12　质量数据管理界面

9.4.4　系统模型训练

　　模型训练界面如图 9 - 13 所示。该界面用于初步搭建产品的故障诊断模型和寿命预测模型。该界面可显示产品故障诊断模型与寿命预测模型的训练过程，并给出模型的诊断正确率与预测误差，同时可选择不同的算法进行模型构建。最后，该界面可保存下训练好的诊断模型与预测模型，用于后续模块的调用。

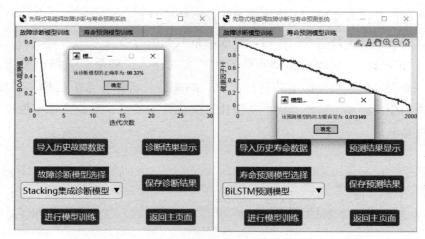

图 9 – 13   模型训练界面

9.4.5   系统功能的实现

1. 装配质量预测

装配质量预测模块旨在装配过程中提前预测出电磁阀的质量水平。为了准确进行质量预测，必须先对模型进行训练，界面如图 9 – 14 所示。利用质量数据管理模块所积累的历史数据，训练质量预测模型。该模型经过严格的评估，并达到了既定的精确度要求后，便可用于实际的质量预测工作。使用质量预测功能时，需要导入装配过程采集的质量特性，并选择预测的具体目标。对于电磁阀装配质量，主要的指标包括流量和泄漏量等关键参数。随后，点击预测按钮，其结果将在用户界面的左下方展示，如图 9 – 15 所示。预测过程完成后，系统将自动对预测结果进行分析，统计出该批次产品的合格品数量与缺陷品数量，并据此计算出合格率与不良率。

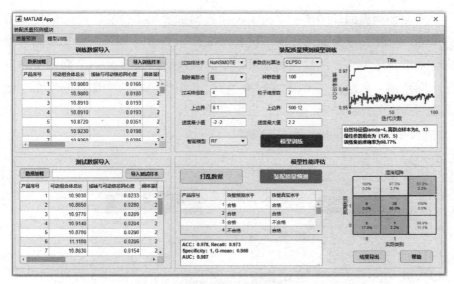

图 9 – 14　质量预测模型训练界面

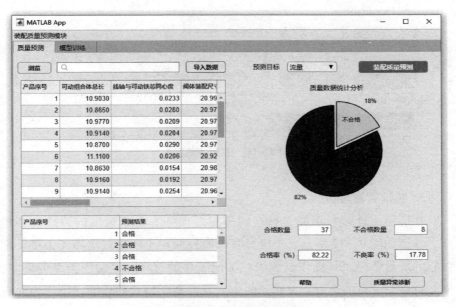

图 9 – 15　装配质量预测界面

2. 寿命预测

寿命预测界面如图 9 – 16 所示，该界面主要用于待检测产品的使用寿命预测。首先，该界面可将需预测的产品样本数据进行导入，并对每条检测样本编排序号，显示数据的维度大小。其次，给出产品的全周期寿命退化区间范围。最后，点击预测按钮，将会调用训练模块中保存的模型，输出检测样本的预测结果。同时，根据退化阶段与寿命结果，给出当前检测产品的维护建议，供操作人员参考。

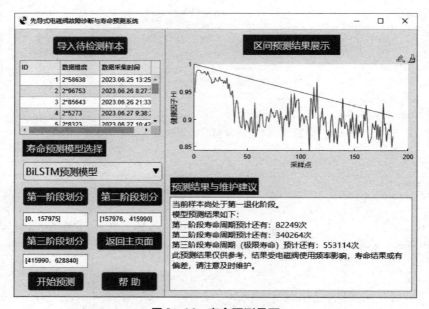

图 9 – 16　寿命预测界面

3. 装配质量分析

在应用质量诊断功能之前，同样需要训练一个高精度的智能诊断模型，界面如图 9 – 17 所示。工序异常诊断界面用于实现对电磁阀关键装配过程的质量监控，其操作流程为：装配工序的选择、控制图类型的确定、质量特性监测点的选取、控制图的生成及控制图模式的诊断，用户界面展示如图 9 – 18 所示。诊断结果将在用户界面的左下角显示，如发生质量异常，系统将在窗口显示出具体的异常模式类别。

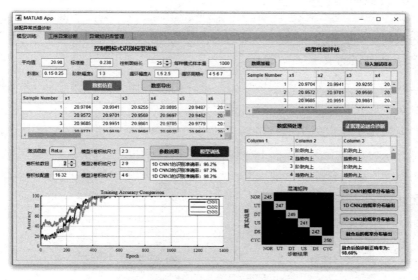

图 9 – 17　质量诊断模型训练界面

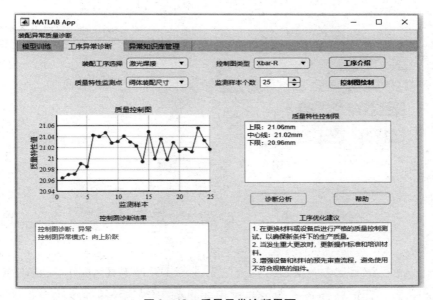

图 9 – 18　质量异常诊断界面

　　如图 9 – 18 右下角所示，系统集成的异常模式知识库为质量管理人员提供了基于诊断结果的工序优化建议，进一步支持决策制定过程。该知识库作为一个全面的质量异常原因与状态对应的知识管理系统，允许用户通过查询、添加、编辑或删除等操作管理知识库条目，从而不断提高决策建议的精确度与实用性。

4. 故障诊断

故障诊断界面如图 9 – 19 所示，该界面主要用于待检测产品的故障类型诊断。首先，该界面可将需检测的故障样本数据进行导入，并对每条检测样本编排序号，显示数据的维度大小。其次，通过可视化可将其电流、流量、压力数据呈现在界面上。最后，通过诊断按钮，调用上一步中训练好的模型，输出检测样本的诊断结果。同时，调用出当前故障类型的维护建议并显示，供操作人员参考。

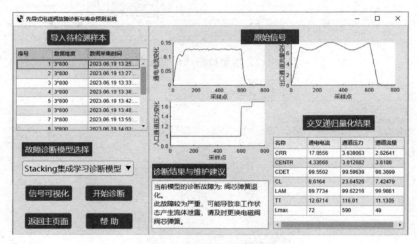

图 9 – 19　故障诊断界面

9.5　本章小结

本章介绍了基于 MATLAB 内置的先进 GUI 设计工具 App Designer 来设计产品质量管控软件系统的主要过程。此系统综合了各种算法与智能模型，通过构建的原型系统进行实例验证，进一步展现了系统的可靠性。应用结果表明，该系统能够实现电磁阀装配过程质量数据的集成与管理，并提供了质量数据管理、装配质量预测、质量异常诊断等功能，为质量管理人员提供了便捷和可视化的质量管理工具。

参 考 文 献

［1］安慧、黄艾、安敏等：《基于模糊故障树的建筑施工高处坠落全面风险评估》，载《科学技术与工程》2022年第19期。

［2］安进、彭绍雄、盛沛、姜明坤：《基于关键控制点的大型复杂产品质量评估研究》，载《计算机与数字工程》2014年第7期。

［3］安相华、蔡卫国、宋晓杰：《基于云模型与协同决策的FMEA耦合评估方法》，载《计算机集成制造系统》2018年第5期。

［4］包艳丽、张洪：《基于CRITIC权灰靶模型的云南省土地生态安全评价》，载《上海国土资源》2020年第2期。

［5］毕娟、李希建：《基于博弈论组合赋权灰靶模型的煤矿安全综合评价》，载《中国安全生产科学技术》2019年第7期。

［6］卞仁鹏、贾志新、毕温海、李威：《立体物料仓库单元的机械系统FMEA分析》，载《北京航空航天大学学报》2021年第48期。

［7］曹程明、马义中：《基于贝叶斯估计的威布尔更新过程统计控制》，载《系统工程学报》2021年第2期。

［8］常建涛、袁明坤、李欣伟等：《基于高斯混合模型的产品质量评估方法研究》，载《装备制造技术》2020年第12期。

［9］陈东宁、许敬宇、姚成玉等：《连续时间多维T-S动态故障树分析方法》，载《机械工程学报》2021年第10期。

［10］陈红霞、王纪华、马爱博等：《基于模糊故障树的某重型数控机床主轴系统可靠性分析》，载《机床与液压》2022年第24期。

［11］陈洪芳、高毅、刘立霞：《基于熵权法和TOPSIS方法的毕业要求达成度综合评价方法》，载《黑龙江教育（理论与实践)》2023年第2期。

［12］陈君、赵小会、郭立颖等：《融合直觉模糊灰色理论的制造云服务 QoS 评价方法》，载《西安工程大学学报》2023 年第 37 期。

［13］陈克强、姜兴宇、刘伟军等：《面向多品种小批量制造过程的NAD-EWMA 控制图多目标优化设计方法》，载《机械工程学报》2023 年第59 期。

［14］陈林涧、倪世宏、谢川、薛省卫：《基于动态非线性策略的粒子群优化算法研究》，载《计算机仿真》2012 年第 10 期。

［15］陈天一、赵贝贝、洪卓睿：《营商环境对企业产品质量的影响》，载《宏观质量研究》2023 年第 11 期。

［16］陈舞、张国华、王浩等：《基于 T-S 模糊故障树的钻爆法施工隧道坍塌可能性评价》，载《岩土力学》2019 年第 S1 期。

［17］陈雍君、李晓健、张丽等：《故障树和模糊贝叶斯网络在管廊运维风险评估中的应用研究》，载《安全与环境学报》2023 年第 9 期。

［18］程永伟、穆东：《双积分制下汽车生产商生产决策优化》，载《系统工程理论与实践》2018 年第 38 期。

［19］崔洪雷、许立波、黄茹等：《基于保守决策偏好的犹豫模糊余弦优化投影决策方法》，载《浙江大学学报（理学版）》2022 年第 49 期。

［20］邓存宝、张凯歌、符孟崇等：《煤与瓦斯突出预测的正负靶心灰靶决策模型》，载《辽宁工程技术大学学报（自然科学版）》2018 年第1 期。

［21］丁进良、杨翠娥、陈远东等：《复杂工业过程智能优化决策系统的现状与展望》，载《自动化学报》2018 年第 44 期。

［22］董正琼、李晨阳、唐少康等：《基于多状态故障树的舰船装备可靠性分析方法》，载《火力与指挥控制》2023 年第 4 期。

［23］杜秀丽、聂彦刚、吕亚娜等：《基于加权双向投影的决策专家权重确定方法》，载《控制工程》2023 年第 33 期。

［24］范利敏、张喜国、王贵和：《基于 FAHP 的产品质量综合评价算法的研究》，载《机械设计与制造》2010 年第 12 期。

［25］方鹏、李芳、刘凡等：《考虑产品质量控制的生产系统预防性维护策略联合优化研究》，载《上海理工大学学报》2021 年第 43 期。

［26］方喜峰、于超、章振、张胜文：《基于支持向量机的船用柴油机

装配质量预测》，载《组合机床与自动化加工技术》2021 年第 9 期。

［27］方喜峰、张杰、程德俊、张胜文等：《数字孪生驱动的船用柴油机关键件加工质量管控方法》，载《机械设计与制造》2023 年第 3 期。

［28］房鑫洋、张洁、吕佑龙：《基于 Attention-BLSTM 的复杂产品制造质量预测方法》，载《计算机集成制造系统》2023 年第 29 期。

［29］高海亮、顾行发、周翔等：《中国遥感真实性检验基础设施建设发展态势分析》，载《遥感学报》2023 年第 27 期。

［30］高玉集、郭钧：《基于区间 q 阶正交模糊集的应急供应商选择方法研究》，载《数字制造科学》2023 年第 21 期。

［31］龚平、何岭松、高鹏宇：《一种 XML 格式的数字孪生制造系统数据传输协议》，载《制造业自动化》2023 年第 3 期。

［32］郭斌、刘思聪、刘琰等：《智能物联网：概念、体系架构与关键技术》，载《计算机学报》2023 年第 8 期。

［33］郭超、尤建新、彭博达等：《基于熵权－层次分析法和优劣解距离法的飞行员胜任力评价》，载《同济大学学报（自然科学版)》2023 年第 51 期。

［34］郭佳民、董石麟、袁行飞：《随机缺陷模态法在弦支穹顶稳定性计算中的应用》，载《工程力学》2011 年第 28 期。

［35］郭旺喜：《柴油机装配过程质量控制的研究》，载《农业装备与车辆工程》2020 年第 11 期。

［36］韩亚峰、王全良、赵叶：《价值链重塑、工序智能化与企业出口产品质量》，载《产业经济研究》2022 年第 4 期。

［37］郝博、王建新、王明阳等：《基于数字孪生的装配过程质量控制方法》，载《组合机床与自动化加工技术》2021 年第 4 期。

［38］郝宇、李悦、王永锁：《基于 Mamdani 模糊推理的专家系统在常减压装置故障诊断中的应用研究》，载《自动化与仪器仪表》2016 年第 4 期。

［39］洪兆溪、冯毅雄、娄山河等：《复杂产品不确定性智能设计研究综述与展望》，载《机械工程学报》2023 年第 59 期。

［40］侯凤仙、张京燕：《基于自动化控制技术的波浪领服装加工操作模板设计》，载《制造业自动化》2021 年第 43 期。

［41］胡滨、朱亚辉、杜致泽：《基于改进 K-means 算法和总时最短机制的无人机群多目标分配围猎策略》，载《西北工业大学学报》2022 年第6 期。

［42］胡富琴、杨芸、刘世民等：《航天薄壁件旋压成型数字孪生高保真建模方法》，载《计算机集成制造系统》2022 年第 5 期。

［43］胡杨、吴锋、王红涛：《考虑稀缺服务与质量损失云制造服务组合问题》，载《计算机集成制造系统》2021 年第 27 期。

［44］黄昌武：《中国石油 2017 年十大科技进展》，载《石油勘探与开发》2018 年第 45 期。

［45］黄佳、黄敏浩、宋明顺等：《基于云模型与 GRA-VIKOR 的大群组改进 FMEA 方法》，载《计算机集成制造系统》2023 年第 12 期。

［46］黄静、官易楠：《基于佳点集粒子群算法的 SVM 参数优化方法》，载《包装学报》2019 年第 2 期。

［47］姜洪权、周涛、高建民等：《压力容器服役质量指标体系构建及评价方法研究》，载《西安交通大学学报》2019 年第 53 期。

［48］姜少飞、秦宝荣、潘双夏：《零件加工工艺链优选的灰靶决策模型研究》，载《机床与液压》2006 年第 2 期。

［49］蒋英礼、崔杰、张兰峰等：《基于权重融合——改进可拓云模型的岩体质量评价方法与应用》，载《矿业研究与开发》2023 年第 43 期。

［50］金列俊、詹建明、陈俊华：《基于一维卷积神经网络的钻杆故障诊断》，载《浙江大学学报》2020 年第 54 期。

［51］金寿松、刘星琪、吴容吉等：《基于数字孪生的产品生产质量管理方法研究》，载《高技术通讯》2022 年第 1 期。

［52］孔德玉、陆鑫星、沈海强等：《基于改进层次分析法的再生骨料生产模式优选评价》，载《浙江工业大学学报》2023 年第 51 期。

［53］况阳、郑帅、戈亮：《基于 Mamdani 推理法的双体无人艇模糊控制器设计》，载《中国海洋平台》2021 年第 5 期。

［54］兰蓉、范九伦：《Vague 值和三参数 Vague 值上的贴近度》，载《模式识别与人工智能》2010 年第 23 期。

［55］李安强、李荣波、何小聪：《基于灰靶理论的水库调度方案决策模型及其应用》，载《人民长江》2018 年第 13 期。

［56］李昂、王伟东、牟谦：《多层结构底板破坏深度精确预测与 Mat-lab 实现》，载《煤炭科学技术》2024 年第 1 期。

［57］李伯虎、柴旭东、张霖等：《智慧云制造：工业云的智造模式和手段》，载《中国工业评论》2016 年第 1 期。

［58］李长春、杨云、王崴等：《3D 打印公有云平台运营机制及盈利模式研究》，载《现代制造工程》2016 年第 8 期。

［59］李长云、王琳琳、康宏宇等：《云制造平台服务创新的机理与路径》，载《科技管理研究》2016 年第 36 期。

［60］李丹、王贵君：《毕达哥拉斯模糊环境下海明距离测度的证明及推广》，载《浙江大学学报（理学版）》2023 年第 50 期。

［61］李芳、程友凤：《基于双链式结构的云制造系统内资源调度》，载《计算机集成制造系统》2023 年第 29 期。

［62］李贵杰、詹扬、李大伟等：《考虑不确定性情况下的故障树重要度分析方法及应用》，载《系统工程与电子技术》2023 年第 10 期。

［63］李华桥、吴霄、代俊安等：《PDCA 循环在提高仪控设备断路器系统抗冲击能力中的运用》，载《上海交通大学学报》2019 年第 53 期。

［64］李金峰、杨翊坤、王西峰：《基于多元退化数据的 RV 减速器可靠性评估》，载《机械传动》2023 年第 5 期。

［65］李美娟、卢锦呈等：《基于一种新得分函数和累积前景理论的毕达哥拉斯模糊 TOPSIS 法》，载《控制与决策》2022 年第 37 期。

［66］李蒙、王海峰、汪小勇等：《基于 FMEA 和模糊 TOPSIS 的波浪能发电装置风险评估方法》，载《船舶工程》2023 年第 1 期。

［67］李敏波、董伟伟：《面向不平衡数据集的汽车零部件质量预测》，载《中国机械工程》2022 年第 33 期。

［68］李强、彭道虎：《基于云制造电脑个性化定制模式》，载《机械设计与制造》2023 年第 11 期。

［69］李强、史志强、闫洪波等：《基于云制造的个性化定制生产模式研究》，载《工业技术经济》2016 年第 35 期。

［70］李伟、陈建华、吴绍伟等：《基于 SPC 控制图与加权决策树识别海上油气井生产异常》，载《海洋地质前沿》2021 年第 12 期。

［71］李兴运、齐金平：《基于 T-S 模糊故障树的受电弓系统可靠性分

析》，载《安全与环境学报》2018 年第 1 期。

［72］李彦锋、黄洪钟、黄意贤：《太阳翼驱动机构的故障模式影响分析与时变可靠性研究》，载《机械工程学报》2020 年第 5 期。

［73］李逸群、耿秀丽：《考虑出行场景的适老助行产品服务设计质量屋研究》，载《计算机集成制造系统》2023 年第 12 期。

［74］李勇建、李佳佳、孙晓晨等：《基于系统动力学的"制造链 + 平台"双模式价值共创实现动因研究》，载《系统工程理论与实践》2023 年第 43 期。

［75］梁迪、王杰一、程璎珞：《基于 VS-ABC 的定制产品云服务选择策略》，载《机械设计》2022 年第 39 期。

［76］梁芬、王振：《基于 T-S 模糊故障树的焊接机可靠性分析》，载《机械强度》2017 年第 3 期。

［77］梁金成：《先期的产品质量策划在铸造生产中的应用》，载《铸造》2009 年第 58 期。

［78］梁强、张贤明、杜彦斌等：《基于灰色关联分析的齿环热精锻成形工艺参数优化》，载《计算机集成制造系统》2022 年第 4 期。

［79］廖盛美、张清海、李林竹等：《中国基于检验检测的食品过程质量控制研究进展》，载《食品科学》2023 年第 44 期。

［80］林晨阳、周杰文、史建成：《面向数字孪生的数据采集系统设计》，载《电子质量》2020 年第 10 期。

［81］林献坤、李郝林、袁博：《基于 PSO-SVR 的数控平面磨削表面粗糙度智能预测研究》，载《系统仿真学报》2009 年第 24 期。

［82］刘聪、李珍珍：《长三角低碳物流对区域经济发展的影响分析》，载《华东经济管理》2023 年第 1 期。

［83］刘大同、郭凯、王本宽、彭宇：《数字孪生技术综述与展望》，载《仪器仪表学报》2018 年第 11 期。

［84］刘奂辰、于亚笛：《未来新型食品标准体系建设研究》，载《中国食品学报》2023 年第 23 期。

［85］刘慧敏、徐方远、刘宝举等：《基于 CNN-LSTM 的岩爆危险等级时序预测方法》，载《中南大学学报（自然科学版）》2021 年第 52 期。

［86］刘坚、李静、李蓉：《基于改进累积和控制图的车身焊接质量控

制的研究》，载《汽车工程》2011 年第 8 期。

[87] 刘建奎、张震、刘向红等：《基于组合赋权 TOPSIS 模型的宿州市水资源承载力评价及障碍因子研究》，载《人民珠江》2023 年第 12 期。

[88] 刘杰：《基于 T-S 模型的锚杆钻车液压系统故障树分析》，载《机床与液压》2022 年第 22 期。

[89] 刘英、李文亮：《全媒体时代主流媒体加强产品质量管理的着力点》，载《传媒》2023 年第 16 期。

[90] 刘明周、凌先姣、蒋增强等：《基于 SOV 的机械产品装配过程质量因素耦合模型》，载《组合机床与自动化加工技术》2011 年第 10 期。

[91] 刘明周、吕旭泽、王小巧：《发动机曲轴多工序装配的质量预测模型研究》，载《汽车工程学报》2021 年第 9 期。

[92] 刘楠、康俊杰、赵春阳：《多能互补能源基地开发模式及综合效益提升方法》，载《中国电机工程学报》2024 年第 17 期。

[93] 刘然、刘虎沉：《基于数字孪生的产品制造过程质量管理研究》，载《现代制造工程》2022 年第 7 期。

[94] 刘胜、郭晓杰、张兰勇等：《基于模糊置信理论的全电力船舶推进 FMEA 评估》，载《控制工程》2021 年第 9 期。

[95] 刘思峰：《灰色系统理论的产生与发展》，载《南京航空航天大学学报》2004 年第 2 期。

[96] 刘思峰：《灰色系统理论及其应用》（第九版），科学出版社 2021 年版。

[97] 刘万里、刘卫锋、何霞：《基于梯形模糊互反判断的一致性分析》，载《郑州航空工业管理学院学报》2022 年第 4 期。

[98] 刘伟军、刘新昊、孙猛等：《基于视觉感知域的钢轨铣磨车人机界面布局优化方法》，载《计算机集成制造系统》2024 年第 17 期。

[99] 刘伟、刘顺、邓朝晖等：《工业机器人定位误差补偿技术研究进展》，载《机械工程学报》2023 年第 59 期。

[100] 刘文艺、韩继光：《基于 Mamdani 模糊推理的风电机组控制方法研究》，载《可再生能源》2013 年第 2 期。

[101] 刘晓冰、王万雷、邢英杰等：《支持车间计划滚动的物料工艺状态描述》，载《计算机集成制造系统》2006 年第 7 期。

［102］刘永辉、王子萌、司继春：《目的国数字经济、市场竞争与企业出口产品质量》，载《经济与管理评论》2023 年第 39 期。

［103］刘勇、罗德林、石翠等：《基于 T-S 模糊故障树的多态导航系统性能可靠性》，载《北京航空航天大学学报》2021 年第 2 期。

［104］刘铮、刘虎沉：《基于犹豫模糊语言 EDAS 的失效模式及影响分析模型》，载《模糊系统与数学》2021 年第 4 期。

［105］刘中侠、刘思峰、蒋诗泉：《基于一般灰数的灰靶决策模型拓展与应用》，载《统计与决策》2019 年第 7 期。

［106］柳炽伟、郭美华：《基于 DTBN 与 T-S 故障树的电池热管理系统可靠性分析》，载《汽车安全与节能学报》2023 年第 2 期。

［107］卢丽、孙林夫、邹益胜等：《基于一致性哈希环多主节点的改进实用拜占庭容错算法》，载《计算机集成制造系统》2023 年第 29 期。

［108］卢桐、李东波、童一飞：《基于 Kalman 滤波和 SPC 的装配车间质量管理》，载《机械设计与制造工程》2019 年第 1 期。

［109］吕耀华：《玄武岩纤维沥青混凝土优选及疲劳寿命预估》，载《中外公路》2020 年第 3 期。

［110］罗贺、吴萍、王博等：《能力受限下制造服务组合的多目标优化方法》，载《计算机集成制造系统》2023 年第 12 期。

［111］罗良清、王静：《熵权法在企业统计质量控制中的应用》，载《统计与信息论坛》2004 年第 6 期。

［112］罗世聪：《我国农产品贸易逆差的影响因素分析》，载《统计与决策》2020 年第 3 期。

［113］骆吉庆、姚安林、周雪等：《Mamdani 型模糊推理在海底油气管道风险评价中的应用》，载《中国安全科学学报》2016 年第 8 期。

［114］孟冠军、张磊、马存徽等：《基于孪生数据的产品装配过程质量预测模型》，载《组合机床与自动化加工技术》2022 年第 3 期。

［115］孟佳、肖琳、邹丽：《广义语言值二元组偏好关系的综合评价模型》，载《郑州大学学报（理学版）》2018 年第 2 期。

［116］孟圆：《云计算环境下网络信息安全技术发展探讨》，载《中国新通信》2023 年第 25 期。

［117］孟子流、李腾龙：《机器学习技术发展的综述与展望》，载《创

新应用》2020 年第 10 期。

[118] 倪巍鑫、黄佳、宋明顺等:《基于语言图像模糊集与 MABAC 法的改进大群组 FMEA 模型》,载《系统工程》2023 年第 3 期。

[119] 宁方华、蹇文成、屠震元等:《基于贝叶斯理论的 HotellingT2 小样本多元工序质量监控》,载《软件导刊》2023 年第 1 期。

[120] 牛小兵、赵伟波、史云鹤等:《鄂尔多斯盆地本溪组天然气成藏条件及勘探潜力》,载《石油学报》2023 年第 44 期。

[121] 潘教峰、王光辉、鲁晓:《基于五大价值导向的"破四唯"和"立新标"》,载《科学通报》2022 年第 67 期。

[122] 潘薇薇:《数字孪生对工业质量管理的影响机制研究综述》,载《对外经贸》2022 年第 11 期。

[123] 裴小兵、张丽丽:《基于质量门和 CMM 的复杂产品开发过程的质量评价方法》,载《科技管理研究》2015 年第 35 期。

[124] 彭木根、蒋逸轩、曹傧等:《区块链赋能泛在可信物联网:架构、技术与挑战》,载《重庆邮电大学学报(自然科学版)》2023 年第 35 期。

[125] 钱雨、张大鹏、孙新波等:《基于价值共创理论的智能制造型企业商业模式演化机制案例研究》,载《科学学与科学技术管理》2018 年第 39 期。

[126] 邱祝礼、牛思先、高鹏宇等:《物联网大数据采集与传输技术架构探讨》,载《信息记录材料》2022 年第 11 期。

[127] 任明仑:《大数据:数据驱动的过程质量控制与改进新视角》,载《计算机集成制造系统》2019 年第 25 期。

[128] 尚鹏涛、郭亚宾、谭泽汉等:《基于 EWMA-BN 的冷水机组故障诊断策略》,载《制冷学报》2019 年第 2 期。

[129] 沈翔、杨洪耕、段晨:《基于灰靶理论与云模型的电压暂降事件数据挖掘分析方法》,载《电网技术》2019 年第 2 期。

[130] 沈勇、崔毅、陈浩等:《旱灾风险评估的减法集对势梯形模糊数随机模拟方法》,载《水利水运工程学报》2023 年第 12 期。

[131] 施群山、蓝朝桢、徐青等:《面向卫星遥感影像检索定位的深度学习全局表征模型评估与分析》,载《地球信息科学学报》2022 年第 24 期。

［132］石旭东、成博源、黄琨、杨占刚：《基于模糊 TOPSIS-FMEA 的飞机 IDG 风险评价》，载《系统工程与电子技术》2022 年第 44 期。

［133］宋承轩、吉卫喜：《多品种小批量制造过程工序质量动态控制方法研究》，载《现代制造工程》2019 年第 6 期。

［134］宋华、张洪钺、王行仁：《T-S 模糊故障树分析方法》，载《控制与决策》2005 年第 8 期。

［135］宋亚飞、王晓丹、雷蕾：《基于直觉模糊集的时域证据组合方法研究》，载《自动化学报》2016 年第 9 期。

［136］孙延浩、张琦、袁志明、李智：《基于二维二元语义和前景理论的改进 FMEA 法》，载《计算机集成制造系统》2021 年第 12 期。

［137］孙艺新、秦超、张玮等：《基于故障树方法的供电可靠性灰色关联分析》，载《中国电力》2016 年第 5 期。

［138］唐力、刘启钢、孙文桥：《基于灰色关联分析法的铁路物流服务方案评价》，载《铁道运输与经济》2019 年第 1 期。

［139］唐林：《自动采摘目标图像快速识别算法研究——基于 K-means 聚类算法》，载《农机化研究》2023 年第 5 期。

［140］唐求、吴娟、滕召胜等：《基于 OPCA-IGAFNN 的 NQI 综合服务信息平台服务质量评价》，载《湖南大学学报（自然科学版）》2022 年第 49 期。

［141］唐松祥、梁工谦、李洁等：《考虑供应商双重公平偏好的供应链质量控制策略》，载《系统工程》2019 年第 37 期。

［142］陶飞、刘蔚然、刘检华等：《数字孪生及其应用探索》，载《计算机集成制造系统》2018 年第 1 期。

［143］陶飞、刘蔚然、张萌等：《数字孪生五维模型及十大领域应用》，载《计算机集成制造系统》2019 年第 1 期。

［144］陶飞、马昕、胡天亮等：《数字孪生标准体系》，载《计算机集成制造系统》2019 年第 10 期。

［145］陶飞、张贺、戚庆林等：《数字孪生模型构建理论及应用》，载《计算机集成制造系统》2021 年第 1 期。

［146］陶飞、张贺、戚庆林等：《数字孪生十问：分析与思考》，载《计算机集成制造系统》2020 年第 1 期。

[147] 王斌：《股东资源理论与国有企业混合所有制改革：基于中国联通的案例》，载《北京工商大学学报（社会科学版）》2021 年第 36 期。

[148] 王斌、顾惠忠：《内嵌于组织管理活动的管理会计：边界、信息特征及研究未来》，载《会计研究》2014 年第 1 期。

[149] 王兵、郑尚男、李盼池等：《基于评价主体多元化理念和卷积神经网络的线上教学质量评价方法》，载《现代电子技术》2023 年第 46 期。

[150] 王发麟、廖文和、郭宇等：《复杂机电产品中线缆敷设质量控制及模糊综合评判》，载《计算机集成制造系统》2017 年第 3 期。

[151] 王宏伟、张宇飞、彭功状等：《基于资源流的云制造研究综述》，载《华中科技大学学报（自然科学版）》2022 年第 50 期。

[152] 王金凤、余良如、冯立杰等：《新创企业管理者能力与商业模式创新关系研究——环境动态性的调节作用》，载《管理学刊》2019 年第 32 期。

[153] 王娟、金智新：《基于一致性指数的三角犹豫模糊投影决策方法》，载《科技管理研究》2018 年第 24 期。

[154] 王美清、安海霞、乔玉良等：《航空制造企业测量设备精细化管理系统》，载《计算机集成制造系统》2017 年第 23 期。

[155] 王秋莲、周啸宇、黎敏等：《基于递归分析和机器学习的小批量机械加工过程状态监测》，载《计算机集成制造系统》2022 年第 11 期。

[156] 王艺华、张鑫瑞、夏源：《履带车辆变速箱的 T-S 模糊故障树可靠性分析》，载《内燃机与配件》2021 年第 4 期。

[157] 王岳恒、马殷元：《基于模糊故障树的垂直升降式立体车库升降系统可靠性分析》，载《制造业自动化》2022 年第 11 期。

[158] 魏翠萍、葛淑娜：《犹豫模糊语言幂均算子及其在群决策中的应用》，载《系统科学与数学》2016 年第 8 期。

[159] 吴花平、黄尹薇、刘自豪：《基于 K-Means 聚类算法的碳排放审计预警研究》，载《中国注册会计师》2022 年第 12 期。

[160] 吴鉴平、廖振宇：《光纤通信网可靠性评估模型以及提高可靠性的相关措施》，载《中国新通信》2013 年第 17 期。

[161] 吴勇、陶军：《基于 T-S 模型的装载机液压系统动态故障树分

析》，载《液压与气动》2020 年第 11 期。

[162] 武颖、姚丽亚、熊辉等：《基于数字孪生技术的复杂产品装配过程质量管控方法》，载《计算机集成制造系统》2019 年第 6 期。

[163] 肖懿群、王肇荣：《三角模糊数综合评价法》，上海交通大学出版社 1995 年版。

[164] 熊小龙、王建国、冯洲鹏：《柴油机装配质量评估的 TOPSIS 方法》，载《柴油机》2014 年第 3 期。

[165] 杨琛、王中杰、刘朝辉等：《面向起重机企业的云制造服务平台的研究与应用》，载《系统仿真学报》2017 年第 29 期。

[166] 杨二豪、刘玉松、黄吉传等：《一种适用于军用飞机总装的产品质量先期策划流程研究》，载《航空工程进展》2022 年第 13 期。

[167] 杨欢红、王洁、邰能灵、丁宇涛：《基于灰靶决策和多目标布谷鸟算法的微电网分布式电源鲁棒优化》，载《电力系统保护与控制》2019 年第 1 期。

[168] 杨林瑶、陈思远、王晓等：《数字孪生与平行系统：发展现状、对比及展望》，载《自动化学报》2019 年第 11 期。

[169] 杨少华、周章玉、华贲：《依靠过程系统技术与管理的综合集成推动过程工业企业集约化》，载《现代化工》2000 年第 2 期。

[170] 杨雅棠、陈富民、何帅等：《叶片生产过程的非线性轮廓控制方法研究》，载《西安交通大学学报》2020 年第 54 期。

[171] 杨一帆、邹军、石明明等：《数字孪生技术的研究现状分析》，载《应用技术学报》2022 年第 2 期。

[172] 杨宜霖、刘臣宇、薛永亮：《基于支持向量机航材预测模型》，载《舰船电子工程》2020 年第 5 期。

[173] 姚成玉、饶乐庆、陈东宁等：《T-S 动态故障树分析方法》，载《机械工程学报》2019 年第 16 期。

[174] 姚洪磊、刘吉强、童恩栋等：《基于 α - 截集三角模糊数和攻击树的 CTCS 系统网络安全风险评估方法》，载《计算机应用》2023 年第 12 期。

[175] 姚锡凡、周佳军、张存吉、刘敏：《主动制造——大数据驱动的新兴制造范式》，载《计算机集成制造系统》2017 年第 1 期。

［176］阴艳超、施成娟、邹朝普:《基于深度时间卷积神经网络与迁移学习的流程制造工艺过程质量时序关联预测》,载《中国机械工程》2023 年第 34 期。

［177］应征、王学斌、郭吉丰:《基于 SVM 的电梯制动器静态制动力矩估算方法研究》,载《机电工程》2017 年第 5 期。

［178］于宏、王成恩、于嘉鹏等:《基于粒子群算法的复杂产品装配序列规划》,载《东北大学学报（自然科学版)》2010 年第 2 期。

［179］袁明利、邱若臻、孙月:《服务水平约束下基于可调节鲁棒优化的固定比例生产与库存计划模型》,载《控制与决策》2022 年第 10 期。

［180］原红玲、王寒里:《基于"互联网 +3D 打印技术"的产品创新系统研究》,载《包装工程》2020 年第 41 期。

［181］曾越:《基于组合赋权 – 功效系数法的岩质边坡稳定性评价》,载《水电能源科学》2016 年第 34 期。

［182］张帆、孙紫荆、肖国松等:《基于直觉模糊贝叶斯网络的 HUD 系统多阶段任务可靠性分析》,载《航空学报》2023 年第 44 期。

［183］张根保、赵洪乐、李冬英:《多装配特征影响下的装配质量特性预测方法》,载《计算机应用研究》2015 年第 3 期。

［184］张金戈、罗南岚、郑海涛等:《正流量液压挖掘机行走跑偏诊断序列决策》,载《机床与液压》2023 年第 17 期。

［185］张莉、杨子天、葛宁等:《面向生产计划分析的协同制造过程建模语言及建模仿真系统》,载《计算机集成制造系统》2023 年第 29 期。

［186］张孟飞、王铁旦、彭定洪、任子瑞:《基于犹豫模糊偏好关系 FMEA 方法的改进》,载《运筹与管理》2021 年第 5 期。

［187］张巧可、陈洪转:《基于质量意识的复杂产品质量控制激励策略》,载《中国管理科学》2021 年第 29 期。

［188］张珊珊、李方义、贾秀杰等:《面向变速箱磨损状态评估的灰靶模型优》,载《计算机集成制造系统》2019 年第 9 期。

［189］张文雅、朱广舟:《面向数字经济的大规模服装定制应用研究》,载《针织工业》2023 年第 11 期。

［190］张莹、褚娜:《基于集成支持向量机的控制图异常模式识别》,载《技术与方法》2022 年第 6 期。

［191］张勇、何振杰、张敬芳：《基于T-S故障树的数控加工中心液压托架升降系统可靠性分析》，载《液压与气动》2020年第12期。

［192］张玉琴、梁莉、张建亮：《基于改进K-means＋＋和DBSCAN的大数据聚类方法》，载《国外电子测量技术》2022年第9期。

［193］赵福全、刘宗巍、史天泽：《基于网络的汽车产品设计/制造/服务一体化研究》，载《科技管理研究》2017年第37期。

［194］赵洪举、彭怡、李健等：《突发事件快速评估模型》，载《系统工程理论与实践》2015年第35期。

［195］赵涛、肖建：《二型模糊粗糙集》，载《控制与决策》2013年第3期。

［196］赵团结：《企业产品质量管理内部控制体系构建探析》，载《财务与会计》2020年第14期。

［197］赵祥模等：《自动驾驶测试与评价技术研究进展》，载《交通运输工程学报》2024年第17期。

［198］钟湄莹、刘志新：《基于仿真的制造系统生产计划与控制》，载《北京航空航天大学学报》2012年第38期。

［199］周炳海、侍雨、张于贤：《考虑质量的退化生产系统可用性中心维护决策》，载《东北大学学报（自然科学版）》2021年第42期。

［200］周炳海、易琦：《能耗与质量约束下的生产系统集成维护决策》，载《哈尔滨工程大学学报》2021年第42期。

［201］周海海、陈黎、胡伟峰：《整合DFMA的产品造型多元质量评价方法》，载《机械设计与制造》2012年第6期。

［202］周兰庭、李玉菲：《基于前景理论的水利工程灰靶投标决策模型与应用》，载《水电能源科学》2022年第11期。

［203］周亚辉、齐金平、李少雄等：《基于T-S模糊故障树的制动系统可靠性分析》，载《实验室研究与探索》2021年第6期。

［204］周燕：《云计算技术在船舶虚拟化综合信息平台搭建的应用》，载《舰船科学技术》2017年第39期。

［205］朱波、李善莲、李金学等：《基于主成分分析的细支卷烟物理质量评价方法》，载《烟草科技》2023年第56期。

［206］朱光宇、张峥：《基于正向投影灰靶模型的多目标流水车间调

度优化》，载《计算机集成制造系统》2022 年第 4 期。

［207］朱江洪、李延来：《基于区间二元语义与故障模式及影响分析的地铁车门故障风险评估》，载《计算机集成制造系统》2019 年第 12 期。

［208］卓力、张美娜、王贯瑶等：《基于支持向量回归的无参考 MS-SSIM 视频质量评价模型》，载《北京工业大学学报》2018 年第 44 期。

［209］邹铁方、谢荣荣：《基于聚类和优序图法的事故再现结果融合方法》，载《中国公路学报》2022 年第 35 期。

［210］邹志云、朱文超、刘英莉等：《小型特种精细化工过程自动化和信息化研究发展趋势探讨》，载《化工进展》2020 年第 39 期。

［211］Ahmad S. T., Kumar K. P. Radial Basis Function Neural Network Nonlinear Equalizer for 16 – QAM Coherent Optical OFDM. *IEEE Photonics Technology Letters*, 2016, 28 (22): 2507 – 2510.

［212］Aivaliotis P., Georgoulias K., Arkouli Z., et al. Methodology for Enabling Digital Twin Using Advanced Physics-Based Modelling in Predictive Maintenance. *Procedia CIRP*, 2019, 81: 417 – 422.

［213］Alfarizi M. G., Tajiani B., Vatn J., et al. Optimized Random Forest Model for Remaining Useful Life Prediction of Experimental Bearings. *IEEE Transactions on Industrial Informatics*, 2023, 19 (6): 7771 – 7779.

［214］Alfieri A., Tolio T., Urgo M. A Project Scheduling Approach to Production and Material Requirement Planning in Manufacturing-to-Order Environments. *Journal of Intelligent Manufacturing*, 2012, 23 (3): 575 – 585.

［215］Algunaid K. M. A., Liu J. Customized Production Based on Trusted 3D Printing Services in the Cloud Context. *Rapid Prototyping Journal*, 2023, 29 (3): 474 – 487.

［216］Andronie M., et al. Big Data Management Algorithms Deep Learning-Based Object Detection Technologies and Geospatial Simulation and Sensor Fusion Tools in the Internet of Robotic Things. *ISPRS International Journal of Geo-Information*, 2023, 12 (2): 35.

［217］Ata B., Barjesteh N. An Approximate Analysis of Dynamic Pricing, Outsourcing, and Scheduling Policies for a Multiclass Make-to-Stock Queue in the Heavy Traffic Regime. *Operations research*, 2023, 71 (1): 341 – 357.

［218］Atanassov K. T. , Intuitionistic Fuzzy Sets. In Intuitionistic Fuzzy Sets. *Springer*, 1999: 1 –137.

［219］Back J. , Ross A. J. , Duncan M. D. , Jaye P. , Henderson K. , Anderson J. E. Emergency Department Escalation in Theory and Practice: A Mixed-Methods Study Using a Model of Organizational Resilience. *Annals of Emergency Medicine*, 2017, 70 (5): 659 –671.

［220］Bai K. Y. , Zhu X. M. , Wang J. , Zhang R. T. Power Partitioned Heronian Mean Operators for Q-rung Orthopair Uncertain Linguistic Sets with their Application to Multiattribute Group Decision Making. *International Journal of Intelligent Systems*, 2020, 35 (1): 3 –37.

［221］Bao J. , Guo D. , Li J. , et al. The Modelling and Operations for the Digital Twin in the Context of Manufacturing. *Enterprise Information Systems*, 2018, 13 (4): 534 –556.

［222］Bao Q. , Zhao G. , Yu Y. , et al. Ontology-Based Modeling of Part Digital Twin Oriented to Assembly. *Proceedings of the Institution of Mechanical Engineers*, *Part B*: *Journal of Engineering Manufacture*, 2020, 236 (1): 16 –28.

［223］Bertrand J. W. M. , Rutten W. G. M. M. Evaluation of Three Production Planning Procedures for the Use of Recipe Flexibility. *European Journal of Operational Research*, 1999, 115 (1): 179 –194.

［224］Boral S. , Chaturvedi S. K. , Naikan V. N. A. , et al. An Integrated Approach for Fuzzy Failure Modes and Effects Analysis Using Fuzzy AHP and Fuzzy MAIRCA. *Engineering Failure Analysis*, 2019, 108: 104195 –104211.

［225］Boral S. , Howard I. , Chaturvedi S. K. , et al. An Integrated Approach for Fuzzy Failure Modes and Effects Analysis Using Fuzzy AHP and Fuzzy MAIRCA. *Engineering Failure Analysis*, 2020, 108: 104195.

［226］Boryczko K. , et al. The Use of a Fault Tree Analysis (FTA) in the Operator Reliability Assessment of the Critical Infrastructure on the Example of Water Supply System. *Energies*, 2022, 15 (12): 1 –13.

［227］Brunelli M. , Rezaei J. A Multiplicative Best-Worst Method for Multi-Criteria Decision Making. *Operations Research Letters*, 2019, 47 (1): 12.

［228］ Buchel A. Stochastic Material Requirements Planning for Optional Parts. *International Journal of Production Research*, 1983, 21 (4).

［229］ Callarman T. E. , Hamrin R. S. A Comparison of Dynamic Lot Sizing Rules for Use in a Single Stage MRP System with Demand Uncertainty. International Journal of Operations & Production Management, 1984, 4 (2): 39 –48.

［230］ Caramona A. , Coimbra I. , Pinto T. , Aparício S. , Madeira P. J. A. , Ribeiro HM, et al. Repurposing of Marine Raw Materials in the Formulation of Innovative Plant Protection Products. *Journal of Agricultural and Food Chemistry*, 2022, 70 (14).

［231］ Chan W. M. , Ibrahim R. N. , Evaluating the Quality Level of a Product with Multiple Quality Characterisitcs. *International Journal of Advanced Manufacturing Technology*, 2004, 24 (9): 738 –742.

［232］ Chen D. , Fang Z. G. , Liu X. Q. , et al. Research on Multiple-Objective Weighted Grey Target Reliability Optimization Model of Complex Product. *Journal of Grey System*, 2015, 27 (3): 11 –22.

［233］ Chen S. H. and Hsieh C. H. , Ranking Generalized Fuzzy Number with Graded Mean Integration Representation. Proceedings of the Eighth International Fuzzy Systems Association World Congress, 1999: 551 –555.

［234］ Chen S. J. , Chen S. M. . Fuzzy Risk Analysis Based on Similarity Measures of Generalized Fuzzy Numbers. *IEEE Transactions on Fuzzy Systems*, 2003, 11: 45 –56.

［235］ Chen X. , Ge S. , Chen M. Analysis of Internet Marketing Forecast Model Based on Parallel K-Means Algorithm. *Journal of Mathematics*, 2021: 1 –9.

［236］ Chen Y. F. , et al. Dynamic Reliability Assessment Method for a Pantograph System Based on a Multistate T-S Fault Tree, Dynamic Bayesian. *Applied Sciences-Basel*, 2023, 13 (19): 1 –20.

［237］ Ci S. , Zhou Y. , Xu Y. , Diao X. , Wang J. Building a Cloud-based Energy Storage System through Digital Transformation of Distributed Backup Battery in Mobile Base Stations. *China Communications*, 2020, 17 (4): 42 –50.

［238］Daneshvar S. , Yazdi M. , Adesina K. A. Fuzzy Smart Failure Modes and Effects Analysis to Improve Safety Performance of System: Case Study of an Aircraft Landing System. *Quality and Reliability Engineering International*, 2020, 36: 890 – 909.

［239］De la Torre Gutierrez H. and Pham D. T. Estimation and Generation of Training Patterns for Control Chart Pattern Recognition. *Computers & Industrial Engineering*, 2016, 95: 72 – 82.

［240］Dorosti S. , et al. Patient Waiting Time Management through Fuzzy Based Failure Mode and Effect Analysis. *Journal of Intelligent & Fuzzy Systems*, 2020, 38 (2): 2069 – 2080.

［241］Eden D. "Whose responsibility is it?": The Third Sector and the Educational System in Israel. *International Review of Education*, 2012, 58 (1): 35 – 54.

［242］Ekel P. , Kokshenev I. , Parreiras R. , Pedrycz W. , Pereira Jr J. Multiobjective and Multiattribute Decision Making in a Fuzzy Environment and Their Power Engineering Applications. *Information Sciences*, 2016 (361 – 362): 100 – 119.

［243］Faizi S. , Sałabun W. , Nawaz S. , Rehman Au, Wątróbski J. Best-Worst Method and Hamacher Aggregation Operations for Intuitionistic 2 – tuple Linguistic Sets. *Expert Systems with Applications*, 2021 (181): 115088.

［244］Fan J. , Zhai S. , Wu M. PT-MARCOS Multi-Attribute Decision-Making Method Under Neutrosophic Cubic Environment. *Journal of Intelligent & Fuzzy Systems*, 2022, 42 (3): 1737 – 1748.

［245］Feng S. , Chen Z. , Bircher B. et al. Predicting Laser Powder Bed Fusion Defects Through In-Process Monitoring Data and Machine Learning. *Materials & Design*, 2022, 222.

［246］Feng Y. , Wang T. , Hu B. , et al. An Integrated Method for High-Dimensional Imbalanced Assembly Quality Prediction Supported by Edge Computing. *IEEE Access*, 2020 (8): 71279 – 71290.

［247］Fox S. , Griffy-Brown C. Manufacturing Technology in Society: Technology in Society Briefing. *Technology in Society*, 2023 (72): 102189.

［248］ Fränti P. , Sieranoja S. K-means Properties on Six Clustering Benchmark Datasets. *Applied Intelligence*, 2018, 48 (12): 4743 – 4759.

［249］ Gaol F. L. , Matsuo T. The Simulation of Implications of Sensor Technology on the New Product Development to Solve Lot-Sizing Problems with Fuzzy Approach. *Journal of Sensors*, 2020 (3): 1 – 15.

［250］ Garcia-Allende P. B. , Conde O. M. , Mirapeix J. , Cobo A. , Lopez-Higuera J. M. Quality Control of Industrial Processes by Combining a Hyperspectral Sensor and Fisher's Linear Discriminant Analysis. *Sensors and Actuators*. B, Chemical, 2008, 129 (2).

［251］ Geng Y. , Liu P. , Teng F. , Liu Z. Pythagorean Fuzzy Uncertain Linguistic TODIM Method and their Application to Multiple Criteria Group Decision Making. *Journal of Intelligent & Fuzzy Systems*, 2017, 33 (6): 338 – 395.

［252］ Geramian A. , Shahin A. , Minaei B. , Antony J. Enhanced FMEA: An Integrative Approach of Fuzzy Logic-Based FMEA and Collective Process Capability Analysis. *The Journal of the Operational Research Society*, 2020, 71 (5): 800 – 812.

［253］ Girish B. M. , et al. Taguchi Grey Relational Analysis for Parametric Optimization of Severe Plastic Deformation Process. *Sn Applied Sciences*, 2019, 1 (8): 1 – 11.

［254］ Golara S. , Dooley K. J. , Mousavi N. Are Dealers Still Relevant? How Dealer Service Quality Impacts Manufacturer Success. *Production and Operations Management*, 2021, 30 (10): 3560 – 78.

［255］ Gou X. , Xu Z. , Liao H. Multiple Criteria Decision Making Based on Bonferroni Means with Hesitant Fuzzy Linguistic Information. *Soft Computing*, 2016, 21 (21): 6515 – 6529.

［256］ Gürgen S. , et al. Fuzzy Fault Tree Analysis for Loss of Ship Steering Ability. *Ocean Engineering*, 2023, 279: 1 – 10.

［257］ Guan X. , et al. Risk Response Budget Allocation Based on Fault Tree Analysis and Optimization. *Annals of Operations Research*, 2023: 1 – 42.

［258］ Guo S. D. , Li Q. , Jing Y. Q. , et al. A Review of Grey Target Decision Model. *Journal of Grey System*, 2022, 34 (3): 115 – 134.

[259] Hamid M. T. , Riaz M. , Afzal D. Novel MCGDM with Q-rung Orthopair Fuzzy Soft Sets and TOPSIS Approach Under Q-Rung Orthopair Fuzzy Soft Topology. *Journal of Intelligent & Fuzzy Systems*, 2020, 39 (3): 3853 – 3871.

[260] Harrison K. R. , Engelbrecht A. P. , Ombuki-Berman B. M. Inertia Weight Control Strategies for Particle Swarm Optimization. *Swarm Intelligence*, 2016, 10 (4): 267 – 305.

[261] Hartung F. , Franks B. J. , Michels T. , Wagner D. , Liznerski P. , Reithermann S, et al. Deep Anomaly Detection on Tennessee Eastman Process Data. *Chemie Ingenieur Technik*, 2023, 95 (7).

[262] H. B. Mitchell, Pattern Recognition Using Type-II Fuzzy Sets. Information Sciences, 2005, 170 (2): 409 – 418.

[263] He S. , et al. Risk Ranking of Wind Turbine Systems through an Improved FMEA Based on Probabilistic Linguistic Information and the TODIM Method. *The Journal of the Operational Research Society*, 2022, 73 (3): 467 – 480.

[264] He Z. , Hu H. , Zhang M. , Zhang Y. , Li A. A Decomposition-Based Multi-Objective Particle Swarm Optimization Algorithm with a Local Search Strategy for Key Quality Characteristic Identification in Production Processes. *Computers & Industrial Engineering*, 2022 (172).

[265] He Z. , Lv W. , He H. Reliability Evaluation of Mechatronics Products Based on Intuitionistic Fuzzy Set Theory. *Journal of Physics*: *Conference Series*, 2019, 1345 (2): 22039.

[266] Ho T. H. , Zheng Y. Setting Customer Expectation in Service Delivery: An Integrated Marketing-Operations Perspective. *Management science*, 2004, 50 (4): 479 – 88.

[267] Huang B. , Miao J. J. , Li Q. S. , et al. A Vetoed Multi-objective Grey Target Decision Model with Application in Supplier Choice. *Journal of Grey System*, 2022, 34 (4): 15 – 27.

[268] Huang G. , Li D. , Ng S. T. , Wang L. , Wang T. A Methodology

for Assessing Supply-Demand Matching of Smart Government Services from Citizens' Perspective: A Case Study in Nanjing. *China Habitat International*, 2023 (138): 102880.

[269] Huang H., Yang L., Wang Y., et al. Digital Twin-Driven Online Anomaly Detection for an Automation System Based on Edge Intelligence. *Journal of Manufacturing Systems*, 2021, 59: 138 – 150.

[270] Huang S., Wang G., Yan Y., et al. Blockchain-Based Data Management for Digital Twin of Product. *Journal of Manufacturing Systems*, 2020, 54: 361 – 371.

[271] Huang W., et al. Using a FMEA-TIFIAD Approach to Identify the Risk of Railway Dangerous Goods Transportation System. *Group Decision and Negotiation*, 2021, 30 (1): 63 – 95.

[272] Hui Y., Mei X., Jiang G., et al. Assembly Quality Evaluation for Linear Axis of Machine Tool Using Data-Driven Modeling Approach [J]. *Journal of Intelligent Manufacturing*, 2020, 33 (3): 753 – 769.

[273] Hui Y., Mei X., Jiang G., et al. Assembly Quality Evaluation for Linear Axis of Machine Tool Using Data-Driven Modeling Approach. *Journal of Intelligent Manufacturing*, 2020, 33 (3): 753 – 769.

[274] Hu J., Chen P. Predictive Maintenance of Systems Subject to Hard Failure Based on Proportional Hazards Model. *Reliability Engineering & System Safety*, 2020, 196: 106707.

[275] Hu M. L. Grey Target Decision Model based on a New Distance Measure. *Journal of Grey System*, 2016, 28 (2): 27 – 34.

[276] Inada T. Quality Control Systems for Aberrant mRNAs Induced by Aberrant Translation Elongation and Termination. *Biochimica et Biophysica Acta*, 2013 (6 – 7).

[277] Jia L. T., Tong Z. X., Wang C. Z., et al. Aircraft Combat Survivability Calculation Based on Combination Weighting and Multiattribute Intelligent Grey Target Decision Model. *Mathematical Problems in Engineering*, 2016, 2016 (2): 1 – 9.

[278] Jiang T., Wu X., Yin Y. Logistics Efficiency Evaluation and Em-

pirical Research under the New Retailing Model: The Way Toward Sustainable Development. *Sustainability (Basel, Switzerland)*, 2023, 15 (20).

[279] Jing-ying H., Hai-ling L., Cai-yu P., Zhen-dong T., Jie X., Wei-ming S., et al. Optimize the Production Process and Quality Characteristics of Sea Rice Bran Biscuit. *Liang you Shipin Ke-ji*, 2022, 30 (4): 111–119.

[280] Kanyalkar A. P., Adil G. K. An Integrated Aggregate and Detailed Planning in a Multi-Site Production Environment Using Linear Programming. *International Journal of Production Research*, 2005, 43 (20): 4431–4454.

[281] Khalfallah M., Figay N., Ferreira Da Silva C., Ghodous P. A Cloud-based Platform to Ensure Interoperability in Aerospace Industry. *Journal of Intelligent manufacturing*, 2016, 27 (1): 119–129.

[282] Kong T., Hu T., Zhou T., et al. Data Construction Method for the Applications of Workshop Digital Twin System. *Journal of Manufacturing Systems*, 2021, 58: 323–328.

[283] Kreuzer O. P., Buckingham A., Mortimer J., Walker G., Wilde A., Appiah K. An Integrated Approach to the Search for Gold in a Mature, Data-Rich Brownfields Environment: A Case Study from Sigma-Lamaque, Quebec. *Ore Geology Reviews*, 2019 (111).

[284] Krishankumar R., Gowtham Y., Ahmed I., Ravichandran K. S., Kar S. Solving Green Supplier Selection Problem Using Q-rung Orthopair Fuzzy-Based Decision Framework with Unknown Weight Information. *Applied Soft Computing*, 2020 (94): 106431.

[285] Krishankumar R., Subrajaa L. S., Ravichandran K. S., et al. A Framework for Multi-Attribute Group Decision-Making Using Double Hierarchy Hesitant Fuzzy Linguistic Term Set. *International Journal of Fuzzy Systems*, 2019, 21 (4): 1130–1143.

[286] Kumar K. and K. Pareek. Fast Charging of Lithium-ion Battery Using Multistage Charging and Optimization with Grey Relational Analysis. *Journal of Energy Storage*, 2023, 68: 1–10.

[287] Lee J. M., Jeong Y., Woo J. H. Development of an Evaluation Framework of Production Planning for the Shipbuilding Industry. *International*

Journal of Computer Integrated Manufacturing, 2018, 31 (9): 831 – 847.

［288］ Li A. , He Z. Multiobjective Feature Selection for Key Quality Characteristic Identification in Production Processes Using a Nondominated-Sorting-Based Whale Optimization Algorithm. *Computers & Industrial Engineering*, 2020 (149).

［289］ Liao H. , Xu Z. , Zeng X. J. , et al. Qualitative Decision Making with Correlation Coefficients of Hesitant Fuzzy Linguistic Term Sets. *Knowledge-Based Systems*, 2015, 76: 127 – 138.

［290］ Li H. and Dick S. . A Similarity Measure for Fuzzy Rulebases Based on Linguistic Gradients. Information Sciences, 2006, 176 (20): 2960 – 2987.

［291］ Li H. , Qiu L. , Wang Z. , et al. An Assembly Precision Prediction Method for Customized Mechanical Products Based on GAN-FTL. *Proceedings of the Institution of Mechanical Engineers*, *Part B*: *Journal of Engineering Manufacture*, 2021, 236 (3): 160 – 173.

［292］ Li J. , Zhu Q. , Wu Q. , et al. A Novel Oversampling Technique for Class-Imbalanced Learning Based on SMOTE and Natural Neighbors ［J］. *Information Sciences*, 2021, 565: 438 – 455.

［293］ Li L. , Jin L. , Zhou X. Preventive Maintenance Strategy Based on Shock Modeling for Leasing Equipment. *Computer Integrated Manufacturing Systems*, 2013, 19 (1): 114 – 118.

［294］ Li L. , Liu D. , Liu J. , et al. Quality Prediction and Control of Assembly and Welding Process for Ship Group Product Based on Digital Twin. *Scanning*, 2020: 3758730.

［295］ Li L. , Yue W. Dynamic Uncertain Causality Graph Based on Intuitionistic Fuzzy Sets and its Application to Root Cause Analysis. *Applied Intelligence*, 2020, 50 (1): 241 – 255.

［296］ Lin Z. , Wen F. , Wang H. , Lin G. , Mo T. , Ye X. CRITIC-Based Node Importance Evaluation in Skeleton-Network Reconfiguration of Power Grids. IEEE Transactions on Circuits and Systems. II, *Express Briefs*, 2018, 65 (2): 206 – 210.

［297］ Li P. , Wei C. P. A Novel Grey Target Decision Method Based on a

Cobweb Area Model for Standard Interval Grey Numbers. *Journal of Grey System*, 2019, 31 (3): 29 – 44.

［298］ Liu A. J. , et al. A GRA-Based Method for Evaluating Medical Service Quality. *IEEE Access*, 2019, 7: 34252 – 34264.

［299］ Liu D. , Du Y. , Chai W. , et al. Digital Twin and Data-Driven Quality Prediction of Complex Die-Casting Manufacturing. *IEEE Transactions on Industrial Informatics*, 2022, 18 (11): 8119 – 8128.

［300］ Liu F. , Sun H. , Peng R. A Time-Series Probabilistic Preventive Maintenance Strategy Based on Multi-class Equipment Condition Indicators. *The Journal of the Operational Research Society*, 2022, 73 (12): 2756 – 2774.

［301］ Liu H. C. , You J. X. , Duan C. Y. An Integrated Approach for Failure Mode and Effect Analysis Under Interval-Valued Intuitionistic Fuzzy Environment. *International Journal of Production Economics*, 2017, 207: 163 – 172.

［302］ Liu J. , et al. A New Fusion Method to Predict Coal Mine Roof Accidents. *Quality and Reliability Engineering International*, 2023, 39 (7): 3041 – 3058.

［303］ Liu P. , P. Wang. Multiple-Attribute Decision-Making Based on Archimedean Bonferroni Oper-ators of Q-rung Orthopair Fuzzy Numbers. *IEEE Transactions on Fuzzy Systems*, 2018, 27 (5): 834 – 848.

［304］ Liu S. , Bao J. , Zheng P. A Review of Digital Twin-Driven Machining: From Digitization to Intellectualization. *Journal of Manufacturing Systems*, 2023, 67: 361 – 378.

［305］ Liu, S. , Lu, S. , Li, J. , et al. Machining Process-Oriented Monitoring Method Based on Digital Twin Via Augmented Reality. *The International Journal of Advanced Manufacturing Technology*, 2021, 113 (11): 3491 – 3508.

［306］ Liu Z. , Liu P. , Liu W. , Pang J. Pythagorean Uncertain Linguistic Partitioned Bonferroni Mean Operators and their Application in Multi-Attribute Decision Making. *Journal of Intelligent & Fuzzy Systems*, 2017, 32 (3): 2779 – 2790.

［307］ Liu Z. , Wang Y. , Cai L. , Cheng Q. , Zhang H. Design and Manufacturing Model of Customized Hydrostatic Bearing System based on Cloud and Big Data Technology. *International Journal of Advanced Manufacturing Technology*, 2016, 84 (1 - 4): 261 - 273.

[308] Liu Z., Xiao F. An Intuitionistic Evidential Method for Weight Determination in FMEA Based on Belief Entropy. *Entropy*, 2019, 21 (3): 211 - 227.

[309] Liu Z., Zhao X., Li L., et al. A Novel Multi-Attribute Decision Making Method Based on The Double Hierarchy Hesitant Fuzzy Linguistic Generalized Power Aggregation Operator. *Information*, 2019, 10 (11): 339.

[310] Li Z. Q., et al. Reliability Analysis of an Engine Under Uncertainty Based on D-S Evidence Theory and Bayesian Network. *Mathematical Models in Engineering*, 2017, 3 (2): 78 - 88.

[311] Lo H. W., Liou J., Huang C. N., et al. A Novel Failure Mode and Effect Analysis Model for Machine Tool Risk Analysis. *Reliability Engineering & System Safety*, 2019, 183: 173 - 183.

[312] Luo C., Shen L., Xu A. Modelling and Estimation of System Reliability Under Dynamic Operating Environments and Lifetime Ordering Constraints. *Reliability Engineering & System Safety*, 2022, 218: 108136.

[313] Luo R., et al. Digital Twin Model Quality Optimization and Control Methods Based on Workflow Management. *Applied Sciences*, 2023, 13 (5): 2884.

[314] Lu Z., Wang M., and Dai W. A Condition Monitoring Approach for Machining Process Based on Control Chart Pattern Recognition with Dynamically-Sized Observation Windows. *Computers & Industrial Engineering*, 2020, 142.

[315] Man J., Zhao L., Xu B., Peng C., Jiang J., Liu Y. Computation Offloading Method for Large-Scale Factory Access in Edge-Edge Collaboration Mode. *Journal of Database Management*, 2023, 34 (1): 1 - 29.

[316] Mi X., Liao H. Renewable Energy Investments by a Combined Compromise Solution Method with Stochastic Information. *Journal of Cleaner Production*, 2020 (276): 123351.

[317] Mohammad Y. Improving Failure Mode and Effect Analysis (FMEA)

with Consideration of Uncertainty Handling as an Interactive Approach. *International Journal on Interactive Design and Manufacturing*, 2018, 13: 441 – 458.

［318］ Montgomery D. C. , Borror C. M. Systems for Modern Quality and Business Improvement ［J］. *Quality Technology & Quantitative Management*, 2017, 14（4）: 343 – 352.

［319］ Msakni M. K. , Risan A. , and Schütz P. Using Machine Learning Prediction Models for Quality Control: A Case Study From the Automotive Industry. *Computational Management Science*, 2023, 20（1）.

［320］ Naderkhani F. and Makis V. Economic Design of Multivariate Bayesian Control Chart with Two Sampling Intervals. *International Journal of Production Economics*, 2016, 174: 29 – 42.

［321］ Nawfal Mustafa M. Classification of Maintenance Techniques and Diagnosing Failures Methods. Journal of Physics. *Conference series*, 2021, 2060（1）: 12014.

［322］ Naz S. , M. Akram, A. B. Saeid, et al. Models for MAGDM with Dual Hesitant Q-rung Orthopair Fuzzy 2 – tuple Linguistic MSM Operators and Their Application to COVID – 19 Pandemic. *Expert Systems*, 2022, 39（8）: e13005

［323］ Nguyen T. N. , Zeadally S. , Vuduthala A. B. Cyber-Physical Cloud Manufacturing Systems With Digital Twins. *IEEE Internet Computing*, 2022, 26（3）: 15 – 21.

［324］ Pang J. , Dai J. , Qi F. , et al. A Potential Failure Mode and Effect Analysis Method of Electromagnet Based on Intuitionistic Fuzzy Number in Manufacturing Systems. *Mathematical Problems in Engineering*, 2021: 1 – 12.

［325］ Pang J. H. , et al. A New Dynamic Fault Tree Analysis Method of Electromagnetic Brakes Based on Bayesian Network Accompanying Wiener Process. *Symmetry-Basel*, 2022, 14（5）: 1 – 20.

［326］ Pang J. , Zhang N. , Xiao Q. , et al. A New Intelligent and Data-Driven Product Quality Control System of Industrial Valve Manufacturing Process in CPS. *Computer Communications*, 2021, 175: 25 – 34.

［327］ Peng H. , Wang X. , Wang T. , et al. Extended Failure Mode and

Effect Analysis Approach Based on Hesitant Fuzzy Linguistic Z-numbers for Risk Prioritisation of Nuclear Power Equipment Failures. *Journal of Intelligent & Fuzzy Systems*, 2021, 40 (6): 10489 – 10505.

[328] Peng X., Luo Z. A Review of Q-rung Orthopair Fuzzy Information: Bibliometrics and Future Directions. *The Artificial Intelligence Review*, 2021, 54 (5): 3361 – 3430.

[329] Polini W., Corrado A. Digital Twin of Composite Assembly Manufacturing Process. *International Journal of Production Research*, 2020, 58 (17): 5238 – 5252.

[330] Pourghasemi H. R., Beheshtirad M., Pradhan, B. A Comparative Assessment of Prediction Capabilities of Modified Analytical Hierarchy Process (M-AHP) and Mamdani Fuzzy Logic Models Using Netcad-GIS for Forest Fire Susceptibility Mapping. *Geomatics Natural Hazards & Risk*, 2016, 7 (2): 861 – 885.

[331] Pourjavad E., Mayorga R. V. A Comparative Study and Measuring Performance of Manufacturing Systems with Mamdani Fuzzy Inference System. *Journal of Intelligent Manufacturing*, 2019, 30 (3): 1085 – 1097.

[332] Prakash V., Savaglio C., Garg L., Bawa S., Spezzano G. Cloud-and Edge-Based ERP Systems for Industrial Internet of Things and Smart Factory. *Procedia Computer Science*, 2022 (200): 537 – 545.

[333] Purba J. H., et al. Fuzzy Probability Based Fault Tree Analysis to Propagate and Quantify Epistemic Uncertainty. *Annals of Nuclear Energy*, 2015, 85: 1189 – 1199.

[334] Qiao H., Wu Q., Yu S., et al. A 3D Assembly Model Retrieval Method Based on Assembly Information. *Assembly Automation*, 2019, 39 (4): 556 – 565.

[335] Qin J., Xi Y., Pedrycz W. Failure Mode and Effects Analysis (FMEA) for Risk Assessment Based on Interval Type – 2 Fuzzy Evidential Reasoning Method. *Applied Soft Computing*, 2020, 89: 106134.

[336] Qi Q., Tao F., Hu T., et al. Enabling Technologies and Tools for Digital Twin. *Journal of Manufacturing Systems*, 2021, 58: 3 – 21.

[337] Rajati M. R. & Mendel J. M. Novel Weighted Averages versus Normalized Sums in Computing with Words. *Information Sciences*, 2013, 235: 130 – 149.

[338] Ramere M. D. , Opeyeolu T. L. Optimization of Condition-Based Maintenance Strategy Prediction for Aging Automotive Industrial Equipment using FMEA. *Procedia Computer Science*, 2021, 180: 229 – 238.

[339] Rathore A. S. , Kumar D. , Kateja N. Role of Raw Materials in Biopharmaceutical Manufacturing: Risk Analysis and Fingerprinting. *Current Opinion in Biotechnology*, 2018 (53): 99 – 105.

[340] Rodriguez R. M. , Martinez L. , Herrera F. Hesitant Fuzzy Linguistic Term Sets for Decision Making. *IEEE Transactions on Fuzzy Systems*, 2012, 20 (1): 109 – 119.

[341] Sheng J. J. , et al. Oil Detection Fault Tree Analysis Based on Improved Expert's Own Weight-Aggregate Fuzzy Number. *Lubricants*, 2023, 11 (2): 1 – 13.

[342] Sioma A. Vision System in Product Quality Control Systems. *Applied Sciences*, 2023, 13 (2): 751.

[343] Song H. , et al. Fuzzy Fault Tree Analysis Based on T-S Model with Application to INS/GPS Navigation System. *Soft Computing*, 2009, 13 (1): 31 – 40.

[344] Song J. , Dang Y. G. , Wang Z. X. , et al. The Decision-making Model of Harden Grey Target Based on Interval Number with Preference Information on Alternatives. *Journal of Grey System*, 2009, 21 (3): 291 – 300.

[345] Song T. , Liu H. , Wei C. , Zhang C. Common Engines of Cloud Manufacturing Service Platform for SMEs. *International Journal of Advanced Manufacturing Technology*, 2014, 73 (1 – 4): 557 – 69.

[346] S. R. Hejazi, A. Doostparast and S. M. Hosseini, An Improved Fuzzy Risk Analysis Based on a New Similarity Measures of Generalized Fuzzy Numbers. *Expert Systems with Applications*, 2011, 38 (8): 9179 – 9185.

[347] Sun H. H. , et al. Reliability Analysis of Tape Winding Hydraulic System Based on Continuous-Time T-S Dynamic Fault Tree. *Mathematical Prob-

lems in Engineering, 2022: 1 – 12.

[348] Sun J. , Yang Z. , Wang Y. , Zhang Y. Rethinking E-Commerce Service Quality: Does Website Quality Still Suffice? *The Journal of Computer Information Systems*, 2015, 55 (4): 62 – 72.

[349] Sun L. , Li T. , Liu D. , Wang D. , Song Y. , Liu X. , et al. Research on Hardware Structure of Intelligent Accompanying Tool Car in Dispatching Automation Computer Room. E3S Web of Conferences, 2021 (248).

[350] Su Q. , Liu L. , Lai S. J. Measuring the Assembly Quality from the Operator Mistake View: A Case Study. *Assembly Automation*, 2009, 29 (4): 332 – 340.

[351] Talib A. M. Fuzzy VIKOR Approach to Evaluate the Information Security Policies and Analyze the Content of Press Agencies in Gulf Countries. *Journal of Information Security*, 2020, 11 (4): 189 – 200.

[352] Tang X. Q. , Wang B. , Wang S. C. Quality Assurance Model in Mechanical Assembly. *The International Journal of Advanced Manufacturing Technology*, 2010, 51 (9): 1121 – 1138.

[353] Tang X. , Wang M. , and Wang S. A Systematic Methodology for Quality Control in the Product Development Process. *International Journal of Production Research*, 2007, 45 (7): 1561 – 1576.

[354] Tao F. , LaiLi Y. , Xu L. , Zhang L. FC-PACO-RM: A Parallel Method for Service Composition Optimal-Selection in Cloud Manufacturing System. *IEEE Transactions on Industrial Informatics*, 2013, 9 (4): 202 – 333.

[355] Teng G. , He C. , Xiao J. , et al. Cluster Ensemble Framework Based on the Group Method of Data Handling. *Applied Soft Computing*, 2016, 43: 35 – 46.

[356] Tian Z. P. , Wang J. Q. , Zhang H. Y. An Integrated Approach for Failure Mode and Effects Analysis Based on Fuzzy Best-Worst, Relative Entropy and VIKOR Methods. *Applied Soft Computing*, 2018, 72: 636 – 646.

[357] Tong H. , Zhu J. A Two-Stage Method for Large-Scale Manufacturing Service Stable Matching under Uncertain Environments in Cloud Manufacturing. *Computers & Industrial Engineering*, 2022 (171): 108391.

［358］ Torra V. Hesitant Fuzzy Sets. *International Journal of Intelligent Systems*, 2010, 25 (6): 529 –539.

［359］ Truelove M. A., Martin A. L., Perlman J. E., Wood J. S., Bloomsmith M. A. Pair Housing of Macaques: A Review of Partner Selection, Introduction Techniques, Monitoring for Compatibility and Methods for Long-Term Maintenance of Pairs. *American Journal of Primatology*, 2017, 79 (1): 1.

［360］ Tušar T., Gantar K., Koblar V. et al. A Study of Overfitting in Optimization of a Manufacturing Quality Control Procedure. *Applied Soft Computing*, 2017, 59: 77 –87.

［361］ Ugurlu H. and I. Cicek. Analysis and Assessment of Ship Collision Accidents Using Fault Tree and Multiple Correspondence Analysis. *Ocean Engineering*, 2022, 245: 1 –17.

［362］ Vogel T., Almada-Lobo B., Almeder C. Integrated versus Hierarchical Approach to Aggregate Production Planning and Master Production Scheduling. *OR Spectrum*, 2017, 39 (1): 193 –229.

［363］ Wang B. W., Tang W. Z., Song L. K, et al. PSO-LSSVR: A Surrogate Modeling Approach for Probabilistic Flutter Evaluation of Compressor Blade. *Structures*, 2020, 28: 1634 –1645.

［364］ Wang E., Alp N., Shi J., et al. Multi-Criteria Building Energy Performance Benchmarking through Variable Clustering Based Compromise TOPSIS with Objective Entropy Weighting. *Energy*, 2017, 125: 197 –210.

［365］ Wang J., Tao B., Gong Z., Yu S., Yin Z. A Mobile Robotic Measurement System for Large-scale Complex Components Based on Optical Scanning and Visual Tracking. *Robotics and Computer-Integrated Manufacturing*, 2021 (67): 102010.

［366］ Wang L. Z., Qian W. Y. Grey Target Decision-Making Model of Interval Grey Number based on Cone Volume. *Grey Systems-Theory and Application*, 2017, 7 (2): 247 –258.

［367］ Wang P. Z., Fuzzy Sets and Its Applications. *Shanghai Science and Technology Press*, 1983.

［368］ Wang W., Liu X., Chen X., et al. Risk Assessment Based on

Hybrid FMEA Framework by Considering Decision Maker's Psychological Behavior Character. *Computers & Industrial Engineering*, 2019, 136: 516 –527.

[369] Wang Y., Liu P., Yao Y. BMW-TOPSIS: A Generalized TOPSIS Model Based on Three-Way Decision. *Information Sciences*, 2022 (607): 799 –818.

[370] Wei S. H. and Chen S. M.. A New Approach for Fuzzy Risk Analysis Based on Similarity Measures of Generalized Fuzzy Numbers. *Expert Systems with Applications*, 2009, 36 (1): 589 –598.

[371] Wen C. L., Zhou Z. and Xu X. B. A New Similarity Measure Between Generalized Trapezoidal Fuzzy Numbers and Its Application to Fault Diagnosis. Acta Electronica Sinica, 2011, 39 (3): 1 –6.

[372] Wu Y., Peng G., Wang H., Zhang H. A Two-Stage Fault Tolerance Method for Large-Scale Manufacturing Network. *IEEE Access*, 2019 (7): 81574 –81592.

[373] Xiao B., Xiao B., Liu L. Rapid Measurement Method for Lithium-Ion Battery State of Health Estimation Based on Least Squares Support Vector Regression. *International Journal of Energy Research*, 2020, 45 (4): 5695 –5709.

[374] Xie X. D., Hu M. L., Yang Y. J., et al. Grey Target Group Decision Model Based on Expected Intervals of Experts. *Journal of Grey System*, 2020, 32 (4): 77 –89.

[375] Xu K., Li Y., Liu C., et al. Advanced Data Collection and Analysis in Data-Driven Manufacturing Process. *Chinese Journal of Mechanical Engineering*, 2020, 33 (1).

[376] Xu Y., X. Shang, J. Wang, et al. Some Interval-Valued Q-rung Dual Hesitant Fuzzy Muirhead Mean Operators with Their Application to Multi-Attribute Decision-Making. *IEEE Access*, 2019 (7): 54724 –54745.

[377] Xu Y., X. Shang, J. Wang, et al. Some Q-rung Dual Hesitant Fuzzy Heronian Mean Operators with Their Application to Multiple Attribute Group Decision-Making. *Symmetry*, 2018, 10 (10): 472 –497.

[378] Xu Z., H. Hu. Projection Models for Intuitionistic Fuzzy Multiple

Attribute Decision Making. *International Journal of Information Technology & Decision Making*, 2010, 9 (2): 267 – 280.

[379] Xu Z. Y. , Shang S. C. , Qian W. B. and Shu W. H. , A Method for Fuzzy Risk Analysis Based on the New Similarity of Trapezoidal Fuzzy Numbers. *Expert Systems with Applications*, 2010, 37 (3): 1920 – 1927.

[380] Yager R. R. Generalized Orthopair Fuzzy Sets. *IEEE Transactions on Fuzzy Systems*, 2017, 25 (5): 1222 – 1230.

[381] Yager R. R. Pythagorean Fuzzy Subsets. *2013 Joint IFSA World Congress and NAFIPS Annual Meeting*, 2013: 57 – 61.

[382] Yang D. , Gao C. , Huang J. Quantitative Assessment and Grading of Hardware Trojan Threat Based on Rough Set Theory. *Applied Sciences*, 2022, 12 (11): 5576.

[383] Yang D. , Wang Y. , Pan R. , et al. State-of-Health Estimation for the Lithium-Ion Battery Based on Support Vector Regression. *Applied Energy*, 2018, 227: 273 – 283.

[384] Yang H. , Ong S. K. , Nee A. Y. C. , Jiang G. , Mei X. Microservices-Based Cloud-Edge Collaborative Condition Monitoring Platform for Smart Manufacturing Systems. *International Journal of Production Research*, 2022, 60 (24): 7492 – 7501.

[385] Yang N. , Zhang H. , Deng T. , Guo J. J. , Hu M. Systematic Review and Quality Evaluation of Pharmacoeconomic Studies on Traditional Chinese Medicines. *Frontiers in Public Health*, 2021 (9).

[386] Yang S. , Zhou S. , Zhou X. , Chen F. , Li Q. , Lu Y. , et al. Essential Technologies on the Direct Cooling Thermal Management System for Electric Vehicles. *International Journal of Energy Research*, 2021, 45 (10): 14436 – 14464.

[387] Yan Y. , Wu X. , Wu Z. Bridge Safety Monitoring and Evaluation Based on Hesitant Fuzzy Set. *Alexandria Engineering Journal*, 2022, 61 (2): 1183 – 1200.

[388] Ying S. , et al. Gesture Recognition Based on Kinect and sEMG Signal Fusion. *Mobile Networks and Applications*, 2018, 23: 797 – 805.

［389］Yin J., Wu S., Spiegler V. Maintenance Policies Considering Degradation and Cost Processes for a Multi-Component System. *The International Journal of Quality & Reliability Management*, 2023.

［390］Yue Z. Application of the Projection Method to Determine Weights of Decision Makers for Group Decision Making. *Scientia Iranica*, 2012, 19 (3): 872 – 878.

［391］Zadeh L. A., Fuzzy Sets. In Fuzzy Sets, Fuzzy Logic and Fuzzy Systems: Selected Papers by Lotfi A Zadeh. *World Scientific*, 1996: 394 – 432.

［392］Zeng B., Liu S. F. Development Mode's Selection of Software Project Based on Twi-weighted Grey Target Decision Model. *Journal of Grey System*, 2010, 22 (4): 367 – 374.

［393］Zeng P., Shao W., Hao Y. Study on Preventive Maintenance Strategies of Filling Equipment Based on Reliability-Cantered Maintenance. *Tehnički Vjesnik*, 2021, 28 (2): 689 – 697.

［394］Zeng S., Hu Y., Xie X. Q-rung Orthopair Fuzzy Weighted Induced Logarithmic Distance Measures and their Application in Multiple Attribute Decision Making. *Engineering Applications of Artificial Intelligence*, 2021 (100): 104167.

［395］Zhang C., Liu Y., Zhang S., Yang H., Li F., Wang X. SFC-Based Multi-Domain Service Customization and Deployment. *Computer Communications*, 2023 (211): 59 – 72.

［396］Zhang H., Dong Y., Ivan P. C., et al. Failure Mode and Effect Analysis in a Linguistic Context: A Consensus-Based multiattribute Group Decision-Making Approach. *IEEE Transactions on Reliability*, 2018: 1 – 17.

［397］Zhang Q., Duan S., Wang Z., et al. Low Complexity Volterra Nonlinear Equalizer Based on Weight Sharing for 50 Gb/s PAM4 IM/DD Transmission with 10G – class Optics. *Optics Communications*, 2022, 508: 127762

［398］Zhang R., Xu Z., Gou X. An Integrated Method for Multi-Criteria Decision-Making Based on the Best-Worst Method and Dempster-Shafer Evidence Theory under Double Hierarchy Hesitant Fuzzy Linguistic Environment. *Applied Intelligence*, 2020, 51 (2): 713 – 735.

［399］Zhang W., Ju Y., Gomes, Luiz Flavio Autran Monteiro. The SMAA-TODIM Approach: Modeling of Preferences and a Robustness Analysis Framework. *Computers & Industrial Engineering*, 2017 (114): 130 – 141.

［400］Zhang X., et al. Reliability Analysis of Nuclear Safety-Class DCS Based on T-S Fuzzy Fault Tree and Bayesian Network. *Nuclear Engineering and Technology*, 2023, 55 (5): 1901 – 1910.

［401］Zhang X., Xu Z. Soft Computing Based on Maximizing Consensus and Fuzzy TOPSIS Approach to Interval-Valued Intuitionistic Fuzzy Group Decision Making. *Applied Soft Computing*, 2015, 26: 42 – 56.

［402］Zhang Y., Gao Z., Sun J. et al. Machine-Learning Algorithms for Process Condition Data-Based Inclusion Prediction in Continuous-Casting Process: A Case Study. *Sensors*, 2023, 23 (15).

［403］Zhao J. B., et al. Fault Analysis of Shearer-Cutting Units Driven by Integrated Importance Measure. *Applied Sciences-Basel*, 2023, 13 (4): 1 – 15.

［404］Zhao M., Wang X., Yu J., Xue L., Yang S. A Construction Schedule Robustness Measure Based on Improved Prospect Theory and the Copula-CRITIC Method. *Applied sciences*, 2020, 10 (6): 2013.

［405］Zhao P., Liu J., Jing X., et al. The Modeling and Using Strategy for the Digital Twin in Process Planning. *IEEE Access*, 2020, 8: 41229 – 41245.

［406］Zheng H., Tang Y. A Novel Failure Mode and Effects Analysis Model Using Triangular Distribution-Based Basic Probability Assignment in the Evidence Theory. *IEEE Access*, 2020, 8: 66813 – 66827.

［407］Zheng Q. J., et al. The Competitiveness Measurement of New Energy Vehicle Industry Based on Grey Relational Analysis. *Mathematical Biosciences and Engineering*, 2023, 20 (2): 3146 – 3176.

［408］Zheng S., Gao J., Xu J. Research on Production Planning and Scheduling Nased on Improved Collaborative Optimization. *Concurrent Engineering, Research and Applications*, 2019, 27 (2): 99 – 111.

［409］Zhou J. L., et al. A Hybrid HEART Method to Estimate Human Error Probabilities in Locomotive Driving Process. *Reliability Engineering & System*

Safety, 2019, 188: 80 - 89.

［410］ Zhou X. L. , Zhang G. , Song Y. H. , et al. Evaluation of Rock Burst Intensity Based on Annular Grey Target Decision-Making Model with Variable Weight. *Arabian Journal of Geosciences*, 2019, 12 (2): 1 - 13.

［411］ Zhou X. , Tang Y. Modeling and Fusing the Uncertainty of FMEA Experts Using an Entropy-Like Measure with an Application in Fault Evaluation of Aircraft Turbine Rotor Blades. *Entropy*, 2018, 20 (11): 864.

［412］ Zhuang L. , Xu A. , Wang B. , et al. Data Analysis of Progressive-Stress Accelerated Life Tests with Group Effects. *Quality Technology & Quantitative Management*, 2022: 1 - 21.

［413］ Zhu D. , Li Z. , Hu N. Multi-Body Dynamics Modeling and Analysis of Planetary Gearbox Combination Failure Based on Digital Twin. *Applied Sciences*, 2022, 12 (23): 12290.